FORMEL-RENNSPORT IN DER DDR

1945–1972

Lutz Blütchen

Motor buch Verlag

IMPRESSUM

Einbandgestaltung: Luis dos Santos

Bildnachweis: Alle Abbildungen stammen, soweit nicht anders vermerkt, aus der Sammlung von Manfred Schmidt (†), Dresden. Weitere Bildquellen: Daimler AG (21, 29, 32 und 34), Opel AG (25), Archiv Melkus KG, GP Library/Universal Images Group via Getty Images (62), Bert Hardy/Picture Post/ Hulton Archive/Getty Images (68), Votava/brandstaetter images via Getty Images (117), Holger.Ellgaard/wikimedia commons/CC-PD-Mark (149), ullstein bild/ullstein bild via Getty Images (149, 152 und 159), Liesel/wikimedia commons/ CC BY-SA 2.0 (155), Motorpresse (156).

ISBN 978-3-613-04548-4

Ein Unternehmen der Paul Pietsch Verlage GmbH & Co. KG

1. Auflage 2023

Sie finden uns im Internet unter www.motorbuch-verlag.de

Lektorat: Bernd Keidel
Innengestaltung: Markus Janda, tebitron gmbh, Gerlingen
Druck und Bindung: Conzella, 85609 Aschheim-Dornach
Printed in Germany

Inhalt

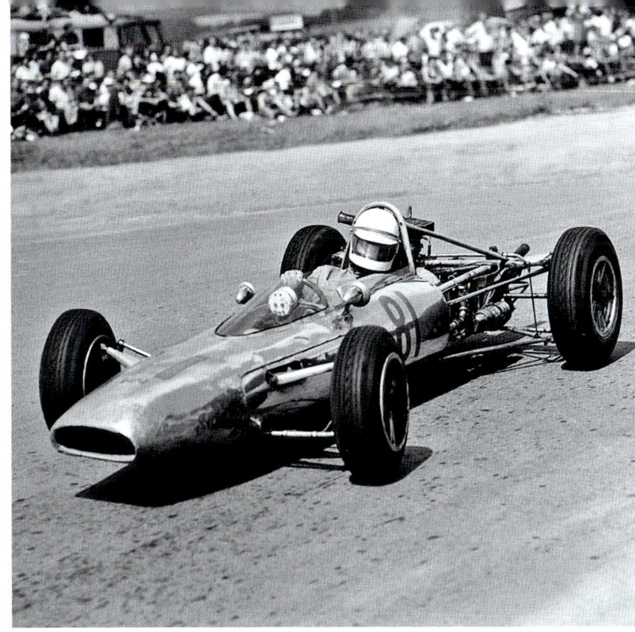

Liebe Leser! Liebe Sportfreunde!

In diesem Buch widme ich mich nahezu ausschließlich dem Formelrennsport im Gebiet der ehemaligen DDR und damit einem bisher wenig beachteten Teil der Deutschen Vor- und Nachkriegsgeschichte. Schließlich wurden dort bereits früh wesentliche Entscheidungen getroffen, um Deutschland im Formelrennsport zu etablieren.

Darunter fällt auch ein interessanter Zeitabschnitt des Geschehens in der DDR, in dem der Formelrennsport, wenngleich von staatlicher Seite ungeliebt, doch eine der attraktivsten Säulen des Rennsports auf vier Rädern war.

Und schließlich dokumentiere ich zum ersten Mal komplett und kompakt die Zeit nach dem Mauerfall, die von den meisten Historikern und alten Sportfreunden schlichtweg ignoriert wird, obwohl sie doch zweifelsohne eine Fortsetzung der Formelrennsportgeschichte der DDR unter neuen gesellschaftlichen Verhältnissen bedeutete.

Ich schreibe dies als ehemaliger aktiver Teilnehmer an Rallye-Veranstaltungen, als Fahrer der Formel Easter, der Formel Mondial, der Formel Euro, der Formel 2000 und sporadisch im Porsche-Clubsport zwischen 1984 und 2002.

In diese Zeit fallen auch meine ehrenamtlichen Funktionen als Organisator und Rennleiter des »Rödertal-Rennens« (1985 bis 1989), als Vizepräsident des Sächsischen Landesfachverbandes Motorsport (1994 bis 1999), als Präsident des Sportfahrerverbandes e.V. (1990 bis 2003) und ebenso lange als Rennleiter und Promoter der Formel Euro bzw. der Formel 2000.

Entscheidender Ansatz zu diesem Buch war das persönliche Erleben eines Vierteljahrhunderts bemerkenswerter politischer Ereignisse, unglaublicher Sportkameradschaften, unwiederbringlicher Rennerlebnisse und eines Hobbys, das mich gedanklich bis an mein Lebensende begleiten wird.

In keiner anderen Motorsportkategorie habe ich einen so undefinierbaren, aber jahrzehntelangen nahezu stabilen Zusammenhalt einer Szene erlebt, die im Wissen ihrer offiziell ungeliebten sportpolitischen Duldung fast immer als kompakte Einheit aufgetreten ist und kontinuierlich an der Entwicklung ihres Sports mit höchstem persönlichem Einsatz agiert hat.

Allen Regeländerungen und den politischen wie materiellen Einschränkungen zum Trotz lässt sich im Widerstand gegen alle diese Hindernisse eine kontinuierliche Entwicklung im Bereich der Technik und des fahrerischen Könnens nachvollziehen. Und das bezieht sich nicht nur auf wenige Spitzenfahrer, die bis heute in aller Munde sind.

Auch wenn unentwegt Aktive gekommen und gegangen sind, so hat immer wieder ein generationsübergreifender harter Kern über lange Zeitabschnitte die Fahnen des ostdeutschen Formelrennsports hochgehalten und so die Möglichkeit genutzt, den vielen Fans und Aktiven einen tollen Sport zu bieten. Ich schätze mich daher glücklich und stolz, dass ich ein kleiner Teil dieser Gemeinschaft sein durfte.

Mit dem Ende der DDR schien für viele Aktive ein Bruch mit ihrem attraktiven Sport offensichtlich unausweichlich. Manch einer musste aus reinen Überlebensgründen, wegen Arbeitslosigkeit oder finanzieller Engpässe den Helm an den Nagel hängen. Andere hingegen konnten nicht hoch genug fliegen und ließen fünf Jahrzehnte des von mir gerade beschriebenen Zusammenhalts wie einen heißen Stein ins Nichts fallen.

Während die Szene der Tourenwagensportler sehr schnell in individuellen Plänen und einer FIA-konformen Fahrzeugklassifizierung neue Horizonte erkennen konnte, gab es für die Formelfahrzeuge des Ostens augenscheinlich keine Verwertung. Mit dieser Erkenntnis schließen die meisten Kommentare in den Medien – im Ton tiefer Trauer. Ich denke hier sollte endlich etwas Fairness und Realitätstreue die tatsächliche Situation in ein anderes Licht rücken.

Die zweifellos erfolgreiche Generation der DDR-Sportler zwischen 1972 und 1989 hat vieles mit den Generationen vor jener Zeit und jenen nach der Wiedervereinigung gemeinsam. Alle diese Sportler haben unter nahezu unwirtlichen Bedingungen einen Sport betrieben, den es so eigentlich gar nicht geben konnte. So wie nach Kriegsende aus Schrott, aus Mangel an Material und – nach der Wende – aus massivem Geldmangel, Motorsport betrieben wurde, sollte für alle diese Aktiven der gleiche Wertmaßstab angelegt werden, wenn es darum geht, ihre sportlichen Leistungen zu würdigen.

Es war keinesfalls so, dass nach der Wende der ostdeutsche Formelsport nicht mehr existierte und ich verstehe nicht, wie man über zehn Jahre aktives Renngeschehen auf der Basis der DDR-Substanz mehrheitlich ignorieren kann, wenn man über die Wahrung von Traditionen spricht.

Wie in den Umbruchzeiten nach Kriegsende oder nach Regeländerungen vor der Wende war es ein kleiner Kern der alten Fahrerschaft (wenn auch ohne diesen oder jenen Favoriten), der mit enormem Aufwand in alter Tradition weiter agiert hat. All diesen Akteuren gebührt mein persönlicher Dank!

Dieses Buch widerlegt die Behauptung vom Untergang des DDR-Formelsports nach dem Mauerfall – außer man orientiert sich strikt am Datum des Mauerfalls, in meinen Augen ist das jedoch ein völlig sinnloser und künstlicher Schnitt.

Bis auf die freiwilligen Aussteiger und »Höhenflügler«, die sich erst viel später wieder (etwa ab 2004) auf ihre Traditionen besannen, ging es auch nach dem Mauerfall mit Aktiven hauptsächlich aus der ehemaligen DDR und mit Ex-DDR-Technik noch viele Jahre und mit tollen Rennen in ganz Europa weiter. Selbst die Organisation dieser Rennen fußte autonom in den neuen Bundesländern, sprich im Osten Deutschlands.

Dies traf zwischen 1990 und 1992 auch noch für die Wagen der A 600 Trabant zu. Warum dieses Projekt allerdings Anfang der 1990er-Jahre scheitern musste, wird aus der Sicht des damals organisierenden Sportfahrerverbandes im zweiten Band ebenfalls kurz dargelegt.

Die Errungenschaften des ostdeutschen Formelrennsports wurden durch gemeinsames, besonnenes Handeln der »Nachwende-Aktiven« noch bis ins Jahr 2002, dem letzten Rennen der Formel 2000 in Hockenheim, am Leben erhalten, wenngleich auch (wie so häufig vorher) unter anderen technischen Voraussetzungen. Die DDR-Technik war 1990 international schon längst überholt. Das wussten alle und es bedurfte nur einer ausgewogenen Neuorientierung. Die Mär, dass der DDR-Formelrennsport bereits 1990 in seiner Substanz Geschichte gewesen sei, werde ich in dieser Chronik widerlegen. Und manche völlig verzerrte Darstellung darüber, dass man bereits 1990 ehrlich über die Traditionspflege nachgedacht habe, auch. Denn den meisten konnte es nicht schnell genug gehen, die alte Technik zu verschrotten!

Ich bin daher froh, dass es zwischenzeitlich durch Personen wie Ralf Hecker und die Vereinigung HAIGO, unter Leitung von Stromhardt Kraft, gelungen ist die legendäre Technik im historischen Motorsport zu platzieren und zu erhalten – denn jede Art von Erinnerung hilft, diesen »Mythos« zu bewahren. Ich würde mir aber wünschen, dass man das reale Gesamtbild betrachtet, denn der Umbau eines Estonia mit 1300er-Lada-Motor auf 1600er-16V-Honda war gewiss nicht weniger spannend und problematisch, wie seinerzeit die »Revolution« vom Wartburgmotor auf Lada im HTS.

Selbstverständlich gab es zu allen Zeiten im Zirkel aller Beteiligten genügend Probleme und nicht jeder war mit jedem »grün«, auch Diskrepanzen zwischen Fahrern und Funktionären waren an der Tagesordnung und manch einer war mit nicht ganz legalen Tricks im Wettbewerb unterwegs. Entscheidend war aber für alle das Wissen, dass man nur gemeinsam einen Sport betreiben konnte, der seitens des Staates nicht gehuldigt und daher praktisch nie finanziell unterstützt wurde. Zugleich zog der Sport aber, über die Jahre gerechnet, Millionen Zuschauer und Fans in seinen Bann.

Mehr noch als Disziplinen wie Boxen oder Leichtathletik ist der Autorennsport ein Teamsport. Das schließt Fahrer, Mechaniker, Organisatoren und Funktionäre ein. So profitierten die Spitzenfahrer vom Unterbau der weniger Guten und diese wiederum von der öffentlichen Beachtung der Spitzenfahrer.

Wie erwähnt endet für viele Zeitgenossen die DDR-Formelrennsportgeschichte mit dem Jahr 1990. Generell mag das im Motorsport für viele Klassen zutreffen. Im Formelrennsport war das jedoch anders.

Wenn man die historische Bewertung nicht allein am Namen »DDR«, sondern an der gewachsenen Rennsport-Szene fest macht, blieb bisher mehr als ein Jahrzehnt von der Geschichtsschreibung unbeachtet.

Tatsache ist, dass sich in der Zeit der Wiedervereinigung viele der heute wieder im historischen Sport aktiven Senioren selbst freiwillig und sehr schnell von ihrem alten Sport losgesagt hatten. Da wurde nur noch von Karrieren im »Westsport«, von der Tourenwagen-Trophy, der DTM, dem Porsche-Cup oder gar der Formel 1 geträumt. Und die wenigen, die versuchten zu retten, was zu retten war, wurden mitleidig belächelt. Ich schreibe diese Dinge als unmittelbar Beteiligter und in Kenntnis der damaligen Situation.

Die Wenigsten dachten damals noch über weiteren Sport mit B8-MT, »Rennpappe«, Lada oder Skoda nach. Daher begruben auch viele Formelsportler völlig unnötig und ungezwungen ihre gesamte Technik.

Kurz nach der Wende war ich Teilnehmer mehrerer Beratungen mit Fahrern und Organisatoren über die Zukunft unseres Sports. In den Diskussionen wollte kein Leistungsträger noch etwas von Lada-Motoren und MT-Chassis hören. Und die Pragmatiker, die wenigstens etwas Verwertbares zum Besten geben wollten, entwickelten Ideen darüber, wie man 2-Liter-Motoren in die ausgequetschten Rohrgitter-Chassis eines MT montieren könnte. Am liebsten mit Turbolader!

Selbst die noch kurz vorher hochgelobte Initiative von Ulli Melkus zum Bau eines neuen modernen Rennwagenchassis hatte plötzlich keinerlei Stellenwert mehr. Da fielen bei manchem erschreckend schnell die einstigen Gemeinsamkeiten den individuellen Interessen zum Opfer. Da dachten wohl einige, im Westen habe man nur auf die Macher aus dem Osten gewartet, frei nach dem Motto: »Schumi, zieh dich warm an, wir kommen!«

Das Schlimmste an dieser Situation war, dass selbst die ehemaligen Reglementshüter des Allgemeinen Deutschen Motorsport Verbands (ADMV) ihre Sportler im Stich ließen. Der damalige Präsident des ADMV fragte in einem 1989 geführten Gespräch mit Fahrervertretern (an dem auch ich teilnahm) vor Zeugen ernsthaft, ob wir tatsächlich weiter mit dem »... alten Schrott« fahren wollten?

Wir waren damals in Berlin, um mit dem ADMV über Überlebensstrategien für unsere Sportart zu diskutieren. Aber ausgerechnet die Funktionäre, die uns jahrzehntelang erzählt hatten, wie toll unser sozialistischer Sport sei, fielen uns nun in den Rücken. Dieses Schlüsselerlebnis war letztlich auch der Ausgangspunkt für die Gründung des regimefreien Sportfahrerverbandes e.V., als Alternative zum erstarrten ADMV.

Der Arbeit dieses Sportfahrerverbandes habe ich im zweitn Band ein Kapitel gewidmet, in dem unter anderem auch die bis ins Jahr 1992 unternommenen Versuche der Einflussnahme aus dem »sozialistischen Untergrund« aufgezeigt werden. So wird klar, weshalb es nie eine Zusammenarbeit mit dem ADMV gab.

Seit der Wende versuchte der Sportfahrerverband e.V. den Übergang von Teilen des Ost-Motorsports in den westlichen Austragungsmodus zu organisieren. Wo es gelungen ist und wo nicht, kann in diesem Buch nachgelesen werden.

Fakt ist, dass bis 2002 eine FIA-konforme Basis des ostdeutschen Formelsports auf den alten Fundamenten erhalten werden konnte. Im Formelsport waren die Rennen der Formel Euro/2000, die überwiegend privat von ostdeutschen Sportlern finanziert und organisiert wurden, die internationalsten und zahlenstärksten Rennen, die es je im Ostformelsport gegeben hatte. Durchschnittlich 25 bis 30 Starter und zehn Rennen pro Jahr auf den bekanntesten Rennstrecken Europas sind belegt. Genauso wie die Teilnahme von Fahrern aus 14 Nationen. Darunter neben zahlreichen »Ossis« und »Wessis« auch Sportler aus der Tschechoslowakei, Polen, Russland, Lettland, Litauen, Ungarn, Schweiz, Österreich, Frankreich, Italien, Großbritannien, Finnland und den Niederlanden.

Die Einschätzung des sportlichen Werts bleibt jedem selbst überlassen. Fakt ist: Leistungen und Geschwindigkeiten der Fahrzeuge waren im »Nachwendesport« ein ganzes Stück höher als zuvor und der persönliche Einsatz jedes einzelnen Aktiven unterschied sich nicht von dem der Urväter dieses Sports in den Gründungsjahren und in der DDR-Zeit.

Es gab zwar nach 1990 alles zu kaufen, aber eben nur für die Wenigen, die dafür das nötige Geld besaßen – 1000 EUR (oder DM) Startgeld auf mancher Strecke mussten erst einmal verdient werden.

Auch das noch von Ulli Melkus konstruierte neue Rennwagen-Modell (ML 89/MB 90) wurde nach der Wende durch einige engagierte Sportler (zu denen ich noch komme) realisiert. Es wurde bis 2001 (!) im aktiven Formelsport betrieben und existiert noch heute.

Sowohl die 1990 ausgeschriebene Rennserie »Formel-Euro-Easter-Cup« (später kurz »Formel Euro«) als auch die »Formel 2000« und der ursprüngliche »Trabant-Racing-Cup« waren nicht, wie oft fälschlicherweise dargestellt, Kinder des ADMV, sondern des Sportfahrerverbandes (SFV). Die damals unter dem Dach des SFV aktiven Fahrer waren auf nahezu allen namhaften Rennstrecken Europas unterwegs: Hockenheim, Nürburgring, Wunstdorf, Diepholz, Poznan, Most, Brünn, Budapest, Spa Francorchamps, Zolder, Zandvoort, Österreichring, Salzburgring, Monza, Assen, Donnington, Oschersleben, die AVUS und der Lausitzring standen zwischen 1990 und 2002 auf den Rennkalendern. Einladungen nach Kyalami (Südafrika) und Daytona (USA) mussten nur aus finanziellen Gründen abgesagt werden.

Man kann also getrost davon sprechen, dass der Formelrennsport des deutschen Ostens noch lange nach dem Ende der DDR seine Spuren im internationalen Motorsport hinterlassen hat, zumal alle Sonderbestimmungen und Übergangsregeln von der ONS/FIA mitgetragen wurden. Erst 2002, mit dem letzten Rennen in Hockenheim, fand er sein Ende, als die komplette Organisation keine Substanz mehr hatte, weil es einerseits an gestandenen Fahrern und Nachwuchspiloten und andererseits an Sponsoren und dem nötigen Geld fehlte. Auch darüber wird in dieser Reihe berichtet.

Der Zahn der Zeit hat zwar in den zurückliegenden Jahren die Reihen der alten Akteure stark gelichtet und damit meine ich nicht nur diejenigen, die tragischerweise bei Unfällen ums Leben kamen, sondern auch diejenigen, deren Lebenszeit alters- oder krankheitsbedingt abgelaufen war. Viele davon habe ich persönlich gekannt und jede dieser traurigen Nachrichten lockt die Bilder aus der Vergangenheit und von großartigen Sporterlebnissen hervor. Dieses Buch soll auch helfen, das Vermächtnis dieser Sportfreunde zu würdigen.

Zum Schluss noch ein Wort zum Thema Staatssicherheit, weil dies auch in vielen Erinnerungen und Gesprächen mit der Fahrerschaft eine Rolle gespielt hat. Selbstverständlich agierten auch innerhalb der Formelrennsportszene »Inoffizielle Mitarbeiter« (IM) der STASI – wie überall im öffentlichen Leben in der DDR.

Es war ein offenes Geheimnis, dass der Staat alle denkbaren »Privilegierten«, etwa Leitungskader der Wirtschaft,

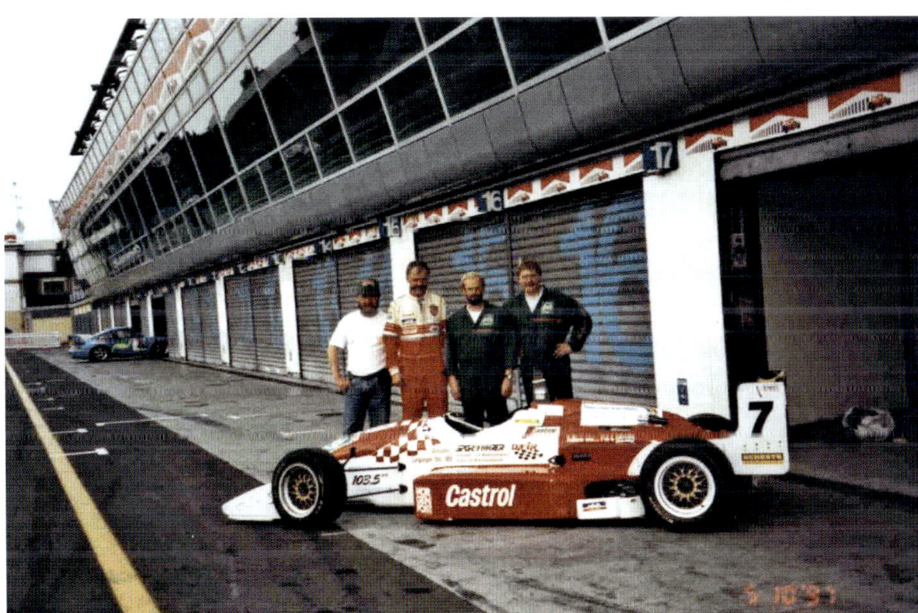

Das Team (Bluespeed-Racing) um den Autor 1998 in Monza.

Mitglieder von Vereinsleitungen und Sportclubs, leitende Kulturschaffende, alle Parteimitglieder und exponierte Personen bis hin zu ganz normalen Bürgern als IM zu verpflichten suchte. Für viele war das sogar der einzige Schlüssel zur beruflichen Entwicklung. Entscheidend ist für mich in diesem Zusammenhang, wie aktiv diese Personen tatsächlich anderen Menschen geschadet haben. Und da sollten wir alle nicht zu leichtgläubig in die Vergangenheit blicken.

Mein leider bereits verstorbener Motorsportfreund Volker Worm hatte mich in seinen Memoiren einst wegen meiner Äußerungen bezüglich des für mich heute noch problembehafteten Todes von Ulli Melkus ermahnt, nicht gegen die STASI zu spekulieren. Ich bin bis heute der Meinung, dass die Sportbeziehung zwischen Chris Vogler und Ulli Melkus so Manchem ein Dorn im Auge war. Volker Worm vertrat die Meinung, dass die Stasi 1990 andere Probleme hatte, als sich um den Motorsport und seine Akteure zu kümmern. Da muss ich ihm leider nachträglich widersprechen.

Als wir 1990 den Sportfahrerverband gründeten, gelangten über freundliche Empfehlungen aus der regionalen Sportszene zwei Sportfreunde in unser Organisationsteam und wir waren damals froh über jede Hilfe. Nachdem sich aber verschiedene Unstimmigkeiten verstärkten, prüften wir die Loyalität der uns weitgehend persönlich unbekannten Personen und mussten feststellen, dass es sich um ehemalige IM handelte, die noch 1991 (!) interne Informationen zu Personen und Aktivitäten unserer Gemeinschaft an ominöse, externe Behörden übermittelten.

Mitglieder unserer Leitung wurden bis weit ins Jahr 1991 in ihren Beschäftigungsverhältnissen teilweise massiv bedrängt; es hieß, man habe kein Verständnis dafür, dass sie sich in einer »staatsfernen Organisation« wie dem Sportfahrerverband engagierten.

Mir selbst wurde von Seiten des ADMV vorgeworfen, den DDR-Sport zu untergraben. Daraufhin wurden unserem Rödertal-Rennen-Organisationteam die finanziellen Mittel und die Unterstützung für das Rödertal-Rennen 1990 gestrichen und mein Sportclub verweigerte mir ab sofort die vereinbarte Rückfinanzierung aus meinen Rennwagen-Werbeverträgen. Wohlgemerkt das war ein Jahr nach der Wende!

Über den DDR-Automobilsport in seiner Gesamtheit gibt es dank fleißiger Historiker, Archivare und Autoren umfangreiches Material. Eine der kompaktesten Informationsquellen über den DDR-Formelsport bietet die Webseite **www.ddr-formel1.de** des ehemaligen Rennfahrers Jürgen Meißner, der unglaublich vielseitig die damaligen Zeiten beleuchtet.

Aber auch das Motorsportarchiv Jordan bietet vielseitige Informationsmöglichkeiten. Und mit den Büchern von Autor und Sportfotograf Hendrik Medrow gelingt ein nachhaltiger Blick in die Vergangenheit des DDR-Motorsports.

Leider finden sich aber auch in diesen Medien keine Hinweise, wie intensiv der Formelsport des Ostens auch nach der Wende betrieben wurde. Hin und wieder existieren auch unkorrekte Darstellungen, die vermutlich in Besten Absichten aus Unwissenheit oder widersprüchlichen Informationen entstanden sind.

Beispielsweise ist nicht nachvollziehbar, wieso generell die Tatsache ignoriert wird, dass nach 1990 noch wenigstens fünf Jahre mit den Rennwagen der Serie MT 77 und sogar HTS unter der Schirmherrschaft des SFV ganz offiziell und FIA-konform internationale Rennen und Meisterschaften ausgetragen wurden.

Der Titel dieses Buches klingt zwar recht wissenschaftlich und kompakt, aber tatsächlich bin auch ich nicht sicher, ob trotz umfangreicher Recherchen alle Daten so ganz exakt sind. Die Informationslage war im Detail mitunter sehr kompliziert. Man kann zwar in den Medien über den Motorsport im Allgemeinen viele Informationen finden, aber die Ausbeute für den Formelsport ist schon etwas dürftiger. Für diese Suche eignen sich in der Regel die authentischen Internetportale ehemaliger und noch aktiver Fahrer am besten. Oder aber man erhält in persönlichen Gesprächen direkte Informationen von ehemaligen Akteuren. Das habe ich praktiziert und es dabei so gehalten wie in alten Zeiten:

Jeder hat seine Erfahrungen, seine Meinungen und sein Wissen und gerade deshalb respektierten wir uns. Ich hoffe das gilt auch heute noch.

Ein etwas längeres Vorwort in eigener Sache

Warum habe ich mich hingesetzt und diese Seiten beschrieben?

Grund 1:

Bereits als kleiner Junge habe ich Kontakt zum Motorsport bekommen und diese »Infektion« hielt immerhin nahezu 50 Jahre lang an.

Im Jahr 1951 wurde ich in der Nähe der Dresdner Autobahnspinne geboren. Dort fand zum Zeitpunkt meiner Geburt gerade das erste »Spinne-Rennen« statt. Das Programmheft jener Veranstaltung zählt heute zu meinen persönlichen Schätzen.

Vielleicht hat dieses Ereignis mein Leben tatsächlich etwas beeinflusst. Jedenfalls zählten in den Jahren meiner Kindheit und Jugend die Rennen auf dem nahe gelegenen Autobahnkreuz immer wieder zu den besonderen Erlebnissen.

Schon wenn die ersten renntypischen Motorengeräusche in der Ferne zu hören waren, hielt uns Jungs nichts mehr im Dorf. Wir ließen alles stehen und liegen und näherten uns über Schleichwege dem abgesperrten Rennareal. Wir versteckten unsere Fahrräder im Gebüsch und schlichen danach, die Kassierer umgehend, zur Rennstrecke.

Das war jedes Jahr eine Sensation! Der Geruch von verbranntem Öl und Rizinus, das Quietschen der Reifen und der höllische Motorenlärm waren unübertroffen. Zum einen kreischten die Zweitaktmotorräder aus Zschopau in höchsten Tönen an uns vorbei und zum anderen bekam man Gänsehaut, wenn die schweren Maschinen von Norton oder MV Augusta mit tiefem Grollen an einem vorüber donnerten.

Ein solches Gefährt fuhr mein damaliges Motorrad-Idol Luigi Taveri aus der Schweiz. Trotz der ausgesprochen schnellen und guten DDR-Fahrer gönnte ich ihm den Sieg immer am ehesten. Schließlich war seine Unterschrift auf einem von ihm geschenkten Foto mein erstes Autogramm. Und so etwas bekam man nur, wenn man ein Loch im Zaun zum Fahrerlager kannte.

Am liebsten waren mir aber dennoch die silbernen und weißen Rennwagen der Formel 3 und später der Formel Junior. Das hing sicher damit zusammen, dass sie sich so gravierend von einem Straßenauto unterschieden und damit, dass mit der Firma Melkus einer der Hauptakteure der Szene in Dresden beheimatet war.

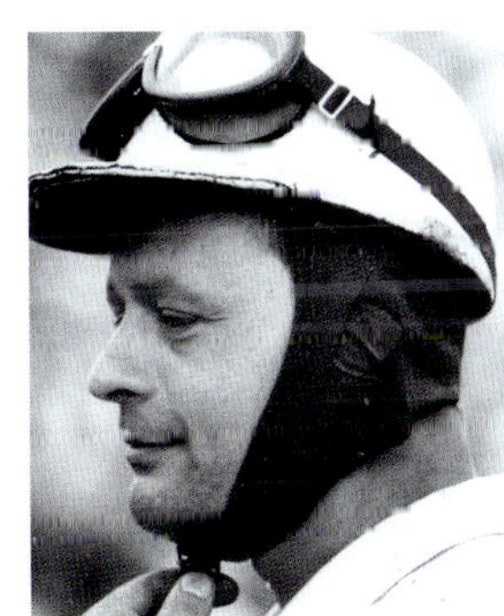

Heinz Melkus, einer der Helden unserer Kindheit.

Heinz Melkus war, neben Täve Schur (Radfahrer) und Helmut Recknagel (Skispringer) der Held unserer Kindheit. Allzu oft bin ich, ohne Wissen meiner Eltern (die mir das verboten hätten) mit dem Fahrrad die knapp 20 Kilometer bis zum Firmensitz der Firma Melkus auf der Leipziger Straße gefahren – nur um mir die Rennwagen aus nächster Nähe ansehen zu können. Die waren nämlich in einem kleinen Glaspavillon unmittelbar an der Straße ausgestellt.

Neben den eigentlichen Rennen auf dem Autobahndreieck herrschte auch ansonsten immer eine tolle Atmosphäre rund um die Piste. Es gab gelbe Brauselimonade aus dem Fass und wer sich eine Bockwurst leisten konnte, gehörte schon fast zu den Privilegierten. Die meisten Leute brachten ihr Essen und die Getränke in Taschen und Beuteln mit, saßen auf Decken und verzehrten es in den Rennpausen.

Wenn das Starterfeld wieder los tobte, erkletterten die Zuschauer ihre mitgebrachten Leitern oder ähnliche selbst gebaute Gerüste und Hochstände.

Am Start oder Ziel stand ein alter Omnibus, in dem die Rennleitung, die Zeitnahme und der Streckensprecher saßen. Die Zuschauer lagerten zum Teil extrem nah an der Strecke und meistens wollte sie noch weiter nach vorn.

Nach Rennende wanderte dann eine riesige Menschenmenge auf der Autobahn Richtung Dresden-Hellerau, wo viele Zuschauer ihre Fahrzeuge geparkt hatten. Dort gab es auch Anschluss an die Straßenbahnlinie 8.

In dieser Kinder- und Jugendzeit erlangten DDR-Motorradfahrer wie Heinz Rosner, Ernst Degner, Horst Fügner und Klaus Enderlein Weltruhm. Die ausländischen MZ-Werksfahrer wie Mike Hailwood, Luigi Taveri und Phil Read kamen immer und überall auf Spitzenplätzen ins Ziel.

Bei den Automobilen dominierten zwar die Cooper, Lotus und Brabham, aber die »Silberzigarren« von Melkus und die SEG Wartburgs waren dennoch immer unsere Favoriten.

Mein intensivstes Erlebnis an der »Spinne« war 1965, als ich als »Hilfsstreckenposten« im so genannten »Karussell« die Rennen erleben durfte.

Ab diesem Zeitpunkt hatten alle motorisierten Geräte und Fahrzeuge für mich eine magische Anziehungskraft erlangt. Mit Hilfe meines Schulfreundes Christian Schindler, der später auch mein erster Rennmechaniker war, versuchten

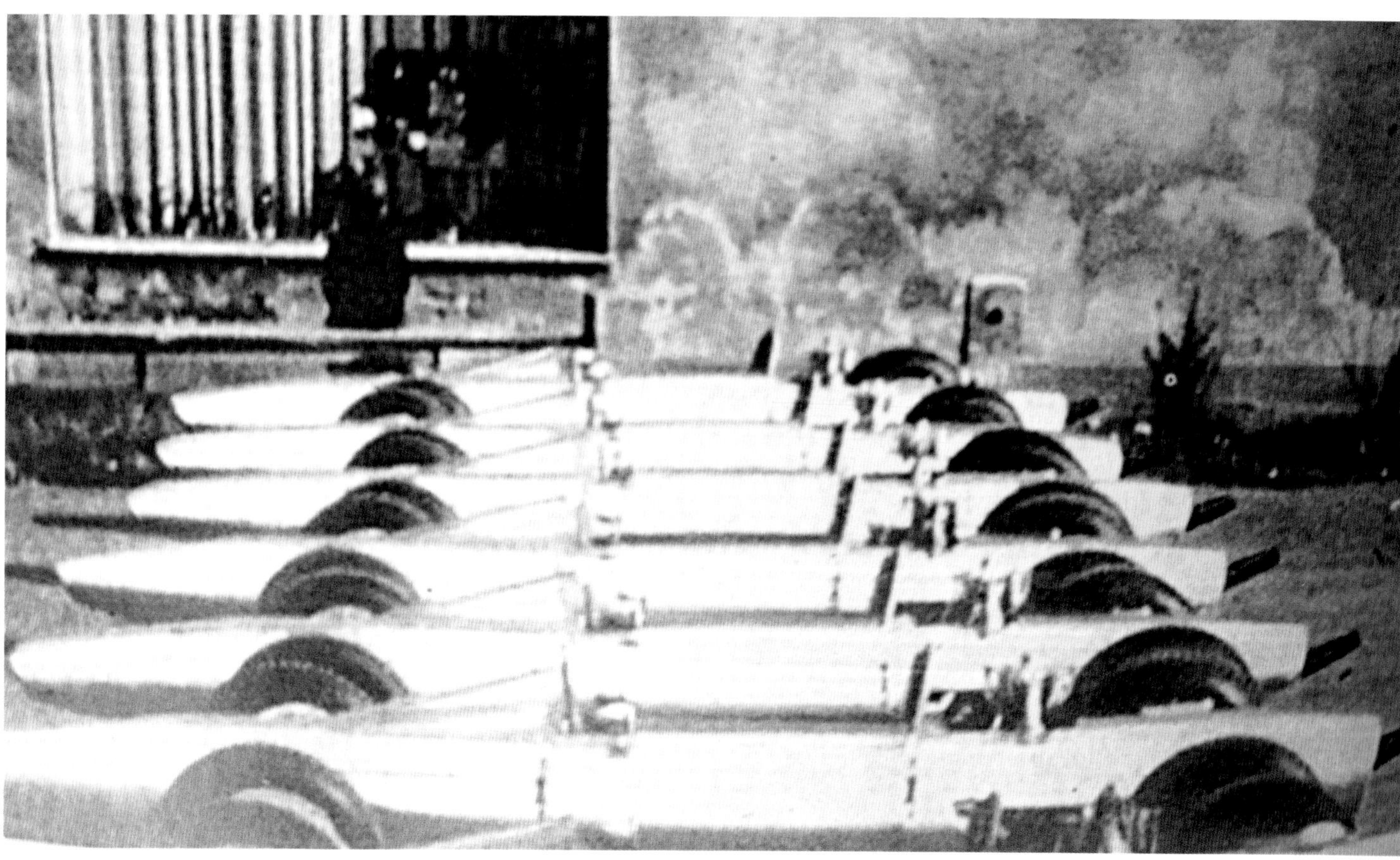

Mehrere Melkus 64 vor der Werkstatt in Dresden.

wir, aus jedem defekten Mopedmotor irgendetwas Fahrbares zu basteln. Schrott gab es ja genug!

In der Folgezeit besuchten wir nahezu jedes Rennen in der DDR – sofern das Taschengeld reichte. Später kamen die Rennen in der CSSR hinzu. Damals aber waren wir dann aber schon selbst »motorisiert«.

Übrigens, mit meiner eigenen BMW R61 (eine absolute Rarität in der DDR) bin ich in Ermangelung körperlicher Masse und fahrerischer Fähigkeiten so oft gestürzt, dass Motorradrennen als eigenes Betätigungsfeld sehr schnell tabu für mich waren.

Aber nach einigen Jahren im Rallyesport auf Skoda Oktavia und geborgtem Moskwitsch oder Shiguli kam 1983 der maßgebliche Schnitt: Nach dem Sachsenring-Rennen, in dem die Formelrennsportklasse »Formel Junior« bis 600 ccm auf Trabant-Basis ihr Debüt feierte, beschloss ich einen dieser (aus meiner Sicht erschwinglichen) Rennwagen zu bauen.

Um an weitere Informationen zu gelangen, organisierte ich mir einen persönlichen Termin bei Ulli Melkus. Dort angekommen allerdings fragte mich Ulli umgehend und sichtlich besorgt, ob ich Seifenkisten- oder Autorennen fahren wolle? Und ich begriff!

Ulli bot mir an, mich an einer Rennwagenbau-Gemeinschaft zum Bau einer Serie neuer Rennwagen des Typs MT 77-2 zu beteiligen. Das klang alles so überzeugend, dass ich 1984 in Zusammenarbeit mit den Sportfreunden Erhardt Tatarczyk, Tilo Börner, Hendrik Opitz, Werner Juppe, Steffen Kämmerer, Michael Schuster und Norbert Kernchen meinen ersten Rennwagen baute.

Zur Arbeitsgruppe gehörten damals noch Hans-Jürgen Vogel, Jürgen Meißner, Bernd Kasper, Volker Worm, Hartmut Thassler, Manfred Günther, Heinz Melkus, Hellmut Uhlmann und Achim Liebezeit – also die damalige Spitze des DDR-Motorsports.

Betreut von Ulli Melkus entstanden so in kürzester Zeit elf Rennwagen des Typs MT 77-2 als leicht verbesserte Modelle des Vorgängers Melkus-Thassler MT 77.

Die mir zugeteilten Teile wurden in Ermangelung einer Werkstatt oder Garage im Keller gefertigt. Die Motoren montierte ich in der Küche und die Karosserie, die unter freiem Himmel lackiert wurde, kam in die gute Stube zum Trocknen.

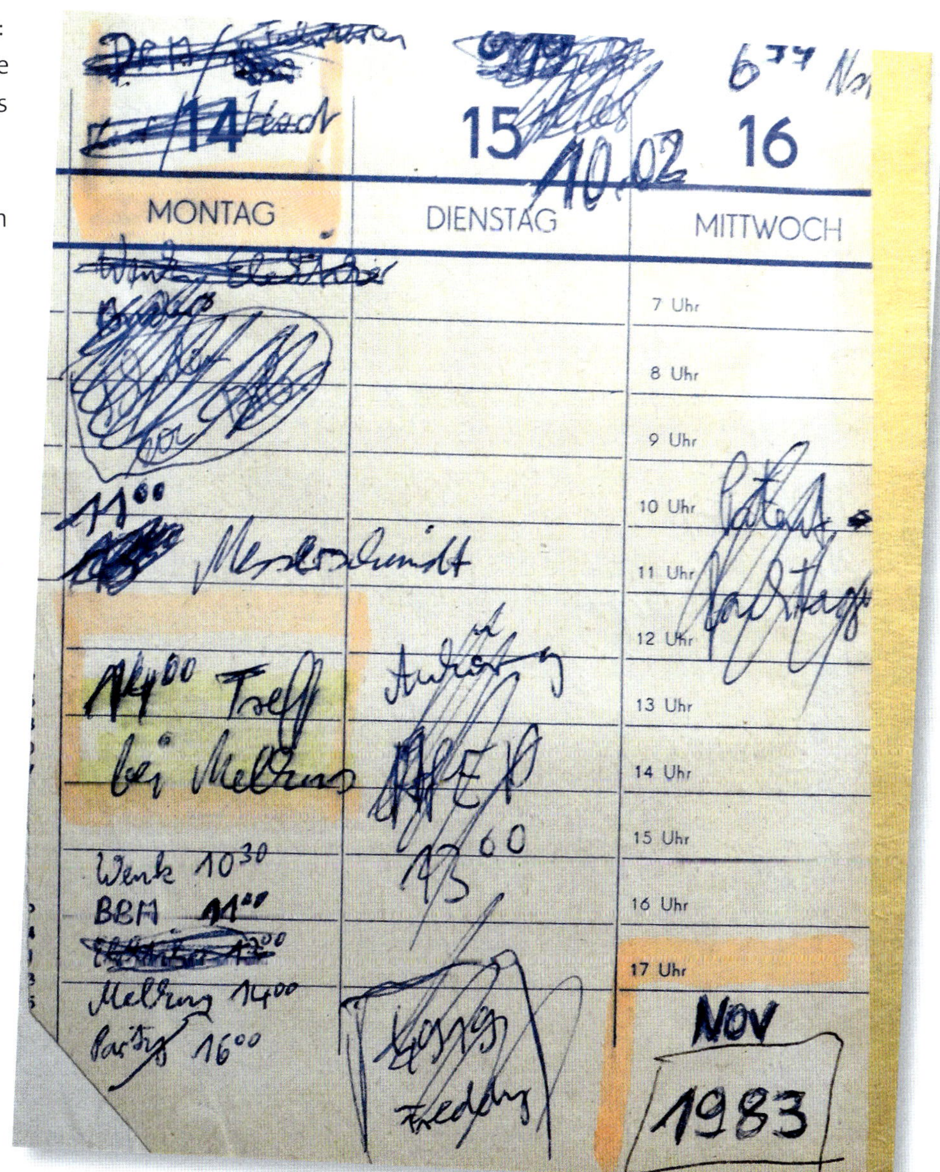

Kalenderblatt mit dem Vermerk des Melkus-Treffens.

Sie lag vom Ofen hinüber zur Schrankwand. Die ersten aus einem Motor ausgelaufenen sieben Liter Öl, die auf der neuen Auslegeware des Korridors für »Gemütlichkeit« sorgten, beendeten schließlich in der Konsequenz gemeinsam mit vielen weiteren ähnlichen »Vergehen« meine Ehe – zumindest für die weitere Motorsport-Karriere ein Glückstreffer.

Seit jener Zeit war ich bis 2002 aktiv im ostdeutschen Formelrennsport unterwegs. In Ermangelung verschiedener Erfolgsfaktoren wie Geld, Beziehungen, technischen Know-hows und sicher auch des notwendigen Talents war der »Rennbetrieb« immer ein mühsames Geschäft. Vor allem weil es in den Details immer an allem fehlte, nicht nur an brauchbaren Reifen.

Im Gegensatz zu vielen anderen Sportfreunden hatten wir realistisch betrachtet nie echte Erfolgschancen, aber die Freude am Tüfteln an den technischen Problemen und die Begeisterung für den Sport trieben uns an.

Um maschinengebundene Arbeiten realisieren zu können, zogen wir mit Kästen »Radeberger Bier« (eine Rarität im Osten) oder mit Wodka-Flaschen von VEB zu VEB (Volkseigener Betrieb) und hofften auf Hilfe. Das Material wurde in der Regel »weg gefunden« wo man es zu packen bekam.

Dies und fehlendes persönliches Leistungsvermögen, im Verbund mit gehörigem Respekt vor den Gefahren dieses Sports (ich hatte drei üppige Unfälle) bewirkte, dass ich mich nie wirklich mit den »Großen« messen konnte. Allerdings hatten wir auch genug Ehrgeiz, um nicht bloß als Lückenfüller mitzufahren. Ein paar Pokale konnten wir schon nach Hause schleppen. Die erfolgreichste Zeit hatten wir in den letzten Jahren der Formel 2000. Da profitierten wir von den endlosen Erfahrungen und einer zuverlässigen, erprobten Technik. Unter Einsatz eines hochmodernen Reynard-Kohlefaser-Chassis (aus dem Bestand von WTS/Michael Schumacher), modernster US-Einspritzelektronik, konsequent neuer Reifen und etwas mehr Biss, gelang es uns des Öfteren auf dem Treppchen zu stehen.

Das Hauptaugenmerk unseres Bemühens lag aber immer im Reiz des technischen Bastelns und in den gemeinsamen, etwas außergewöhnlichen Erlebnissen. Ein wenig Opposition gegenüber dem hoch gepuschten olympischen Sport der DDR war am Anfang sicher auch dabei, denn Autorennsport wurde offiziell eher attackiert als akzeptiert. Das machte aber wiederum diese gesamte »Renntruppe«, auch ohne gegenseitige sportliche Geschenke, zu einer recht verschworenen Gemeinschaft. Im Ostsport war es lange üblich, Teile, Informationen und Erfahrungen auch unter Konkurrenten auszutauschen. Das war sicher einmalig im weltweiten Motorsport.

Ich habe meinen Anteil an diesem Sport in den letzten Jahren vor und erst recht nach der Wende nicht nur als aktiver Fahrer gesehen, sondern mehrheitlich in organisatorischen Aufgaben.

Bereits vor der Wende organisierte ich mit zahlreichen Sportfreunden des MTC Touring Dresden das »Rödertal-Rennen« bei Liegau-Augustusbad. Ein Grund dafür war der Wille, wieder etwas Renn-Feeling in den Großraum Dresden zu bringen, nachdem die Behörden eine Wiederbelebung der »Spinne« oder des »Großdeutschlandrings« aus Verkehrs- und Naturschutzgründen abgelehnt hatten.

Das »Rödertal Flachbahnrennen« mit getrenntem Start und Ziel erfreute sich fünf Jahre lang großer Beliebtheit bei durchschnittlich 10.000 Besuchern pro Rennen. Den meisten Fahrern war die Streckenlänge mit knapp zwei Kilometern zu kurz, aber zum einen waren die Kurven nicht alle ganz einfach zu fahren und zum anderen stimmte die gesamte Atmosphäre in der Region, sodass die Teilnehmer jedes Jahr sehr zahlreich erschienen. Als Wanderpokal für den schnellsten Fahrer aller Klassen gab es sogar einen 24 Karat vergoldeten Sturzhelm.

Im Sommer 1989 waren wir als Rennleitung ganz nahe an einem ostdeutschen Motodrom dran, das in der Nähe von Radeberg als »Rödertalring« entstehen sollte. Die Wende ließ diesen Traum platzen. Auch zu diesem Thema komme ich später noch einmal.

Mit dem drohenden Untergang bestimmter Teile des DDR-Motorsports infolge der politischen Wende 1989 und vor allem nach dem Tod der Zentralfigur des DDR-Rennsports, Ulli Melkus, fühlte ich mich verpflichtet, wiederum mit zahlreicher Unterstützung alter Freunde und Motorsportaktivisten, alle denkbaren Hebel in Bewegung zu setzen um wenigstens Teile unserer alten Rennsportklassen zu erhalten. Wir gründeten den Sportfahrerverband e.V. (SFV) in dessen Regie die Rennserien »Trabant-Racing-Cup« und »Formel Easter-Euro-Cup« initiiert wurden.

Mit der Ausrichtung des »Ulli Melkus-Gedächtnispokals« ab 1994 (der später bei den Historikern wieder ins Leben gerufen wurde) konnten wir einem gemeinsamen Freund und Förderer ein Denkmal setzen.

Grund 2:

In den letzten Jahren wurde ich oft von ehemaligen Aktiven, Freunden des Formelsports und Medienvertretern daran erinnert, dass ich in meiner früheren Funktion als Präsident des Sportfahrerverbandes e.V. und langjähriger Promoter des Formel-Euro-Cup vermutlich der einzige Besitzer der kompletten Dokumente der Nachwende-Phase des ursprünglichen DDR-Formelrennsports bin. Und da ist wirklich etwas dran!

Selbst meine zuverlässigsten Mitstreiter, wie der Sportkommissar Eberhard Hänsel (Hochkirch) und der Technische Kommissar Wolfram Albrecht (Annweiler) haben, soweit mir bekannt, nur wenig archiviert.

Irgendwann wurde mir daher bewusst, dass ich auch einer der wenigen Ex-Aktiven des ehemaligen DDR-Formelsports bin, der die Geschichte des ostdeutschen Formelrennsports seit Mitte der 1970er-Jahre bis zu seinem tatsächlichen Ende nicht nur hautnah als Zuschauer und Fahrer, sondern auch als Organisator aktiv mitgestalten konnte.

Insofern befinden sich vermutlich einmalige Dokumente in meinem Besitz. Leider sind einige als Folge des Elbhochwassers von 2002 teilweise unwiderruflich verloren gegangen.

Die noch vorhandenen Dokumente beinhalten neben jeder Menge Informationen aus der Geschichte des ostdeutschen Motorsports unter anderem auch:

- die Gründung des Sportfahrerverbandes e.V. und seine Arbeit
- die mit der Eingliederung der DDR-Straßenrennsportler in ONS und OMK verbundenen Aktivitäten
- den umfangreichen Schriftverkehr zu den Westdeutschen Verbänden ADAC, DMV, AvD und DSK im Zuge der Wiedervereinigung
- die Realisierung des Wettbewerbsbetriebes für den Trabant-Lada-Cup und den Formel-Euro-Cup
- die Bemühungen um den Erhalt der ostdeutschen Rennsporttechnik sowie die entsprechenden Starter- und Rennergebnislisten zwischen 1990 bis 2002 (leider nicht ganz komplett).

Aus diesen Gründen reizte mich der Gedanke, eine zusammenhängende, weitestgehend komplette und spezifische Geschichte über den Formelsport des deutschen Ostens zu schreiben. Ähnliches gibt es nach meinem Wissen in so kompakter zu Papier gebrachter Form bisher nicht.

Diese Chronik befasst sich im Wesentlichen mit der Motorsport-Kategorie Formelrennsport und schließt nach einem Blick in die Geschichte auch die Nachkriegs-Ära Ostdeutschlands, den Zeitabschnitt der ehemaligen DDR und das reichliche Jahrzehnt nach der Wiedervereinigung mit ein – bis zum letzten Rennen der Formel 2000-Rennserie auf dem Hockenheimring im Jahre 2002. Dabei komme ich nicht umhin, auch die Erfolge des DDR-Motorsports im Allgemeinen zu beleuchten.

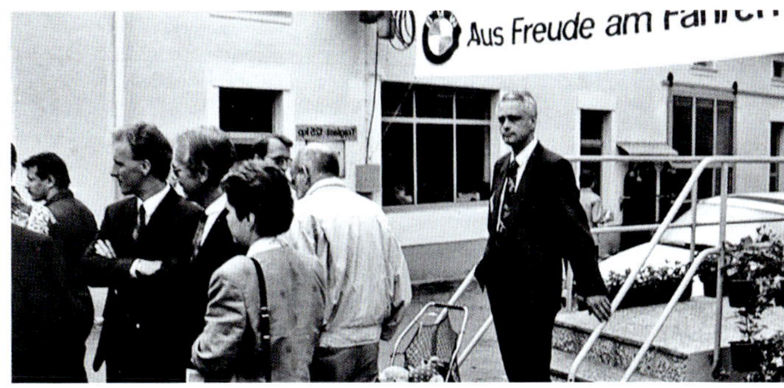

Ulli Melkus, die zentrale Sportlerpersönlichkeit im DDR-Formelrennsport.

So werden die erfolgreichsten Aktivitäten des Sportwagensektors und des Motorradrennsports in den jeweiligen Zeitabschnitten Eingang finden. Auch fällt ein Blick auf die Formelrennsport-Aktivitäten Westdeutschlands, zumindest bis zur endgültigen Trennung gemeinsamer Aktivitäten von Ost und West.

Ich unternehme den Versuch darzustellen, dass in all diesen Zeitabschnitten bemerkenswerte Erfolge, unglaublicher Aufwand und erhebliches persönliches Engagement notwendig waren, wenn man als ostdeutscher Rennsport-Aktiver seine Träume verwirklichen wollte.

Dabei erscheint es mir unwichtig, ob jeder Einzelne zu Höchstleistungen kam. Denn mehrheitlich prägten kollektive Leistungen das Gesamtbild.

Formelrennsport im Osten war immer, auch noch nach der Wende, von erheblichen Defiziten an Material, Geld und Akzeptanz gekennzeichnet. Und mit fehlender Akzeptanz meine ich keinesfalls die ewig ungebrochene Begeisterung und Anerkennung, die den Aktiven seitens riesiger Zuschauerzahlen entgegengebracht wurde. Ich finde nur, dass dieser aufwendige, spannende und ehrliche Amateursport angesichts der erdrückenden Macht des professionellen Rennsports, vor allem auch in den Medien, mehrheitlich völlig unbeachtet geblieben ist – auch wenn regional einige wenige motorsportbegeisterte Journalisten dieses Thema aufgegriffen haben.

Ich bin nach wie vor der Auffassung, dass in den Reihen unserer Aktiven, Mechaniker wie Fahrer, so manches unerkannte Talent geschlummert hat.

Bei entsprechender Förderung hätten diese im Profisport auf sehr hohem Niveau international erfolgreich sein können. Darunter etwa Mechaniker, die perfekte Handwerker und magische Improvisatoren waren und Fahrer, die selbst mit der aussichtslosesten Technik unglaubliche Leistungen vollbringen konnten. Aber wie wir alle wissen – ohne Moos nichts los!

Das Elend des über vier Jahrzehnte beschränkten Formelsports im Osten bestand nach der Wende darin, dass die aktiv gebliebenen Fahrer in kürzester Zeit den Anschluss an den gesamtdeutschen und internationalen Sport vollziehen mussten, um wenigstens halbwegs Fuß zu fassen.

Dies war, ohne die freundschaftliche Unterstützung einzelner Personen im Bereich der ONS, der westdeutschen Sportverbände und Veranstalter nicht möglich. Stellvertretend seien hier Herr Siegesmund von Kahlen (damals Geschäftsführer der ONS), der Düsseldorfer DAMC 05, die Scuderia Kurpfalz und die Porsche Clubs Deutschlands genannt.

Wenig Hilfe war indes von den früheren Sportfunktionären der DDR zu erwarten. Dieselben Leuten, die noch 1989 versucht hatten, Ulli Melkus (ein Fahreridol der DDR) wegen seiner zukunftsträchtigen Kontaktaufnahmen mit westlichen Motorsportlern zu maßregeln, strebten nach der Wende schnellstmöglich selbst in Richtung Westen – die alten Loyalitäten waren schnell vergessen.

Und damit kommen wir zum letzten Punkt meiner »Schreibwut«:

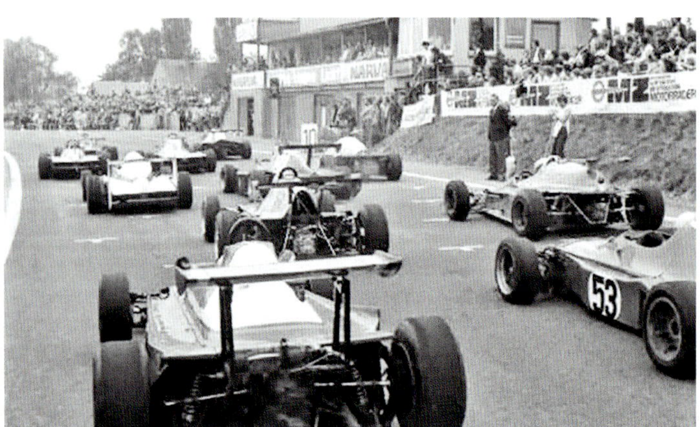

Formel Easter/B8 am Start in Frohburg, Ende der 1970er-Jahre.

Grund 3:

Ich bin in den letzten Jahren immer wieder auf Falschdarstellungen der tatsächlichen Ereignisse aus der Zeit während und nach der Wende hingewiesen worden.

Bei meiner Überprüfung bemerkte ich nicht nur einige wissentliche Fälschungen, sondern auch eine gehörige Portion Ignoranz, was die Leistungen der Formelsportler der Nachwendezeit betrifft.

Die Falschdarstellungen betreffen insbesondere Aktivitäten, die den Erhalt des Rennsportbetriebes und dessen Überführung in den damals wieder möglichen internationalen Rennsport betreffen, sowie Aussagen zu den Rennen selbst.

Sei es infolge von Unwissenheit, Ignoranz oder dem Bestreben, das eigene Federkleid etwas besser mit fremden Federn zu schmücken, in jedem Fall sollte da der Historie wieder auf die Füße geholfen werden.

Demzufolge hat das Ende der Formelsportgeschichte des Ostens (und der DDR) auch nichts mit der teilweise überstürzten Ausmusterung der legendären, aber längst technisch überholten MT 77-Rennwagen zu tun, sondern mit dem finanziell bedingten Zerfall der letzten Rennserie die ihren Ursprung im Osten Deutschland hatte. Diese Rennserie hieß »Formel-2000-Cup« und war der Nachfolger des 1989 in Dresden gegründeten »Formel-Euro-Easter-Cup«.

Bis 1995/96 waren traditionelle DDR-Formelwagen im internationalen Rennbetrieb. Erst ab 1995 begann eine massive Umstellung auf neue Technik und danach waren in den Rennserien des Ostens (Formel Euro/F2000) motorisch und fahrwerkstechnisch nahezu die modernsten Fahrzeuge am Start, die im Amateurbereich verfügbar waren. Da waren neben Chassis von Dallara, Reynard, Eufra, Lotus und modernen Eigenbauten wie dem MB 90 auch Motoren von BMW, VW, Honda, Opel, Ford, Fiat und Renault unterwegs.

Allen Unkenrufen zum Trotz sind im Formel-Euro-Cup, entgegen mancher aktuellen Aussage, auch noch bis 1996 alte DDR-Modelle (HTS und MT 77) mit Sonderstatus im Rennbetrieb gefahren worden.

Umso unverständlicher ist es für mich, dass sich in jüngster Vergangenheit Sportfreunde zu dieser Problematik geäußert haben, die sich zum Zeitpunkt der deutschen Wiedervereinigung aus unserem traditionsreichem Sport längst zurückgezogen hatten und die heute dennoch über Dinge berichten, die sie weder als aktiver Fahrer noch in irgendeiner organisatorischen Form miterlebt haben.

So wurden beispielsweise, wie bereits angedeutet, der »Trabant-Racing-Cup« und der »Formel-Euro-Easter-Cup« eben nicht durch den ADMV initiiert und organisiert, sondern durch den Sportfahrerverband e.V. Der ADMV musste als alte Sporthoheit der DDR diese Rennen nur formell abnicken, weil der Sportfahrerverband zu diesem Zeitpunkt noch keinen FIA-Status hatte.

Erst als der »Trabant-Racing-Cup«, der lange Zeit von allen Aktiven, also auch mit den Geldern der Formelsportler, finanziell gestützt wurde, infolge mangelnder Beteiligung nicht mehr finanzierbar war, übernahm der ADMV dank seiner Mittel den Rest der Fahrerschaft. Und Dank des von mir sehr geschätzten »Vaters des Trabbi-Sports« Helmut Assmann wurden diese Fahrzeuge in den historischen Rennsport begleitet.

Wie die ONS die Problematik der nicht FIA-konformen Fahrzeuge sah, dass den Trabbi-Fahrern auch viele Rennstrecken zu weit weg waren und 12.000 Euro Startgelder für ein Rennwochenende mit lediglich acht Starten nicht zu finanzieren waren, ist in den Abschnitten zu der jeweiligen Rennsaison nachlesbar.

Warum das Konzept des Sportfahrerverbandes zum Erhalt der alten Motorradklassen ebenfalls nicht aufging, erläutere ich im Abschnitt der Jahrgänge 1989 bis 1990 in späteren Kapiteln.

Lange Zeit habe ich überlegt, ob ich dieses Buch überhaupt schreiben solle.

Der Grund für diese Überlegungen lag nicht in der Scheu vor der immensen Arbeit, sondern in der Gefahr, die zurückliegenden Dinge zu subjektiv zu sehen und dabei manchem Beteiligten auf den »Schlips« zu treten.

Deshalb schicke ich diesem Buch eine Entschuldigung voraus für den Fall, dass ich den einen oder anderen mehr oder weniger guten Bekannten, Sportfreund oder Fan zu wenig gewürdigt oder falsch beurteilt haben sollte.

Ich schrieb dieses Buch als Beteiligter, indem ich mich selbst als Rädchen eines Getriebes betrachtete, das aus vielen ineinandergreifenden Komponenten bestand und eben nicht immer nach eigenen Wünschen funktioniert hat.

Einen Anspruch auf Vollständigkeit oder Wissenschaftlichkeit erhebe ich selbstverständlich nicht, denn leider fanden sich immer wieder unterschiedliche Fakten und Aussagen, sowohl in offiziellen Dokumenten als auch im Erinnerungsvermögen der Aktiven selbst. Manches Geschriebene kann daher vermutlich zu Kontroversen führen. Aber was will man machen, wenn sogar in offiziellen Dokumenten der Motorsportverbände unterschiedlich Daten zu Ergebnissen in Rennen und Meisterschaften zu finden sind.

Die tatkräftige Unterstützung vieler ehemaliger aktiver Fahrer, Funktionäre und Insider hat die Fehlerquote hoffentlich weitestgehend minimiert.

Unabhängig von allen weltanschaulichen Problemen und Zugehörigkeiten zu Religionen und Parteien erlaube ich mir eine Art Nachruf für alle die, die sich im und um den ostdeutschen Formelsport verdient gemacht haben. Dazu musste sich manch einer vielleicht sogar verbiegen, denn ohne den Staat und die Partei ging gar nichts.

Zu keiner Zeit war damit – weder für Fahrer, noch für Mechaniker oder Organisatoren – wirklich Geld zu verdienen oder besonderer Ruhm zu ernten. Das gesamte System basierte von Anfang an auf ehrenamtlicher Arbeit, Hobby-Bastelei, Teamgeist, Improvisation, fachlichem Können und viel, viel echter Begeisterung.

Bevor es detailliert wird ...

... beginne ich diesen Abschnitt des Buches mit der Beantwortung einer nahe liegenden Frage, die der weniger motorsportlich interessierte Leser sicher aufwerfen wird:

Was ist Formelrennsport?

Der Formelrennsport ist Bestandteil einer umfangreichen Motorsportpalette. Eingegliedert in den Automobilrennsport, versteckt sich hinter dem Begriff eine Sportart, die mit speziellen Fahrzeugen ausgeführt wird. Diese Fahrzeuge unterliegen einem so genannten Formel-Reglement.

In neuerer Zeit unterscheiden sich Formel-Rennwagen gegenüber anderen Sportwagen optisch gut erkennbar durch ihre freistehenden Räder.

Zu anderen Sportwagen zählen beispielsweise Tourenwagen, Grand Tourismo Wagen (GT), Hypercars und Sondertypen mit ihren jeweils charakteristischen Karosserien.

Formel-Rennwagen im modernen Sinn sind meist Monoposto, also einsitzige, offene Rennwagen mit der bereits beschriebenen freistehenden Rädercharakteristik.

Formel 1, Formel 2, Formel 3, Formel Renault, Formel Opel, Formel Junior und Formel Easter sind Unterkategorien in einer von der FIA unter »Fahrzeuge Gruppe D« geführten Registrierung.

Die Erfindung des Formelreglements geht weit in die Geschichte des Automobils zurück. Auch wenn die damaligen Fahrzeuge nicht den heutigen Prämissen entsprachen, wollte man bezüglich ihrer sportlichen Vergleichbarkeit einheitliche technische Bestimmungen schaffen.

Dies ist mit vielen Wirren und ständigen Änderungen bis heute gelungen, auch wenn die jeweiligen Festlegungen nicht immer nachvollziehbar und mehrheitlich von kommerziellen Interessen getragen waren und sind.

Dabei lässt sich der Motorsport in einen professionellen und einen Amateur-Bereich unterteilen. So stehen auf der einen Seite Firmen und bezahlte Rennfahrer im Mittelpunkt während gleichzeitig viele Amateure in diesem Sport unterwegs sind, die ihren Sport mehrheitlich aus eigener Tasche finanzieren.

Leider stehen die teils beachtlichen Leistungen der Freizeitsportler oft im Schatten des medialen Rummels um den Profisport.

In diesem Buch möchte ich aber auch daran erinnern, dass »der Sport« nie ganz frei von politischer Einflussnahme ist und durch alle Jahrhunderte hindurch immer wieder für politische Ziele benutzt wurde und noch immer wird.

Das begann bereits bei den alten Griechen und Römern und setzte sich durch die Jahrhunderte bis ins Deutschland der Nazizeit oder zu den bei autokratischen Regiemen beliebten sportlichen Großereignissen unserer Tage fort. Und letztendlich versuchte auch die DDR mit ihrer Sportförderung politische Anerkennung durch sportliche Erfolge zu erreichen. So wie die Nationalsozialisten mit Hilfe der Automobilindustrie und ihren Rennboliden die Überlegenheit deutscher Technik demonstrierten wollten, so galt der Sport im Arbeiter- und Bauernstaat als wichtigstes Aushängeschild um den real existierenden Sozialismus attraktiv erscheinen zu lassen.

Dem Motorsport galt dabei nur anfänglich größere Aufmerksamkeit, weil der erste DDR-Präsident, Wilhelm Pieck, ein großer Autofan war. Mit Walter Ulbricht, seines

Zeichens von 1950 bis 1971 SED-Chef, begannen die Einschränkungen und späteren Restriktionen – insbesondere als man in den 1970er-Jahren international den technischen Anschluss verpasst hatte, das Geld knapp wurde und der Motorsport den politisch Verantwortlichen zu elitär erschien.

Das ist bis heute deshalb traurig, weil der Osten für sich in Anspruch nehmen kann, die deutsche Motorsportgeschichte von Anfang an maßgeblich mit geprägt zu haben. Bedauerlicherweise begann für die Motorsport-Szene der DDR jedes Mal, wenn sie mühevoll wieder zur Weltspitze aufgeschlossen hatte, eine neue Krise. Meist bestimmt durch den Mangel an Materialien, Geld und politischem Willen.

Nach 1972 wurde der Motorsport gnadenlos zensiert und argwöhnisch kontrolliert. Er passte nicht mehr recht ins Bild der bescheidenen Arbeiter- und Bauerngesellschaft. Nur wenn es darum ging, durch Motorsportereignisse hunderttausende Mark durch Zuschauereinnahmen zu realisieren, war plötzlich politischer Wille erkennbar. Diese Einnahmen landeten in den Kassen des DTSB (Deutscher Turn- und Sportbund). Neben dem Fußball brachte der Motorrennsport die meisten Einnahmen in die Sportkassen der DDR.

Über den Formelrennnsport des Ostens zu schreiben, bedeutet zwangsläufig die weit gefächerte Palette motorsportlicher Disziplinen zu erwähnen und letztendlich auch allgemeine geschichtliche Zusammenhänge des Motorsports zu beleuchten. Daher finden sich in einigen Kapiteln auch Anmerkungen zur Entwicklung des Sportwagensports, des Tourenwagensports und nicht zuletzt des Motorradrennsports. Auch habe ich am Ende jeder jeweiligen Saison die historischen Formel 1-Weltmeisterschaftsstände eingebettet. Sie sollen lediglich eine zeitliche Nähe zu den geschilderten Ereignissen in Deutschland herstellen.

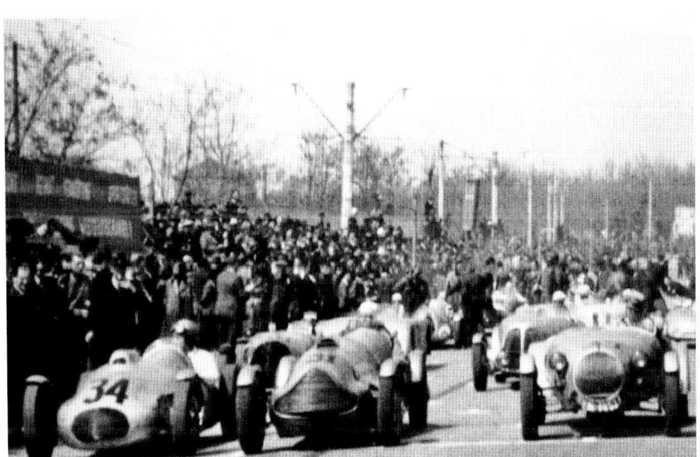

Startaufstellung auf der Halle-Saale-Schleife im Jahr 1951.

Die Geschichte des Formelrennsports im Osten ist eingebettet in ein jahrzehntelanges Agieren deutscher Erfinder, Ingenieure, Fabrikanten, Rennfahrer, Mechaniker und Funktionäre sowie in die Entwicklung des internationalen Motorsports. Sie ist eng verbunden mit dem fortschrittlichen Bemühen und dem Interesse zur Weiterentwicklung der Kraftfahrzeugindustrie und dem Willen der Sportler auf schnellen Maschinen sportlich faire Wettkämpfe auszutragen.

Motorsport zählt heute noch in vielen Ländern als wichtiger Bestandteil des gesellschaftlichen Lebens und dient als Mittler zwischen Sport und Technik. Unterschiedlich gewichtet von Land zu Land ist der Motorsport ein integrales Element im Verbund mit Sportarten der Leichtathletik, des Schwimmens, des Wintersports, des Ballsports und vieler anderer Disziplinen.

Innerhalb des Motorsports finden sich zahlreiche Untersportarten, die sowohl voll professionell als auch rein amateurmäßig ausgetragen werden. Zu ihnen gehören, stellvertretend genannt, der Rallyesport, der Speedwaysport, der Kartsport, der Motorradrennsport, Moto-Cross und Motorbootrennsport.

Aus vielen dieser Disziplinen zog sich die Industrie in der Zwischenzeit zurück, sowohl als Sponsor wie auch als Hersteller. Grund dafür ist nicht zuletzt der allerorts gestiegene Kostendruck in der Industrie.

Speziell im Motorsport hat sich die technische Entwicklung im internationalen Maßstab in eine Richtung bewegt, die sich vom Amateursport mit seinen vertretbaren Aufwendungen weit entfernt hat und die diesen in vielen Fällen nahezu unmöglich macht.

Auch hat der Motorrennsport heute den Pioniercharakter, den er in früheren Jahren für den technischen Fortschritt der Fahrzeuge hatte, größtenteils eingebüßt. Diente der Rennsport früher auch dazu, neue Komponenten zu testen und zur Serienreife zu bringen, so werden heute Entwicklungen aus dem Motorsport als reine Marketingmaßnahmen in Serienfahrzeugen verbaut – und um den Preis zu steigern. Sie komplizieren die Fahrzeuge, machen sie zum Teil anfälliger für Mängel und suggerieren eine trügerische Sicherheit.

Ein Serienfahrzeug mit Formel 1-Sicherheitsstandard würde sicher so Manchen eher dazu verleiten, über seinem Limit zu agieren, als ein Fahrzeug, das deutlich weniger Sicherheit verspricht (aber diese vielleicht dennoch bietet).

Um unsere Straßen sicherer zu machen, braucht es weniger diese vermeintlichen Sicherheits-Komponenten, sondern vor allem den Verstand der Fahrer. Dazu passen in den letzten Jahren die bei vielen Rennen üblich gewordenen Werbeplakate mit Slogans wie »Kein Alkohol und keine Drogen am Steuer«, »Rasen ist keine Kunst«, »Fahren mit Verstand und Verantwortungsgefühl« und ähnliche.

Der »Frustkrieg«, der teilweise auf unseren Straßen ausgetragen wird, nimmt mitunter beängstigende Ausmaße an und das Herabsetzen der Altersgrenzen für den Fahrerlaubnis-Erwerb ist weniger eine Geste an die Jugend, als der Versuch neue Käuferquellen für die Autoindustrie zu finden.

In den letzten Jahren redet trotz der aktuellen Klimaschutzdebatte kaum jemand mehr vom 2-Liter-Verbrauch für Pkw. Stattdessen werden die Kisten immer dicker und die teils enormen Leistungsparameter der Boliden mutet man Fahrern zu, die eigentlich gar nicht dafür geeignet sind. Dreihundert PS oder mehr wollen erst einmal beherrscht werden. Rasen ist keine Kunst, aber Autos mit völlig überdimensionierten Leistungsparametern sind eine Waffe.

Für den Motorsport sollte daher jede Rennsportveranstaltung in erster Linie auch ein Beitrag dazu sein, dem Menschen die Grenzen seiner eigenen Leistungsfähigkeit klar zu machen und ihm die Gesetze der Physik zu verdeutlichen.

Motorsport ist in der Breite (soweit möglich) eine tolle Freizeitbeschäftigung, Freude und Entspannung. In einem Team ist es Gemeinschaftsarbeit, geteilter Erfolg, gegenseitige Achtung und Fairness.

Motorsport ist die Summe unzähliger Details wie Einsatzbereitschaft, Zuverlässigkeit, Organisation, fahrerisches und technisches Können, Ausdauer und Präzision. Es kommt nur darauf an, sich reale Grenzen zu setzen.

Motorsport ist, ohne andere Sportarten herabwürdigen zu wollen, eben etwas mehr als der Kauf eines bunten Trikots und eines Balls, um Sport treiben zu können. Er forderte zu allen Zeiten und in allen Regionen viele persönliche Zugeständnisse und finanzielle Opfer. Und so wird es bleiben, auch wenn man die heutigen Zeiten in keiner Weise mit den zurückliegenden vergleichen kann.

Heute kann jemand mit Sport in wenigen Jahren so viel Geld verdienen, wie es ein durchschnittlicher Arbeiter, Angestellter oder Arzt in zehn Leben nicht verdienen kann. Das bringt eine langsam verwahrlosende, werteverlustige Gesellschaft nun mal so mit sich.

Von daher sehe den modernen Sport unter sehr ambivalenten Gesichtspunkten. Speziell im Rennsport ist es sicher an der Zeit, etwas dagegen zu unternehmen, dass der Fahrer ein von der Box gesteuertes Individuum ist, das in einem elektronisch überladenen Boliden sitzt und mehr von den Impulsen der Netzwerke als von seinem eigenen Können abhängig ist. Wenn ein Manager in der Boxengasse darüber bestimmt, wie schnell ein Fahrer fahren darf und wann er bremsen soll, weil die superschnellen Auswerte-Statistiken diese Werte ermittelt haben, dürfte das dem Ende der sportlichen Aussagekraft sehr nahe kommen.

Ohne Zweifel bleibt der Rennsport dennoch eine Hochleistungsdisziplin und ich will den Fahrern keinerlei schlechtes Urteil ausstellen. Ich denke aber, viele von ihnen wünschen sich alte Zeiten zurück, in denen die Individualität der Hauptmaßstab war.

Was die Vermarktung des Rennsports in den Medien betrifft, so sehe ich da dringenden Handlungsbedarf, damit diese Veranstaltungen keine Event-Inszenierungen nach Drehbuch werden.

Diejenigen, die in diesem Sport lediglich das Show-Event sehen und ihre Sensationslust durch spektakuläre Unfälle befriedigen wollen, gehören ganz bestimmt nicht zu den Millionen von Zuschauern, die über die vielen Jahrzehnte dem Motorsport die Treue gehalten und ihn motiviert haben.

Ohne die Begeisterung der Zuschauer ist jedes Rennen für die Aktiven um ein ganzes Stück ärmer. Und immer und überall die Formel 1 als Maßstab zu nehmen ist dabei völlig fehl am Platz! Es gibt kaum eine kommerziell mehr ausgereizte Sportart als diese.

Von Anfang an war Motorsport getragen von der ehrlichen Resonanz der Besucher und eine Sache unermüdlicher, meist ehrenamtlich arbeitender Menschen, die als Helfer, Funktionäre oder als Aktive neben ihren sonstigen Aufgaben tätig waren.

In Deutschland erlangte der Motorsport besonders in den Jahren zwischen dem Ersten und dem Zweiten Weltkrieg einen weltweit einmaligen Aufschwung. Durch die Förderung der nationalsozialistischen Machthaber und Unmengen von Geld wurde er allerdings zum Spielball der Propaganda und erlitt dadurch trotz enormer technischer und fahrerischer Leistungen einen erheblichen Imageverlust.

Nach dem Zweiten Weltkrieg wurden deutsche Fahrer und Teams europaweit gemieden. Internationale Rennen, soweit es sie überhaupt gab, fanden ohne deutsche Beteiligung statt. Unmittelbar nach dem Krieg bewegte man sich zwar in den Besatzungszonen politisch anfänglich noch auf gemeinsamer friedvoller, antifaschistischer Grund- und Interessenlage. Das änderte sich aber spätestens mit der Gründung der beiden politisch souveränen deutschen Staaten. Aus Verbündeten wurden schnell neue Gegner.

Zwar glaubten die Motorsportler, wie viele andere Menschen auch, noch bis Anfang der 1950er-Jahre an eine rasche Wiedervereinigung Deutschlands. Dies hatten die alliierten Siegermächte aber nie wirklich im Sinn. Die möglichst lange Spaltung Deutschlands stand auf der Agenda so manches namhaften Staatsmannes.

Noch 1952 finden sich in verschiedenen Rennprogrammheften Parolen wie »Deutsche an einen Tisch«, »Gegen Remilitarisierung und für den Abschluss eines Friedensvertrages«, sowie »Deutschland einig Vaterland«. Es mussten aber noch fast fünf Jahrzehnte vergehen, bis dieser Gedanke Wirklichkeit werden konnte.

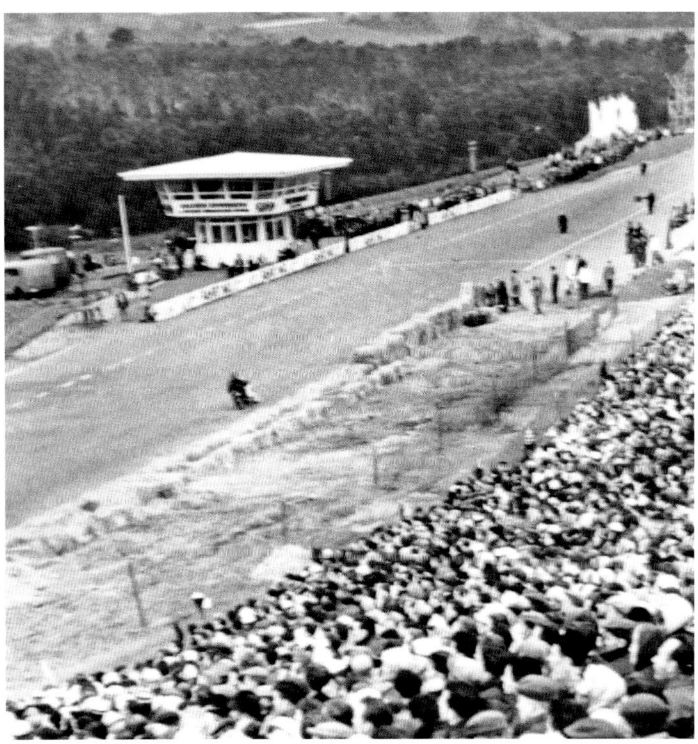

Zuschauermassen auf der Haupttribüne am alten Sachsenring 1964.

In der Zwischenzeit nahmen, nach anfänglich noch gemeinsamen Rennen und Meisterschaften, spätestens ab 1972 die rennsportlichen Aktivitäten in Ost und West sehr unterschiedliche Wege, wie die nachfolgenden Kapitel verdeutlichen werden. Der Motorrennsport (einschließlich dem der Zweiradpiloten) war im öffentlichen Bild der DDR Jahrzehnte lang eine wenig beachtete, aber zum Teil sehr erfolgreiche Sportart.

Stellvertretend sollen hier nur die Erfolge im Rennwagensport, sowie bei Internationalen Rallyes, bei Motorradrennen und den Six-Days-Wettbewerben genannt werden. In den 1950er- und 60er-Jahren boten Fahrer und Fahrzeuge aus dem Bereich des DDR-Straßenrennsports internationalen Konkurrenten massiv Paroli. Dabei fuhren Rennwagen aus Eisenach und Motorräder aus Zschopau zahlreiche internationale Spitzen-Ergebnisse ein.

In den Glanzzeiten der Zweiradpiloten dieser Jahre fanden sich auf den Startplätzen an Queckenberg (Sachsenring) und Buchhübel (Schleiz) so prominente Fahrer und Weltmeister wie Giacomo Agostini (Italien), Mike Hailwood (Großbritanien), Luigi Taveri (Schweiz), Matsumoto Katayama (Japan), Phil Read (Großbritanien), Jim Redman (Rhodesien) und Bill Ivy (Großbritanien).

Die Motorradwerke Zschopau (MZ) kämpften damals gegen Honda, Suzuki und Yamaha um den Weltmeistertitel, den sie leider im letzten Rennen der erfolgreichen 1972er-Saison infolge eines Motordefekts verloren.

Trotz der Orientierung dieses Buches mit Hauptaugenmerk auf dem Formelrennsport sollen diese Erfolge in den jeweiligen Kapiteln Erwähnung finden.

Die auf den folgenden Seiten aufgezählten Meisterschaftsstände und Namensnennungen entsprechen den vorgefundenen Archivmaterialien, eigenen Aufzeichnungen und Zuarbeiten ehemals aktiver Fahrer und Funktionäre. Wir konnten nur das berücksichtigen, was sich in irgendeiner Statistik wiederfand. Sollten wir jemanden vergessen haben, ist das keine Ignoranz sondern schlichtweg fehlende Information. Für korrigierende oder vervollständigende Informationen bin ich daher dankbar!

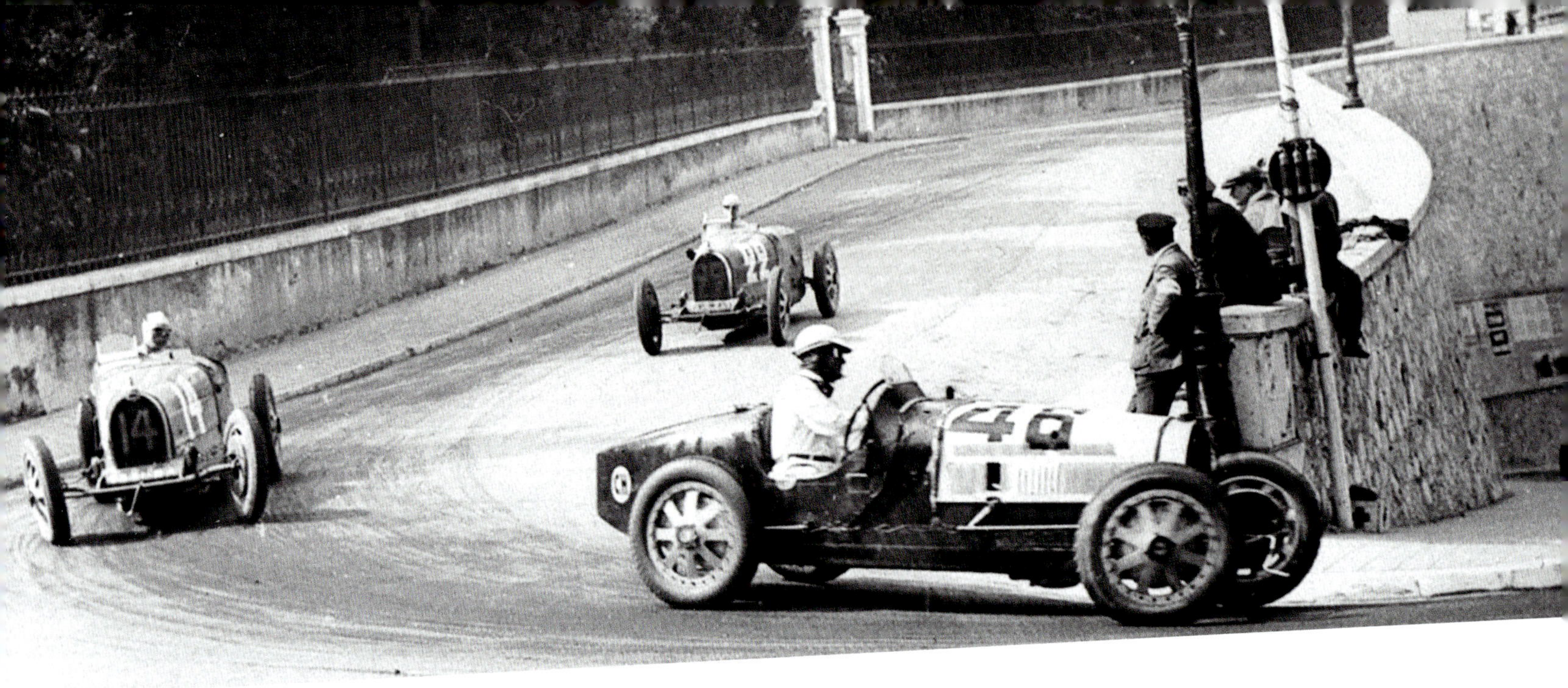

Vom Anfang der Rennsportgeschichte über die 1930er-Jahre bis hin zum Zweiten Weltkrieg

Deutschland etabliert sich als Motorsportnation

Eine Betrachtung über alles, das mit dem Rennsport zusammenhängt kann man nicht realisieren, ohne einen Blick auf dessen Ursprung zu werfen: Die Erfindung des Verbrennungsmotors. Ohne ihn würde sich heute kein mechanisches Rad drehen. Hierzu möchte ich aber einen weit verbreiteten Irrtum korrigieren, der im Zusammenhang mit dem Beginn der Automobilgeschichte steht.
Es ist fast völlig in Vergessenheit geraten, dass der erste Verbrennungsmotor eben nicht 1876 durch Nicolaus August Otto entwickelt wurde, sondern bereits 1637 durch den niederländischen Physiker Christiaan Huygens. Er hatte einen Kolben mittels Schießpulver zur Aktion gebracht und war der völlig korrekten Auffassung, dass mit dieser Technik Wagen angetrieben werden könnten. Praktisch wurde dieses Prinzip aber zunächst schnell verworfen und geriet so leider alsbald in Vergessenheit.

Daher verhält es sich in diesem Bereich ähnlich wie mit der Entdeckung Amerikas durch Christoph Columbus. In Wirklichkeit waren die Wikinger bereits viel eher in der Neuen Welt als der Weltumsegler aus Genua in spanischen Diensten. Aber der Ruhm wurde ihm zugesprochen.

Noch verrückter wird die Geschichte des Verbrennungsmotors, wenn wir wissen, dass die Franzosen die Sternstunde dieser Erfindung für sich beanspruchen: Etienne Lenoir soll bereits 1860 einen Wagen mit Gasverbrennungsmotor betrieben haben. Er habe damit den ersten praktischen

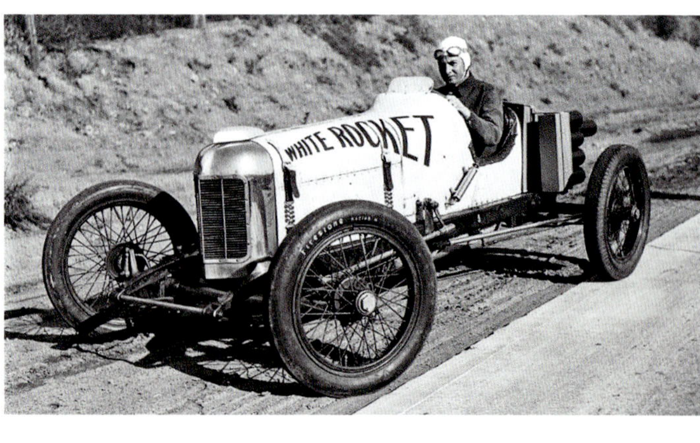

Beweis für die Funktionalität angetreten, behaupten die Franzosen und liegen dabei vielleicht gar nicht so falsch. Die Saga des Ottomotors als Ausgangspunkt der Automobilgeschichte schwankt daher erheblich. Noch dazu, weil es diesbezüglich endlose Patentstreitigkeiten gab, die sogar eine Aufhebung des Otto-Patents nach sich zogen.

Diese Tatsache nutzend, konnten Carl Benz und Gottfried Daimler, die Pioniere der deutschen Automobilisierung, ab 1886 ohne Probleme und mit wachsendem Erfolg Otto-Motoren nachbauen. Ihr Ruhm, den ersten serienmäßig gefertigten, gebrauchsfähigen Benzinmotor hergestellt zu haben, ist daher unstrittig.

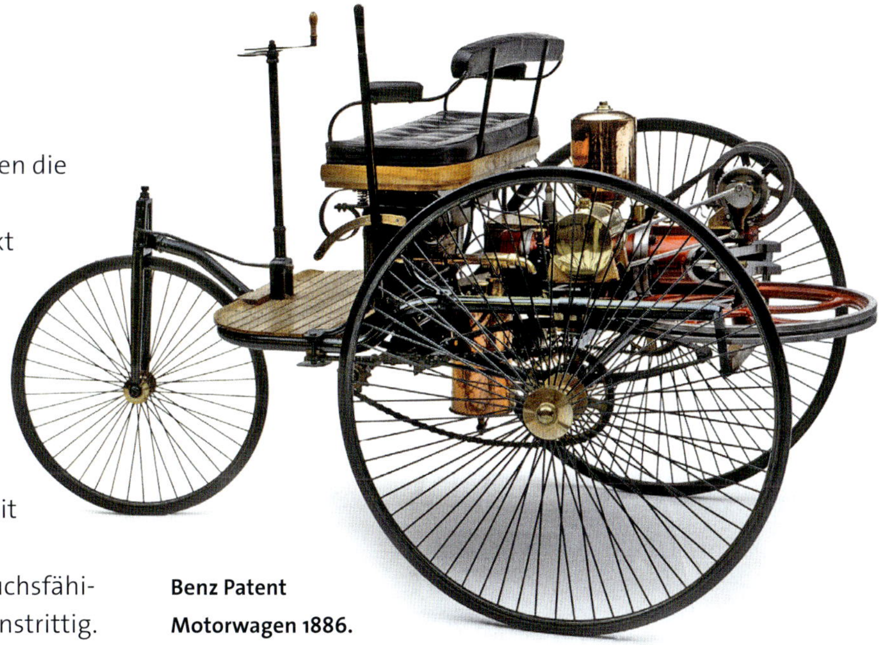

Benz Patent Motorwagen 1886.

Damit war der Anfang einer sagenhaften technischen Entwicklung gekennzeichnet, die heutzutage gern ins Grab gelegt werden soll zugunsten des Elektroantriebs. Ich bezweifle aber, dass es in den nächsten 25 Jahren keine Verbrennungsmotoren mehr geben wird. Zum einen hat kaum eine andere technische Errungenschaft über so anhaltend lange Zeit so viel Innovationen hervorgerufen und damit enormen Einfluss auf das gesamte Leben der Menschheit genommen und zum anderen ist Auto fahren mit künstlichem Summen und automatischer Steuerung für den wirklichen Fahrgenießer eben keine Alternative.

Die Gründungsdaten nahezu aller großen deutschen Automobil- und Motorradfabriken gehen bis in jene Zeiten zurück, in denen die Kraftfahrzeuge das Rollen lernten. Dies gilt auch für die zahlreichen Zulieferer. Fortschrittliche Techniker und progressive Fahrerpersönlichkeiten haben den jeweiligen Marken über nahezu 100 Jahre ihren heutigen Glanz und ihr Gepräge verliehen. Vielleicht wird ein Auto mit ordentlichem Motor dereinst ein Luxusgegenstand.

Bei der Betrachtung der Geschichte des ostdeutschen Formel-Rennsports kommt man daher nicht umhin, dessen internationalen Ursprung und die ursprünglich gemeinsame deutsche Geschichte in Betracht zu ziehen.

Um die Jahrhundertwende befassten sich in Europa zahlreiche Pioniere mit dem Bau von Gefährten, die aus eigener Kraft größere Wegstrecken zurücklegen konnten. Praktiziert wurde mit Zwei-, Drei- und Vierradmobilen, mit Dampfmaschinen, Gasmotoren und (man lese und staune) sogar mit Elektroantrieben. Das Hauptaugenmerk galt allerdings den Benzinmotoren.

Auch im Zweiradbereich begann damals eine stürmische Entwicklung, an der die Deutschen reichlichen Anteil hatten: Im Jahre 1892 brachte die Firma Hildebrandt & Wolfmüller aus München ein Fahrzeug zum Einsatz, das man auf den Namen »Motorrad« taufte.

Die Firma Benz zeigte auf der Weltausstellung in Chicago 1893 den ersten (bereits 1886 gebauten) Motorwagen der Geschichte. Ein Gefährt, das heute noch als spektakulär und optisch eindrucksvoll bezeichnet werden kann.

Als man etwa 1895 zum ersten Mal das Wort »Automobil« für Gefährte mit Verbrennungsmotor einführte, war im technischen Bereich bereits ein relativ stabiler Entwicklungsstand erreicht. Man geht heute davon aus, dass bis 1920 nahezu alle wichtigen Teile für ein funktionierendes Automobil erfunden und patentiert waren.

So wurden um 1900 bei Bosch bereits zuverlässige Zündanlagen gefertigt. Und schon vorher gab es von Dunlop und Michelin entwickelte, brauchbare Reifen. Bremsen, Getriebe und Vergaser funktionierten mit relativer Präzision.

Und während sich die Techniker mit der Weiterentwicklung dieser Bauteile befassten, fanden sich Fahrerpersönlichkeiten (die mitunter selbst Techniker waren), deren Bestreben in sportlichen Vergleichen lag. Kaum hatte man das Auto zum Fahren gebracht, da wollte man demonstrieren, wer die bessere Technik hat und damit besser umgehen kann.

Von Anfang an gehörten daher Wettkämpfe zum Bestandteil der Automobilgeschichte. Deutsche Erfinder, Wagenbauer und Fahrer waren von Beginn dieser internationalen Rennsportgeschichte an in diesem Prozess involviert.

Stellt sich nun die Frage nach dem Beginn der **Rennsportgeschichte.**

Das von Dampfwagenbauer Graf Albert de Dion am 22. Juli 1894 angeregte und von Pierre Giffard initiierte Rennen für selbstbewegliche Fahrzeuge (Wagen ohne Pferde) über 126 Kilometer von Paris nach Rouen zählt heute als erstes »Automobil«-Rennen der Welt.

Als Wettbewerbsregel wurde festgelegt, dass die Wettbewerbsfahrzeuge ohne Gefahr für Leib und Leben handhabbar und nicht zu teuer im Betrieb sein sollten.

Es meldeten sich 120 Fahrer mit recht seltsamen Gefährten, wovon bereits der größte Teil beim Start nicht vom Fleck kam. Von den immerhin 21 tatsächlich gestarteten Wagen erreichten dann 15 das Ziel. Darunter waren sieben mit Dampf betriebene Fahrzeuge. Die Benzinmobile stammten von Panhard & Levassor, Peugeot und Daimler. Der Sieg dieses Rennens ging an den de Dion-Bouton Dampfwagen, sozusagen der erste »Formel 1-Bolide« seiner Zeit.

Nach diesem Ereignis festigte die Gründung des Automobile Club de France (AFC) die Ära des Motorsports. Erste »Rennen« wurden planvoll organisiert, womit man die so genannten Stadt zu Stadt-Rennen ins Leben rief. Anfänglich wurden diese Veranstaltungen nur zwischen französischen Städten realisiert, später dann über Ländergrenzen hinweg.

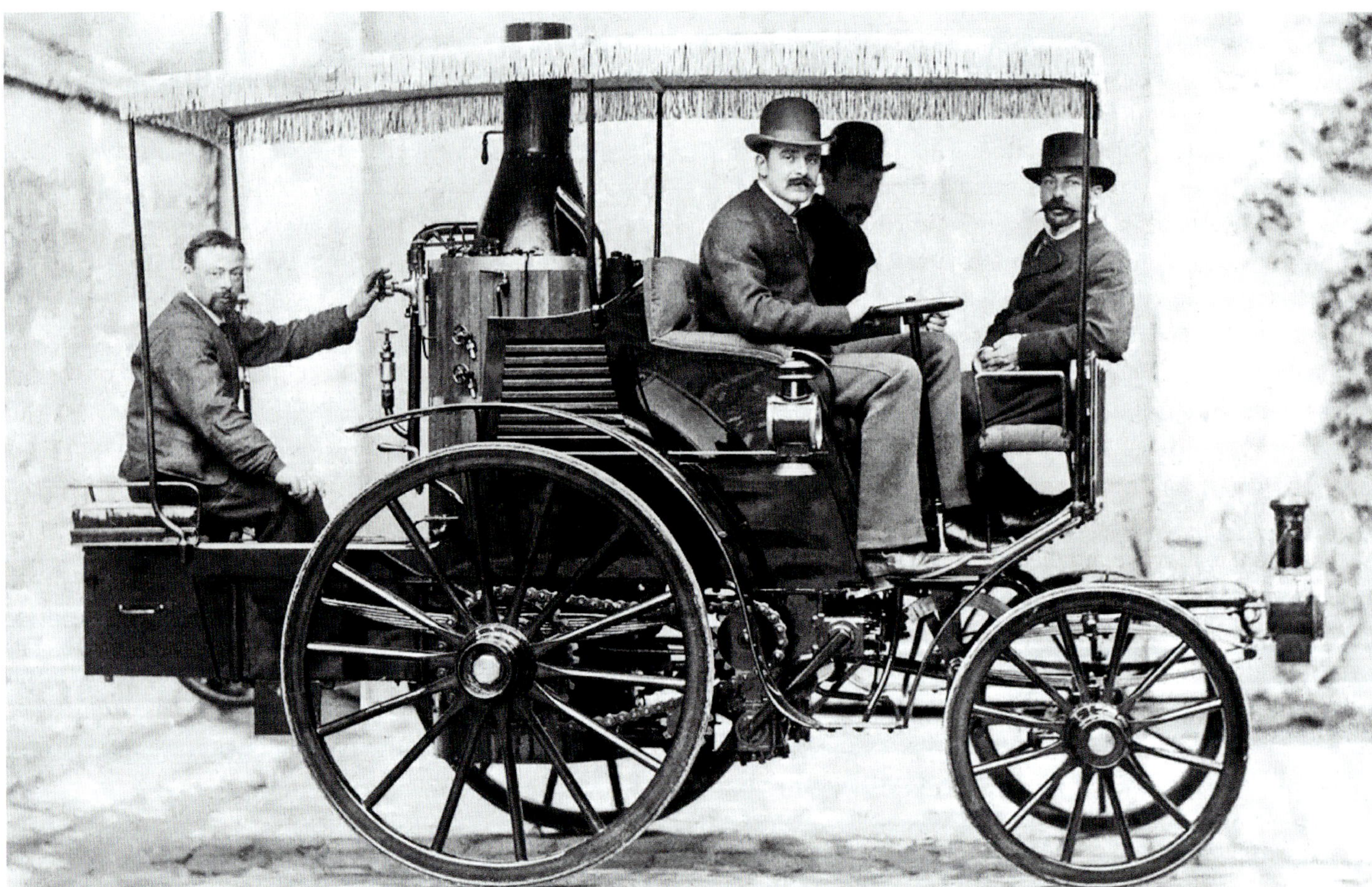

De Dion Bouton Et Trapardoux Dos-A-Dos Steam Runabout.

Die Dominanz der Dampfwagen hielt in der Folgezeit noch eine ganze Weile an – schließlich handelte es sich um eine bereits erprobte Technik und die neuen Benzin- und Gasmotorenwagen waren noch recht unzuverlässig. Letztendlich waren es aber Otto- und Dieselmotoren, die den Aufschwung in der Automobiltechnik brachten.

Da es nicht in erster Linie allgemeine »Endverbraucher-Anforderungen« waren, die den Ehrgeiz der Techniker beflügelten, sondern eher persönliche Rivalitäten, förderte der sportliche Wettbewerbsgedanke immer wieder die Entwicklung neuer Technologien und Lösungen sowie spektakulärer Wagen.

Neben der Motorentechnik beeinflussten diese Anfänge des »Motorsports« in gleichem Maß auch die Entwicklung anderer Industriezweige, wie diejenige der Reifenindustrie, der Ölindustrie und anderer Zulieferer am »Gesamtkunstwerk« Automobil.

Das Automobil wurde zum Zugpferd einer fortschrittlichen Industrie. So reichen auch die Gründungsdaten vieler Zulieferfirmen wie beispielsweise Bosch, Fichtel & Sachs, Zenith, Solex und Continental bis in jene Zeit zurück. In diesen Anfangsjahren dienten Autorennen in erster Linie dem Nachweis der Zuverlässigkeit und Bedienbarkeit der neuen Gefährte. Nicht selten wurden »Rennstrecken« befahren, die über hunderte Kilometer führten und Feldwegen glichen.

Das erste Rennen von Paris nach Rouen 1894, an dem bereits die deutschen Konstrukteure Carl Benz und Gottlieb Daimler teilnahmen, führte über holprige Pflasterstraßen, Wald- und Feldwege. Gleiches ist vom ersten Bergrennen 1897 von Nizza nach La Turbie bekannt. An geteerte Straßen war damals noch nicht zu denken. Umso beachtlicher ist es aus heutiger Sicht, wenn auf diesen Strecken ein Auto nicht restlos auseinander gefallen war, bevor es ins Ziel kam.

Mitunter waren Zuverlässigkeitsfahrten angesetzt, die über hunderte Kilometer gingen. So gab es Rennen von Paris nach Bordeaux und zurück über 1.200 Kilometer. Und das Rennen von Peking nach Paris von 1907 über sagenhafte 16.000 Kilometer sucht heute noch seinesgleichen.

In jenen Jahren lag der Schwerpunkt der »Rennsportszene« eindeutig in Frankreich. Dort wurden 1899 gleich zwölf Rennen ausgeschrieben, an deren Ende auch jeweils ausschließlich französische Erfolge standen.

In der normalen Bevölkerung gab es für diese Spektakel mehrheitlich kein Verständnis. Man sah darin eher ein sinnloses Tun, das ein unanständiges Maß an Lärm produzierte. Und der Dreck der rasenden Automobile wurde als sehr störend empfunden.

Die zwischenzeitlich erreichten Höchstgeschwindigkeiten jenseits der 100 km/h und die allgemeinen Leistungsparameter der Rennfahrzeuge zogen bald reichlich Probleme bei der Renndurchführung nach sich. Bereits beim Rennen von Paris nach Madrid (1903) kam es zu ersten Todesfällen unter Fahrern und Zuschauern. Ein Umdenken war erforderlich.

In vielen Fällen wurden Rennen kurzerhand von Amts wegen verboten. Wenn Rennen überhaupt genehmigt wurden, so musste sichergestellt werden, dass die Strecken ausreichend präpariert wurden um Schadensfälle möglichst auszuschließen.

Aus technischer Sicht etablierten sich neue Fahrzeughersteller in der Szene und die alten stabilisierten ihr Dasein in jenen Tagen. Carl Benz hatte 1879 den ersten funktionsfähigen Zweitaktmotor entwickelt und so entstand 1883 die von Carl Benz gegründete Mannheimer Gasmotorenfabrik. Dort fertigte man in den ersten vier Monaten nach Produktionsaufnahme sagenhafte 800 Stationär-Motoren für die Industrie. 1886 erhielt das Unternehmen dann das Patent auf ein dreirädriges Gefährt (Ligroingas-Veloziped), den Benz Patent-Motorwagen. Benz & Cie. wurde somit zum ersten deutschen Automobilhersteller, der in der Folgezeit weitere drei- und vierrädrige Fahrzeuge auf den Markt brachte. Weitere deutsche Hersteller folgten bald.

1890 gründete Gottlieb Daimler die Daimler Motorengesellschaft in Cannstadt, die 1900 nach Untertürkheim umzog. Im Wesentlichen produzierte man in diesem Werk Schienenwagen und Lkw.

Ein Kunde dieser Firma war der österreichische Großkaufmann Emil Jellinek, der als Generalkonsul in Nizza mit seinem Daimler Motorwagen für viel Aufsehen sorgte. Er erkannte sofort ein neues Geschäftsfeld und ließ in Deutschland zahlreiche Fahrzeuge zum Weiterverkauf an gut betuchte Adlige und Aristokraten bauen. Im April 1900 beauftragte er Daimler und dessen Chefkonstrukteur Wilhelm Maybach ein besonders schnelles, leichtes und sicheres Auto herzustellen. Er bestand darauf, diesen Wagen nach seiner zehnjährigen Tochter Mercedes zu benennen. So entstand das erste serienmäßig gefertigte und als Rennwagen konzipierte deutsche Fahrzeug. 1902 ließ sich die Firma Daimler den Namen »Mercedes« als Marke schützen. Dieser Name ging als maßgebliches Erbe in die Fusion mit Benz und in die Geschichte des Fahrzeugbaus sowie des Motor-Rennsports ein. Der Erfolg, den Daimler mit seinem Deal verbuchen konnte, brachte weitere Hersteller auf den Plan. Zeitgleich mit der Gründung der Firma Dürkopp & Co 1896 entstand in Thüringen die Fahrzeugfabrik Eisenach, die sich anfänglich zwar nur mit Zweiradfahrzeugen befasste, die aber bereits 1898 den ersten Wartburg-Motorwagen auf den Markt brachte. Dabei ließen es die Eisenacher aber nicht bewenden. Bereits ein Jahr später (1899) bauten sie einen Rennwagen mit zwei luftgekühlten Motoren, die es bei 8 PSh immerhin auf 65 km/h brachten. Diese Wagen kamen bei verschiedenen kleineren Rennen erfolgreich zum Einsatz.

Ein erhebliches Aufflackern bedeutete der 27. Platz beim Rennen Paris–Wien (1902) durch Fritz Kirchheim mit einem Wartburg in der Kategorie »Leichte Wagen bis 650 kg«. Sieger des Rennens wurde der Franzose Marcel Renault, einer der drei Gründungsbrüder der gleichnamigen Autofirma.

Ab 1900 verstärkte die ostdeutsche Firma daher ihr Motorsportengagement: 1901 nahmen Wartburg-Fahrzeuge sogar am Rennen Paris–Berlin teil. Allerdings zeigten sich in diesem Rennen auch die Grenzen der damaligen Automobilbaukunst in Deutschland.

Bereits 1900 verhalf die Stiftung eines Internationalen Preises für Autorennen durch den Verleger des »New York Herald«, Gordon Bennett, dem Rennsport zu neuen Ufern. Mit der Presse im Rücken kam auch mehr Akzeptanz in der Bevölkerung. Autorennen wurden »chic«!

Das vom französischen Automobilclub diesbezüglich ausgearbeitete Reglement, die »Gordon-Bennett-Formel«, gilt heute als erste Rennsportformel überhaupt.

Nach weiteren schweren Unfällen, bei denen 1900 mit Hermann Braun auch der erste deutsche Rennfahrer starb, wurden Änderungen in der Renndurchführung erforderlich. Nachdem das Rennen Paris–Madrid 1903 wegen zahlreicher Unfälle abgebrochen werden musste, entstand ein völlig neuer Renn-Typus: Ab 1904 begann die Zeit der Rundstreckenrennen.

So wurde beispielsweise der erste Grand Prix 1906 in Le Mans über eine kürzere Strecke ausgefahren, die mehrfach umrundet wurde. Diese Tendenz verstärkte sich in den Folgejahren vor allem auch deshalb, weil die so zur Schau gestellte Technik den Zuschauern wiederholt vorgeführt werden konnte. Die Hersteller entdeckten die Rennen als

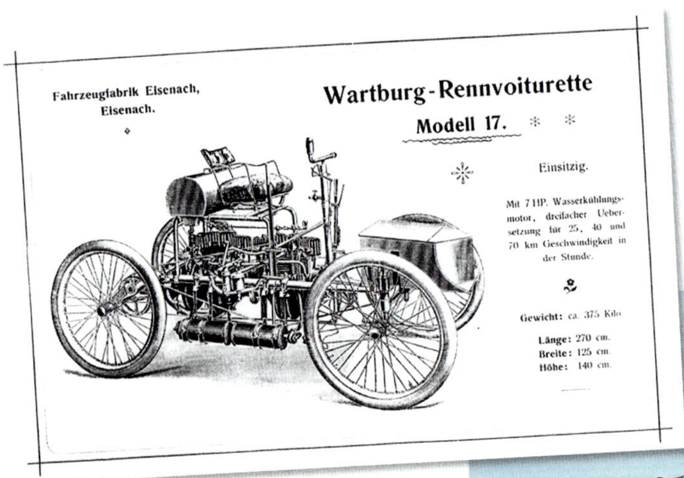
Fahrzeugfabrik Eisenach, Eisenach.

Wartburg-Rennvoiturette

Modell 17.

Einsitzig.

Mit 7 HP. Wasserkühlungsmotor, dreifacher Uebersetzung für 25, 40 und 70 km Geschwindigkeit in der Stunde.

Gewicht: ca. 375 Kilo

Länge: 270 cm.
Breite: 125 cm.
Höhe: 140 cm.

Wartburg-Rennwagen von 1899.

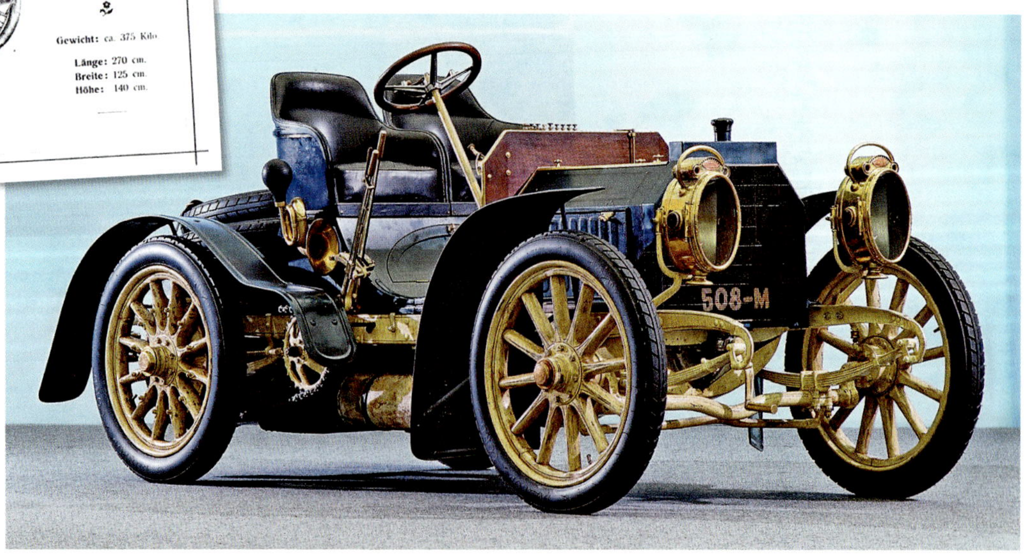

Der erste deutsche Formel Rennwagen, Mercedes Simplex 1902.

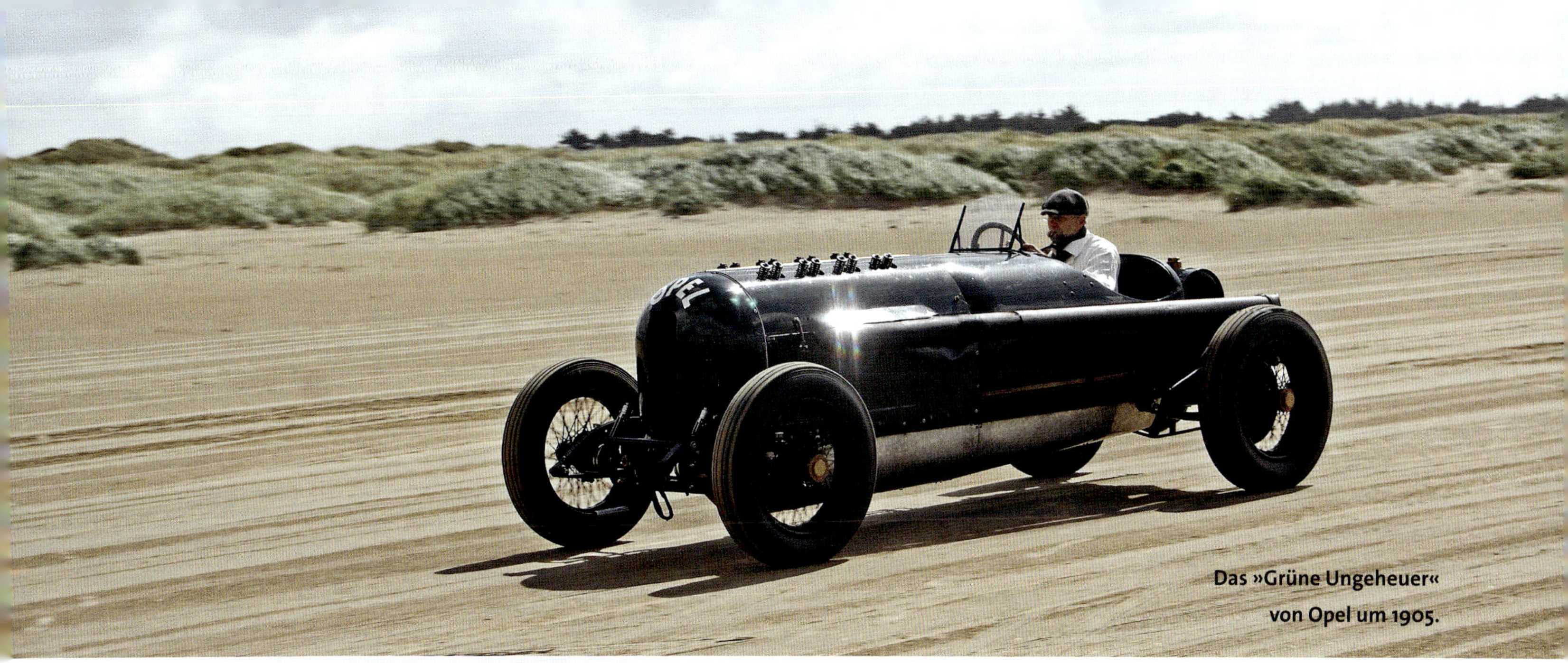

Das »Grüne Ungeheuer« von Opel um 1905.

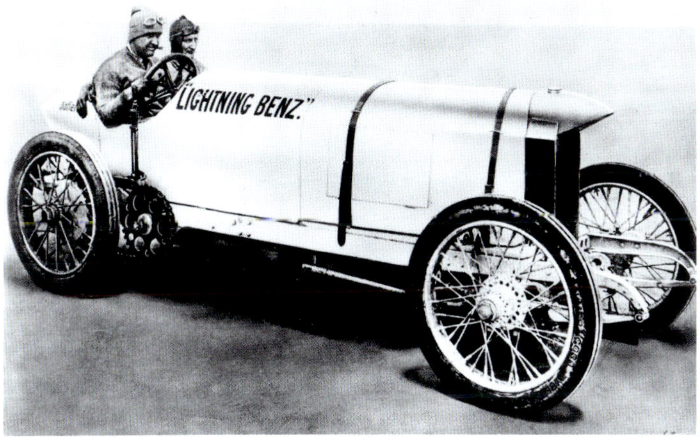

Der »Blitzen-Benz« von 1909.

Bühne, um Kaufinteressenten anzuwerben. Die Zeit der Selbstdarstellung einzelner Personen war vorbei. Firmeninteressen traten mehr und mehr in den Vordergrund. Deutschland spielte in diesem Rummel noch keine große Rolle. Streckentechnisch war im Kaiserreich nicht allzu viel los.

Das erste bemerkenswerte Rennen in Deutschland fand im April 1898 mit dem Rennen Berlin – Potsdam – Berlin statt. Nachträglich gab es aber kaum Resonanz.

1902 trat die Daimler Motorengesellschaft mit dem »Mercedes Simplex« auf die Bühne. Dieser erste echte Formel-Rennwagen dominierte in den Folgejahren die Szene. Beim Gordon-Bennett-Rennen 1903 errang Camille Janatzky (der Rote Teufel) mit diesem Wagen den ersten internationalen Sieg für Daimler.

Als Anerkennung dieser Leistungen wurde das Grand Prix-Rennen 1904 nach Deutschland vergeben.

Dieses fünfte Rennen nach der Gordon-Bennett-Formel fand bei Bad Homburg statt und bedeutete eine Aufwertung der deutschen Rennsportszene, die sogar dem Kaiser nicht verborgen blieb. Die rund 500 Kilometer beim »Kaiserpreis« ergaben sich aus vier Runden auf der Taunusstrecke über Weilburg, Limburg, Idstein, Königstein und Bad Homburg.

Im illustren Teilnehmerfeld mit Wagen von Fiat, Mors, Brasier und Pipe fanden sich auch Austro-Daimler und Benz – Fritz Opel fuhr auf Opel.

Die Presse trug dazu bei, die Automobilszene salonfähig zu machen. Reißerische Berichte über das Renngeschehen machten mehr und mehr Deutsche auf die neue Technik aufmerksam. Hinzu kam, dass sich in jenen Tagen Achtungserfolge deutscher Automobilisten mehrten.

Mit Beginn des ersten Jahrzehnts des 20. Jahrhunderts sorgten dann die Erfolge deutscher Automobilbauer wie Benz und Opel bereits für Furore. Christian Friedrich Lautenschlager und Karl Jörns hießen die Fahrer hinter dem Steuer. Und mit dem »grünen Ungeheuer« von Opel war ein sehr imposantes Fahrzeug entstanden, das sogar aus heutiger Sicht noch beeindruckend ist.

Typisch für die Zeit waren, infolge einer Regelfestlegung der jeweiligen Rennveranstalter, große Kolbenflächen und enorme Hubräume.

Mercedes baute damals einen Motor mit 13,6 Liter-Hubraum (!). Kein Wunder, dass 1909 bei einem Rennen dann bereits die 200 km/h-Grenze durch einen Benz, den sogenannten »Blitzen-Benz«, mit einem Motor jener Kategorie überschritten wurde.

Allein diese Leistungssteigerungen machten wiederum neue Sicherheitsregeln erforderlich. So entstanden, für die damaligen Möglichkeiten, nahezu perfekte Rennstrecken, die einerseits dem normalen Straßenverkehr dienten, die aber bei Bedarf als sichere Rennstrecken präpariert werden konnten.

In erster Linie wurde der Straßenbelag verbessert und die Straßenbreite vergrößert. Zuschauerplätze wurden in sichere Zonen verlegt. Damit waren die Zeiten vorbei, als die Rennfahrzeuge den Zuschauern noch beinahe über die Zehen gefahren sind.

Im technischen Bereich hatte die holländische Firma Spyker zwischenzeitlich (1903) den ersten allradgetriebenen, zweisitzigen Rennwagen mit Verbrennungsmotor gebaut. Diese Technologie war ein Meilenstein – sie verbesserte das Traktionsverhalten der Fahrzeuge erheblich. 1907 zog Daimler mit dem »Dernburg-Wagen« nach.

Daraus ist zu ersehen, wie massiv auf dem Automobilsektor entwickelt wurde. Da aber die Verkaufszahlen mit dem steigenden Bedarf an Geldern für Forschung und Entwicklung nicht Schritt hielten, kamen viele kleine Autobauer in Schwierigkeiten und verschwanden wieder vom Markt. Diese Marktentwicklung führte dazu, dass auch Daimler und Benz 1926 zur Daimer-Benz AG fusionierten. Ein Schwergewicht der Automobilindustrie war geboren!

Mit Siegen durch G. Masetti (1922) auf einem Mercedes GP und durch C. Werner (1924) auf einem Mercedes Tipo Indy 2000 auf der Targa Florio festigte sich die internationale Bedeutung des deutschen Rennsports und die der hiesigen Automobilindustrie.

Dazu trugen aber auch die Fahrzeugbauer aus Eisenach bei. Bereits 1905 tauchten deren Fahrzeuge wieder im Motorsport auf. Nach internen Veränderungen hatte man den alten Wartburg-Namen aufgegeben und die neuen Wagen mit der Bezeichnung »Dixi« versehen. In verschiedensten Rennen und Zuverlässigkeitsfahrten konnten diese Wagen hohe Anerkennung ernten, obwohl sie kaum Siege einfuhren. Der Typ »U35« brachte es bei 65 PS auf immerhin 85 km/h.

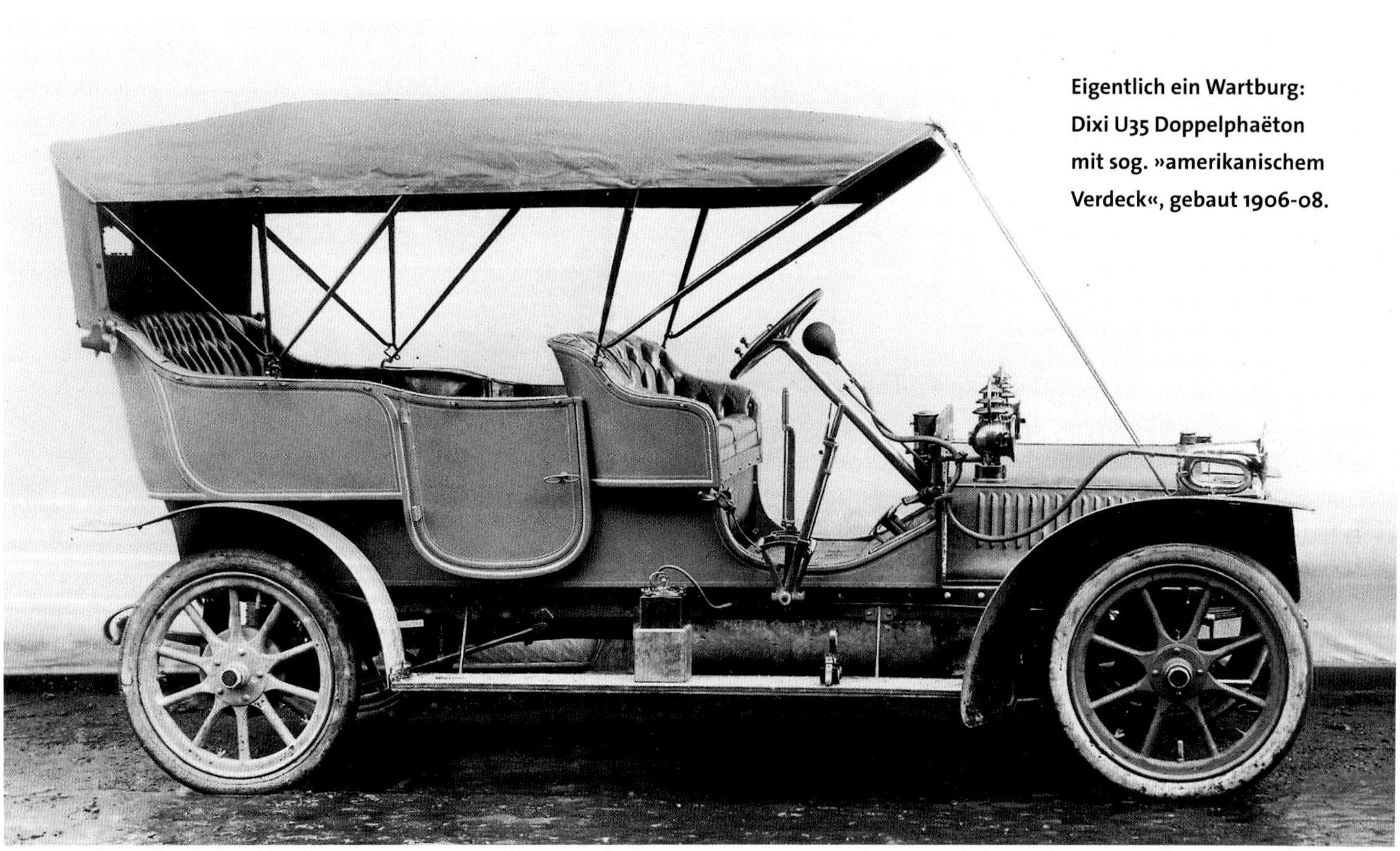

Eigentlich ein Wartburg: Dixi U35 Doppelphaëton mit sog. »amerikanischem Verdeck«, gebaut 1906-08.

Dixi gehörte alsbald zu den renommiertesten Marken in Deutschland und produzierte große Stückzahlen. Mit dem Näherrücken des Ersten Weltkrieges konzentrierte sich das Dixi-Werk aber mehr und mehr auf militärische Produkte und Lkw. Mit Kriegsbeginn kam die Pkw-Produktion dann völlig zum Erliegen.

Mercedes hingegen etablierte vor diesem Krieg beim Frankreich-GP 1914 nicht nur einem Dreifach Sieg für Deutschland, sondern auch die sogenannte »Rennstrategie« im Motorsport. Demnach erhielt jeder Fahrer innerhalb des Teams spezielle Aufgaben, die in erster Linie gegen die Konkurrenten gerichtet waren. Im Rahmen eines spärlichen Fairness-Regelwerkes wurden so mitunter gegnerische Fahrer ausgebremst, behindert und abgedrängt um eigene Siege zu sichern. Das war neu, aber leider nicht immer sportlich und fair. Allerdings kann man derartige Praktiken mitunter heute noch beobachten. Wenn es um Prestige, Geld und Marktanteile geht, wird Sport nur allzu oft zur Schindmähre.

Der Erste Weltkrieg beendete aber damals für die Folgezeit all dieses Treiben. Weitere Vorhaben im Automobil-Rennsport kamen sowohl im Osten als auch im Westen des Deutschen Reichs zum Erliegen.

Nach der kriegsbedingten Zwangspause regte sich um 1919 das Interesse für den Motorsport erneut. In den 1920er-Jahren wurden in Europa so bekannte Rennstrecken wie der Nürburgring, Spa-Francorchamps und Monza gebaut. Als Neuerung kam hinzu, dass die Fahrzeuge nicht mehr nacheinander, sondern zugleich gestartet wurden. Das brachte ein anderes Spektakel, aber auch die Notwendigkeit völlig neuer Sicherheitsvorkehrungen hervor.

Die anfangs abwechslungsreichen Rennen wurden in der Regel von Bugatti und Alfa Romeo gewonnen, wobei deutsche Teilnahmen kaum zu verzeichnen waren. Die deutschen »Fritzen« waren noch nicht wieder salonfähig.

Das weltweite Agieren des Motorsports brachte dafür in jenen Jahren die Amerikaner verstärkt ins Geschehen. Die Wagen von Duesenberg und Miller dominierten jenseits des Atlantiks und drangten in die europäische Szene. Zwischen 1925 und 1927 wurde daher erstmals eine Markenweltmeisterschaft ausgetragen. Dazu zählten die Rennen des GP von Italien, des GP von Frankreich, des GP von Europa und das Indianapolis 500. 1926 gewann Alfa Romeo diese Meisterschaft. Bugatti folgte 1927.

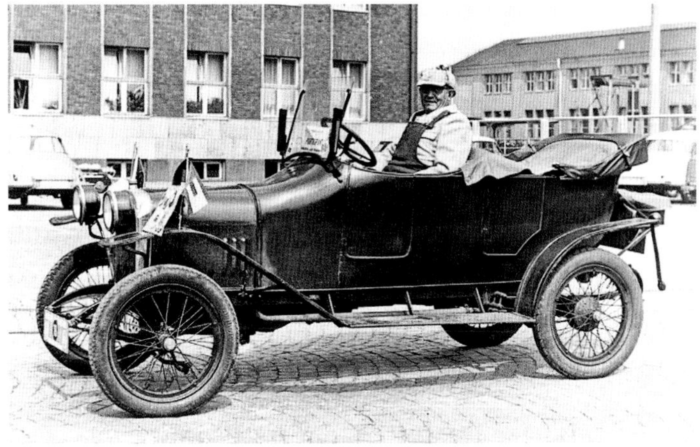

Das »Puppchen« von Wanderer – hier mit 5/12 PS und Sitzen in Tandemanordnung (1912).

Durch den Ausschluss der Deutschen hatte man den Anschluss an diese Entwicklungen reichlich verpasst. In Old Germany baute man zwar wieder Autos, aber eben nur für den Zivilbedarf. So verließ man sich auch in Eisenach auf alte Modellreihen, die natürlich in erster Linie der Stabilisierung der zivilen Friedensproduktion dienten und die wenig renntauglich waren. Unabhängig davon arbeiteten die Ingenieure in bescheidenem Rahmen an Neuentwicklungen, bei denen man immer ein Auge auf die sportliche Tauglichkeit warf.

Auch in anderen deutschen Fahrzeugfabriken hatte man sportliche Einsätze von Serienfahrzeugen im Hinterkopf. Beispielsweise entstanden bei Wanderer in Sachsen seit 1913 serienmäßig recht wenig beachtete Automobile, die aber bei ihren Einsätzen bei Bergrennen und Zuverlässigkeitsprüfungen beachtliche Erfolge erzielten. 1926 kam der Nachfolger des als »Puppchen« bezeichneten W1-Kleinwagens, der Typ W8 auf den Markt. Er hatte 20 PS und galt als sehr zuverlässiges Auto. Sein wesentlicher Vorteil bestand in seiner Leichtbaukonstruktion, die ihn nicht nur schnell, sondern auch wenig materialintensiv und preiswert machte.

In Eisenach gelang es aus den Entwicklungsbemühungen heraus zwischen 1921 und 1928 spektakuläre Rennerfolge zu erzielen. Sogar gegen Mercedes konnte man sich bei Straßen- und Bergrennen hin und wieder durchsetzen.

Nach der endgültigen Fertigstellung der AVUS in Berlin brachte Dixi beim ersten deutschen Nachkriegsrennen 1921 Rennwagen auf der Basis seines G-Modells zum Einsatz. Die stromlinienförmige Sportversion leistete immerhin bis zu 40 PS – 1922 gewannen die Eisenacher in Berlin damit die Plätze eins, zwei und vier. Das war für das kleine ostdeutsche Werk ein Riesenerfolg.

Als wohl spektakulärster Erfolg der Dixi-Modelle gilt aber die Reichsfahrt 1924. Hier waren sie teilweise schneller als Mercedes und letztendlich brachte das Ausscheiden des Kompressor-Mercedes, den Rudolf Caracciola fuhr, die Lorbeeren nach Eisenach. Dieses Szenario wiederholte sich bei nachfolgenden Rennen auf der Solitude und beim Hercules-Bergrennen in Kassel.

Mit dem internationalen Erscheinen der leistungsstarken Zweiliter-Wagen mit ihren Kompressoren in den Jahren 1924 bis 1926 erhöhte sich nicht nur die Leistungsparameter der Rennwagen, sondern leider auch die Zahl der Unfälle mit tödlichem Ausgang. Beim GP von Deutschland prallte Rosenberger gegen eine Zeitnahmetafel und riss mehrere Menschen mit in den Tod.

Das technische Konzept der Motorenbauer, mit wenig Drehzahl und möglichst großem Hubraum viel Leistung zu erzielen, war zwischenzeitlich in den Regelwerken zu Gunsten kleinerer Hubräume bereits mehrfach revidiert worden. Aber die Technik überholte alle Regularien.

Nach den Vorkommnissen von 1926 erhöhte die FIA erneut alle Sicherheitsstandards für Strecken und Fahrzeuge. Dazu trug auch eine weiter reduzierte neue 1,5-Liter-Rennformel bei. Man wollte die Leistungen der Fahrzeuge in beherrschbaren Grenzen halten. Diese Rechnung ging aber nicht auf, weil die Fahrzeughersteller immer wieder neue Reserven erschlossen, wie zum Beispiel die Erhöhung der Motorendrehzahl und die Druckerhöhung der Kompressoren. In der 1,5-Liter-Klasse schuf Ettore Bugatti damals die schnellsten Autos der Welt – andere italienische Firmen zogen nach.

In Deutschland hingegen zwang in den Jahren 1927/28 der allgemeine wirtschaftliche Niedergang die Autohersteller dazu, kleinere Brötchen zu backen. Nur die Großen hatten eine Chance zu überleben. So kam es sogar dazu, dass Dixi an die BMW AG verkauft werden musste.

Im internationalen Rennsport verloren die Rennen aufgrund fehlender Konkurrenz für Bugatti und Alfa Romeo immer mehr an Bedeutung. Auch weil man beim Einsatz von »gegnerischen« Fahrzeugen Regelverstöße zuließ, damit es spannender werde. Der sportliche Wert ging dadurch aber verloren.

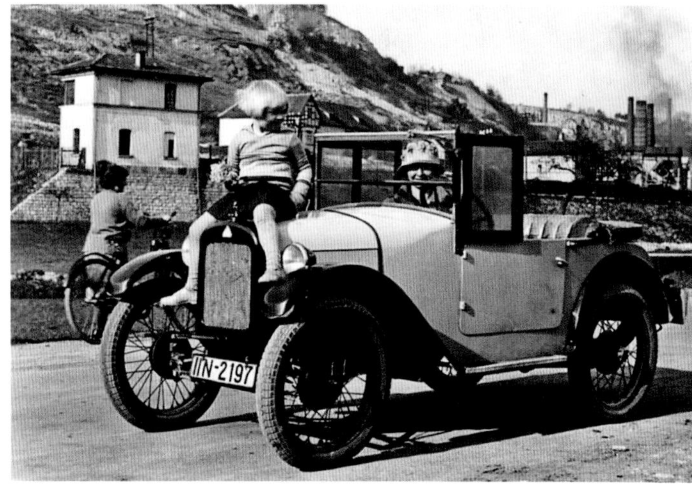

Serienmäßig hergestellter BMW-Wartburg Rennwagen (1930).

Nach einer Erholungsphase verzeichnete BMW mit dem »BMW 3«, der maßgeblich auf der Vorarbeit von DIXI aufbaute, im Jahre 1929 einen Gesamtsieg beim Alpenpokal. Ab 1930 produzierte BMW einen Kleinserien-Rennwagen für den Hobbyeinsatz, der auch für den etwas kleineren Geldbeutel erschwinglich war.

Unter der Bezeichnung »Wartburg DA 3« wurde dieser Zweisitzer mit 18 PS in Eisenach in einer Serie von 150 Stück gebaut. Bei 400 kg Gewicht und einem Preis von 3100 Reichsmark war die Produktion schnell verkauft. Es war der erste frei verkäufliche BMW-Rennwagen, der mit geringen Änderungen sofort sportlich nutzbar war und dessen Ursprung im Osten Deutschlands lag.

In punkto Zuverlässigkeit brillierten diese Wagen gegenüber den zahlreichen Konkurrenten. Beispielsweise kamen bei der 10.000 Kilometer-Fahrt durch Europa von den vier gestarteten Fahrzeugen alle vier im Ziel an. Das war angesichts der Ausfallquote anderer Marken ein enormes Ergebnis.

In den Folgejahren baute BMW neben den Serienfahrzeugen zahlreiche Sportwagen, deren Weg wir an dieser Stelle nicht weiter beleuchten, da uns in erster Linie die Entwicklung auf dem Rennwagensektor interessiert.

Wir werfen daher noch einen Blick auf die Wanderer-Werke. Dort kam es 1930 im Rahmen der Neuorganisation der Serienproduktion zu einer Zusammenarbeit mit Ferdinand Porsche, der für die Chemnitzer einen Sechszylinder- und einen Achtzylindermotor konstruierte. Diese kamen zwar nicht zum serienmäßigen Einsatz, aber diese Zusammenar-

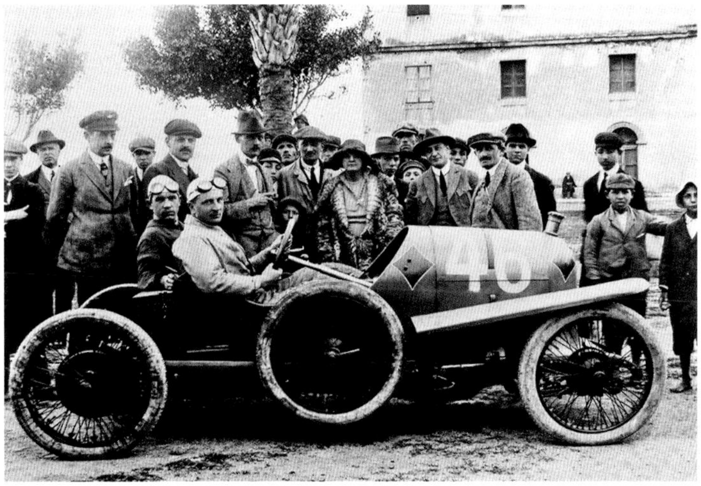

Sascha-Kleinwagen in Rennoptik aus dem Jahr 1922.

beit bedeutete dennoch einen Meilenstein in der deutschen Rennsporttechnik.

Ferdinand Porsches erstes »LUNA Auto« mit Elektroantrieb war schon ein Meilenstein, aber gemessen an seinen nachfolgenden Erfindungen auf dem Gebiet der Kraftfahrzeugtechnik war es nur ein flackerndes Lichtlein.

Mit 31 Jahren leitete Porsche die österreichischen Austro-Daimler Werke, den Ableger der Daimler Werke in Österreich.

Am Steuer eines von ihm entworfenen Austro-Daimlers gewann Porsche 1910 die damals populäre »Prinz-Heinrich-Fahrt«, eine Langstreckenprüfung für Tourenwagen mit jährlich wechselnder Streckenführung. In jenem Jahr ging es über 1495 Kilometer von Berlin über Magdeburg, Braunschweig, Kassel, Würzburg, Nürnberg, Stuttgart, Straßburg und Trier zum Zielort Bad Homburg. Ferdinand Porsche steuerte seinen Tourenwagen in neuartiger aerodynamischer »Tulpenform« mit Spitzengeschwindigkeiten von bis zu 140 Stundenkilometern über die Strecke. Er kam aber mit seinen futuristischen Ideen bei den Ewiggestrigen innerhalb der Firma nicht wirklich zum Erfolg.

Seinen ersten Kleinwagen, den »Sascha«, baute das Technikgenie 1922. Dann folgten viele wegweisende Entwicklungen rund um das Automobil. Seine wohl erfolgreichste Schöpfung war der Volkswagen (Käfer). Dieses Modell wurde nahezu 20 Millionen Mal gebaut, nachdem Adolf Hitler seinen Segen und reichlich Geld gegeben hatte. Die Großserienproduktion wurde allerdings durch den Zweiten Weltkrieg gestoppt und erst nach Kriegsende in der BRD wieder aufgenommen.

Zurück zum Rennsport der 1930er-Jahre: Im »großen« Formelsport setzten damals Hans Stuck und Manfred von Brauchitsch mit alten Mercedes-Modellen den Rennbetrieb in Deutschland auf eigene Faust fort. Mit einem Sieg beim AVUS-Rennen 1932 durch Brauchitsch, auf einem aerodynamisch überarbeiteten Mercedes SSKL, kamen neue Tendenzen in die Gestaltung der Fahrzeuge.

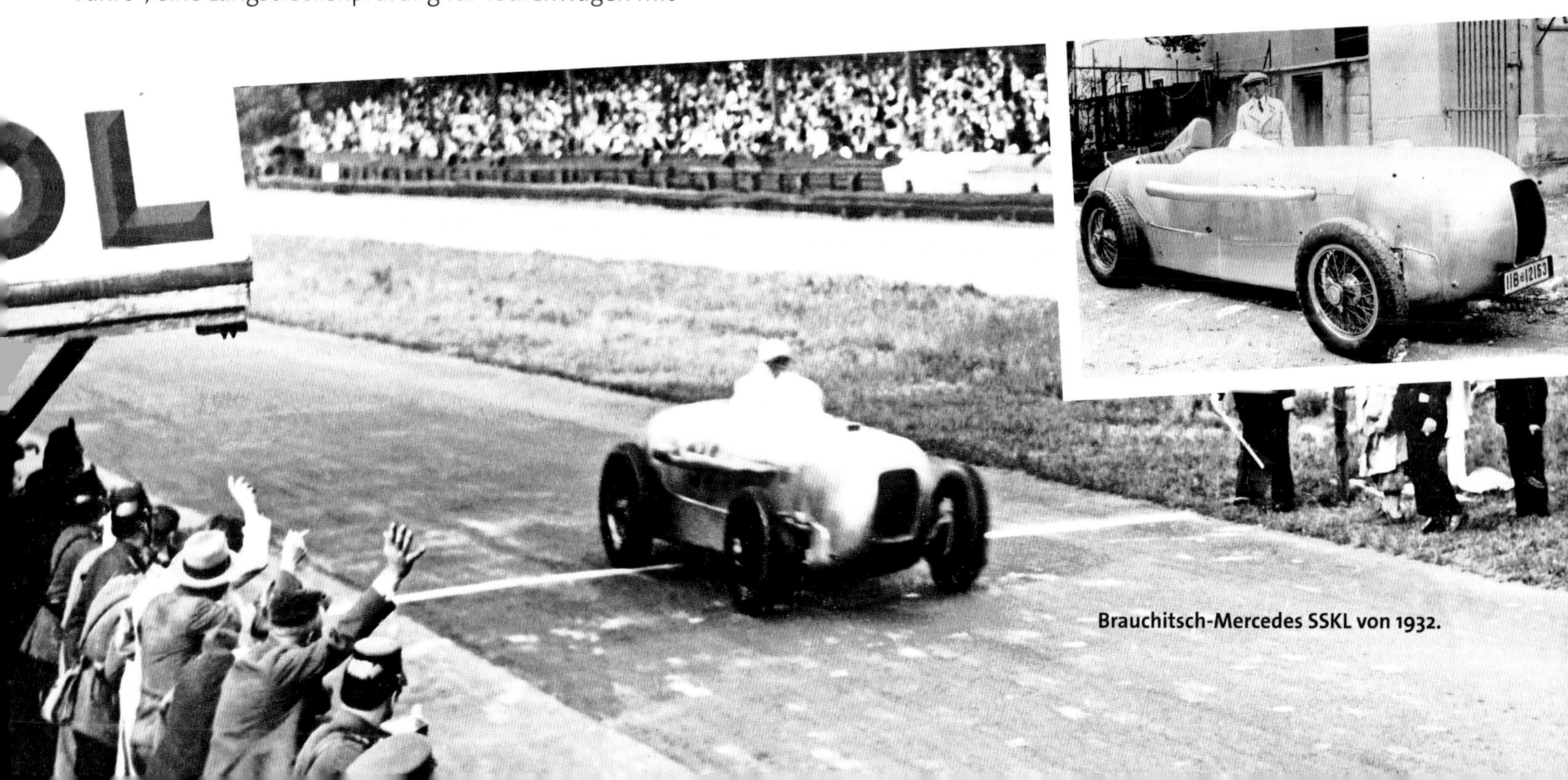

Brauchitsch-Mercedes SSKL von 1932.

Karosserien und Fahrwerke wurden überarbeitet, um Luftwiderstände zu reduzieren. Neue Reifen fanden Anwendung, die speziell für sportliche Belastungen entwickelt wurden. Dann änderte sich 1932 das internationale technische Reglement für Rennwagen erneut.

Diese Veränderungen waren dem Bestreben geschuldet, in Zeiten der Wirtschaftskrise mit möglichst wenig Aufwand Rennen fahren zu können. Daher wurden praktisch alle Motoren erlaubt und auch das Kraftstoffgemisch wurde frei gegeben. Allerdings durfte das Fahrzeug ohne Benzin, Öl, Wasser und Reifen nicht mehr als 750 kg wiegen.

Aber die Idee, durch Gewichtslimitierung weitere motorische Monster-Entwicklungen zu verhindern, schlug genau ins Gegenteil um: Es folgten bei Alfa Romeo Wagen mit 2,9-Liter-Hubraum und bei Mercedes ein Achtzylinder mit 3,4-Liter-Hubraum. Die Spitze dieses Eisbergs bildete aber der von Ferdinand Porsche entwickelte Auto Union-Wagen mit einem 16-Zylinder-V-Motor und 4,4-Liter-Hubraum – dieser Wagen entstand in Sachsen!

Mit diesen Entwicklungen warf die spektakuläre Geschichte der »Auto Union« und der »Mercedes-Silberpfeile« ihre Schatten bereits voraus. Die deutsche Automobilindustrie setzte damals völlig neue Maßstäbe.

Da Hitler bereits in jungen Jahren Automobile bewundert hatte, kam es nicht aus blauem Himmel, dass er infolge der Erfolge im Motorsport vor allem Mercedes viel Beachtung schenkte. Er erkannte recht früh, dass die Automobilisierung ein Volk motivieren kann und dass sportliche Erfolge eine große Zugkraft besaßen. Der Kontakt mit Ferdinand Porsche tat sein Übriges.

Da Hitler starkes Interesse an jeder Form der Propaganda hatte, nutzte er alle sich bietenden Möglichkeiten. So förderte er das Automobil und das Automobil förderte ihn. Bereits im März 1933 versprach Hitler der Automobilindustrie finanzielle Unterstützung. Und einer der technischen Wegbereiter der deutschen Rennsporterfolge war Dr. Ferdinand Porsche, auch wenn er nicht für Hitlers Lieblingsfirma Mercedes arbeitete.

Die internationale Rennsportszene wurde Anfang der 1930er-Jahre mehrheitlich von Ferrari, Maserati und Alfa Romeo bestimmt. Wie bereits beschrieben, rissen die Rennen aber niemanden mehr von den Sitzen. Auch für den Serienfahrzeugbau fehlte eine Strategie, sodass die vielfältigsten Marken und Typen auf dem Markt um Anteile kämpften. Deutsche Hersteller erkannten die Misere und in diese Lücke stiegen die Deutschen über den Rennsport ein.

Vor allem gefördert durch die nationalsozialistischen Machthaber ersetzte man den Nachweis allgemein nützlicher Zuverlässigkeit von Fahrzeugen durch die Darstellung überlegener Technik und souveräner menschlicher Höchstleistung für »Volk und Vaterland«.

Die enormen technischen Fortschritte sind dabei bis heute unbestritten, allerdings hatten sie für den damaligen, alltäglichen Straßenverkehr keinerlei Bedeutung, weil sie weit voraus griffen und viel zu teuer waren. Von diesen Lösungen profitierte die Automobilindustrie erst viel später. Die Leistung der Motoren ließen damals bereits weit über 300km/h zu.

Unter der Herrschaft der Nazis kam der Industrie nahezu die gesamte Verantwortung für den Motorsport zu. 1933 wurden die allgemeinen Motorsportclubs aufgelöst. Hitler installierte eine eigene Motorsportstruktur mit militärischer Orientierung, das NSKK (Nationalsozialistische Kraftfahrekorps).

Damit hatte er die Kontrolle über alle Rennsportaktivitäten erlangt und den Sport gleichzeitig geknebelt. Nach außen bezog er aber den Motorsport und dessen Erfolge in seine Propaganda ein. Daher wurde langfristig viel Geld eingeplant und an die Industrie, speziell an Mercedes und Auto Union, in straffe Hände gegeben.

Die mit der Auto Union verbundenen Erfolge hatten zu einem Großteil ihren Ursprung im sächsischen Siegmar-Schönau, nahe Chemnitz, in den dort ansässigen ehemaligen Wanderer-Werken. Diese waren zwischenzeitlich durch den Aufkauf weiterer Betriebsteile beträchtlich gewachsen. Neben Fahrrädern, Motorrädern, Werkzeugmaschinen und den bekannten »Continental«-Schreibmaschinen produzierte man auch Automobile in ansehnlicher Größenordnung.

Probleme mit der Dresdner Bank und eine Umsatzflaute führten dazu, dass man die Motorradproduktion drosseln musste und sich intensiver um den Automobilbau kümmerte. Um riskante Eigenentwicklungen zu vermeiden, war man den Weg der Auftragsvergabe gegangen und hatte, wie bereits beschrieben, Dr. Ferdinand Porsche für die technische Betreuung gewonnen. Dieser war gerade im Begriff, sein Direktorat bei Daimler-Benz zu kündigen und sich selbständig zu machen.

Porsche widmete sich bei Wanderer zuerst der Moderni-

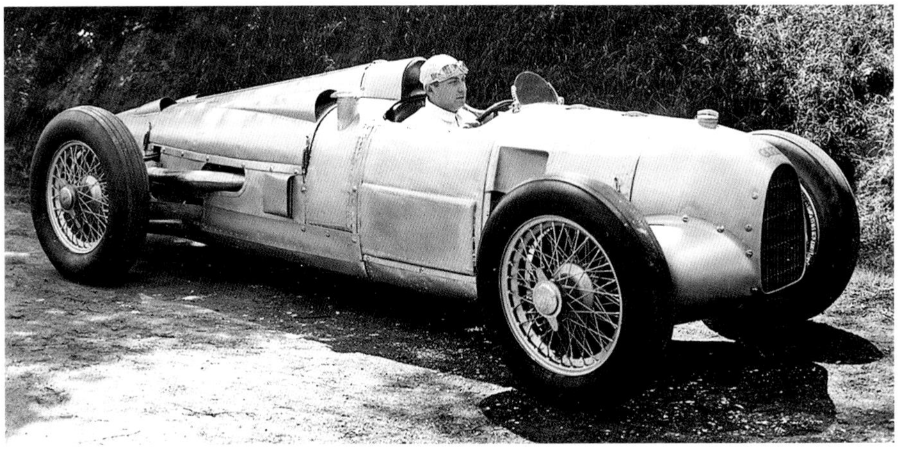

Auto-Union Rennwagen Typ A, ein 16 Zylinder V-Motor mit knapp 300 PS (1934).

sierung des »Puppchens«. Hinter den Kulissen gab es aber auch noch andere Pläne:

Bei Wanderer war man nämlich der Auffassung, dass ein Rennwagen ein sehr guter Werbeträger sei und das man ein derartiges Projekt ins Auge fassen sollte. Man konzentrierte sich auf die seit 1934 gültigen neuen Rennbestimmungen der 750 kg-Formel.

Technisch entschied man sich in Chemnitz für ein Motorenkonzept mit 16 Zylindern in V-Anordnung, wobei die 4,4-Liter-Hubraum durch Kompressoren aufgeladen werden sollten. Dieses Konzept forderte zwangsläufig ein völlig neues Fahrzeug mit Mittelmotor, neuen Bremsen, neuen Federn, neuen Dämpfern und vielem anderem. Diese Weltneuheit zu realisieren war eine immense Aufgabe.

Teilweise wird heute zwar angenommen, dass Ferdinand Porsche anfänglich an diesem Projekt ohne Vertrag gearbeitet hat. Ich halte das aber eher für unwahrscheinlich, auch wenn er ein Fortschritts-Besessener war. Die wirtschaftliche Lage seines privaten Konstruktionsbüros war nämlich nicht gerade rosig.

Zwischenzeitlich trafen die kleineren Fahrzeugbauer angesichts der Folgen der Weltwirtschaftskrise neue strategische Entscheidungen. Aus wirtschaftlichen Überlebensgründen und auf Drängen der Sächsischen Landesbank hatten sich daher im Juni 1932 in Sachsen die Firmen DKW (Zschopau), Audi (Zwickau), Horch (Zwickau) und Wanderer (Chemnitz) zu einem großen Firmenverbund, der »Auto Union«, zusammen getan. Dies war der erste staatlich gelenkte Automobilkonzern der Welt, da etwa 75 Prozent der Aktienanteile dem Staat Sachsen gehörten.

In dem neuen, straff geführten Konzern gingen die Rennsportpläne aus den Wanderer/Porsche-Verträgen zugunsten einer schnörkellosen, rationellen Serienfertigung normaler Fahrzeuge vorläufig unter.

Erst die tatsächliche Machtübernahme der Faschisten 1933, hinter denen eine große finanzkräftige Lobby stand, ermöglichte das Aufgreifen der alten Ideen und Pläne.

Aber auch bei Daimler-Benz war man bereits Jahre zuvor einem ähnlichen Rennsportkonzept gefolgt wie es Wanderer und Porsche angedacht hatten. Mit Hilfe Manfred von Brauritschs (Werksrennfahrer bei Mercedes) hatte Adolf Hitler bereits vor seiner Wahl zum Reichskanzler Daimler-Benz Gelder für den Rennwagenbau zugesichert. Die Entwicklungen verliefen aber anfänglich noch verhalten.

In Zwickau begannen die Arbeiten an den neuen Rennwagen auch erst intensiv nach der schriftlichen Zusage von Subventionen durch die braunen Machthaber. Danach leistete man aber ganze Arbeit: Im Ergebnis dieser Aktivitäten folgten mit dem »Auto Union Typ A« beeindruckende Rennerfolge im Jahre 1934.

Mit diesem Wagen gewann Hans Stuck den Großen Preis von Deutschland, den der Schweiz und der Tschechoslowakei. Er wurde Deutscher Straßen- und Bergmeister, sowie Europameister. Auch neue Geschwindigkeitsrekorde zählten dank der Rennwagen von Auto Union zu seiner Statistik. Die breite Masse der deutschen Bevölkerung war förmlich verzaubert von den neuartigen Boliden, man verglich sie mit Flugzeugen ohne Flügel oder mit Gefährten aus einer anderen Zeit. Die internationale Motorsportwelt war technologisch völlig überrumpelt.

Erfolge von Hans Stuck 1934

Deutscher Straßenmeister		
Deutscher Bergmeister		
Europameister		
GP Deutschland		Sieger
GP Schweiz		Sieger
GP Tschechoslowakei		Sieger
Freiburger Bergrekord		Sieger
Kesselbergrennen		Sieger
Mount Ventoux		Sieger
Feldbergrennen		Sieger
La Turbie		Sieger
Stilfser Joc		Sieger
GP Italien		Zweiter
Eifelrennen		Zweiter
Klausenpass		Zweiter
GP Spanien		Vierter
Avus März	100 Meilen	Weltrekord
	200 km	Weltrekord
	1 Stunde	Weltrekord
Avus Oktober	stehender Kilometer	Weltrekord
	stehende Meile	Weltrekord
	50 km stehend	Weltrekord
	50 Meilen stehend	Weltrekord
	100 km stehend	Weltrekord

Da Mercedes zu diesem Zeitpunkt noch nicht über einen einsatzfähigen Wagen verfügte, war Auto Union der erste deutsche Rennstall in der 750 kg-Formel. Die von Mercedes für 1934 angedachten Fahrzeuge waren Anfang Mai zwar komplett, aber nach dem Training auf der Avus wurden diese mit technischen Problemen zurückgezogen. Deren Premiere fand erst beim Eifelrennen eine Woche später statt. Ihre Konkurrenzfähigkeit war aber nur bedingt gegeben.

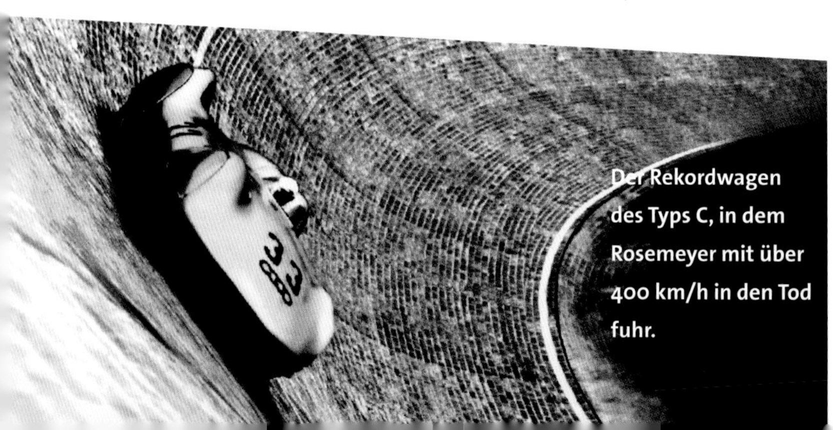

Der Rekordwagen des Typs C, in dem Rosemeyer mit über 400 km/h in den Tod fuhr.

In der Saison 1935 startete die Auto Union bereits zum Teil mit Stromlinien-Rennwagen, die auch aus heutiger Sicht ästhetisch unübertroffen geblieben sind. Einen davon pilotierte die damalige Nachwuchshoffnung Bernd Rosemeyer.

Streckentechnisch waren zwischenzeitlich mit dem Bau der Autobahnen neue

Möglichkeiten der Gestaltung von Renn- und Versuchsstrecken gegeben. Auch international wurde verstärkt an der Sicherheit der vorhandenen Rennstrecken gearbeitet. Es entstanden neue Kurse. Vielerorts boten sich Autobahnkreuzungen und Zufahrten an, die interessante Rennen ermöglichten.

In Deutschland fanden diese Rennen immer mehr Zuspruch. Dazu trug auch die immer wieder geschürte Propaganda der Nationalsozialisten bei. Ging es doch darum, neben vermeintlichen der »rassischen Überlegenheit« auch die technische Spitzenstellung Deutschlands zu beweisen. Deutschland war infiziert und die Automobilkonzerne taten ihr Übriges: Konnten sie doch mit Staatsgeldern ihr Image aufbessern. Insofern trafen sich die Interessen der Machthaber und diejenigen der Wirtschaft.

Unter Beibehaltung des Typ A Konzepts wurde bei Auto Union beim Typ B eine kleine Hubraumerhöhung vorgenommen und die Leistung von 295 auf 375 PS erhöht. So bestritt man 1935 die Rennen.

Beim ersten Auftritt von Mercedes, mit dem W 25, beim Eifelrennen, wurde aber klar, dass die Trauben für Auto Union zukünftig sehr hoch hängen würden.

Beim Eifelrennen holte sich Mercedes mit einem Sieg vor Auto Union die ersten Lorbeeren – für die Zuschauer ließ sich ein spannender Konkurrenzkampf erahnen. Fortan bestand tatsächlich eine Rivalität zwischen beiden Firmen. Dabei ging es nicht nur um sportlichen Ruhm und Ehre, sondern auch um staatliches Geld. Die materiellen Aufwendungen erreichten zwischenzeitlich schwindelerregende Höhen, denen vor allem die internationale Konkurrenz nichts entgegen zu setzen hatte.

Die Zeiten der Peugeot, Renault, Ferrari, Maserati und Alfa Romeo waren vorbei. Ihre wenigen verbleibenden Siege waren eher technischem Versagen der deutschen Modelle geschuldet als einer konkurrenzfähigen Ausgeglichenheit.

In dieser Phase wurde der Druck von Mercedes auf Auto Union immer größer.

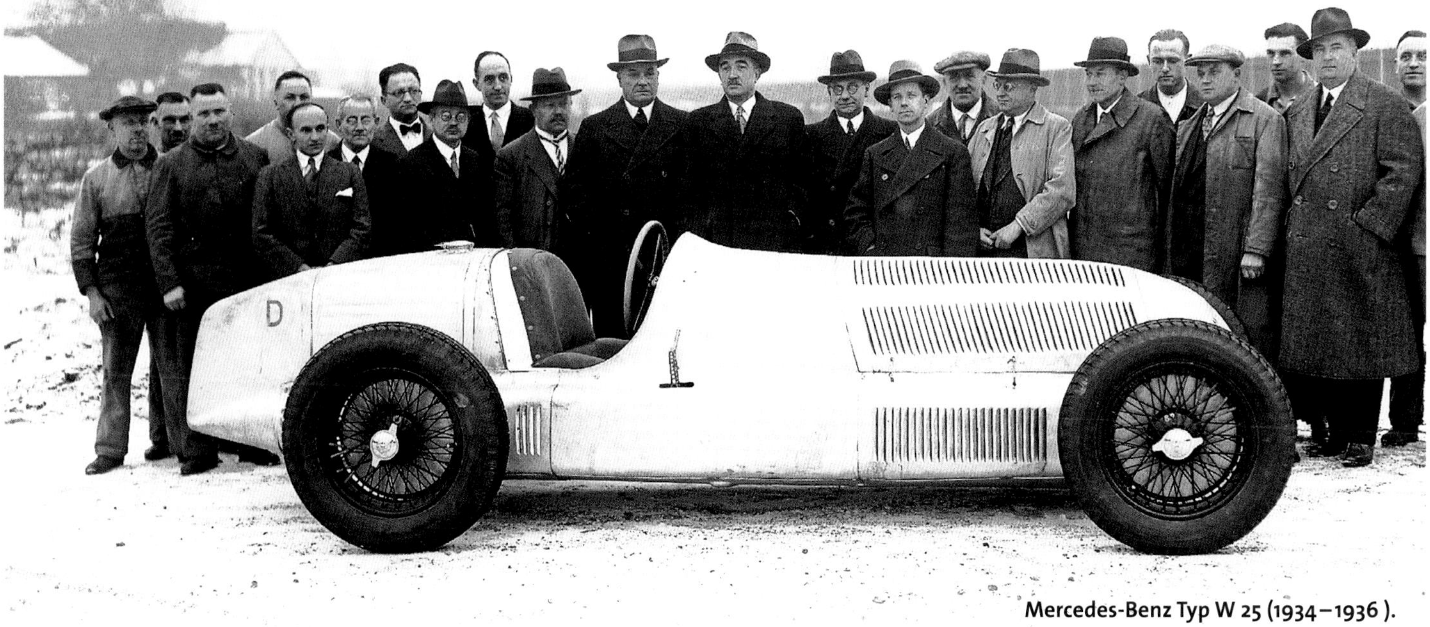

Mercedes-Benz Typ W 25 (1934–1936).

Zumal Siege in Tripolis, auf der AVUS, in Montlhéry, in Belgien, der Schweiz und beim Eifelrennen zu Gunsten der Marke mit dem Stern ausfielen. 1935 war ein Jahr der Mercedes-Benz-Siege und das motorsportliche Schwergewicht verlagerte sich zeitweise in den Südwesten Deutschlands.

Bis Ende 1936 wurden daher am Mercedes-Benz Typ W 25 zahlreiche Ausbaustufen Realisiert, bis man motor-technisch etwa 495 PS erreicht hatte. 1935 wurde Rudolf Caracciola mit diesen Wagen Europameister.

Hingegen war der technisch restlos ausgereizte Typ C der Auto Union zwar das erfolgreichste Modell der 1934 mit dem Typ A begonnen und 1935 mit dem Typ B fortgeführten Reihe, aber eben am Ende seiner Leistungsfähigkeit.

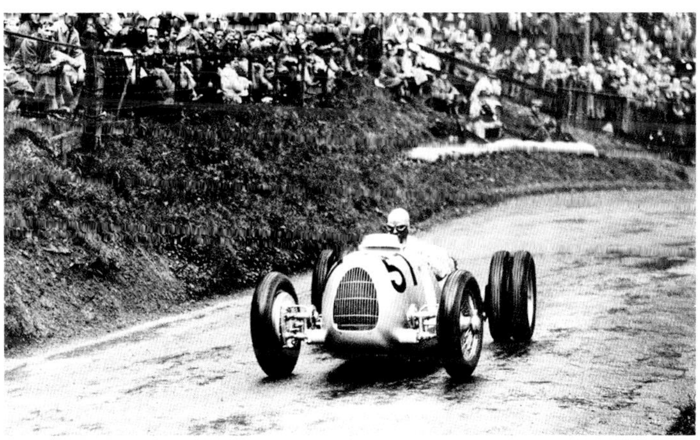

Auto Union-Rennwagen Typ C mit zwischenzeitlich 500 PS.

Bei Auto Union wurde auch das Konzept des Mittelmotors in Frage gestellt. Vor allem auch, weil der Wagen immer wieder sehr ungestüm agierte, selbst unter der Führung erfahrener Piloten. Seine enormen 500 PS konnten offensichtlich nicht wirklich auf die Straße gebracht werden. Diese Probleme beschäftigten die Techniker lange Zeit und ließen Auto Union etwas ins Hintertreffen geraten.

Nachteilig wirkten sich auch Medienkommentare aus, in denen behauptet wurde, Mercedes-Benz hätte mit Caracciola, Seaman, Lang und von Brauchitsch die besseren Fahrer. Das war vermutlich eine gesteuerte Kampagne, da die Konkurrenz der beiden Hersteller eben nicht nur auf der Piste ausgetragen wurde: Mit Stuck, Varzi, Rosemeyer und Pietsch drehten bei Auto Union ja keinesfalls namenlosen Akteure an den Lenkrädern.

Erschwerend für die Zwickauer kam aber die Tatsache hinzu, dass sie mit Rudolf Heydel und Ernst von Dellus zwei wichtige Fahrer bei Rennunfällen verloren hatte.

Damit aber nicht genug. Beim Acerbo-Pokal verlor Hans Stuck ein Vorderrad und erlitt einen schweren Unfall. Er überlebte ihn wie durch ein Wunder. Aber in der Folgezeit blieb auch er wochenlang erheblich eingeschränkt. Trotz dieser schlechten Vorzeichen konnte Auto Union 1936 drei der fünf Großen Preise und zahllose kleinere Rennen gewinnen sowie sage und schreibe 30(!) Weltrekorde erlangen.

1937 wurde dann aber wieder ein Jahr für Mercedes-Benz. In jenem Jahr stand mit dem W 125 ein wesentlich verbessertes Fahrzeug zur Verfügung. Der Wagen ähnelte zwar dem Vorgängermodell. Er war aber technisch auf viel höherem Level. Hermann Lang gewann damit den Großen Preis von Tripolis. Von Brauchitsch und Caracciola komplettierten die Erfolgsstatistik mit Siegen bei den GPs in Deutschland, Monaco, der Schweiz, Italien und der Tschechoslowakei. Außerdem wurde Caracciola Europameister.

Auch wenn der Abstand zur internationalen Konkurrenz immer noch groß war, muss man der Wahrheit halber sagen, dass die deutschen Rennteilnahmen nicht immer von sportlicher Fairness geprägt waren.

Die deutschen Wagen hatten generell Probleme mit dem vorgeschriebenen Gewichtslimit. Das legendäre Farbe-Abkratzen bei Mercedes, um Gewicht zu sparen, ist ein Beispiel dafür. Bei Auto Union ließ man vor dem Wiegen mitunter Flüssigkeiten ab und demontierte dabei gleich noch schnell ein paar schwere Teile.

Mitunter setzte man bei Rennen in Deutschland, Nordafrika und Italien durch, dass die gültige Rennformel gleich ganz außer Kraft gesetzt wurde. Diese Unsitten und der damit zusätzlich verschärfte Nachteil für die italienische und französische Konkurrenz führten dazu, dass man ernsthaft über ein neues Reglement nachdachte.

Zwar wollten die Deutschen ihren Vorteil nicht preisgeben, aber die Rennen fanden immer weniger Zuspruch bei Herstellern anderer Nationen und auch bei den Zuschauern wirkte die deutsche Dominanz ermüdend. Frankreich und England hatten im Übrigen genug von der Nazipropaganda rund um die Autorennen und schrieben keinen Grand-Prix mehr aus – mit einer Ausnahme.

Das letzte Rennen der 750 kg-Formel fand im Oktober 1937 in Donington statt. Bernd Rosemeyer gewann es bravourös. Es war allerdings auch sein letztes Rennen. Im Januar 1938 verunglückte er tödlich bei einer Rekordfahrt auf der Autobahn nahe Darmstadt.

Zwischen 1934 bis 1937 dominierten deutsche Silberpfeile mit 19 Siegen bei 23 Grand-Prix-Rennen. Nach dem Ende der 750 kg-Formel wurde 1938/39 bei Chemnitz der Auto Union D-Typ mit einem Zwölfzylindermotor für die neue Hubraumformel entwickelt. Dieser kam aber nur schwerfällig zum erfolgreichen Renneinsatz.

Auch bei Mercedes arbeitete man straff an neuen Lösungen. 1938/39 traten somit beide Firmen mit modifizierten Rennwagen zu den Wettbewerben an.

Während man aber bei Mercedes schon beizeiten über das neue Reglement nachgedacht hatte, verschlief Auto Union den Anschluss an die Entwicklung ein wenig. Dazu hatte vermutlich auch das Ausscheiden von Dr. Porsche beigetragen. Weitere Unfälle bei Trainingsfahrten bremsten die Wagen mit den vier Ringen zusätzlich aus. Lediglich bei den Bergrennen konnte sich Stuck behaupten, was aber weniger auf die Fahrzeuge, sondern eher auf sein fahrerisches Können zurück zuführen war. Ansonsten waren die Fahrzeuge von Mercedes einfach schneller und zuverlässiger. 1939 konnte Auto Union zwar wieder sieben Siege bei diversen Rennen verzeichnen, aber dieses Jahr war das Jahr des letzten Starts deutscher Vorkriegsboliden. Der Große Preis von Belgrad, den Tazio Nuvolari gewann, stand bereits im Zeichen des kommenden Krieges.

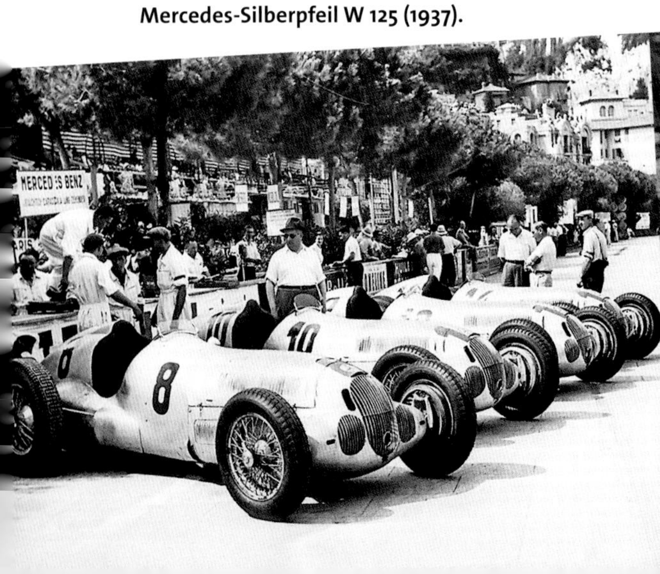

Mercedes-Silberpfeil W 125 (1937).

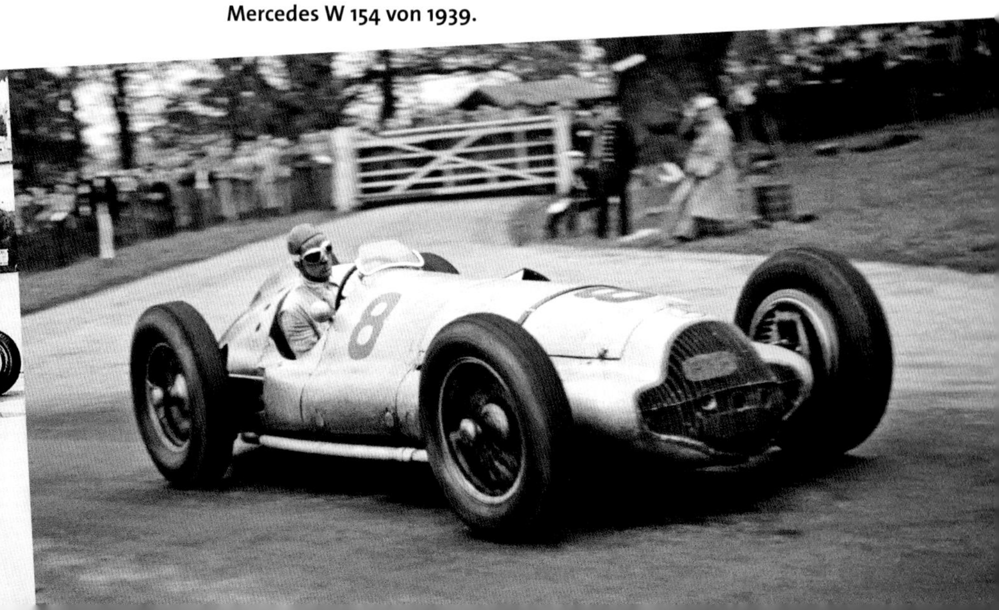

Mercedes W 154 von 1939.

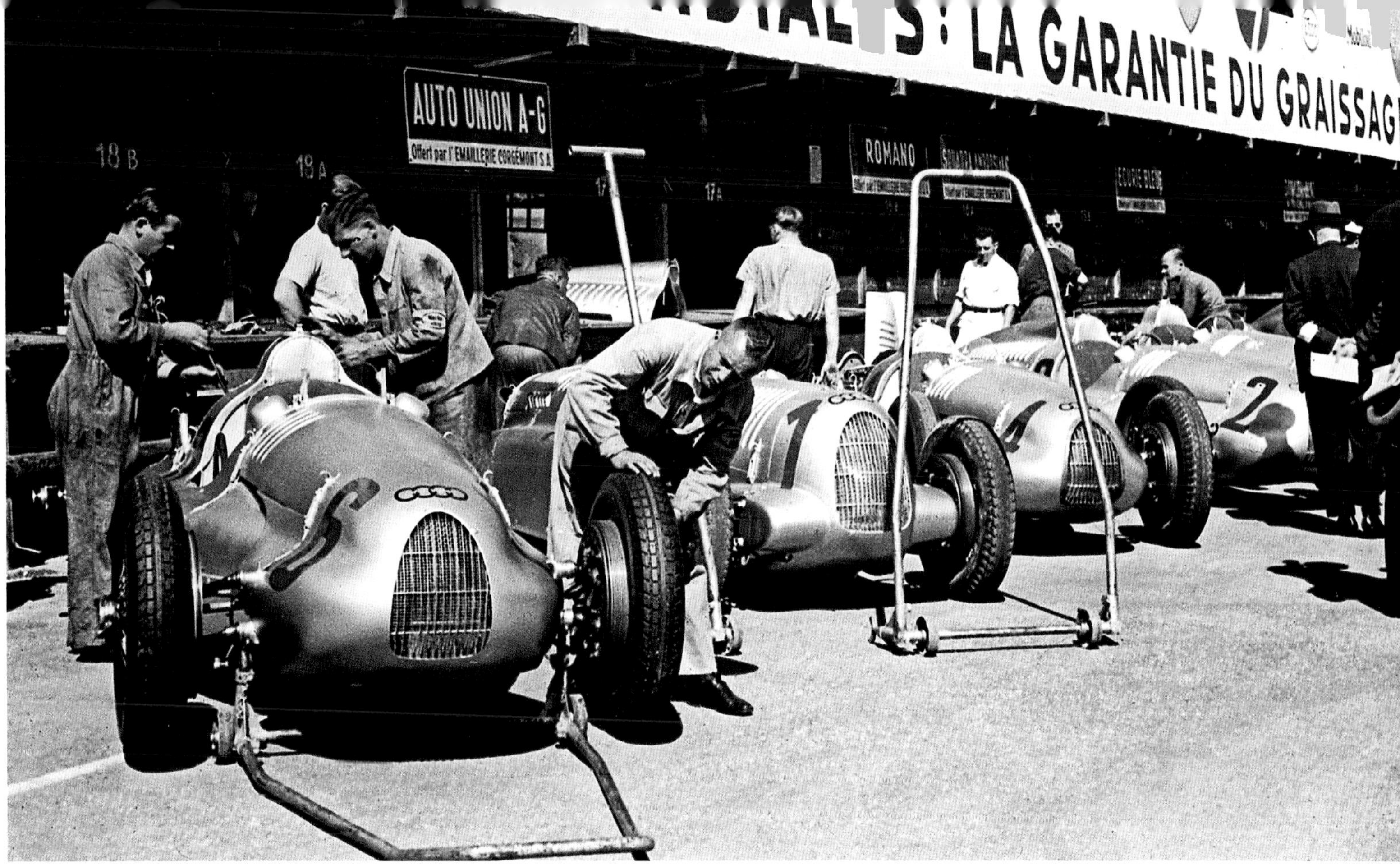

Auto-Union Rennwagen Typ D aus dem Jahr 1939.

Zu diesem Zeitpunkt konstatierten beide deutschen Rennwagenbauer, dass man sowohl technisch als auch finanziell die Grenzen des Grand-Prix-Sports erreicht hatte. Hinzu kam, dass die Nazis im Zusammenhang mit den Kriegsvorbereitungen für den Zweiten Weltkrieg immer mehr das Interesse am Rennsport verloren. Das Geld wurde nun für andere Dinge benötigt. Für die Autounternehmen selbst stellten sich die Rennabteilungen im Zuge der sich schnell entwickelnden Massenproduktion von zivilen und militärisch ausgerichteten Serienfahrzeugen immer mehr als Ballast dar. So erlosch bereits vor Kriegsbeginn diese staatlich subventionierte Art Rennsport zu betreiben, die man getrost als einmalig in der ganzen Welt bezeichnen kann.

Modellreihen der Konkurrenten

Mercedes Benz	**Auto Union**
W 25 (1934–1936)	Typ A (1934)
W 125 (1937)	Typ B (1935)
W 154 (1938/1939)	Typ C (1936/1937)
W 165 (1939)	Typ D (1939)

Die alte Rennformel lautete bis 1938 :
750 kg Gesamtgewicht des Fahrzeuges mit Medien ohne Fahrer und in Höhe des Fahrersitzes eine Karosseriehöhe von 850 mm und eine Breite von 250 mm

Die ab 1938 gültige Formel lautete :

Wagen ohne Kompressor	min Zylinderinhalt 1000 ccm 400 kg
	max Zylinderinhalt 4500 ccm 850 kg
Wagen mit Kompressor	min Zylinderinhalt 665 ccm 400 kg
	max Zylinderinhalt 3000 ccm 850 kg

alles ohne Motorenöl, Kühlwasser, Benzin und Reserveräder
Brennstoff freigestellt
1 oder 2 Sitze

Diese Formel hatte Bestand bis 1946.

Die Neuzeit der Formel 1 begann mit der 1,5 Liter-Kompressor Formel, und der Festlegung der maximalen Streckenlänge von 300 km, mit dem Rennen von Silverstone am 13.5.1950.

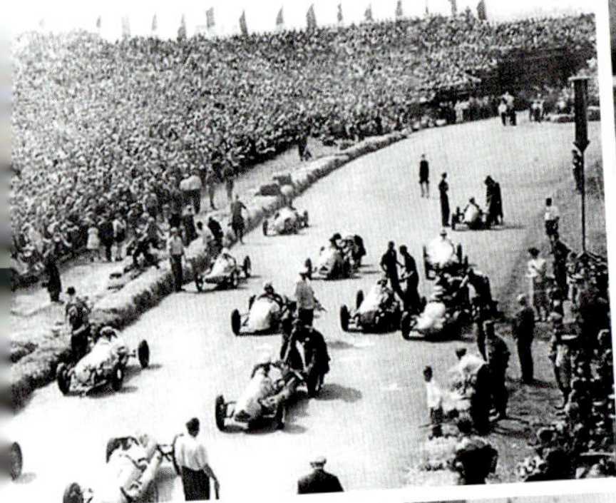

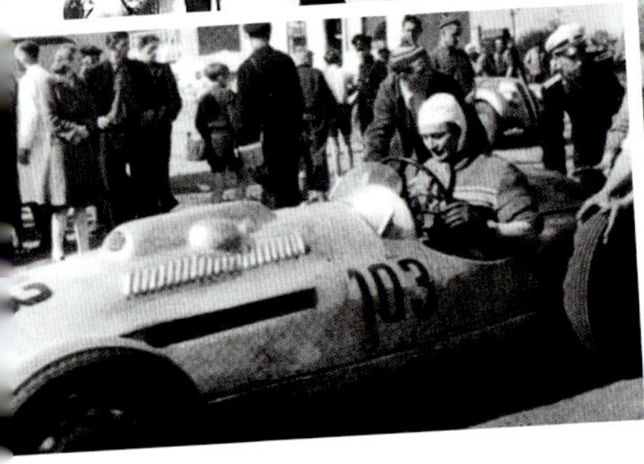

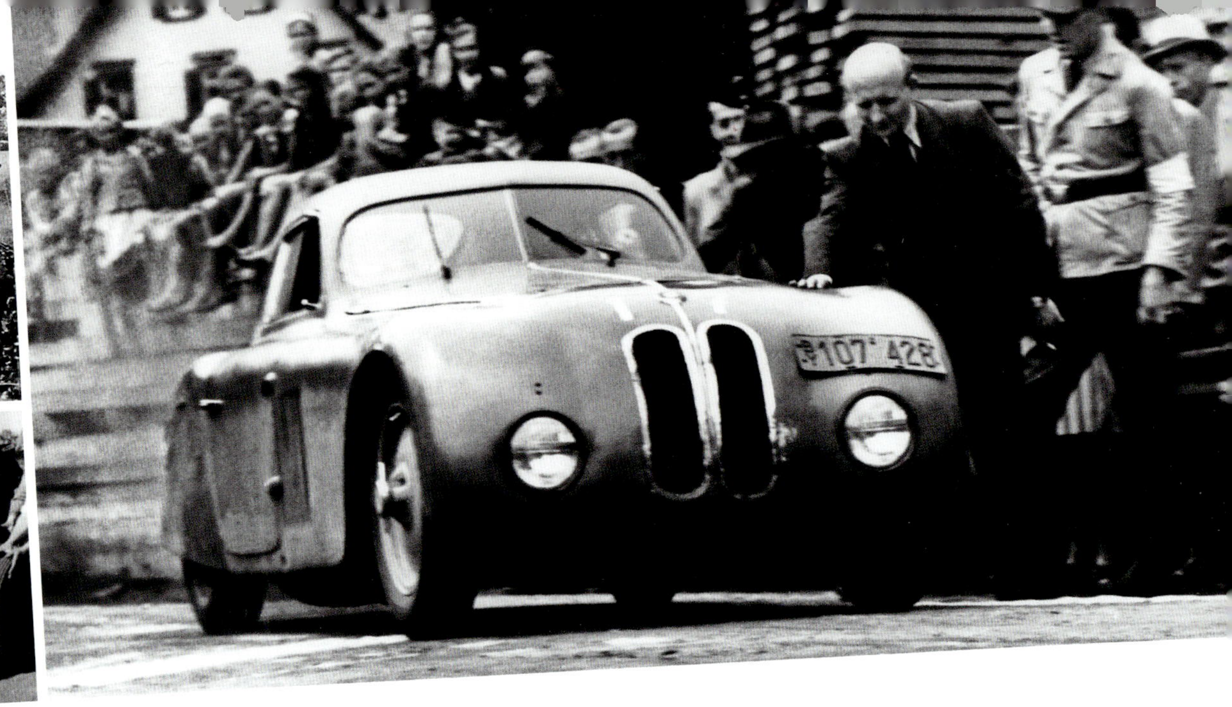

Von der Nachkriegs-Formel 2 und den Kleinstrennwagen (1946 bis 1949)

Motorsport in den Besatzungszonen

Dieses Kapitel muss man trotz des zeitlichen Abstandes mit sehr viel nachträglicher Hochachtung gegenüber allen Beteiligten beginnen. Dazu sollte man sich die gesamte Nachkriegssituation vergegenwärtigen. Diese dürfte aus massenhaften Dokumentationen, aus Erlebnisberichten und eventuell eigenem Erleben weitestgehend bekannt sein, nachvollziehen kann man sie als Nichtbeteiligter vermutlich kaum.

Selbst meine Generation, die um 1950 geboren wurde, kannte schon keinen Hunger mehr. Lediglich an die endlosen Trümmer in meiner Heimatstadt Dresden kann ich mich noch gut erinnern. 1945 waren die Menschen am Ende ihrer Kräfte und froh, dass die Bomben- und Geschossexplosionen, der Geruch der brennenden Städte und die ewige Angst vorbei waren. Nun belasteten Alltagsprobleme wie Hunger, Kälte, fehlender Wohnraum und der tägliche Kampf ums Überleben das Geschehen. Viele große Städte lagen in Schutt und Asche und die Versorgungslage war katastrophal.

Nach Einschätzung heutiger Historiker war die deutsche Wirtschaft aber bei weitem nicht so sehr zerstört, wie es mitunter dargestellt wurde. Die fatale, nie wirklich ehrlich aufgearbeitete Strategie der unmenschlichen Bombardements auf deutsche Städte durch die westlichen Alliierten, galt nämlich nicht ausschließlich der Zerstörung der Industrie, sie sollte auch die Moral der Zivilbevölkerung brechen. Eigentlich ein nie geahndetes Kriegsverbrechen!

An den Industrieanlagen hatten alle Siegermächte ein viel zu großes Interesse, im diese restlos zu vernichten.

Letztendlich zogen nicht nur die Russen, sondern auch Amerikaner und Franzosen große Mengen technischer Güter, Maschinen, Anlagen und jede Menge Know-how ab.

Diese Reparationen umfassten auch viele Dinge, die die Kraftfahrzeugindustrie betrafen. Ich kann mich entsinnen, dass mir beim Anblick eines russischen M72-Beiwagengespannes die Ähnlichkeit mit BMW schon als kleiner Junge aufgefallen war.

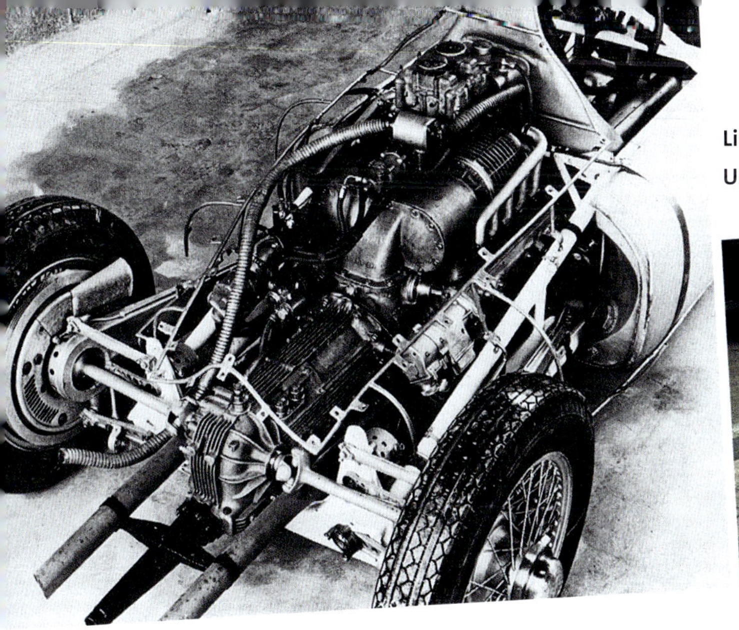

Links: »Porsche-Cisitalia«.

Unten: BMW Monopoletta.

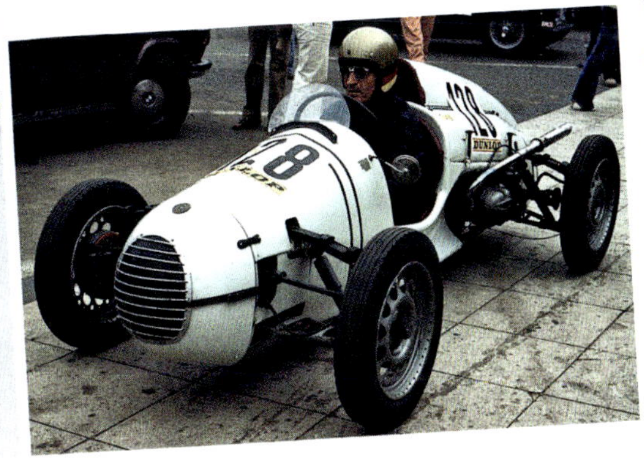

Aus der heute bekannten Historie ist abzuleiten, dass die Alliierten nicht speziell nach der deutschen Rennsporttechnik fahndeten. Was auf diesem Weg ins Ausland ging (man geht von etwa elf bis 13 Fahrzeugen aus) waren offensichtlich reine Glücksfunde. Auf diesen Wegen gelangte unter vielen anderen deutschen Errungenschaften beispielsweise auch ein Auto Union-Rennwagen Typ CD in die Sowjetunion. Er ist heute in einem Museum in Riga ausgestellt.

Und so war es oft: Was irgendwie von Wert war, verschwand. Im Gegensatz zum besetzten Westen, holten die Russen aus dem Osten noch die letzten rostigen Nägel, Schaufeln und funktionierenden Fahrräder heraus. Dieses Ausbluten wurde zwar mancherorts durch Brotlieferungen gelindert, aber auch nur, damit die Menschen weiter ausgenommen und vereinnahmt werden konnten.

Während im Westen nach und nach der Marshall-Plan für Aufschwung sorgte, dauerte der wirtschaftliche Druck aus den Reparationen der Russen im Osten bis weit in die 1960er-Jahre an. Manche behaupten sogar, bis in die 1980er-Jahre, als einige der letzten Kleinbahnen verschwanden und deren Schienen ausgebuddelt wurden.

In dieser Situation, als mehr oder weniger Chaos und Willkür der Besatzer herrschten, war an Motorsport natürlich nicht zu denken. Zum einen gab es weder Fahrzeuge und gebrauchsfähiges anderes Material, zum anderen war es direkt untersagt sich derart zu betätigen. In der sowjetischen Besatzungszone war motorsportliche Betätigung tatsächlich bei Strafe verboten.

Eigentlich im Westen auch, denn die Kontrollratsdirektive Nr. 23 galt für das gesamte alliiert besetzte Gebiet, aber im Westen Deutschlands wurde die Handhabung des Motorsports etwas lockerer gesehen. Das änderte nichts an der Tatsache, dass auch dort jegliche materiell-technische Basis für diese Art Sport fehlte.

Mit der langsamen Normalisierung der Lebensverhältnisse, die sich im Westen etwas zügiger vollzog, begann man wieder über motorsportliche Pläne nachzudenken und mancherorts wurden bereits Teile aus altem Schrottaufkommen sichergestellt. Auf abenteuerlichen Wegen wurden Fahrzeugwracks und deren Reste herbeigeschafft. So entstanden mit der Zeit seltsame Gefährte mit denen man unbedingt um die Wette fahren wollte. International wurde der Rennbetrieb bereits 1946 wieder aufgenommen.

Rennwagen bis 1100 ccm oder 2000 ccm ohne Kompressoren wurden in Italien und England eingesetzt. Unter Ausschluss der deutschen Szene wurde 1946 erstmals wieder ein Klassement für den Motorsport erlassen. Es entstand die Formel A und die Formel B, die kurz darauf in Formel 1 und 2 umbenannt wurden. In der Formel 2 wurden Motoren mit 2000 ccm Hubraum oder 750 ccm mit Kompressoren erlaubt. Diese Fahrzeuge ließen sich teilweise aus noch vorhandenen Vorkriegsfahrzeugen ziviler Produktion zusammenbauen. Fahrzeuge für die damals gültige Formel 1 waren kaum finanzierbar und da es sehr wenige Teilnehmer an diesen Rennen gab wurde 1952 und 1953 der Grand Prix zur Weltmeisterschaft auf der Basis der Formel 2 ausgetragen.

Die ausgeschlossenen Deutschen veranstalteten entgegen den Anordnungen der Besatzungsmächte bereits im September 1946 in Karlsruhe ein mehr oder weniger legales Rennen, das angeblich 50.000 Zuschauer gesehen haben sollen.

Leider sind meine Informationen diesbezüglich nicht sicher. Allerdings folgte dann wohl auf dem Hockenheimring im Mai 1947 ein weiteres Rennen. In welchen Klassen man an den Start ging konnte ich noch nicht herausfinden. Ich gehe davon aus, dass dort noch keine Rennwagen, sondern eher nur Motorräder gestartet sind.

Von Formel 3 bis Formel Junior (1950 bis 1959)

Formelrennsport mit anspruchsvollen Zielen

Menschenmauern am Sachsenring, Menschenmauern an der Halle-Saale-Schleife, im Leipziger Stadtpark, am Schleizer Dreieck. Überall dort, wo Rennmotoren dröhnten, standen die Menschen bei glühender Hitze und in strömendem Regen an den Strecken, atmeten den Duft des verbrannten Renn-Öls und erwarteten spannende Wettkämpfe der Aktiven.

Schon Tage vor den jeweiligen Rennen reisten die Zuschauer in Sonderzügen oder auf eigener Achse an. Und per eigener Achse hieß in diesem Fall mit Fahrrad, Motorrad, Pkw oder auf Pferdefuhrwerken.

Rund um die Strecken füllten sich die Park- und Campingplätze mitunter in beängstigenden Dimensionen. Darauf waren die Veranstalter in den meisten Fällen nicht vorbereitet. Um derartige Rennen organisieren zu können, bedurfte es vieler ehrenamtlicher Helfer die wochenlang an der Strecke, im Fahrerlager und im Renn-Büro arbeiteten, bevor ein Motor zum Laufen kam. Vom Rennleiter bis zum Streckenbeobachter, vom Fahrerlagerobmann bis zum Sanitäter,

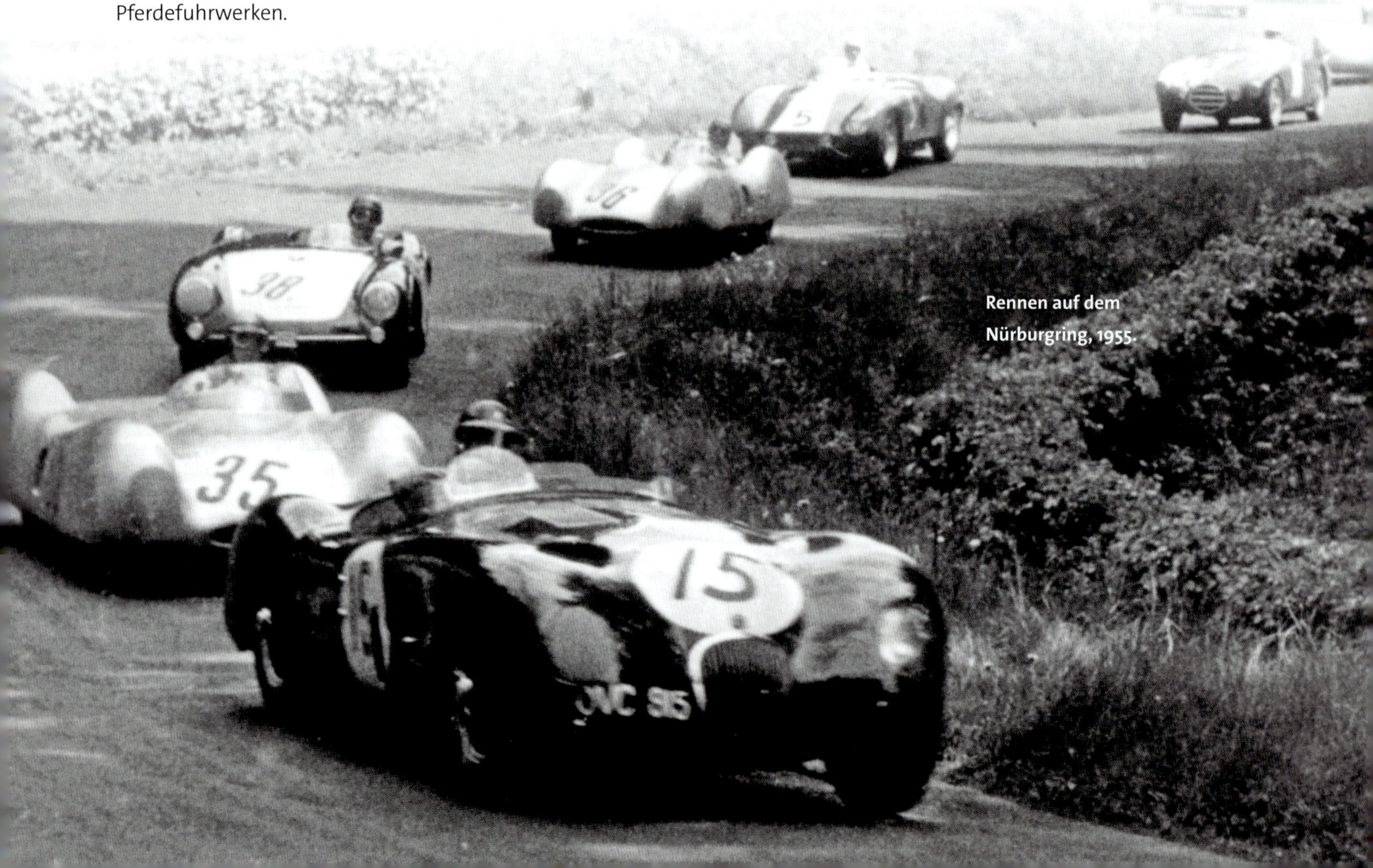

Rennen auf dem Nürburgring, 1955.

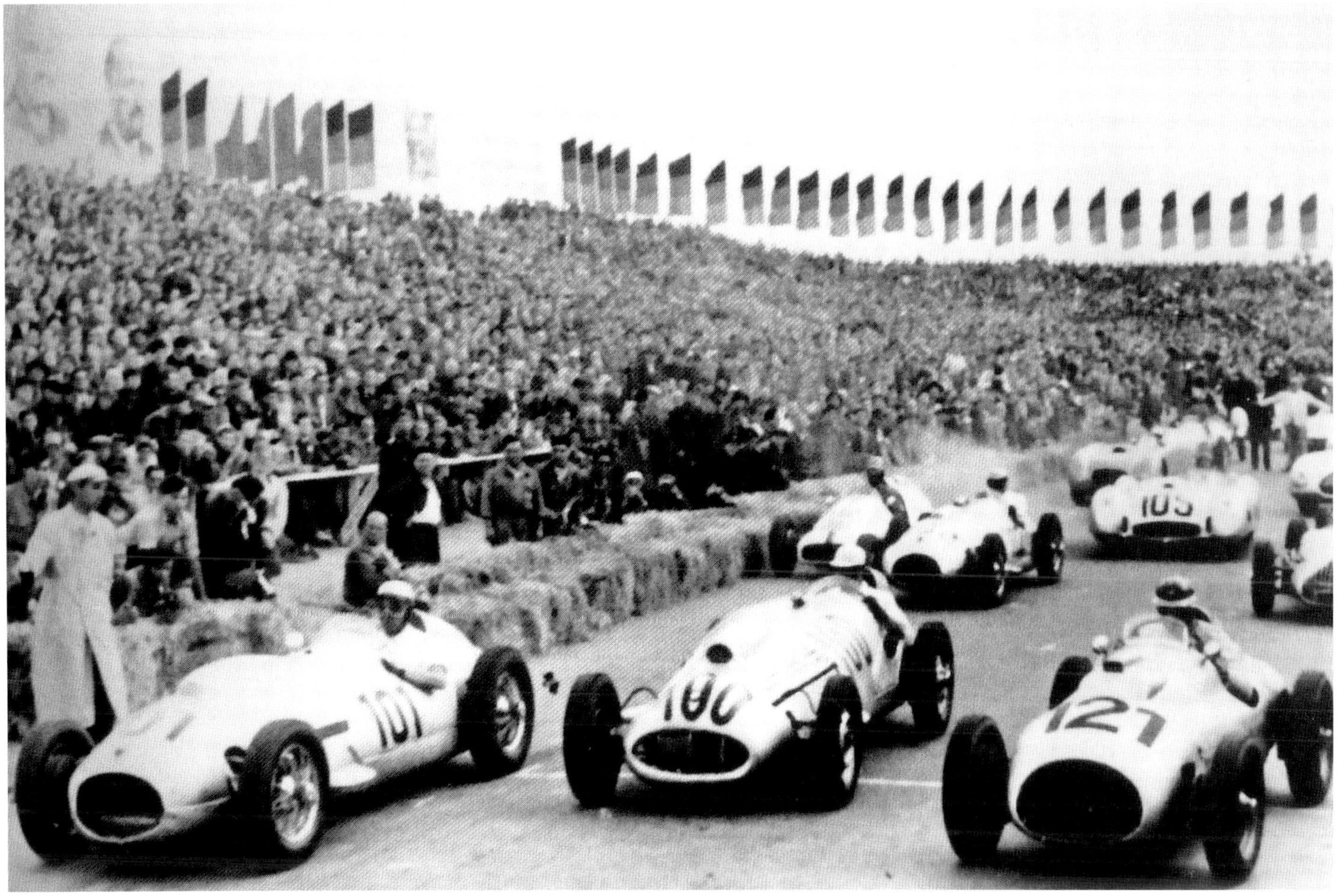

Startaufstellung auf dem Sachsenring, 1953. In vorderster Reihe Barth und Krause.

von der Telefonistin bis zum Plakate-Verteiler leisteten alle bis zur Erledigung der letzten notwendigen Aktivitäten unglaubliche Arbeit. Und das alles nur, um nach jedem Rennende ein Jahr später wieder von vorn anzufangen.

Diese heute nur noch schwer nachvollziehbare freiwillige Leistungsbereitschaft ohne jegliche finanzielle Vergütung basierte auf dem gemeinsamen Willen, dem Leben in Deutschland wieder Sinn, Farbe und Vielfalt zu geben. In dieser Szene wurde nicht nach Herkunft und Geldbeutel agiert, sondern ausschließlich für das Wiederbeleben einer nationalen Identifikation. Eine gesamtgesellschaftliche Leistungsbereitschaft, von der wir heute leider weiter entfernt scheinen als zuvor.

Im internationalen Automobilrennsport vollzog sich nach anfänglichen »Mischrennen« immer deutlicher die Differenzierung zwischen Renn- und Sportwagen. Zwischenzeitlich waren auch ausreichend Fahrzeuge entstanden, um eigenständige Rennen auszutragen. Auch wenn einige dieser Wagen als Intertyp-Fahrzeuge betrieben wurden.

Den deutlichsten Einschnitt brachte 1950 die Gründung der modernen Formel 1-Vereinigung. Damit wurden erstmals nach dem Krieg wieder klare Regeln für nach Leistungsparametern definierte Fahrzeugklassen geschaffen. Der technischen Basis der Formel 1 mussten sich alle anderen geplanten Rennserien unterordnen.

Für die Rennsportler in beiden deutschen Staaten hatte dies aber vorerst wenig Bedeutung, weil es für diese Kategorie keine Potenziale gab. Firmenbeteiligungen standen nicht wirklich in der Diskussion und für die privaten Teams war eine Teilnahme an der Formel 1 aus finanzieller und technischer Sicht unmöglich.

In der BRD hatte sich zwischenzeitlich aber eine starke

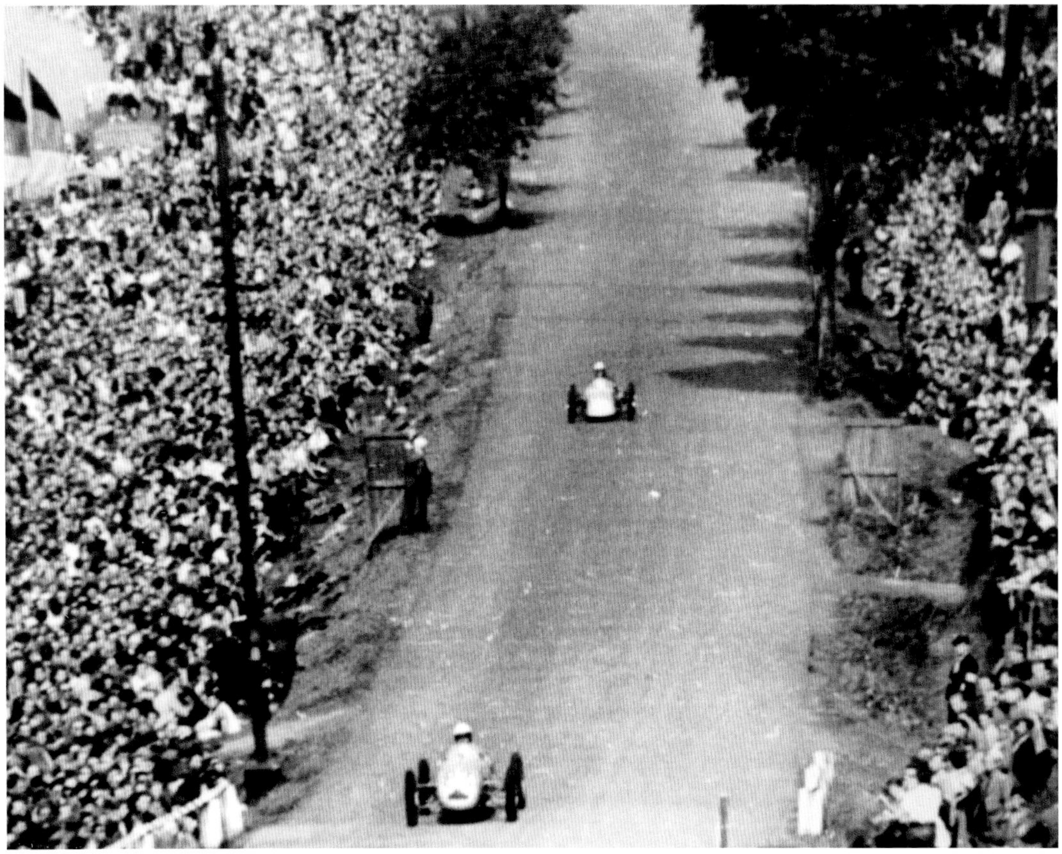

Die Queckenberg-Kurve des Sachsenrings während eines Rennens in den 1950er-Jahren.

Damit waren die persönlichen Kapazitäten solcher Leute wie Versuchsingenieur Erich Koch (im Bereich Motoren) und Oberingenieur Georg Hufnagel (im Bereich Karosseriebau) durch Parteibeschlüsse für überflüssig erklärt worden.

Umso mehr orientierten sich diese Personen an der Privatfahrerszene.

Von dort kamen in jenen Jahren die meisten Aktivitäten für den Rennsport. Fahrer wie Paul Greifzu, Kurt Baum, Rudi Krause, Ernst Klodwig, Max Wetzig und Egon Binner stellten mit ihren Eigenbauten das Rückgrat der DDR-Rennsportszene dar.

Die teilweise, trotz aller politischen Verbote, im Eisenacher Werk angearbeiteten Teile und das erforderliche Material wurden offensichtlich mit Duldung des damaligen Betriebsdirektors mehr oder weniger heimlich zu den privaten Teams geschmuggelt.

Sportwagenszene herausgebildet, in der BMW, Mercedes, Borgward und Porsche aktiv waren. Das zugkräftigste Argument für die Sportwagenentwicklung war die Möglichkeit der Vermarktung artverwandter Serienfahrzeuge.

Im Osten Deutschlands, der Sowjetischen Besatzungszone, aus der am 7. Oktober 1949 die Deutsche Demokratische Republik (DDR) entstand, war man sich zu dieser Zeit noch nicht sicher, in welcher Form man in den Serienfahrzeugbau zukunftsträchtig investieren sollte. Daher arbeitete man im Eisenacher Werk weiter mit den alten BMW-Vorkriegsfahrzeugen, um überhaupt etwas auf die Straßen zu bringen.

Wenn überhaupt, setzte man im Rennsport auf die bereits vorhandenen Modelle der Vorkriegszeit. Alles andere war finanziell gar nicht möglich. Hinzu kam, dass einer der wichtigsten Visionäre seinen Hut an den Nagel gehängt hatte: Nach dem Weggang des Chefkonstrukteurs Gustav Apel erfolgten im BMW-Werk Eisenach keine neuen Rennwagenentwicklungen mehr. Auch einen geplanten Formel 3-Rennwagen legte man auf Eis.

Bei den Rennwagen orientierte man sich an den aktuellen Formel 2-Regularien und baute Wagen mit 2-Liter-Hubraum. Die im Chemnitzer Handwerksbetrieb Reif hergestellten ersten zwei Rennwagen mit der Bezeichnung »Reif-BMW-Intertyp« wurden an bereits wartende Kunden verkauft. Rudi Krause startete 1950 zum ersten Mal am Sachsenring mit einem Wagen dieses Typs. Der andere Wagen ging in den Westen und wurde von Helmut Niedermayer pilotiert, der aber nicht der Besitzer war.

Auch die anderen Privatfahrer bauten Fahrzeuge der Kategorie Formel 2 auf BMW-Basis. Der Monoposto von Paul Greifzu gehörte dazu. Mit diesem Wagen fuhr der »Pionier des DDR-Rennsports« mehrere Klassensiege heraus. Bei den Rennen gegen Veritas, AFM, Ferrari und Simca auf der AVUS und in Dresden erkämpfte er jeweils zweite Plätze. Diese Erfolge und die unschätzbaren Erfahrungen der Aktiven konnten aber nicht darüber hinwegtäuschen, dass die Mittel nicht ausreichen würden, um international Schritt zu halten. Paul Greifzu und Arthur Rosenhammer trugen aber dazu bei, dass innerhalb der DDR-Führung ein Umdenken eintrat.

Zu diesem Zeitpunkt gab es in der DDR zwei namhafte Autowerke: Das Eisenacher EMW-Werk und das Sachsenringwerk (ehem. Horch/Auto Union) bei Zwickau. In diesen Werken produzierten wenige Mitarbeiter unter primitivsten Bedingungen die Serien-EMW 312, IFA F 8 und später den weltstandverkörpernden IFA F9.

Dieses Potenzial stellte damals den Ausgangspunkt für eine wegweisende Entscheidung zu Gunsten des DDR-Rennsports dar. Dank dieser politisch anerkannten Leistungsentwicklung entschloss man sich, eine Institution zu schaffen, die sich intensiv mit der Entwicklung eines international konkurrenzfähigen Wagens befassen sollte. Es entstand 1950 das DAMW-Rennkollektiv Berlin-Johannisthal als eine Art staatlicher Rennstall.

Dem ehemaligen BRD-Rennfahrer Dr. Ring (der aus dem Westen in die DDR übergesiedelt war) wird mit unterschiedlichen Deutungen zugesprochen, den Anstoß für dieses Projekt gegeben zu haben.

Er soll bei einem Direktkontakt den damaligen DDR-Präsident Wilhelm Pieck davon überzeugt haben, dass er dem ostdeutschen Motorsport zu neuen Ufern verhelfen könne. Manche Akteure jener Zeit haben Dr. Ring als Hochstapler bezeichnet, aber Pieck war offensichtlich angetan von seinen Angeboten. Im Oktober 1950 wurde daher beim Deutschen Amt für Material- und Warenprüfung (DAMW) das besagte Kollektiv ins Leben gerufen. Der Standort ergab sich aus der Möglichkeit, die Autowerkstatt der Sowjetischen Militäradministration auf dem Flugplatz Berlin-Johannisthal nutzen zu können.

Zum Team gehörten etwa 25 bis 30 Personen sowie die Rennfahrer Arthur Rosenhammer, Theo Fitzau, Kurt Baum und Kurt Straubel, die intensiv an der Entwicklung neuer Rennwagen mitarbeiteten.

Aus heutiger Sicht wird einmütig bestätigt, dass die Ergebnisse dieser Einrichtung, von der Gründung im Januar bis zu Saisonbeginn 1950, einmalig waren. Allerdings stieß dieses Projekt in den eigenen Reihen der privaten DDR-Fahrer auf wenig Begeisterung. Sie gerieten nämlich durch die staatliche Förderung des DAMW-Teams, durch den großzügigen Einsatz von Maschinen, Materialien, Werkzeugen und

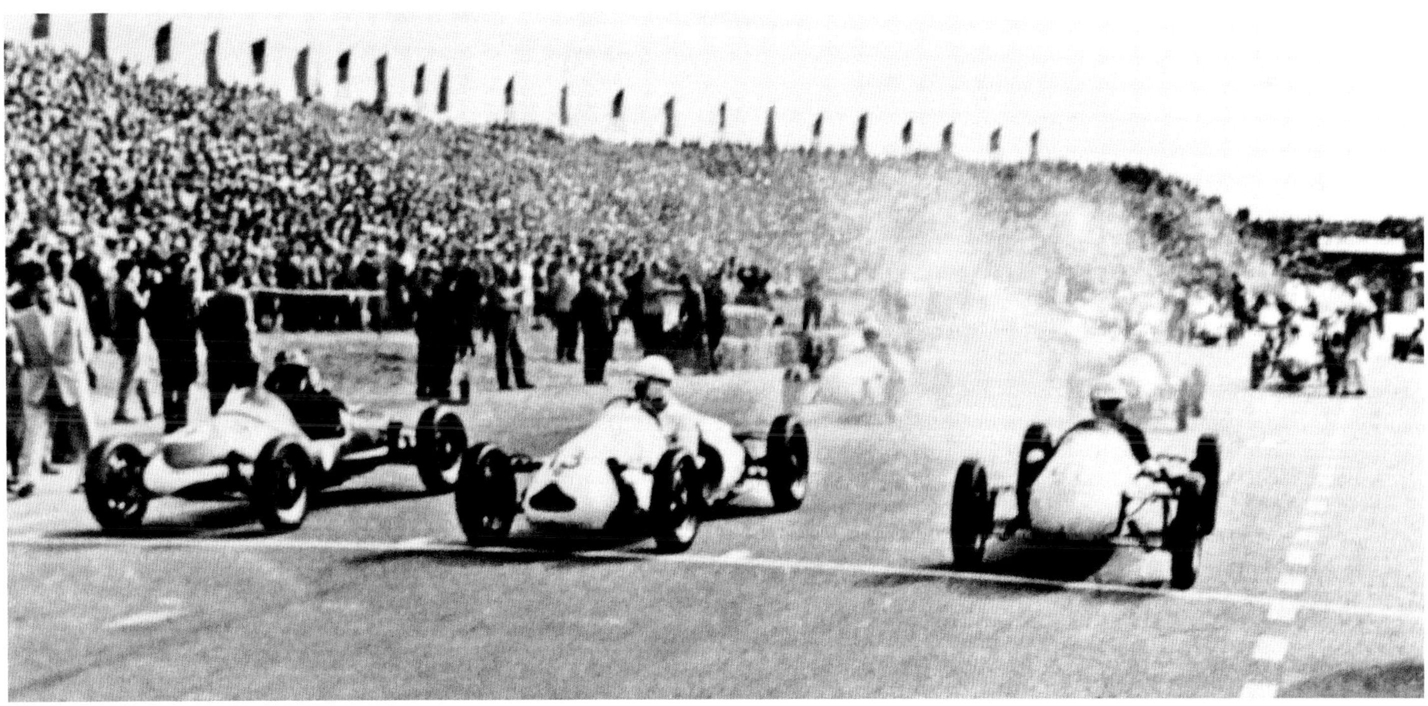

Startaufstellung mit Meub, Lincoln und Ahrens sen. im Jahr 1955.

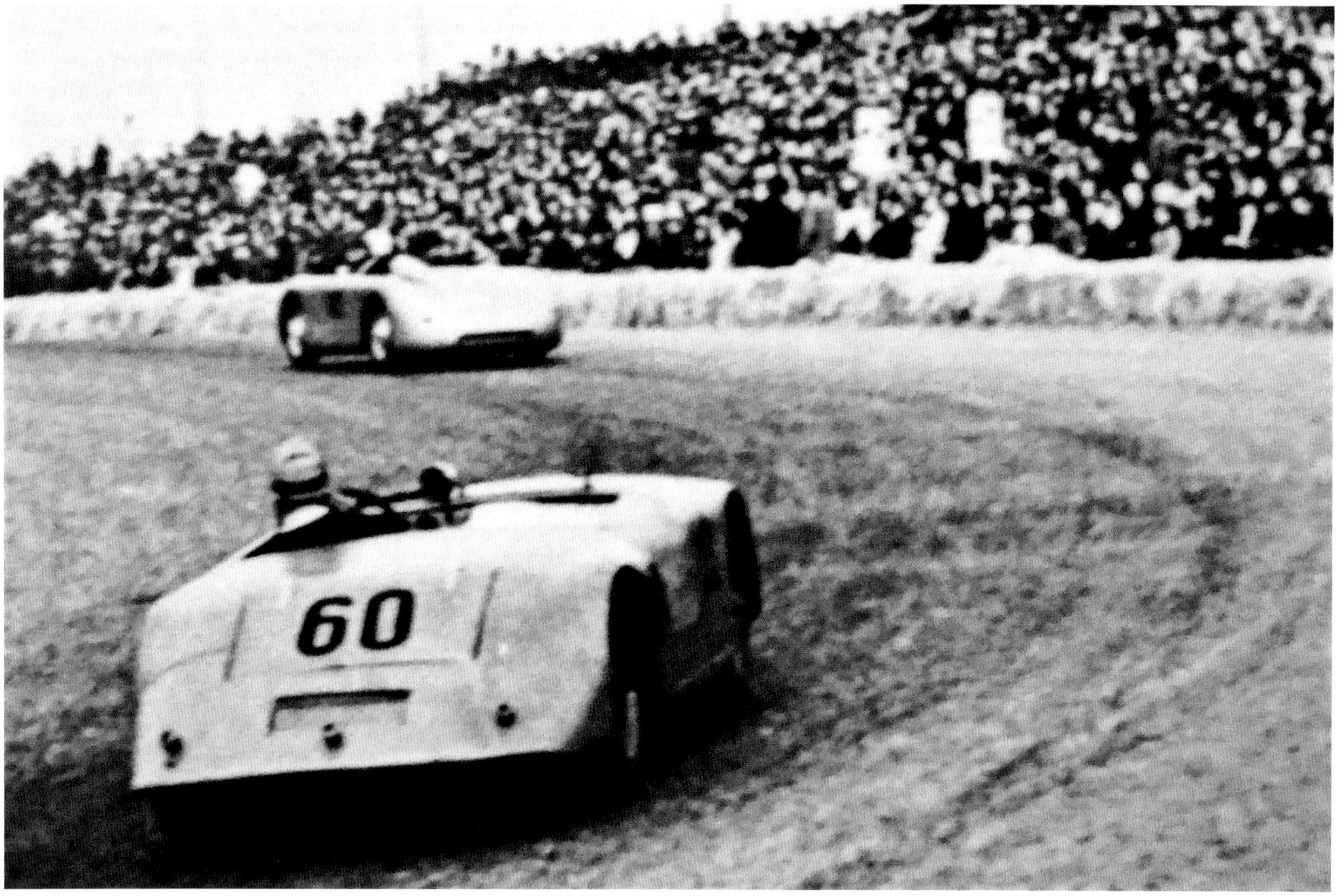

Melkus-Eigenbau auf VW-Basis auf dem Sachsenring, 1952.

Spezialteilen wieder einmal ins Hintertreffen. Sie mussten ihre Ersatzteilprobleme mit Hilfe der Schrottplätze und aus Altbeständen lösen.

Paul Greifzu soll sich über diese Situation sogar massiv geärgert haben. Andererseits konnten die Privatfahrer teilweise von den Neuentwicklungen bei Reifen, Zündkerzen, Öl und Benzin profitieren. Als 1950 international mit der Wiederaufnahme des Grand-Prix-Sports in der Formel 1 begonnen wurde und Cooper, Lotus, Brabham und BRM ihre ersten Zeichen setzten, ermöglichten die Ergebnisse der Reifenwerker aus Berlin und Riesa, der Leuna-Werker, der Beschäftigten der Berliner Vergaserwerke und des Öl-Werks Lützkendorf sowie die Entwicklungsergebnisse des VEB IKA Porzellan Neuhaus auf dem Elektroniksektor den Bau serienmäßig hergestellter Rennwagen aus der DDR für den internationalen Formel 2-Rennsport. Das waren aber eben nur die technischen Voraussetzungen und leider waren diese für die vielen privaten Akteure unerschwinglich. So dominierten in diesem Bereich weiterhin die kleinen Rennwagen.

Im Westen kamen unter der Bezeichnung »Helio« nach wie vor BMW-betriebene Fahrzeuge an den Start. 500 ccm Motoren nach Reglement der Formel 3, Achsen, Bremsen von Fiat und Getriebe von VW stellten deren technische Basis dar. Aber auch diese technisch modifizierten und überarbeiteten Wagen konnten nicht überzeugen. Der Dauerläufer hieß immer noch »Scampolo«.

Dieser von Walter Komossa entwickelte Grundtyp wurde vielfach nachgebaut und weiterentwickelt. Scampolos wurden überwiegend von DKW-Motoren angetrieben, wassergekühlt und mit Rootsgebläse versehen. 1950 gab es aber auch Modelle mit BMW- und 1951 mit Norton-Maschinen.

Seinen Meisterwagen von 1951 verkaufte Komossa 1952 an

Kurt Ahrens, der ihn wiederum 1952 an Willy Lehmann in die DDR verschenkte. Williy Lehmann betrieb den Wagen nach einigen Umbauten noch bis 1960 in der Formel Junior und fixierte so den wohl ältesten aktiv genutzten Rennwagen Deutschlands.

Lehmann wurde von 1952 bis 1956 mit diesem Rennfahrzeug Ostdeutscher Meister, und das obwohl er 1954 und 1956 kein Rennen gewann.

Der Legende nach stammte der Name »Scampolo« aus einem Übersetzungsfehler aus dem Italienischen. Demnach wollte man die Charakteristik des aus vielen Teilen zusammengebauten Wagens verdeutlichen und so entstand »Stoffrest, fliegender Fetzen«. Recherchen westdeutscher Historiker ergaben, dass etwa 17 Fahrzeuge dieses Typs gebaut wurden. Zwischen 1947 bis 1950 sollen es allein für die Formel 3 zehn Stück gewesen sein.

Scampolos gingen bei verschiedenen Rennen in größerer Zahl gleichzeitig an den Start. So trafen auch Ost- und West-Scampolos aufeinander – dies ermöglichte eine gewisse Chancengleichheit, wobei die anderen Eigenbauten der DDR-Fahrer in dieser Klasse kaum in Erscheinung traten.

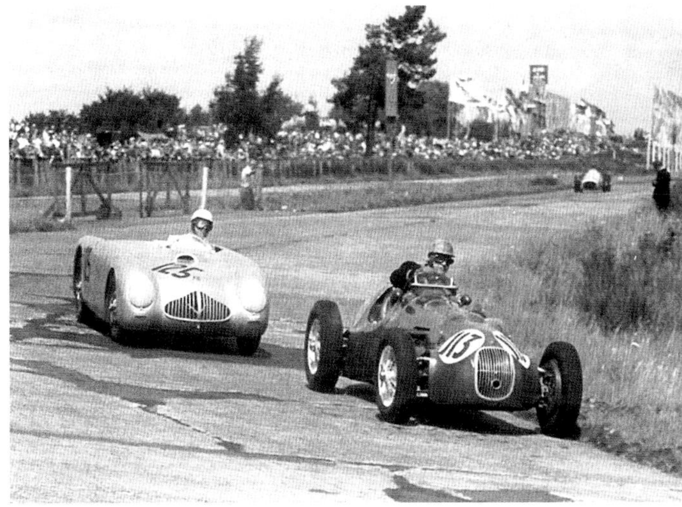

Ernst Klodwig in der Saison 1952.

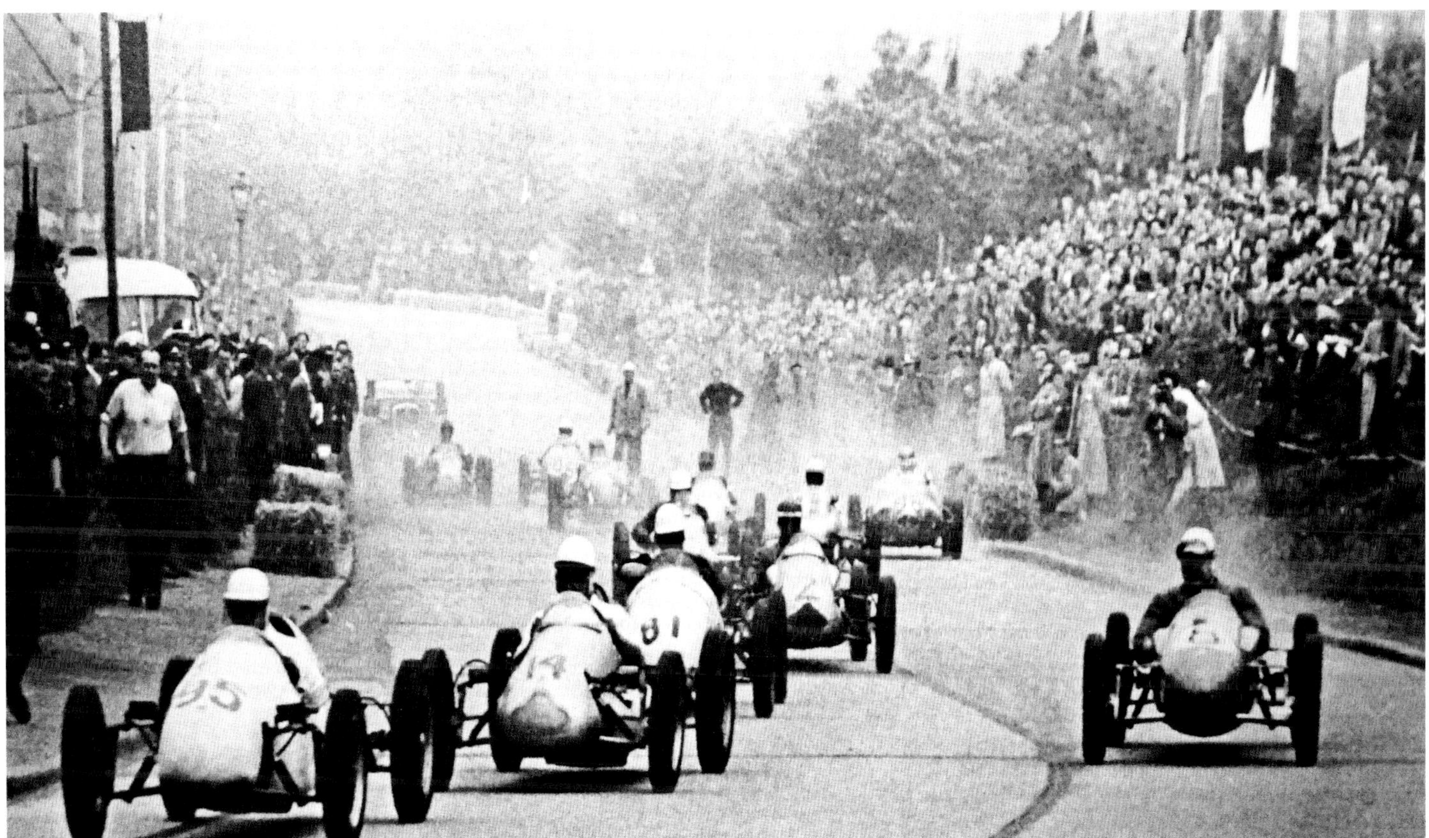

Impression des Leipziger Stadtparkrennens aus der Saison 1956.

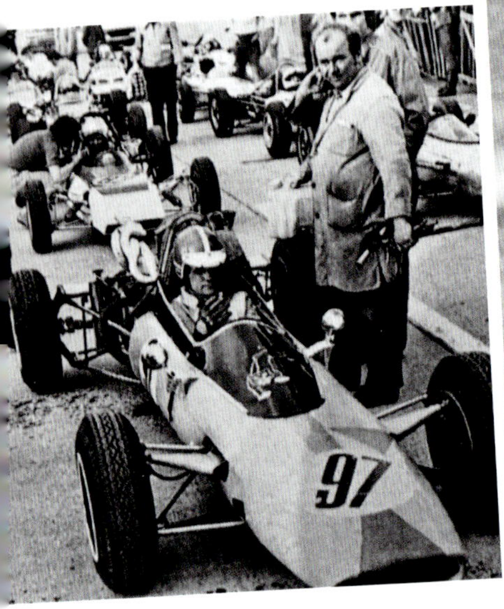

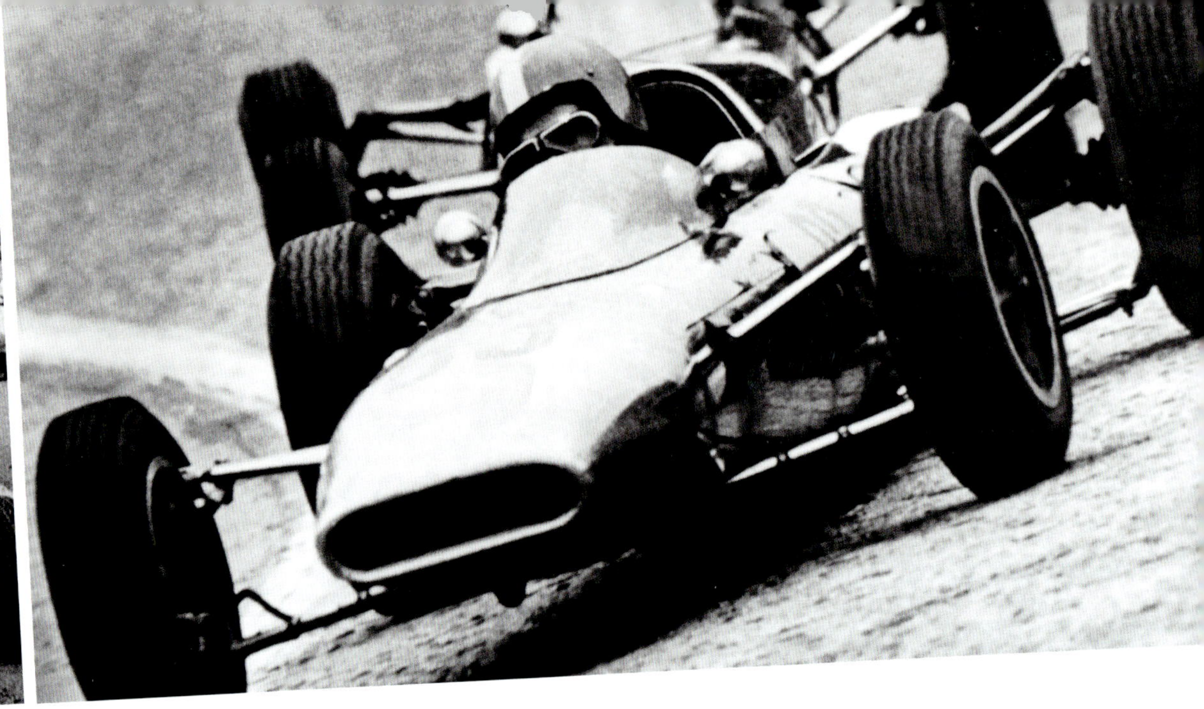

Von Formel Junior und neuer Formel 3 (1960 bis 1971)

Aufwärtstrend – auch in den kleinen Klassen

Ab 1960 bahnte sich wieder einmal ein Reglement-Wechsel seinen Weg in die Rennsportgeschichte. Die Formel 3 wurde nun endgültig zur »Formel Junior« und auf 1000 ccm Hubraum fixiert.

Auf dieser Basis hatten in der BRD die Fahrer Wolfgang Graf Berghe von Trips, Kurt Ahrens und Gerhard Mitter recht zügig eine neue Rennserie initiiert. Daher gab es ab 1960 im Westen Deutschlands wieder eine offizielle Meisterschaft in der »kleinen« Formel-Rennsportklasse »Junior«.

Nachdem es in der DDR rund zehn Jahre lang eine 500er-Formel 3-Klasse gegeben hatte (in der BRD war dieser Zeitraum wesentlich kürzer), gab es zahlreiche Überlegungen, sich von den kleinen Motoren bis 500 ccm Hubraum endgültig zu verabschieden. Der Trend im Serienfahrzeugbau trug dazu bei, sich an den größeren Motoren zu orientieren.

Die Rennwagen der 500 ccm-Formel 3 hatten infolge der international anwachsenden Formel Junior-Präsenz ihren Reiz auch im Osten verloren. Der Drang nach leistungsfähigeren Fahrzeugen fand daher viele Befürworter, zumal im Westen ja auch schon längere Zeit nur noch sehr bescheidenes Interesse an der 500er-Klasse bestanden hatte.

Trotz zahlreicher schwerer Unfälle empfand man dennoch die Motoren als zu schwach für niveauvolle Rennen. Vor allem auch, weil die Ausfallquoten an den kleinen Flitzern recht hoch waren. Durch die ständigen Leistungssteigerungen waren die technischen Grenzen längst erreicht, die Fahrzeuge aber nicht wirklich schneller geworden. Diese zwiespältigen Ergebnisse förderten die neuen Bestrebungen für etwas größere Rennwagen.

In dieser Zeit herrschten im sportlichen Bereich beider deutscher Staaten noch recht moderate Beziehungen, obwohl mittlerweile niemand mehr an eine rasche Wiedervereinigung glaubte. Aber zu diesem Zeitpunkt war noch nicht absehbar, wie sehr sich die politische Lage in Kürze

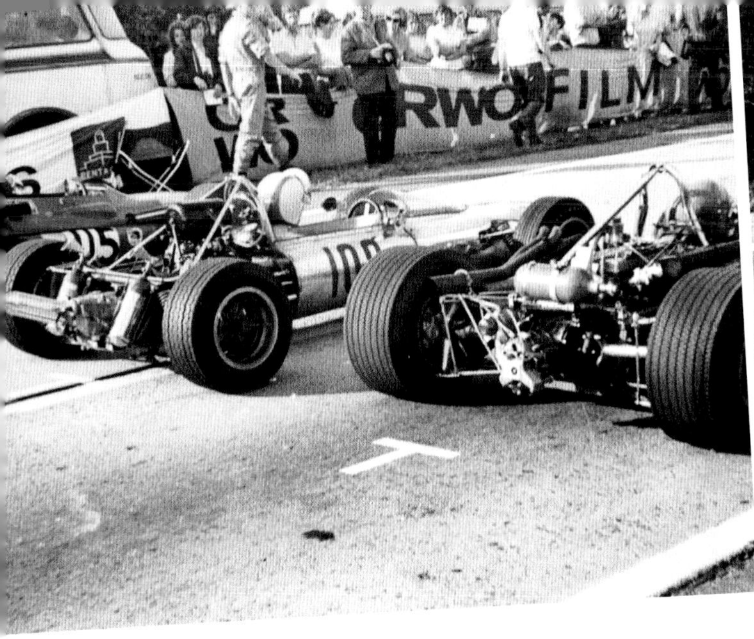

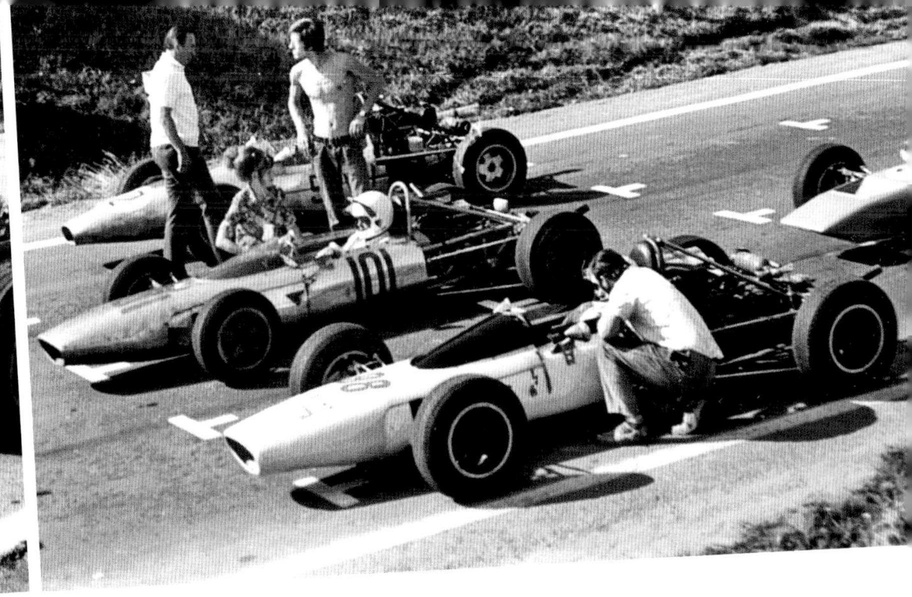

verschärfen würde. Vorerst wollte man noch gemeinsam Sport treiben und das möglichst auf gleichem Niveau.

Zwar hatte man in der DDR noch 1955 eine sehr positive Entwicklungschance für die Formel 3 gesehen, aber bereits im Jahr darauf wurde dies korrigiert und es fanden kaum noch Weiterentwicklungen und Investitionen statt.

In dieser Frage ging es den ostdeutschen Aktiven vermutlich ähnlich wie den Kollegen im Westen. Man wollte sich von der Motorradtechnik, im positiven Sinne, etwas abheben. Die scheinbar beste Lösung bestand in Fahrzeugen mit Motoren von 1000 ccm, später 1100 ccm Hubraum.

Diese Motoren waren auch in der DDR aus der Serienproduktion heraus gut verfügbar. Hinzu kam, dass sie ein ausbaufähiges Leistungspotenzial hatten und man ging von erschwinglichen Kosten aus. Die in diesem Zusammenhang getroffenen weiteren Regelungen für ein seriennahes Motormanagement und für Seriengetriebe ermöglichten eine »preiswerte« Art Motorsport zu treiben. Wobei »preiswert« im Motorsport immer mit Vorsicht zu genießen ist.

Förderlich für die Entwicklung hin zu etwas stärkeren Rennwagen war die Entscheidung der DDR-Motorradindustrie, keine weiteren Entwicklungen im Bereich der größeren Hubraumklassen voranzutreiben. 350 und 500 ccm-Motoren spielten daher auch auf den Rennstrecken keine Rolle mehr, weil man den diesbezüglichen »schädlichen Westeinfluss« unterbinden wollte. In der Folge wurden auch keine Rennen mehr für diese Klassen ausgeschrieben. Das brachte wenig Erfreuliches für die Rennstrecken der DDR. Allerdings spekulierten im gleichen Atemzug die Rennleitungen auf eine Erhöhung der Attraktivität der Wagenrennen. So passte eine leistungsgesteigerte Formel 3, nun Formel Junior, als »Lückenfüller« recht gut ins Konzept. Passende Fahrzeuge waren seit etwa 1958/59 bereits vorhanden.

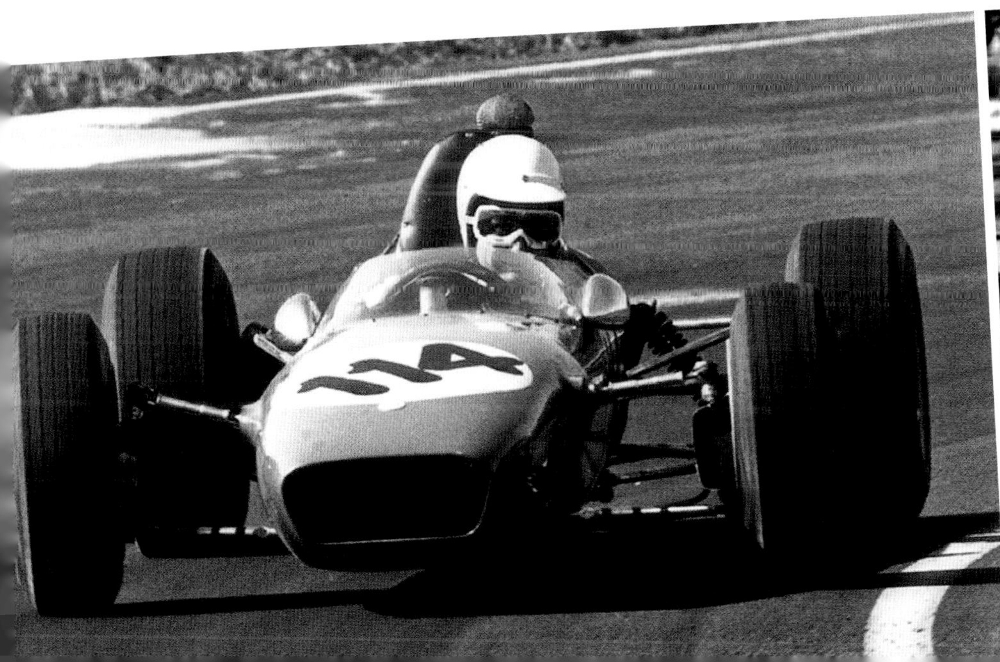

Stanguellini mit Frontmotor, 1961.

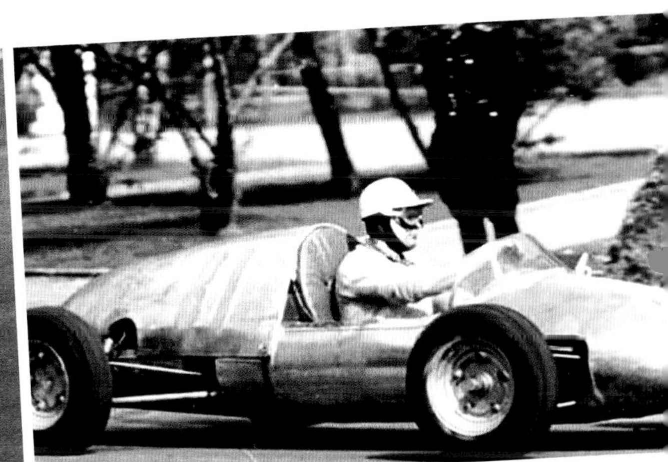

Heinz Melkus im Einsatz in der »Formel Junior« 1959.

Die Rennsaison 1948

Im Mai 1948 startete im Westen das erste offizielle Autorennen in Hockenheim.

Es folgten die Rennen

- auf dem Kölner Kurs,
- dem Karlsruher Dreieck,
- das Braunschweiger Prinzenparkrennen
- und im September das Eröffnungsrennen auf dem Grenzlandring.

Außerdem wurden Rennen »Rund um Schotten« und »Rund um das Bayerkreuz« initiiert.

Im Westen Deutschlands dominierten in den Rennen der Kleinstrennwagen neben abenteuerlichen Eigenbauten auch Fahrzeuge von Condor und Monopoletta. Angetrieben wurden diese Fahrzeuge von Aggregaten der Firmen DKW, NSU, Zündapp oder BMW. Hubräume von 500, 600 und 750 ccm wurden dem Regelwerk angepasst.

Dabei waren die Boxermotoren besonders geeignet, da sie infolge ihrer Anordnung einfacher gekühlt werden konnten und einen niedrigen Schwerpunkt aufwiesen. Die Anordnung des Tanks konnte ebenfalls oberhalb des Motors erfolgen – das machte eine Benzinpumpe überflüssig.

Als Wegbereiter dieser Szene wird heute noch Helmut Polensky genannt. Der Name »Monopoletta« resultiert offensichtlich aus der Verbindung der Worte Monoposto und Polensky.

Der sehr häufig verwendete R 51-BMW-Motor lieferte nach einigen Modifikationen 45 PS bei 7500 Umdrehungen. Mit diesen Parametern und 265 kg Gewicht konnte man den Konkurrenten mit Norton-Motoren Paroli bieten.

Ein anderes Modell jener Tage entstand unter den Händen von Helmut Hütten und erhielt den Namen »Condor«. Einer dieser Wagen wurde von Fritz Huschke von Hanstein beim Rennen im Achener Wald 1949 zum Sieg gefahren. Mit diesen in Kleinserie gebauten Wagen konnte man sich mit den favorisierten »Scampolo« spannende Rennen liefern.

In diesen Rennen fand sich aber auch der ostdeutsche Arthur Rosenhammer, der mit einem ARO-BMW an den Start ging. Wie er dieses Kunststück trotz der immer noch währenden russischen Sanktionen fertig gebracht hat, blieb bis heute ein Rätsel.

Rosenhammers »ARO« war ein echter Heckmotorwagen. Der BMW-Motor saß hinter der Hinterachse und war umgekehrt eingebaut. Der Getriebeausgang lag in Fahrtrichtung, so dass das Getriebe vor dem Motor angeordnet war.

Eine weitere Innovation jener Tage waren die von Ferdi Lehder 1948 gebauten zwei Kleinstrennwagen mit der Bezeichnung »LTE-Juwel«. Diese Wagen waren mit einem 750er BMW-Frontmotor ausgestattet. Der Motor war zwischen Vorderachse und Fahrersitz installiert, der Antrieb erfolgte aber über die Hinterachse. Ein Jahr später folgte das Modell »LTE-Brillant« mit dem 500er-Heckmotor, das vermutlich nur in drei Exemplaren gebaut wurde. Diese Fahr-

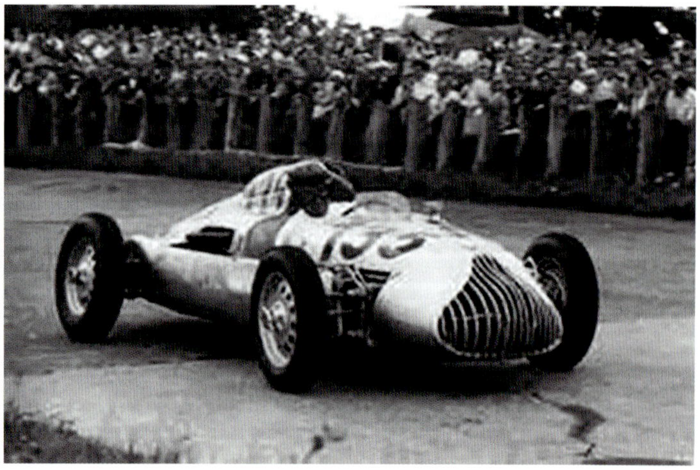

Ernst Klodwig im Renneinsatz.

zeuge brillierten durch ihr optisch anspruchsvolles Aussehen und galten gleichzeitig als die schnellsten ihrer Klasse.

Der langjährige Motorradrennfahrer Hannes Riederich baute etwas später für den in US-amerikanischen Diensten stehenden Bruce Campbell ein Monoposto aus Teilen eines Fiat und eines VW sowie mit einem 500er-BMW-Motor. Dieses Fahrzeug ging unter der Bezeichnung »RC-Spezial« in die Starterlisten ein und tauchte auch in den Listen der späteren Formel 3 wieder auf.

Das größte Problem aller dieser Wagen bestand aber in der fehlenden Standfestigkeit, die sich sowohl an den Motoren als auch an den Chassis-Teilen immer wieder als Mangel zeigte. Diese Mängel trafen auch auf die Eigenbauten der ostdeutschen und anderer internationaler Fahrer zu. Daran änderte auch nichts, dass eine große Mehrheit von etwa 130 Wagen (mit an sich zuverlässigen) BMW-Motoren ausgestattet waren. Die Rennbelastung war für den als Serienmotor konzipierten Antrieb einfach zu groß. Vor allem die ständigen Lastwechsel stellten ein massives Problem dar. So gingen bei den Rennen mitunter zahlreiche Fahrer an den Start, aber nur wenige kamen ins Ziel.

Nach und nach machten auch im Osten ehemalige Rennfahrer und Funktionäre ihren Einfluss geltend, um dem Renngeschehen neuen Schwung zu verleihen. Sie ernteten aber meist wenig Verständnis für ihre Bemühungen, denn den Menschen in der künftigen DDR fehlte es zunächst an weit wichtigeren Dingen als an Autorennen. Mehr oder weniger geduldet soll es Ende Oktober 1948 in Wittenberg ein erstes Rennen gegeben haben, an dem aber keine Rennwagen beteiligt waren.

Etwa um die gleiche Zeit ließen die Sowjetischen Besatzer durchblicken, dass bei BMW in Eisenach nicht nur bereits seit 1945 wieder an Zivilfahrzeugen gearbeitet werde: Die Aktiengesellschaft »AWTOWELO« begann 1947/48 bereits unter ihrer russischen Leitung Rennsportplänen zu schmieden. Auf der Basis des BMW 328 entstanden in der Folgezeit Renn- und Sportwagen als Basis für später erfolgreiche Modelle.

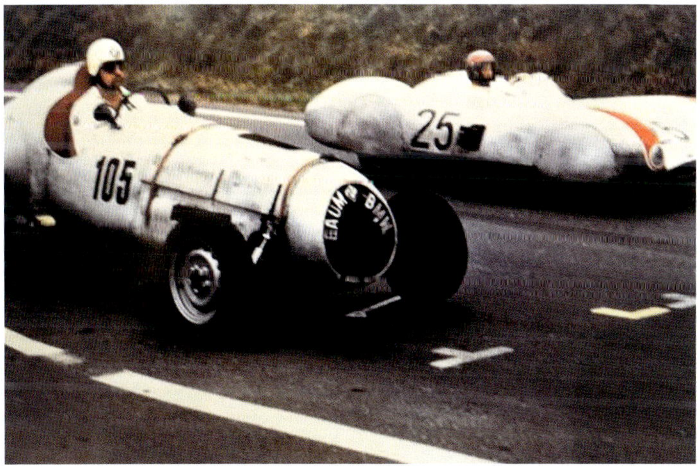

Kurz Baum im BMW neben AWE 1,5 Liter-Rennsportwagen.

Die Rennsaison 1949

Am 24. Juli 1949 gab das Stralsunder Bäderrennen den offiziellen Auftakt für die erste Rennsaison in der sowjetischen Besatzungszone, bei der auch Automobile zugelassen waren. Vorher hatten, mehr oder weniger geduldet, auf der AVUS (Juli 1948) und in Dessau sowie Leipzig (September 1949) bereits halblegale Wagenrennen stattgefunden.

Dem ersten offiziellen Rennen von Stralsund folgten weitere, wobei nach meinen Recherchen nur Motorräder am Start waren. Rennwagen kamen erst beim Rennen in Dessau am 4. September 1949 zum Einsatz. Das Eisenacher BMW-Werk brachte damals drei Fahrzeuge an den Start – allesamt Neuentwicklungen! Mit dabei waren ein Stromlinien-Prototyp »S1«, ein BMW-Intertyp und ein BMW 340 S auf der Basis des Awtowelo-Prototypen.

Damit schockten die Eisenacher nicht nur die Zuschauer sondern auch die spärliche Konkurrenz. Die Privatfahrer gerieten unter erhöhten Druck, der sowieso schon extrem war angesichts der Ausgangsituation.

Während die Gebietsleitungen Sachsen-Anhalt, Sachsen und Thüringen um eine organisierte Form des Motorsports rangen, wirkten zwischenzeitlich viele private Enthusiasten auf eigene Faust und Kosten.

In den Anfangsjahren organisierten in der Regel örtliche Vertretungen (wie die Räte der Städte, der Kulturbund und Betriebssportgemeinschaften) die Rennen. Später übernahm das der »Deutsche Sportausschuß«.

Die Ausgangssituation für motorisierten Rennsport war verständlicherweise in der »Ostzone« sehr schlecht. Für die Durchführung von Rennen fehlte es nicht nur an brauchbaren Strecken und ausreichend Rennfahrzeugen, sondern auch an Benzin! Des Weiteren stellten die erwarteten Zuschauermassen die Organisatoren vor ungeahnte logistische Probleme der Streckensicherung und Versorgung.

Mit reichlich Defiziten und einer Menge »Nichts« ging man diese Probleme dennoch an. Im technischen Bereich sorgten der Drang zur Bastelei und die Begeisterung für den Rennsport dafür, dass aus dem Schrott der Autofriedhöfe und aus den aus Trümmern geborgenen Fahrzeugwracks immer neue Rennfahrzeuge entstanden.

Und während man bei Motorrädern auf die Vorkriegsmodelle von BMW, NSU und DKW zurückgriff, basierten die Rennwagen vor allem auf Resten von Vorkriegs-BMW, DKW oder alten Militär-VW. Heinz Melkus, die DDR-Rennlegende, fuhr beispielsweise am Beginn seiner Karriere mit einem eigenhändig umgebauten VW-Kübelwagen (siehe Seite 42).

Andere Fahrer erwarben Fahrzeuge aus dem Westen. So war der GvB (»Geheimnis von Bobby«) ein Eigenbau von Bobby Kohlrausch auf der Basis des »LTE-Juwel«, den Kohlrausch 1950 von Fehrdi Lehder gekauft hatte und der danach in den Osten Deutschlands geschmuggelt werden musste.

So kamen die Rennwagen mitunter zu fantasievollen Namen, wobei sich hinter »Spezial« meist das Wort Eigenbau versteckte. Richard Weisers »Windsbraut« war zum Beispiel nach einem alteingesessenen Motorsportclub in Eisenach benannt. Außerdem gab es »WGW« (nach Walter Grün aus Wolfen) sowie »GMG« (Gebrüder Theodor und Eugen Müller aus Güsten).

Es ist aus heutiger Sicht unglaublich, wie mühevoll und bescheiden die eigentlich rennsportverwöhnten Deutschen sich in die Szene zurück kämpften – in eine Szene, in der sie doch einst die mit Abstand führende Nation waren. Und zwar auf einem Niveau, das die Anfänge der früheren Nachkriegsjahre um Welten übertraf.

Im Westen wurde 1949 bereits die erste Deutsche Meisterschaft für Kleinstrennwagen ausgetragen. Dazu zählten die Rennen von Hockenheim, Rund um Schotten und der Nürburgring. Es gab aber weitere zahllose Rennen in ganz Deutschland. Darunter waren

- das Eifelrennen auf dem Nürburgring
- Rund um Lübecks Türme
- das Kieler Hafenkurs-Rennen
- das 1. Bremer Flughafen-Rennen
- das 2. Dieburger Dreiecksrennen
- das 2. Aachener Waldrennen
- das Rennen »Rund um den Kellersee« bei Malente
- in Leverkusen das Rennen um das Bayerkreuz
- das 3. Karlsruher Dreiecksrennen
- das Dessauer Motorrad- und Wagenrennen
- das Hamburger Stadtparkrennen
- Rund um die Schweinfurter Industrie
- das Grenzlandringrennen
- das Saarufer-Rundstreckenrennen bei Saarbrücken
- das Sachsenringrennen
- und am Ende des Jahres der Kölner Kurs.

Diese unglaubliche Menge an Veranstaltungen war nur möglich, weil der »Hunger« nach sportlichen Ereignissen jene Zeit bestimmte. Aus der Aufstellung ist aber zu ersehen, dass auch in der Ostzone an dieser Entwicklung teilgenommen wurde. Mit den Rennen in Dessau und am Sachsenring waren die Ostdeutschen wieder voll involviert.

Zuschauerzahlen von bis zu 300.000 trugen dazu bei, dass im Gründungsjahr der DDR (1949) nahezu 900.000 Besucher zu Straßenrennsport-Veranstaltungen kamen. Diese Zahlen beeindruckten sogar die sowjetischen Besatzer und man ließ den Dingen erst einmal weitestgehend freien Lauf.

In den Starterlisten der Deutschen Meisterschaft für Kleinstrennwagen von 1949 finden sich aber zwischen den über 30 eingeschriebenen Fahrern keine Vertreter aus dem Osten. Dafür aber so bekannte Namen wie Fritz Huschke von Haustein und Walter Komossa.

Die zahlreichen eingeschriebenen Meisterschaftsteilnehmer und Teilnehmer an freien Rennen dürfen allerdings nicht darüber hinwegtäuschen, dass zu den jeweiligen Rennen mitunter nur vier bis zehn Fahrzeuge am Start waren. Am Sachsenring waren es beispielsweise nur fünf Wagen. Aus diesem Grund wurden die Felder mit Sportwagen oder Formel 2-Rennwagen aufgefüllt, für die es dann getrennte Wertungen gab.

In diesen »titelfreien« Rennen sah die ostdeutsche Beteiligung schon nachhaltiger aus. Die EMW Intertyp-Formel 2-Rennwagen aus Eisenach mischten in dieser Szene ordentlich mit.

Als »Intertyp« wurden Wagen bezeichnet, die sowohl als Sportwagen als auch (nach geringfügigen Umbauten) als Rennwagen gefahren werden konnten.

Aus BMW 328-Serienfahrzeugen fertigten die Eisenacher Techniker mit enormem persönlichem Engagement einen rennfähigen Boliden, der gemessen am Serienmodell gewichtsmäßig erheblich erleichtert und dessen Motor-Leistung von 80 auf 130 PS erhöht wurde. Innerhalb dieser technischen Entwicklungen kann man die Gestaltung der Karosserien als wegweisend für den weiteren Rennwagenbau im Osten bezeichnen.

Unter Leitung des Konstrukteurs Georg Hufnagel entstand das Gestaltungsprinzip der Ober- und Unterschale für

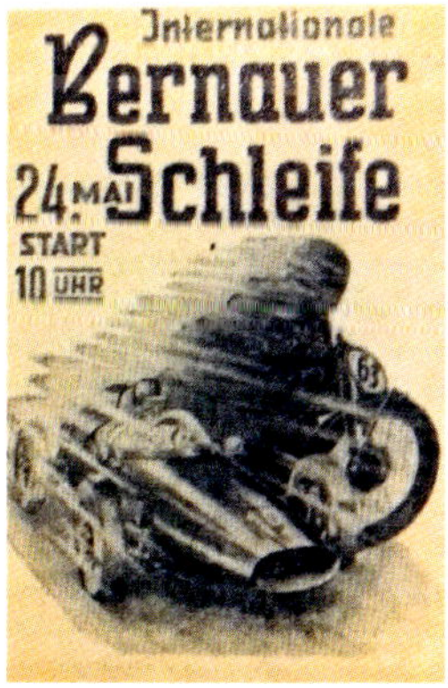

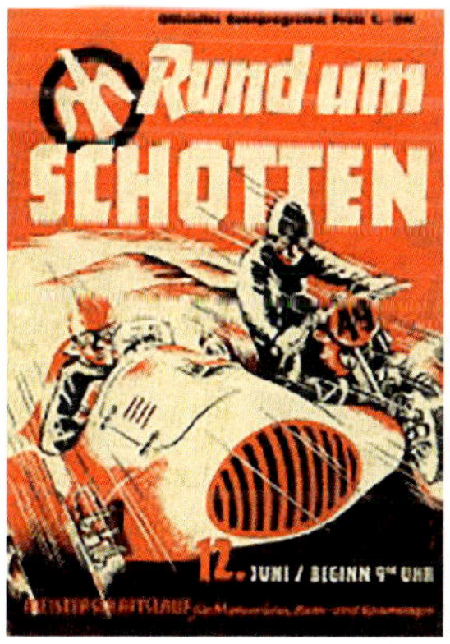

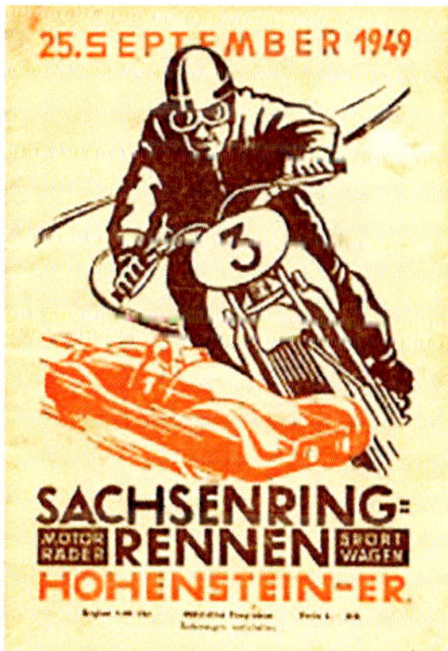

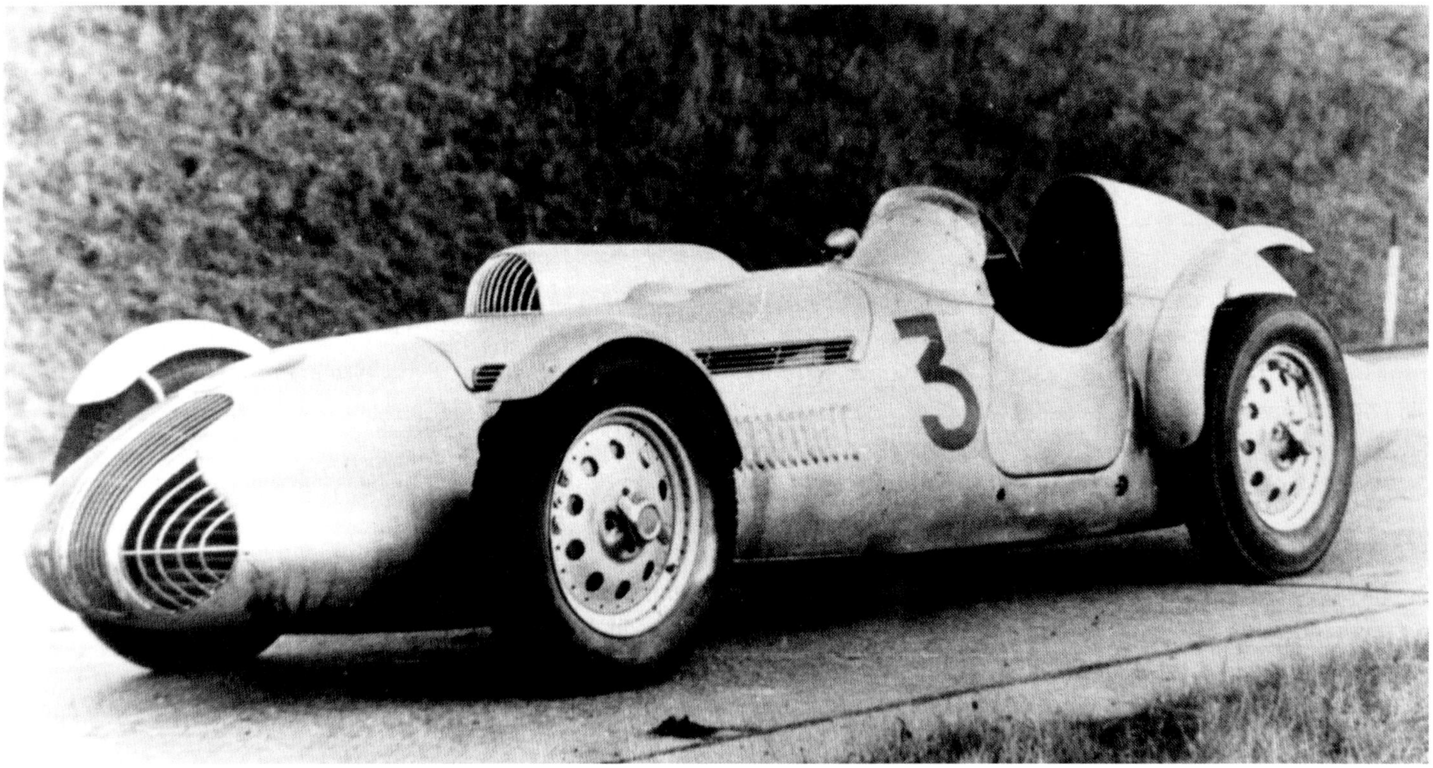

EMW Intertyp aus Eisenach im Jahr 1949.

die Karosserie, die praktisch den Rest des Fahrzeuges ummantelte und als separates Teil anzusehen war.

In der Folgezeit agierten Formel 2- und Kleinstrennwagen, teilweise auch Sportwagen, noch lange neben- und miteinander. Vor allem deshalb, weil die jeweiligen Starterfelder der einzelnen Kategorien weitestgehend recht klein waren und in Deutschland keine offizielle Stelle dem Motorsport große Bedeutung beimaß – angesichts der brisanten wirtschaftlichen Gesamtsituation absolut verständlich.

Dies war die Zeit, als im internationalen Profisport mit Ascari, Farina, Moss und Fangio neue Idole heranwuchsen und sich in Italien bereits wieder das Interesse der Industrie am professionellen Sportbetrieb regte: Maserati, Ferarri und Alfa Romeo waren wieder in die Entwicklung von Rennwagen eingestiegen.

Auch in Deutschland wurden ähnliche Forderungen laut. Da aber keine Automobilfirma wirkliches Interesse zeigte, versuchte Hans Stuck in Eigenregie einen Rennwagen zu bauen. Er realisierte das Projekt so erfolgreich, dass er den GP von Italien gewinnen konnte. Der neue »AFM« (Alex von Falkenhausen Motorenbau) schockte zwar zeitweilig die italienische Profi-Szene, zeigte aber leider auch immer wiederkehrende Probleme in der Standfestigkeit.

Stucks Bemühungen um Unterstützung traf in der Folgezeit bei der Industrie weiter auf taube Ohren. Nur Privatpersonen unterstützen ihn. Und nur mit Hilfe dieser »Tropfen auf den heißen Stein« hielt man in diesem Sektor das deutsche Engagement mühselig am Leben.

Anders sah das bei der Entwicklung der privaten Kleinstrennwagen aus: Die Rennen von 1948 bis 1950 waren zum Ende der Saison 1949 von wachsenden Starterfeldern gekennzeichnet. Dabei standen die ostdeutschen Aktiven ihren westlichen Sportkameraden nicht nach.

In der Kategorie der Kleinstrennwagen bis 750 ccm fuhr beispielsweise Bobby Kohlrausch (BSG Motor Eisenach) mit seinem GvB zahlreiche Erfolge ein.

Auch Arthur Rosenhammer und Theo Fitzau aus Köhten sorgten mit ihren ARO-BMW für spannende Rennen. Letzterer startete auch in der Sportwagenklasse bis 2000 ccm mit einem BMW-Eigenbau und in der Formel 2 mit einem DRS Veritas.

Daraus ist schon zu ersehen, dass die formelrennsportliche Historie des Osten noch lange Zeit mit der des Westens verbunden war, denn bis 1972 wurden noch gemeinsame deutsche und internationale Rennen gefahren nachdem man 1950 beschlossen hatte, gemeinsame deutsche Meisterschaften auszutragen. Ein absehbarer Bruch im Gesamtbild entstand allerdings schon mit der Gründung der beiden deutschen Staaten.

1947 vereinigten die USA und Großbritannien ihre Einflussbereiche zur Bi-Zone. Frankreich hielt sich diesbezüglich zurück. Mit der am 20./21. Juni 1948 durchgeführten Währungsreform in den westlichen Besatzungszonen vertieften sich die Spannungen zwischen den Westalliierten und der Sowjetunion. Wenige Tage später blockierte die Sowjetunion alle Zufahrtswege nach Westberlin. Es kam zur Blockade der Stadt und die Westalliierten errichteten daraufhin eine Luftbrücke zur Versorgung ihrer Sektoren.

Trotz der Bemühungen einiger Politiker zu einer gesamtdeutschen Nationalversammlung und der Gründung eines Parlamentarischen Rates kam es am 23. Mai 1949 mit der Anerkennung des Grundgesetzes zur Gründung der Bundesrepublik. Um diese Situation zu zementieren, reagierte die Sowjetunion gleichermaßen.

Da im Osten mit der Bodenreform und der Zwangsvereinigung von SPD und KPD zur SED bereits wichtige Weichenstellungen stattgefunden hatten, war es ein kleiner Schritt zur Gründung der DDR am 7. Oktober 1949. An diesem Tag wurde auch die Verfassung der Deutschen Demokratischen Republik in Kraft gesetzt, die bereits seit Oktober 1948 auf Eis lag.

Damit waren auch im Sport absehbare Veränderungen an der Tagesordnung, obwohl es zu keiner abrupten Trennung kam.

Mit der generellen Aktivierung des Sportgeschehens im Osten kam es 1949 zur Gründung des »Deutschen Sportausschuß« in dessen Verantwortungsbereich nahezu zeitgleich

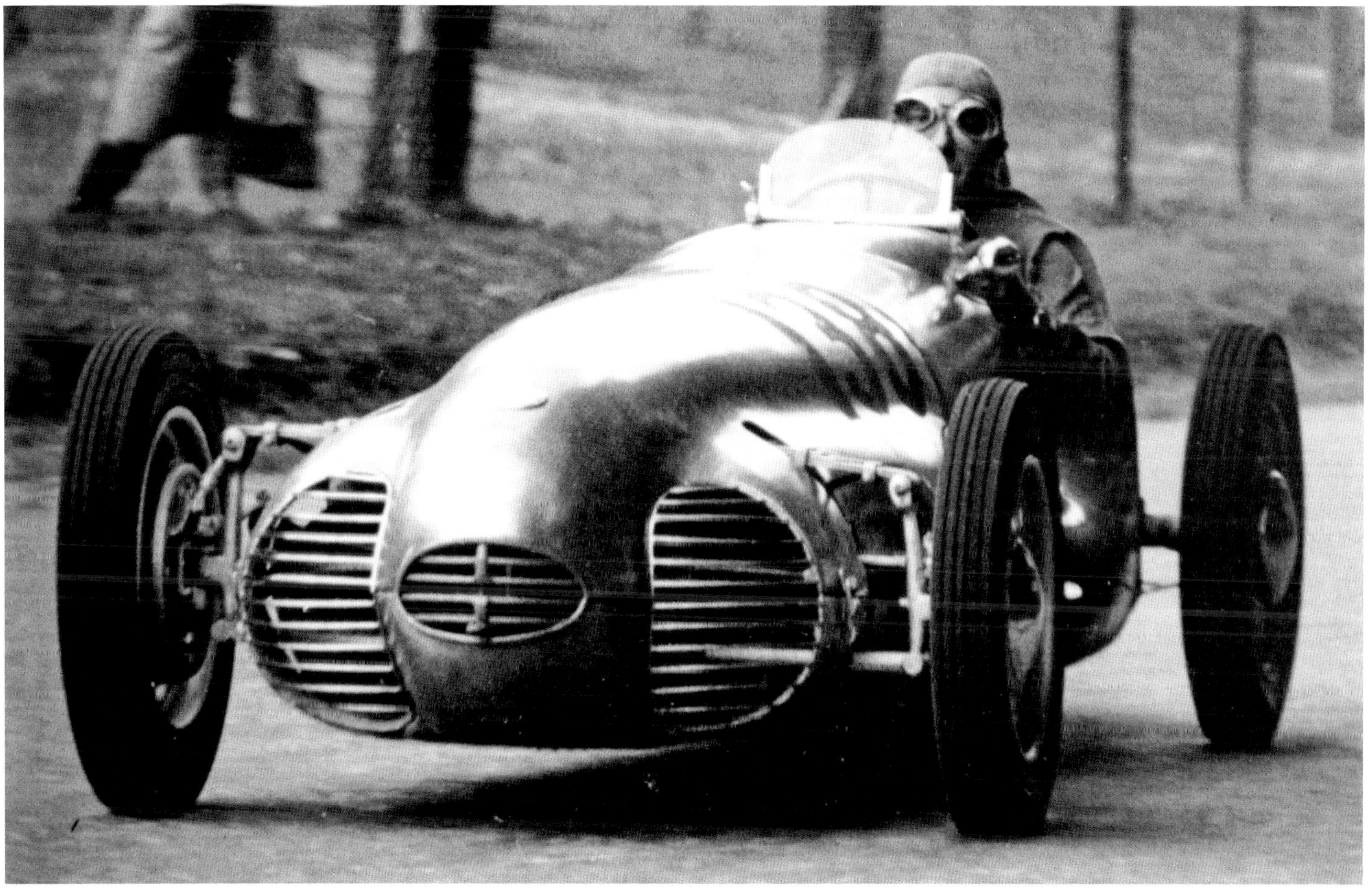

Bobby Kohlrausch im GvB (»Geheimnis von Bobby«).

die so genannte Motorsportkommission (MSK) gegründet wurde. Daraufhin titelte eine westdeutsche Zeitschrift: »Motorsport in Ostzone durch sowjetische Besatzer zum Leben erweckt.«

Tatsächlich hatte die Sowjetische Militäradministration in Deutschland (SMAD) das Motorsportverbot für den Osten aufgehoben. Nun konnte auch hier über weitere Schritte nachgedacht werden. Beispielsweise über gemeinsame deutsche Meisterschaften.

Die beiden deutschen Staaten lebten zu jener Zeit noch in der Illusion einer nahen Wiedervereinigung. Neben den bereits genannten Parolen in den Rennprogrammen sang man in der DDR-Nationalhymne noch von »Deutschland einig Vaterland«. Diese Strophe wurde später verboten.

Um den Rennbetrieb überhaupt wieder aufnehmen zu können, waren neben den technischen Voraussetzungen vor allem auch neue Organisationsstrukturen erforderlich. Das hatten die Motorsportfreunde erkannt und bereits 1946 wurde im Westen Deutschlands der ADAC wieder gegründet. Kurz darauf erfolgte im Osten die Gründung der Sektion Motorsport. Damit waren die formellen Bedingungen geschaffen, um den nationalen Motorsport wieder zu beleben.

Diese Position wurde mit der Schaffung der ONS (Oberste Nationale Sportkommission für den Automobilsport), der OMK (Oberste Motorrad Kommission) und der Arbeitsgemeinschaft Deutscher Motorsport (ADM) im Jahre 1947 gefestigt.

Diese Entwicklung setzte sich 1948 mit der Wiedergründung des AvD und 1949 mit der Wiedergründung des DMV fort. Für die deutschen Motorsportverbände galt nun die ONS/OMK als verantwortliche ASN (Autorité Sportive Nationale, Träger der nationalen Sporthoheit).

Anmerkung: 1997 entstand aus ONS und OMK der Deutscher Motor Sport Bund e.V. (DMSB).

Zum allgemeinen Verständnis möchte ich die internationalen Zusammenhänge und Verantwortlichkeiten kurz darstellen:

Bereits 1904 wurde die Association Internationale des Automobile Clubs Reconnus (AIACR) gegründet. Das Ziel war die Vereinigung der Automobilclubs, die Förderung des Automobilsports und des internationalen Kraftverkehrs.

Im Jahr 1946 wurde Die AIACR in FIA (Fédération Internationale de l´Automobile) umbenannt. Diese regelt heute noch alle wichtigen Fragen des Motorsports auf internationaler Ebene bis hin zur Formel 1. Die FIA wird von nationalen Verbänden getragen, den so genannten ASN. Der Spielraum dieser ASN bewegt sich demzufolge immer im Rahmen der FIA-Regeln.

Der AIACR/FIA oblag und obliegt es unter anderem, Regularien für die Durchführung von Rennsportveranstaltungen zu schaffen. So sind alle Festlegungen, welche die jeweiligen Rennformeln betreffen durch dieses Gremium weltweit festgeschrieben. Dieses System funktionierte bis 1939 recht gut.

Nach dem Krieg lagen aber auch diese internationalen Strukturen in Scherben. Die motorsportlichen Hauptakteure wie Frankreich, Italien, England und Deutschland waren schwer angeschlagen. In den ersten Jahren nach Kriegsende gab es international keinerlei frischen Impulse, die in neuen Reglements Beachtung finden mussten und so machten alle erst einmal genau dort weiter, wo sie vor dem Krieg stehen geblieben waren.

Die deutsche Automobilrennsportgeschichte hatte nach Kriegsende noch einheitliche Wurzeln und eine gemeinsame Entwicklung. Das bedeute nicht nur gemeinsame Rennen,

Rennkategorien im Automobilsport in den ersten Nachkriegsjahren

Neben der Formel 2 stellte zwischen 1947 und 1950 die Rennkategorie der Kleinstrennwagen eine Art Intermezzo der Amateure dar.

Rennwagen

Rennwagen nach Grand Prix-Regel von 1938	bis 1947
Rennwagen bis 1500ccm und Kompressor	bis 1948
Rennnwagen bis 2000 ccm Formel 2	1948 bis 1954
Kleinstrennwagen bis 750 ccm	1948 bis 1951

Sportwagen

Klasse C Sportwagen bis 1100 ccm	1949 bis 1955
Klasse F Sportwagen bis 1500 ccm	1949 bis 1956
Klasse E Sport-und Rennwagen bis 2000 ccm	1949 bis 1952

sondern auch gemeinsame Rennkategorien: Für den Rennwagensport galt eigentlich das Regelwerk nach der ehemaligen Grand-Prix-Regel von 1938 – das war aber nach dem Zweiten Weltkrieg ein Ding der Unmöglichkeit!

Für einen derartigen Sportbetrieb fehlte es in Deutschland praktisch an allem und der Bau von Rennwagen nach den Vorgaben dieser Formel wären viel zu kostspielig geworden. Im internationalen Kontext entstand daher 1947 die 1,5-Liter-Kompressorwagen-Regel, die 1948 durch eine 2-Liter-Regel für die Formel 2-Rennwagen ergänzt wurde.

Diese internationale Formel 2 war eine Rennkategorie für einsitzige, offene Rennwagen. Sie war als Unterbau für die Formel 1 und für die Nachwuchsförderung gedacht, wobei 1948 praktisch noch gar keine Formel 1 existierte. Rennen dieser Technik wurden seit 1947 unter der Bezeichnung Formel A gefahren, erhielten aber wenig Zuspruch. Daher wurde die Formel 2 zu einer Art Zwischenglied für den professionellen Sport bis zum Jahr 1950, als die Formel 1 ins Leben gerufen wurde.

Eine wirkliche Bedeutung erlangte die Formel 2 in der Folgezeit nicht. Auch gab es erst 1967 eine Europameisterschaft, die aber ebenfalls kaum Beachtung fand, da zwischenzeitlich (seit 1950) die Formel 1 alles andere in den Schatten stellte.

Im Deutschland der ersten Nachkriegsjahre galten die motorsportlichen Aktivitäten vorerst mehrheitlich dem Sportwagensektor. Daran orientierten sich neben der Industrie auch die wenigen Privatpersonen, die auf alte Vorkriegsüberreste an Fahrzeugen und auf Militärbestände zurückgreifen konnten. Für Formelfahrzeuge gab es keine ausreichende Basis.

Wie bereits geschildert, galt im Formelrennsport das Regelwerk der Formel 2. Professionelle Fahrzeuge gab es aber vorerst keine. So fiel diese Szene nahezu komplett in die Hände der Hobbybastler und Privatpersonen.

Der ehemalige Rennfahrer Hans Stuck versuchte beispielsweise ein Comeback bei der neu gegründeten italienischen Firma Cisitalia.

Diese hatte einen 1100 ccm-Rennwagen gebaut und setzte selbigen bei verschiedenen Rennen ein. Man gewann Rennen um Rennen, allerdings gegen schwache Konkurrenz. Mit der Pleite der italienischen Firma platzen Stucks Pläne für eine neue Profi-Rennsportkarriere.

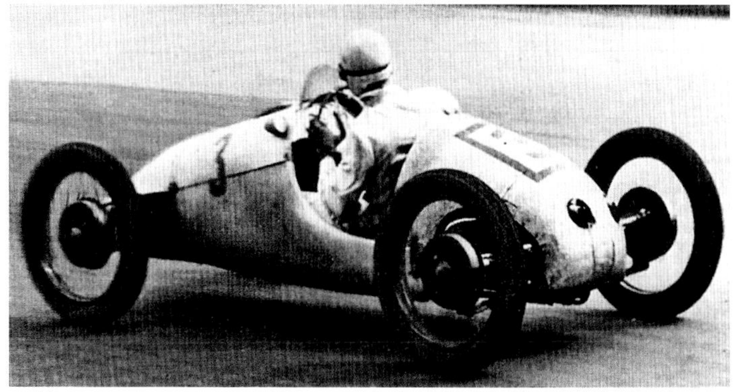

Scambolo Kleinstrennwagen von Walter Komossa.

Für den Amateur- und Hobbysport war das alles aber viel zu kostenintensiv und materialaufwendig. Für diese Leute mussten andere Lösungen her.

Wie bereits dargelegt entstand in Westdeutschland in Anlehnung an internationale Trends die Idee zur Initiierung einer Rennserie für Kleinstrennwagen bis 750 ccm Hubraum.

Die Regularien für diese Kleinstrennwagen waren recht einfach, weil man nicht mit komplizierten Details die sowieso sehr schmale technische Basis einschränken wollte. Daher ließ man neben den Motoren von ehemaligen Automobilen auch Motorradmotoren zu. Und so entstand eine aus heutiger Sicht sehr exotische technische Rennsportbasis.

Da die Kleinstrennwagen auch in großen Teilen Europas gefahren wurden, war es nicht verwunderlich, dass unter anderen auch John Cooper, Ken Tyrell, Stirling Moss, Graham Hill und Bernie Ecclestone in dieser Serie ihr Motorsport-Debut gaben.

Nach den ersten Rennen in Deutschland, die ohne Beteiligung von Fahrern aus dem Osten stattfanden, erlangte diese Rennserie aber auch dort immer mehr Zuspruch.

Mit der Gründung der DDR im Oktober 1949 vernachlässigen wir an dieser Stelle, gemäß dem Anliegen dieses Buches, den Blick auf detaillierte Aktivitäten im Formelrennsport des Westens, soweit sie den Ostsport nicht tangieren.

Daher werden weiterhin relevante Fakten zum Renngeschehen bis 1972 erwähnt werden, da es bis zu diesem Jahr noch vielseitige Kontakte zwischen Ost- und West-Rennsportlern gab. Diese finden sich in den nachfolgenden Kapiteln aus DDR-Sicht wieder.

Die Rennsaison 1950

Als 1950 durch Beschluss des Deutschen Sportausschuß der DDR die alten Motorsportgemeinschaften aufgelöst und der Rennsport den Sektionen verschiedener BSG angegliedert wurde, versuchte man, diesen Sport stärker an der Industrie zu orientieren. Inzwischen verfügte die DDR bereits über fünf neue Rennstrecken. In diesem Jahr fand das erste Rennen auf der Halle-Saale-Schleife und im Leipziger Stadtpark statt.

Des Weiteren gab es Rennen in Erfurt, Stralsund und Oberhof, zusätzlich zu den Rennen auf den »Altkursen« in Hohenstein-Ernstthal und Schleiz. 1950 fanden insgesamt bereits unglaubliche 14 Rennveranstaltungen statt und 1.730.000 Besucher zeugen von der großen Resonanz des Rennsports in der DDR. Allein am Sachsenring zählte man 420.000 Zuschauer!

Dieses enorme Interesse erleichterte es den Organisatoren, grünes Licht für weitere Aktivitäten seitens der Administration zu bekommen. In der Klasse der Kleinstrennwagen wurde eine Bestenermittlung ausgeschrieben. Das änderte aber nichts an der Tatsache, dass beide deutsche Motorsportnationen eigene Meisterschaften veranstalteten.

Sowohl bei den Rennen im Westen als auch im Osten waren Rennfahrer beider Länder startberechtigt. Bei den »freien« Rennen starteten in der Kategorie der Kleinstrennwagen auch DDR-Sportler im Westen. Allerdings waren in der bundesdeutschen Meisterschaft keine DDR-Fahrer eingeschrieben. In der DDR-Bestenermittlung fanden sich andererseits aber Fahrer aus der BRD.

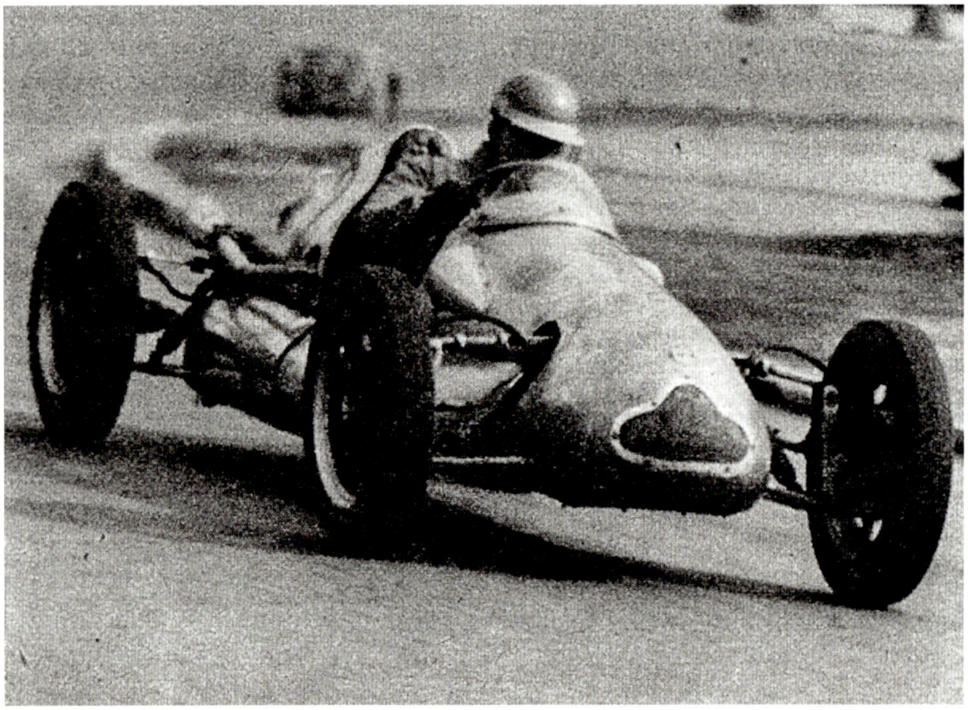

Josef Ortschitt auf Kleinstrennwagen »Windsbraut« von Richard Weiser.

Freie Rennen fanden statt in:

- Hockenheim (Mai Pokal)
- Monte Carlo (8. GP Monaco)
- Frankfurt (Frankfurter Dreiecksrennen)
- Kiel (Kieler Hafenkurs)
- Tübingen (Stadtringrennen)
- Schotten (Rund um Schotten)
- Leverkusen (Um das Bayerkreuz)
- Ingolstadt (Donauring-Rennen)
- Grenzlandring
- Saarbrücken (Saaruferring-Rennen)
- Feldberg (DMV Feldberg-Rennen)

Als Neuerung des Jahres 1950 hatte die FIA die internationale Formel 3 ausgeschrieben. Startberechtigt waren Monoposto mit Motoren bis 500 ccm Hubraum.

In England und in Frankreich waren diese Wagen keine Unbekannten. Stellten sie doch zu den Boliden der Formel 2 und zu denen der bereits angedachten Formel 1 eine preiswertere Alternative dar. Dies resultierte in erster Linie aus der Tatsache, dass alle Teile dieser Wagen infolge der geringeren Leistungen der Motoren weniger beansprucht wurden und so länger hielten oder von vornherein anders dimensioniert werden konnten.

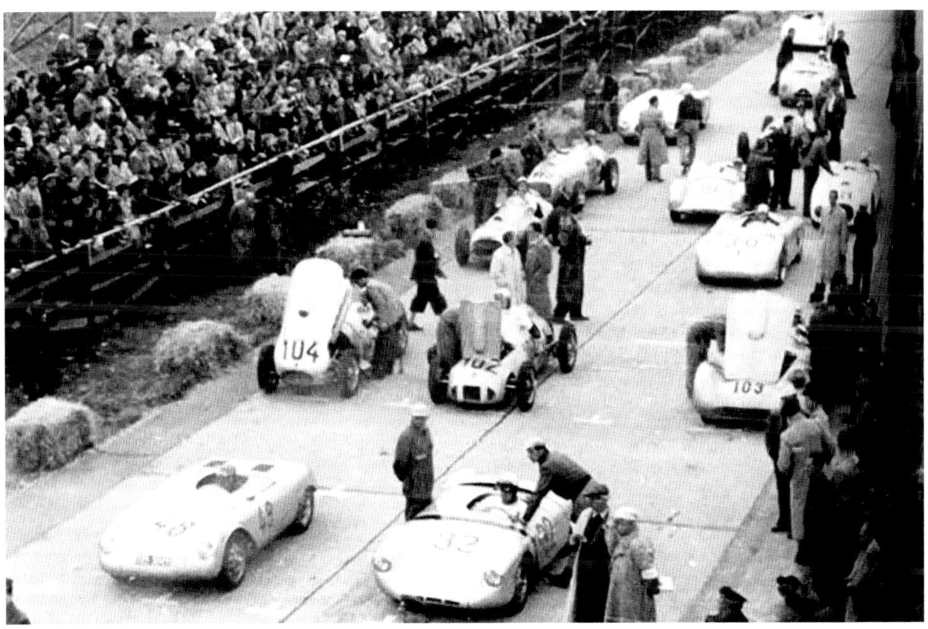

Vorbereitungen zum Sportagenrennen in Bernau.

In dieser Zeit bahnte sich eine Rennsportfirma ihren Weg in den internationalen Motorsport, die über Jahrzehnte dort etabliert bleiben sollte: Ihr Name war »Cooper«!

Diese Firma war später bis in die Formel 1 sehr erfolgreich, begann aber ihren Weg über die kleinen Formel 3-Renner. Geschätzte Zahlen ergaben, dass im Bereich dieser Formel 3-Klasse eine vermutliche Anzahl von 300 Monoposto-Rennwagen unterwegs war. Mit seinem Anteil war Cooper einer der wenigen Serienhersteller jener Tage, der im Spitzenbereich agierte.

Zur Anwendung kamen 500 ccm-Motoren des Herstellers JAP (John Alfred Prestwich), die etwa 45 PS lieferten und handelsüblich erworben werden konnten. Dies wiederum nutzten später auch Fahrer aus der DDR, um an die begehrten Motoren zu kommen.

John Cooper selbst fuhr in jenen Tagen zahlreiche Erfolge ein. So siegte er beispielsweise am Grenzlandring 1952 vor Eric Brandon und Stirling Moss, die ebenfalls auf Cooper-JAP oder Cooper Norton unterwegs waren.

In Westdeutschland sprang man 1950 sofort auf den internationalen Formel 3-Trend auf und organisierte die erste Deutsche Formel 3-Meisterschaft. Diese wurde von Toni Kreuzer auf Cooper-JAP gewonnen. Diese Erfolge bewirkten einen weiteren Zulauf in deutschen Reihen.

In der DDR fuhren damals Theo Fitzau (Köhten), August Siebert (Chemnitz) und Helmut Scheibe (Rostock) derartige Fahrzeuge. Wie sie an diese Objekte gekommen sind, bleibt aus heutiger Sicht unklar.

Infolge der nicht vorhandenen standfesten Substanz zählte die Formel 3-Szene der DDR aber nur wenige Teilnehmer. Die ostdeutschen Sportler waren von der FIA-Festlegung etwas überrollt worden und hielten noch nach wie vor an den Kleinstrennwagen fest. Das entsprach auch den tatsächlichen Möglichkeiten des Ostens, beschwor aber eine völlige Bedeutungslosigkeit herauf. Das wollten die ehrgeizigen DDR-Aktiven aber natürlich nicht hinnehmen.

Rennen und Ergebnisse 1950

Rennen zur Formel 3-Meisterschaft der BRD
Die erste Deutsche Formel 3-Meisterschaft sah eine eigenständige Wertung getrennt von den Kleinstrennwagen bis 750 ccm vor, zu der auch nur Rennen in der BRD zählten. Die Wertung der Kleinstrennwagen verlor aber bereits zu diesem Zeitpunkt in der BRD an Bedeutung.
Zu unübersichtlich war das Regelwerk und zu exotisch die Fahrzeuge. Auch verkörperten diese Wagen nicht mehr den wirtschaftlichen Aufschwung, auf den man in der BRD Wert legte. Dort gab es vermeintlich einfach anspruchsvollere Ziele. Daher gab es in der Folgezeit im Westen keine meisterschaftliche Wertung der Kleinstrennwagen mehr.

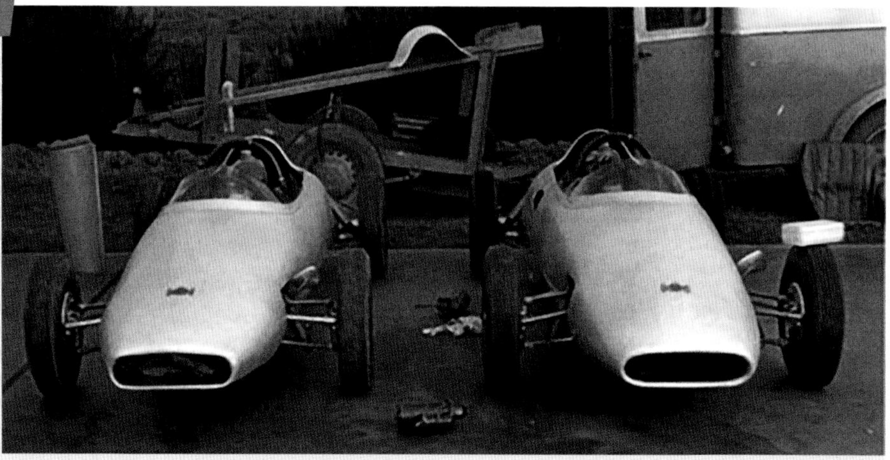
Formel Junior: Anlasser-Tausch im Fahrerlager.

Rennen zur Formel 3-Meisterschaft BRD
Rennen wurden in der Formel 3 auf folgenden Strecken gefahren:
- Nürburgring (Eifelrennen)
- Schauinsland
- Solitude
- und erneut Nürburgring (GP Deutschland)

Ergebnisse Formel 3-Meisterschaft BRD
Sieger: Toni Kreuzer/Cooper JAP
Zweiter: Walter Schlüter /Monopoletta BMW
Dritter: Ferdi Lehder/ LTE Brillant BMW

Rennen zur Bestenermittlung der Formel 3 und zur Bestenermittlung der Kleinstrennwagen in der DDR
In der DDR wurde als Reaktion auf die separate BRD-Meisterschaft eine Art Meisterschaft in Form der Bestenermittlung ausgetragen. Dazu zählten die Rennen:
- Sternberg (Zella-Mehlis)
- Halle-Saale-Schleife
- Stadtpark Leipzig (Rund ums Scheibenholz)
- Sachsenring
- Dessauer Autobahnschleife

Ergebnisse der Bestenermittlung Formel 3 der DDR
Sieger: Richard Weiser / BMW-Windsbraut
Zweiter: Johannes Hädrich/ Kaha BMW
weitere Fahrer erfüllten die Wertungsbedingungen nicht

Ergebnisse der Bestenermittlung Kleinstrennwagen DDR
Im Gegensatz zum Westen hielt sich diese Serie in der DDR länger.
Sieger: Willy Lehmann / Grün WGW BMW
Zweiter: Karl Weber / Weber Piccolo BMW
Dritter: Richard Weiser / Weiser Windsbraut BMW
Vierter: Theo Fitzau /ARO BMW
Fünfter: Bobby Kohhlrausch / GvB BMW

Die DDR-Meisterschaft der Formel 2 ging an Paul Greifzu, trotz schweren Unfalls beim Nürburgringrennen.

International markierte das Jahr 1950 den Neuanfang des Grand-Prix-Sports in Form der Formel 1.
Neben den 750 ccm-Kompressormotoren waren 2,5-Liter-Saugmotoren zugelassen. Da man aber die Anwendung von Spezialkraftstoffen verbot, ergab der Einsatz von Kompressormotoren so gut wie keinen Sinn mehr.

Formel 1-Weltmeisterschaft 1950
Sieger: Giuseppe Farina, Italien (Alfa Romeo=
Zweiter: Juan Manuel Fangio, Argentinien
Dritter: Piero Taruffi, Italien

Anmerkung zu den Sportwagen

An dieser Stelle und in diesem Zeitabschnitt müssen die Sportwagenklassen noch erwähnt werden. Zum einen, weil dort bekannte Fahrer ihre Erfolge feierten, die sowohl bei den Sportwagen als auch bei den Formelwagen unterwegs waren und zum anderen, weil das wachsende Interesse der DDR-Staatsfunktionäre an diesen Wagen hochklassigen Motorsport ermöglichte. Außerdem waren bestimmte Typen von Fahrzeugen sowohl als Sport-, als auch als Formelwagen unterwegs und ohne größere Probleme umrüstbar.

Sowohl in der Rennwagenklasse bis 2000 ccm Hubraum, als auch bei den Sportwagen bis 1500 und 1100 ccm-Hubraum gab es intensive DDR-Rennbeteiligungen. Während in der BRD die Rennwagen von AFM und Veritas und bei den Sportwagen die von Porsche, Mercedes und Borgward serienmäßig hergestellt wurden, lagen die Initiativen in der DDR oft auf privaten Schultern.

Aber, wie wir lesen werden, leistete das Rennkollektiv Berlin-Johannisthal ab 1950 im staatlich geförderten Bereich ganze Arbeit.

In den Rennen der Sportwagen bis 1500 ccm-Hubraum siegte Kurt Baum aus Hainspitz mit den Wagen des DAMV-Kollektives regelmäßig. In der Formel 2 fanden sich mit Paul Greifzu (Suhl), Ernst Klodwig (Aschersleben), Rudolf Krause (Reichenbach) und Arthur Rosenhammer (Dessau) namhafte Fahrer.

Vor allem Arthur Rosenhammer, der für das DAMV-Kollektiv startete, verschaffte sich auch international einen Namen.

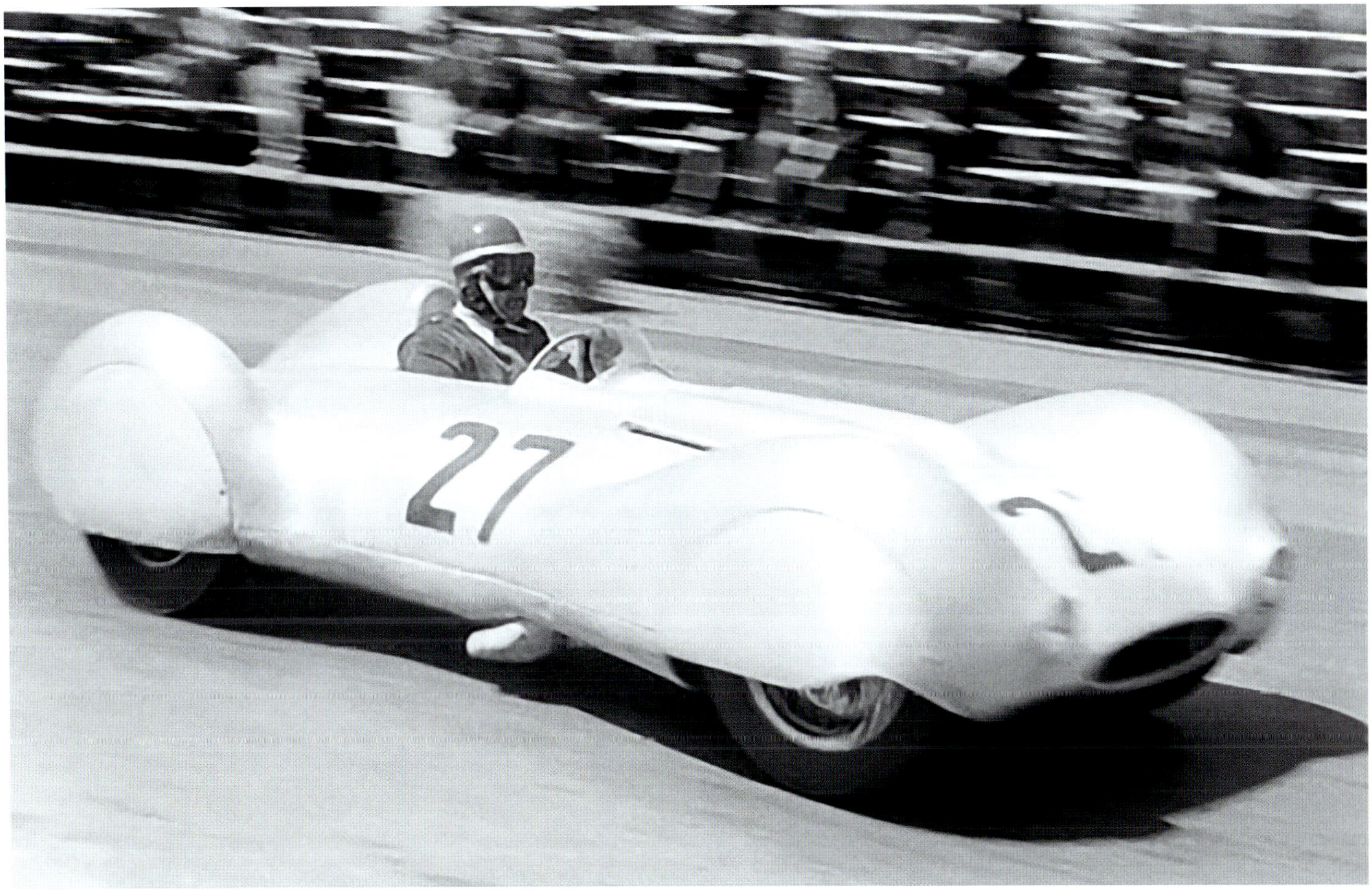

Arthur Rosenhammer im EMW 1,5-Liter-Wagen.

Die Rennsaison 1951

1951 folgte in der DDR ein weiterer Schritt zur Stabilisierung des Motorsports. Mit der Gründung einer eigenständigen Sektion Motorrennsport kam dieses Geschehen in kompetente Hände. Die Sektion Motorrennsport zählt heute als Vorläufer des ADMV.

Im selben Jahr startete bei Dresden das 1. Autobahnspinne-Rennen. Am Start waren in der Formel 2 Greifzu, Fitzau, Klodwig, Krause, Straubel, Rosenhammer und Kaufmann. Das war damals die Spitze des Eisbergs.

In weiteren Rennen wurden noch Kleinstrennwagen bis 750 ccm gewertet, ferner die Formel 3 bis 500 ccm, sowie Sportwagen E 2000 und F 1500 ccm.

In Berlin-Johannisthal entstanden innerhalb nur weniger Monate vier DAMW-Rennwagen. Mit dem ersten Wagen gewann Arthur Rosenhammer gleich beim ersten Rennen auf der Halle-Saale-Schleife in der Klasse bis 2000 ccm. Im Sommer bewahrheitete sich die Vermutung einiger Fahrer, dass Dr. Ring (Chef des DAMW-Kollektivs) ein Betrüger sei: Er wurde von der Staatssicherheit verhaftet, weil er entgegen der Anordnung der Regierung Bauteile aus dem Westen in den DDR-Autos verbaut hatte. Auch stellte sich sein Doktortitel als Fälschung heraus.

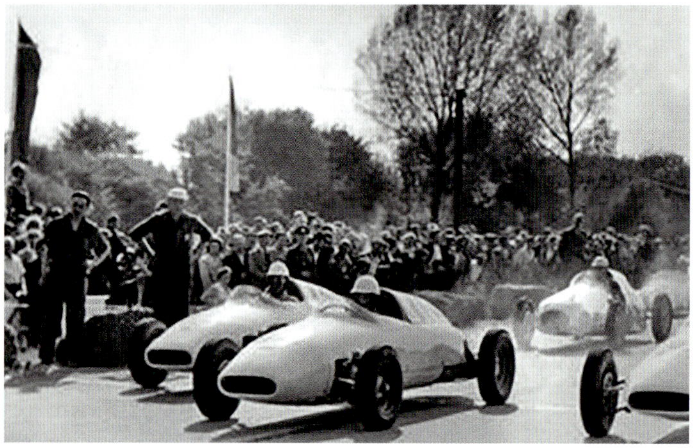

Rennen der Formel Junior, vermutlich auf der »Dresdner Spinne«.

In den Rennen des Jahres behaupteten sich die Wagen aus Johannisthal gegen die internationale Konkurrenz trotz dieser Misere weiter erfolgreich. Zur internationalen Konkurrenz zählten nun auch Porsche, Borgward und BMW.

In den DDR-Meisterschaften belegten die DAMW-Boliden die vorderen Plätze in allen ausgeschriebenen Klassen. DDR-Meister in der 1500 ccm-Sportwagenklasse wurde Kurt Baum, in der 2000 ccm-Klasse triumphierte Kurt Straubel. Das waren motivierende Erfolge.

Aber auch die privaten Formel 2-Fahrer des Ostens wie Paul Greifzu feierten ihre Erfolge. Auf der Berliner AVUS siegte er gegen 30 europäische Spitzenfahrer mit Fahrzeugen von Alfa Romeo, Ferrari, Cooper, Simca, HWM und Veritas. In diesen Wagen saßen Fahrer wie Stirling Moss, Paul Pietsch, Theo Helfrich und Toni Ulmen.

Zum Formel 2-Rennen auf dem Sachsenring 1951 wurde Hans Stuck als eine Art »Zugpferd« in die DDR eingeladen. Von diesem Rennen, dass nahezu eine halbe Million Zuschauer sahen, kam er mit großer Begeisterung zurück, obwohl er infolge eines Defektes hinter Paul Greifzu nur Zweiter wurde.

Nach weiteren internationalen Siegen, hauptsächlich bei Bergrennen, musste der alte Haudegen Stuck aber feststellen, dass seine Erfolge in der DDR in der Bundesrepublik mit Missachtung geahndet wurden. Man hatte ihm die DDR-Starts nicht verziehen. So war das im Systemkampf!

Das hinderte ihn aber nicht daran, an weiteren Rennen auf der Halle-Saale-Schleife und am Kyffhäuser teilzunehmen. Dabei erkannte er, dass im Osten zwischenzeitlich reichliche Mittel in den Sport-und Rennwagenbau gesteckt wurden und dass sein privat eingesetzter Wagen nicht mehr konkurrenzfähig war.

Auch international liefen Stuck und anderen BRD-Fahrern die Entwicklungen davon. Die Leistungsparameter der Fahrzeuge der Formel 1, die in der Übergangszeit zwischen 1952 und 1953 nach Formel 2-Reglement gefahren wurde, hatten bereits bei Ferrari 220 PS, bei Maserati 200 PS und die ostdeutschen Wagen des EMW-Rennkollektivs leisteten satte 160 PS.

In der Formel 3 wurde auch 1951 wieder eine getrennte Deutsche Meisterschaft realisiert, die nun auch in der DDR »Meisterschaft« hieß. In der BRD-Formel 3-Meisterschaft fand sich ein riesiges Starterfeld mit Fahrern aller denkbaren Nationen, einschließlich der USA und Australien.

Bemerkenswert waren aber auch die Nennungen von Karl August Bergmann, Richard Weiser, Willy Lehmann, Helmut Arnold und Bobby Kohlrausch aus der DDR. Zwar konnten diese Fahrer im Gesamtklassement nicht vorn mitfahren, aber zu Achtungserfolgen reichte es allemal.

Auch wenn die meisten von den DDR-Fahrern eingesetzten Fahrzeuge Eigenbauten waren, blieben sie nicht ohne Chancen gegen die »Firmenwagen« von Scampolo, Monopoletta und Cooper. Nur diese Erkenntnis erklärt, dass man die weiten Wege quer durch Deutschland in Kauf nahm, um an den Rennen im Breisgau oder in der Eifel teilnehmen zu können, als zugleich in Fragen der Existenzsicherheit im Osten noch einiges im Argen lag

Was diese Initiativen angesichts der privat finanzierten Kosten bedeuteten, ist heute kaum noch nachvollziehbar.

Technisch gesehen wurde an den Fahrzeugen der ehemaligen Kleinstrennwagen in jener Saison kaum etwas verändert. Man hatte mehrheitlich lediglich die ehemaligen 750 ccm-Motoren auf 500 ccm »umgebüchst« um wieder ins Reglement zu passen. Das wiederum verbesserte den ewigen Makel der Standfestigkeit der Motoren nachhaltig und man konnte sich auf andere rennverbessernde Details konzentrieren.

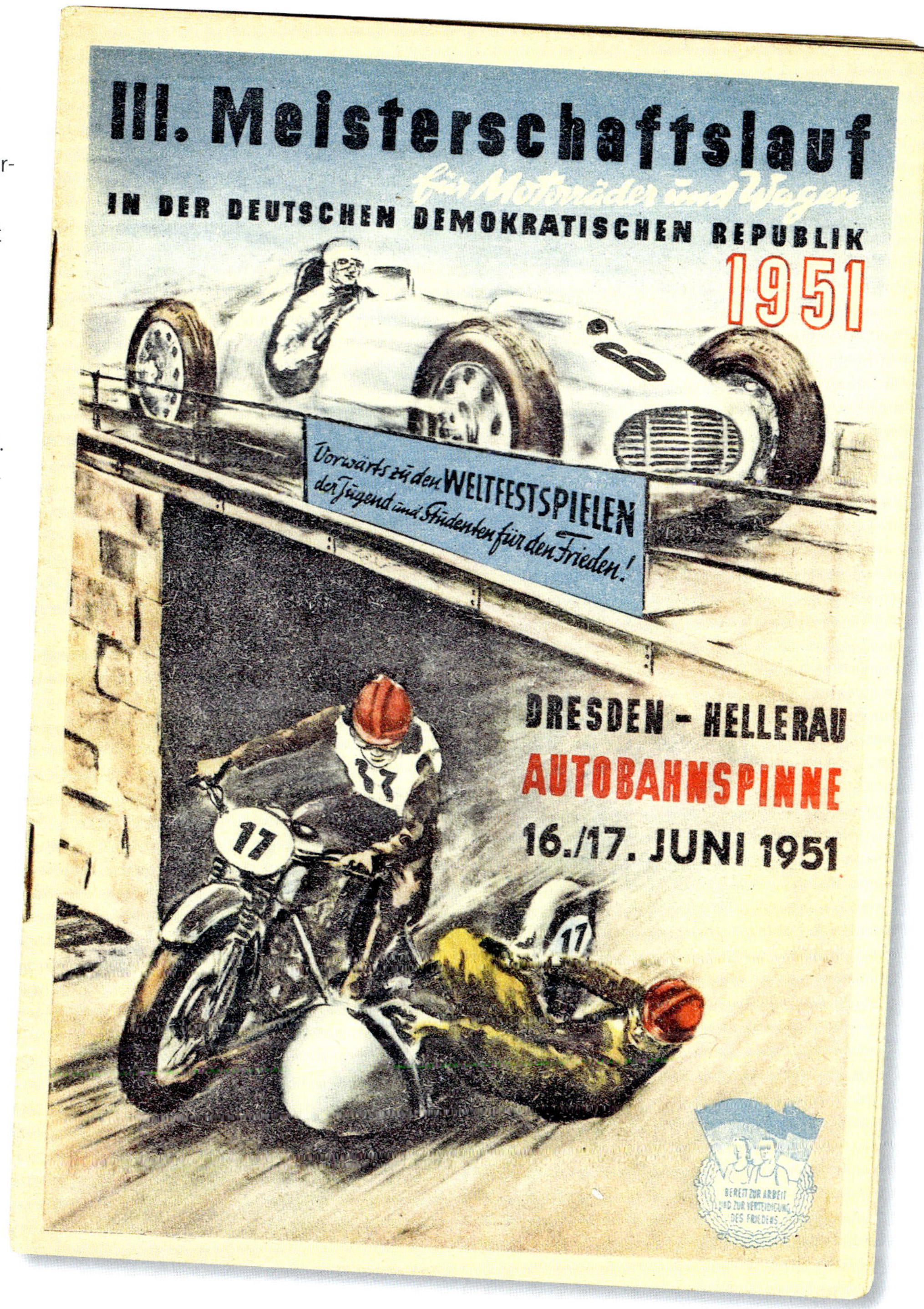

Rennen und Ergebnisse 1951

Rennen der Formel 3-Meisterschaft BRD

Die Rennen zu dieser Meisterschaft fanden auf folgenden Strecken statt:

- Hockenheim
- Nürburgring
- Donauring / Ingolstadt
- Schauinsland / Freiburg
- Grenzlandring

Ergebnisse der Formel 3-Meisterschaft BRD

Sieger: Walter Komossa / Scampolo-BMW
Zweiter: Helm Glöckler / Deutsch-Bonnet Panhard
Dritter: Toni Kreuzer / Cooper JAP

Rennen der Formel 3- und Kleinstrennwagen-Meisterschaft DDR

Die Streckenauswahl belief sich auf die Rennstrecken von:

- Halle (Halle-Saale Schleife)
- Leipzig (Stadtpark)
- Dresden (Autobahnspinne)
- Chemnitz (Sachsenring)

Nach diesen vier Wertungsrennen sahen die Meisterschaften in der DDR wie folgt aus:

Ergebnisse der Kleinstrennwagenmeisterschaft DDR

Sieger: Karl Weber / Weber Piccolo BMW
Zweiter: Harald Kuchen / Kuchen DKW
Dritter: Gerhard Reußner / Grün GMW BMW
Vierter: Theo Fitzau / ARO BMW
Fünfter: Eugen Müller / Grün GMG BMW

Ergebnisse der Formel 3-Meisterschaften DDR

Sieger: Werner Lehmann / Zimmermann
Zweiter: Karl August Bergmann / Grün KB BMW
Dritter: Willy Lehmann / Grün WGW BMW
Vierter: Daniel Zimmermann / Zimmermann
Fünfter: Ernst Zierk / ETZ NSU

Ergebnisse der DDR Meister Formel 2-Meisterschaft

Sieger: Paul Greifzu
Zweiter: Ernst Klodwig
Dritter: Arthur Rosenhammer

Formel 1-Weltmeisterschaft 1951

Sieger: Juan Manuel Fangio, Argentinien (Alfa Romeo)
Zweiter: Alberto Ascari, Italien
Dritter: Jose Gonzales, Argentinien

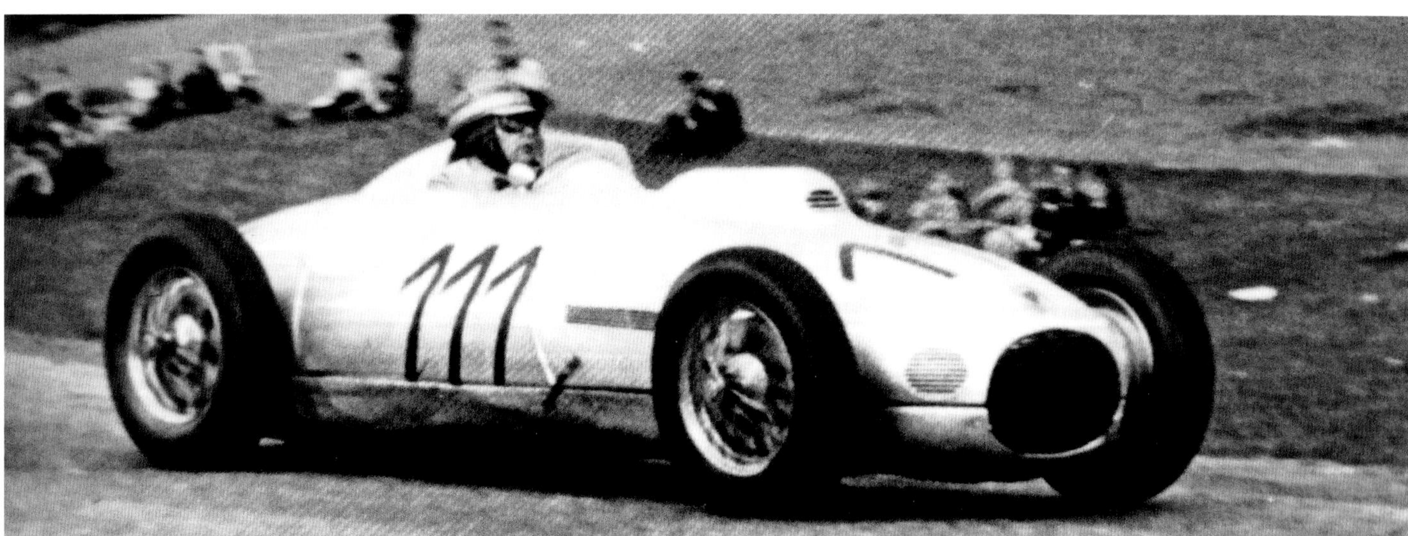

DAMW-Wagen 1951 beim ersten Einsatz mit Arthur Rosenhammer.

Die Rennsaison 1952

Die Saison 1952 erlebte im Bereich der DDR-Organisation eine weitere Stabilisierung des Rennbetriebs. Aus den sich entwickelnden Ansprüchen bei der Durchführung von Rennen waren die bisherigen örtlichen Organisatoren an der Grenze ihrer Kapazitäten. Die Bildung eines zentralen Veranstaltungsdienstes sollte diese Probleme lösen.

Letztendlich ging es nicht mehr nur um renntypische Erfordernisse. So erhöhten sich beispielsweise die Anforderungen an die Versorgung und Unterbringung, an Handel und Verkehrsbewältigung, bis hin zu Fragen der Beschallung und der medizinischen Versorgung.

Renntechnisch sorgte das Johannisthaler-Rennkollektiv auch in dieser Saison 1952 für Aufsehen. In den Sportwagenklassen und in der Formel 2 setzte sich die Erfolgsbilanz fort. So gab es überragende Siege und vordere Platzierungen bei Rennen in Halle, Dessau, auf dem Nürburgring, der Kyffhäuser-Bergstrecke, dem Sachsenring, dem Grenzlandring bei Aachen und in Brünn. Auch beim AVUS-Rennen 1952 siegte Arthur Rosenhammer mit dem 1,5-Liter-Rennsportwagen.

In den Rennen der Sportwagen bis 1500 ccm siegte Kurt Baum aus Hainspitz mit den Wagen des DAMV-Kollektives regelmäßig.

Das damals noch anhaltende Interesse der DDR-Staatsfunktionäre ermöglichte weitere Entwicklungen. Vom 1. Präsidenten der DDR, Wilhelm Pieck, wird erzählt, dass er ein großer Rennsportfan gewesen sei. Das ermöglichte offensichtlich weiteres Engagement der Techniker und Fahrer.

»Volkseigene Rennsportwagen« bestritten alleine 1952 insgesamt 37 Starts im In- und Ausland und ihre Erfolge zeugten von der Leistungsfähigkeit der kaum drei Jahre alten DDR-Industrie. Das weckte auch im Westen Anerkennung.

Während in der BRD die Rennwagen von AFM und Veritas und bei den Sportwagen die von Porsche, Mercedes und Borgward mit all ihren Vorzügen serienmäßig hergestellt wurden, lagen die Initiativen in der DDR zu diesem Zeitpunkt nach wie vor (mit Ausnahme des DAMW-Kollektivs) mehrheitlich auf privaten Schultern, mit Ressourcen die kaum der Rede wert waren.

Dennoch schlug sich beispielsweise bei den Sportwagen bis 1100 ccm der privat gefahrene F9-Sportwagen von Sportfreund Richter mit nur 900 ccm recht wacker im eigentlich überlegenen Feld.

1952 setzte Mercedes bei den Sportwagen erstmals einen 300 SL ein und Porsche folgte mit dem 356. Damit standen den westdeutschen Sportlern ausgesprochen gute Modelle zur Verfügung, die recht kurzfristig den Weg in die Spitze schafften.

In der DDR errangen die Rennfahrer des DAMV-Kollektivs die DDR-Meistertitel in den Klassen 1,5-Liter- und 2-Liter-Rennsportwagen, wobei mehrheitlich keinerlei Beteiligung von »Westmodellen« stattfand. Die Siege in der DDR-Meisterschaft sollten aber nicht überbewertet werden. Die landeseigene Konkurrenz war nämlich spärlich. Dennoch, neben der Präzisionsarbeit der Rennmonteure waren die Erfolge dem Können der vier Fahrer Arthur Rosenhammer, Kurt Straubel, Jürgen Perduss und dem neu hinzu gekommenen Edgar Barth zu verdanken. Dieser entwickelte sich 1952 zum erfolgreichsten Fahrer der Saison.

Am Ende der Saison versuchten einige Funktionäre des Industrieverbands Fahrzeugbau (IFA) die Kontrolle über das Rennkollektiv zu erlangen. Innerhalb des Kollektivs gab es dagegen Widerstand in dessen Folge Arthur Rosenhammer durch den Präsidenten der Sektion Motorrennsport als Leiter abgelöst wurde. Es folgte die Umbenennung in »IFA-Rennkollektiv Johannisthal«. Die Staatsmacht und einige privilegierte Genossen zeigten nun, wo es lang zu gehen hat. Die Zeiten einer achtungsvollen Toleranz waren vorbei und das Kollektiv begann zu bröckeln. Durch den daraufhin provozierten Weggang des Chefingenieurs Koch kam es zur Stagnation sowohl auf dem Gebiet der Motoren-Entwicklung, als auch bei der Weiterentwicklung der Fahrzeuge generell.

Es zeigte sich schnell, dass bei dieser Sportpolitik die Siegesserie des Rennkollektivs auf Dauer nicht einmal im eigenen Land anhalten würde.

International wurde die westliche Konkurrenz, besonders Borgward und Porsche, immer stärker. Selbst BMW-Derivate, bis hin zum legendären Veritas, gerieten mehr und mehr ins Hintertreffen.

Schließlich ließ sich nicht mehr verheimlichen: Die Sechszylindermaschinen des Rennkollektivs waren konzeptionell und leistungsmäßig am Ende. Zwar war im Konstruktionsbüro des Rennkollektivs ein neuer 2,5-Liter-Saugmotor für die aktuelle internationale Formel 1 im Entstehen, aber diese Arbeiten wurden erneut durch staatliche Einflussnahme behindert.

Offensichtlich war man im November des Jahres 1952 der Meinung, dass diese Aufgabe nicht mehr in Berlin gelöst werden könne. Man suchte nach noch näherem Anschluss an die Automobilindustrie – mit Sicherheit kein Fehler. Nur eben die Art und Weise der Ausführung ließ zu wünschen übrig.

So wurde auf Veranlassung des Ministeriums für Maschinenbau angewiesen, dass ab 1953 das Rennkollektiv dem zwischenzeitlich volkseigenen Betrieb Eisenacher Motorenwerk (EMW) direkt zu unterstellen sei.

Ende des Jahres 1952 wurden die gesamten Materialien sowie die Maschinen der Rennabteilung eingepackt und zur Überführung nach Eisenach verladen. Der neue Eisenacher Rennkollektiv-Leiter, Walter Gerstenberg, hatte gehofft, dass die erfahrenen Fachkollegen aus Berlin ebenfalls mit nach Thüringen umziehen würden. Das war jedoch nicht der Fall.

Das nun als »EMW Rennkollektiv« betitelte neue Kollektiv war nicht mehr das alte. Es musste durch Mitarbeiter aus Eisenach aufgestockt werden und dabei ging sicher ein Großteil der Begeisterung und des Wissens verloren. Die Genossen hatten wieder einmal versucht, etwas zu regulieren und dabei mehr kaputt gemacht als aufgebaut. Das einzige Argument, das für die Verlagerung nach Eisenach

Der Ausstieg von Ferrari brachte 1952 tiefgreifende Änderungen für die Formel 1 mit sich, hier der British GP in Silverstone.

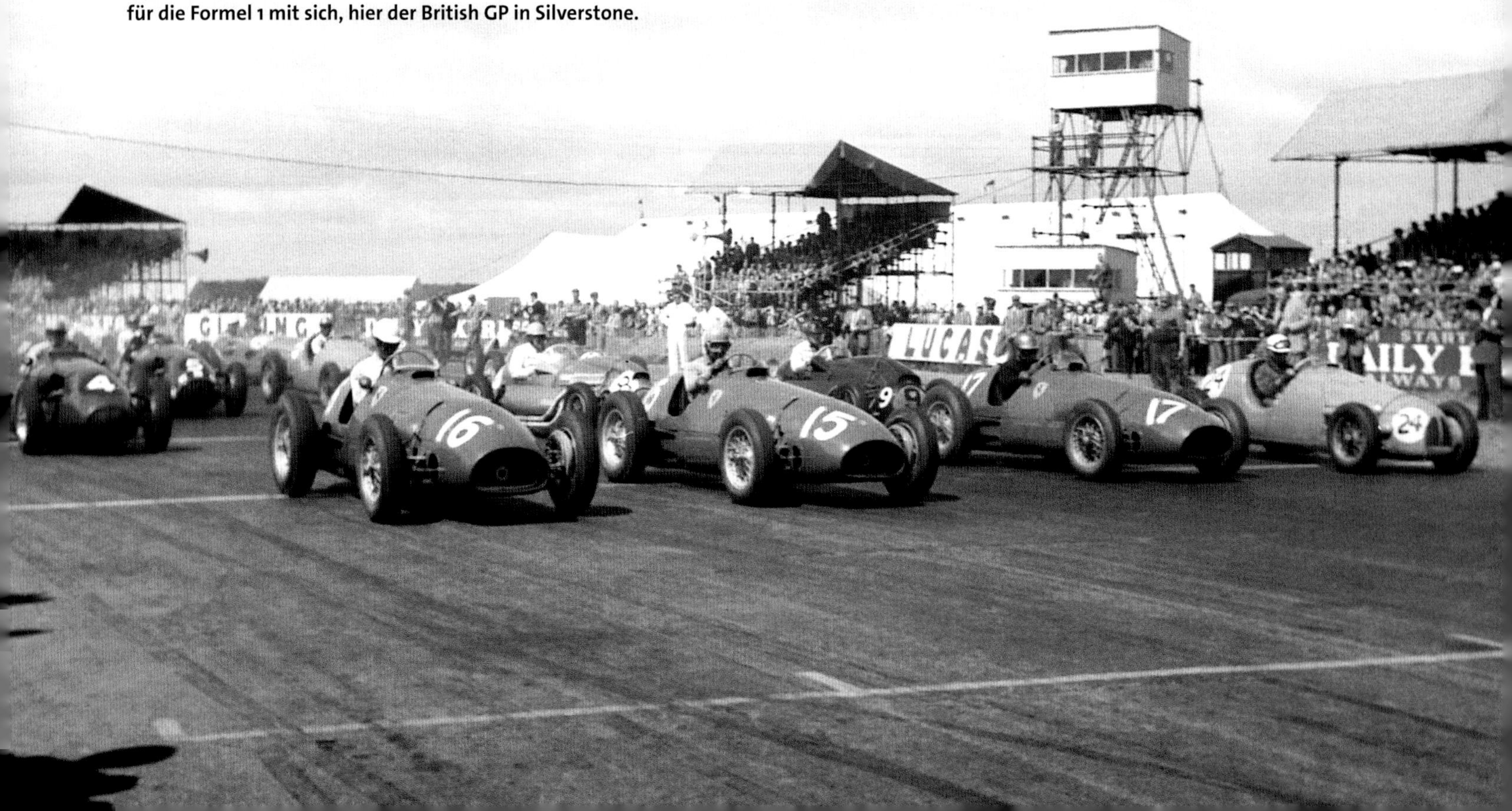

sprach, war die Tatsache, dass man dort an Prüfständen arbeiten konnte und mehr Ressourcen verfügbar waren. Aber das erwies sich nicht wirklich als Vorteil, weil es eben kaum Ressourcen gab. Bei den Fahrern sah die Situation nicht so brisant aus wie bei den Technikern. Barth, Rosenhammer und Perduss blieben dem Kollektiv erhalten.

Im internationalen Grand-Prix-Sport trat 1952 eine bemerkenswerte Änderung in Kraft, die auch für 1953 gelten sollte. Mit dem Ausstieg von Ferrari aus der Formel 1 war ein akuter Fahrzeugmangel eingetreten. Aus diesem Grund kam man nicht umhin, die Formel 1 zeitweilig nach Formel 2-Reglement auszutragen, damit mehr Fahrzeuge verfügbar waren. Das machte die Formel 1 zwar keineswegs spannender, aber sie überlebte.

Unbenommen von diesen Ereignissen fanden in beiden Teilen Deutschlands bei den kleinen Klassen wieder separate Meisterschaften statt. Die Meisterschaften der Formel 3 1952 waren im Westen erneut gekennzeichnet durch große und internationale Starterfelder. Aus der DDR war aber lediglich Willy Lehmann eingeschrieben. Angesicht der immer stärker dominierenden Werksrennwagen von Cooper, Scampolo und Kieft machte es auch wenig Sinn, die enormen Aufwendungen zu leisten, um an allen Rennen teilzunehmen. Schon aus diesem Grund reichte es für vordere Plätze in den Endergebnislisten nicht.

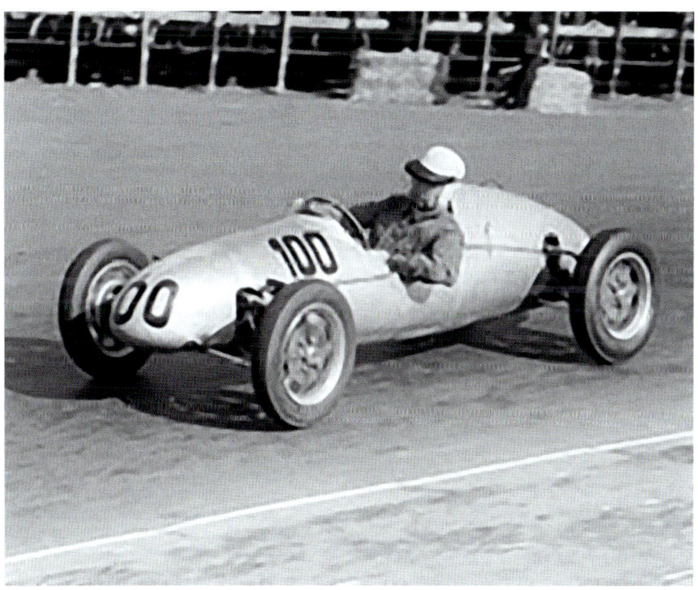

Theo Helfrich im Kleinstrennwagen.

Rennen und Ergebnisse 1952

Rennen der Formel 3-Meisterschaft BRD (500 ccm)

- Hockenheim
- Nürburgring
- Essen
- Grenzlandring

Ergebnisse Formel 3-Meisterschaft BRD

Sieger: Helmut Deutz / Scampolo-DKW
Zweiter: Walter Weeke / WR51 JAP
Dritter: Manfred Herbster / MH 3 BMW

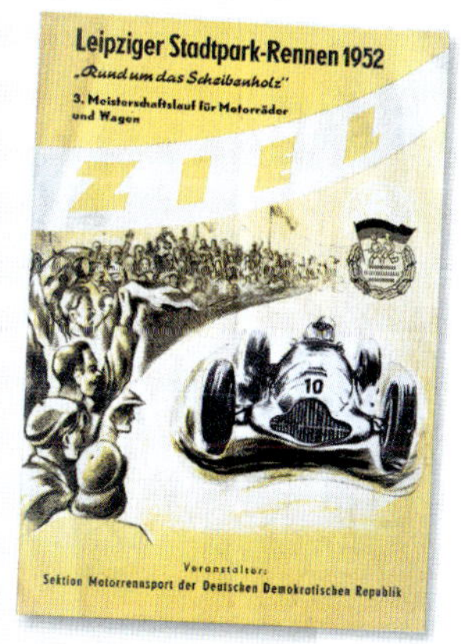

1952 entfielen nun auch in der DDR die Kleinstrennwagen als Wettbewerb in den »kleinen« Rennwagenklassen und die Rennen der DDR-Formel 3-Meisterschaft waren auf vier Veranstaltungsorte beschrankt. Die Teilnehmerzahl war dabei mit rund 25 Fahrzeugen recht beachtlich. Auch aus der BRD nahmen zahlreiche Fahrer teil, unter ihnen Walter Komossa, Kurt Ahrens sen. und Adolf Lang.

Rennen der Formel 3-Meisterschaft DDR

- Hafenkurs Rostock
- Autobahnspinne Dresden-Hellerau
- Schleizer Dreieck
- Halle-Saale-Schleife

Ergebnisse Formel 3-Meisterschaft DDR 500 ccm

Sieger: Willi Lehmann / Grün WGW BMW
Zweiter: Karl Weber / Weber Piccolo BMW
Dritter: Gerhard Zschoche / Grün BMW

Die Formel 2-Meisterschaft ging 1952 an Edgar Barth vom DAMV-Kollektiv.

Formel 1-Weltmeisterschaft 1952

Sieger: Alberto Ascari, Italien
Zweiter: Giuseppe Farina, Italien
Dritter: Piero Taruffi, Italien

Die Rennsaison 1953

In der 1953er-Saison ließ das gesamte öffentliche Interesse in beiden deutschen Staaten am Rennsport etwas nach. Sowohl national als auch international waren die Rennen weniger gut besucht. Der wachsende wirtschaftliche Aufschwung ließ die Menschen mehr an ihren individuellen Wünschen und Zielen arbeiten. Auch das Angebot an möglichen Zerstreuungen wuchs stetig. Der Motorsport geriet dadurch etwas ins Hintertreffen. Doch bei den Aktiven sah das natürlich anders aus.

Zum Saisonstart 1953 konnte das Rennkollektiv in Eisenach auf folgende Fahrzeuge zurückgreifen:

- Nr. 1: 1,5-Liter-Rennsportwagen, DAMW Bj. 1951
- Nr. 2: Zweiliter-Formel 2-Rennwagen, DAMW Bj. 1951
- Nr. 3: Zweiliter-Formel 2-Rennwagen, DAMW Bj. 1951
- Nr. 4: 1,5-Liter-Rennwagen, DAMW Bj. 1951
- BMW-Zweiliter-Formel 2-Rennwagen »Intertyp«, Bj. 1949
- BMW 328 Sportwagen
- BMW Roadster 340-1 Prototyp, Bj. 1949
- BMW Sportwagen 340-S, Bj. 1949

Es bedurfte neuer Entwicklungen, wenn man international Schritt halten wollte. Daher arbeitete man intensiv an der Weiterentwicklung der Formel 2-Rennwagen, obwohl man bereits absehen konnte, dass diese Formel nicht die international dominierende bleiben würde. Und so kam es auch: Durch eine Festlegung der FIA wurden all diese Bemühungen mit einem Strich zur Nichtigkeit. Man hatte sich international auf neue Kenndaten geeinigt. So sollte die Formel 2 zukünftig mit 2,5-Liter-Saugmotoren und 750 ccm Kompressormotoren ausgestattet werden und zur Basis einer neuen Formel 1 werden.

Damit war in diesem Bereich praktisch das Ende der Formel 2 in der DDR eingeläutet. Auch wenn der Wille zum Weitermachen noch vorherrschte, konnte man absehen, dass die allgemeinen Belastungen der Volkswirtschaft weitere große Investitionen in den Rennsport immer unwahrscheinlicher werden ließen.

In Amerika entstanden auf der Basis des neuen F1-Regelwerkes in der Folgezeit die berühmt-berüchtigten Motoren der Firma Ford-Cosworth und neue Rennställe wie Tyrell, McLaren und Surtees etablierten sich in der Formel 1.

Bei Mercedes hatte man kurzfristig einen 2,5-Liter-Rennwagen mit direkter Kraftstoffeinspritzung und 2 Kerzen pro Zylinder gebaut.

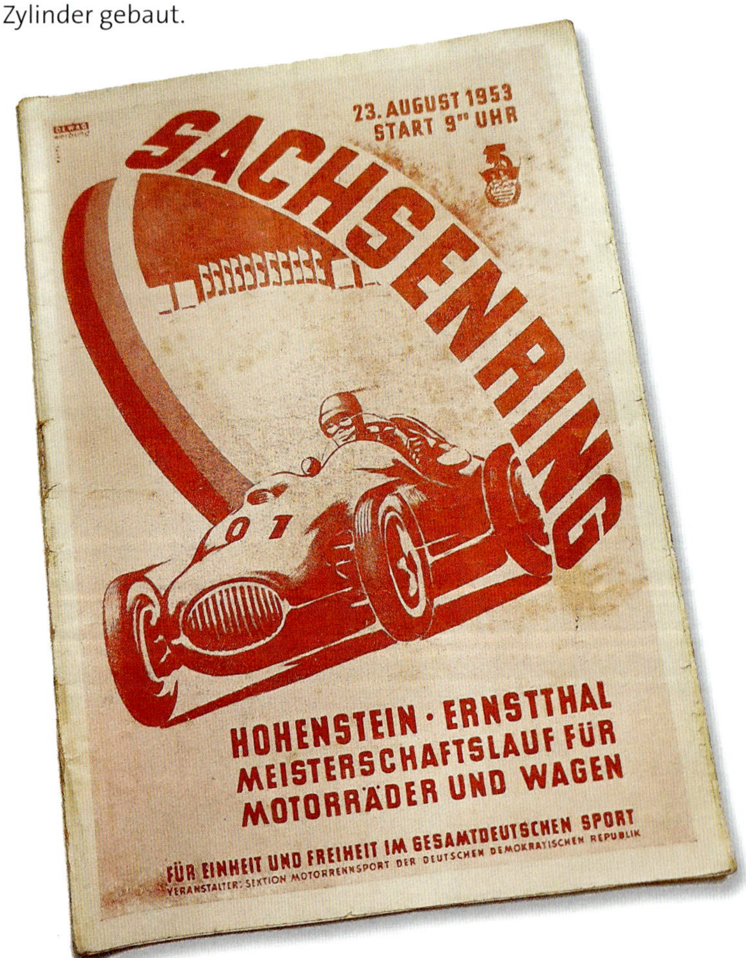

Rennen und Ergebnisse 1953

Rennen der Formel 3-Meisterschaft BRD

An den Rennen zur BRD-Meisterschaft nahmen neben Theo Fitzau auch Bobby Kohlrausch, Willy Lehmann, Werner Lenke, Gerhard Zschoche, Karl August Bergmann, Martin Limmer und Josef Ortschitt aus der DDR teil. Gefahren wurde in:

- Hockenheim
- Nürburgring
- Avus
- Freiburg

Ergebnisse der Formel 3-Meisterschaft BRD

Sieger: Adolf Lang / Cooper T15 JAP
Zweiter: Kurt Kuhnke / Cooper T 12 JAP
Dritter: Kurt Ahrens sen. / Cooper T 26 Norton
Ausgesprochen bemerkenswert war in diesem Leistungsbereich der fünfte Platz von DDR-Fahrer Theo Fitzau mit seinem Cooper der älteren Generation.

Rennen Formel 3-Meisterschaft DDR

- Leipzig
- Rostock
- Halle
- Dresden
- Sachsenring

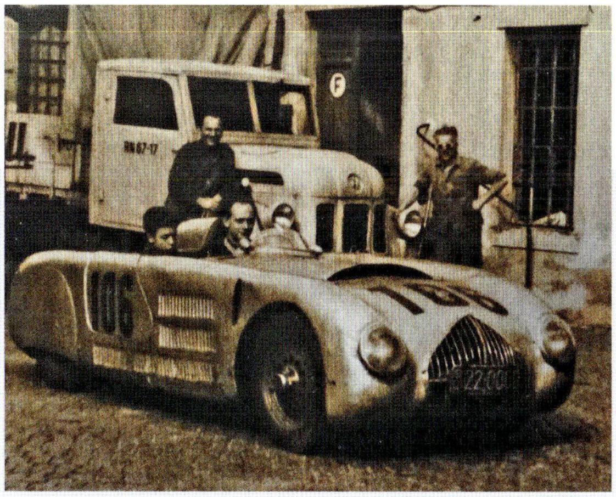

Heinz Melkus, 1953.

Ergebnisse DDR Formel 3-Meisterschaft

Sieger: Willy Lehmann / Grün WGW BMW später Scampolo BMW
Zweiter: Karl August Bergmann / Grün BG JAP
Dritter: Gerhard Zschoche / Grün BMW
Vierter: Gerhard Demmrich / GD A 15 BMW
Fünfter: Karl Weber / Seepferdchen BMW

Ergebnisse DDR Formel 2-Meisterschaft

Edgar Barth gewann für das AWE-Rennkollektiv, vor Krause, Weber, Klodwig und Straubel, alle mit BMW. Als siebter ging Heinz Melkus mit seinem ARO Veritas in die Statistik ein.

Formel 1-Weltmeiserschaft 1953

Sieger: Alberto Ascari, Italien
Zweiter: Juan Manuel Fangio, Argentinien
Dritter: Giuseppe Farina, Italien

All diese großen Schritte erschwerten es den DDR-Technikern, Anschluss zu halten. Vor allem, weil man kaum noch in der Lage war, die Komplexität dieser technischen Anforderungen aus eigener Kraft zu beherrschen.

Noch arbeitete man aber an einem sinnvollen Erhalt der alten Technik. So nahm Edgar Barth mit seinem AWE-Rennwagen am GP von Deutschland auf dem Nürburgring teil. Dies blieb aber der einzige Lauf zur Automobil Weltmeisterschaft mit DDR-Beteiligung.

Als positive Nachricht jener Saison war wohl der Eintritt von Paul Thiel (ehemals BMW-Werksfahrer) ins Eisenacher Team zu werten. Tragischste Nachricht des Jahres war der Tod von Paul Greifzu, der am 10. Mai bei einem Rennen in Dessau während des Trainings infolge eines Materialfehlers tödlich verunglückte.

Auch in den kleinen Rennwagenklassen zeichneten sich technische Änderungen ab. Komplette neue Konzepte wurden geprüft. Eine modernere Formel 3 war im Entstehen. Cooper und Kieft setzten die Maßstäbe. Und während dies der etablierten Industrie weniger Schwierigkeiten bereitete, wurden die vielen Privatfahrer ans Ende der Starterfelder gespült. So verlor ein Großteil der Amateure den Mut und die Lust an Rennbeteiligungen.

Für die DDR-Fahrer um Willy Lehmann und Bobby Kohlrausch bedeutete das von Anfang an ein Defizit im technischen Bereich. Dennoch nutzten einige DDR-Sportler auch Rennen im Westen zur Leistungsbestimmung. Allerdings konnte nur Theo Fitzau mit seinem Cooper einigermaßen Paroli bieten.

Die Rennsaison 1954

Mit nahezu perfekter Konstanz änderten sich auch 1954 wieder einmal die internationalen Regeln im Grand-Prix-Sport:

Die absehbare Umstrukturierung der Formel 2 zur Formel 1 erfolgte. Bis 1954 galt in der Formel 1 die Hubraumobergrenze von 2000 ccm für Fahrzeuge ohne Kompressor und 500 ccm mit Kompressor. Diese Zeit war nun schon wieder vorbei. Das neue Hubraumlimit wurde auf 2500 ccm für Saugmotoren und 750 ccm für Kompressormotoren festgelegt. Damit entfiel praktisch die Formel 2 und verlor für lange Zeit an Bedeutung, so dass sie für unsere Betrachtung auch keine Rolle mehr spielen wird.

Ab 1954 gab es international offiziell nur noch Formel 1 und Formel 3. In jenem Jahr gewann Manuel Fangio auf Mercedes die 2,5-Liter-Weltmeisterschaft vor dem legendären Stirling Moss.

Trotz dieser enormen technischen Entwicklungen glaubten in der DDR immer noch einige Funktionäre, den Anschluss an die Formel 1 herstellen zu können. Der tägliche Überlebenskampf des östlichen Systems lehrte aber, die Prämissen anders zu setzen. Und so war es kein Wunder, dass die ökonomischen Zwänge in der DDR das schleichende Aus für den großen Formelrennsport brachten.

Dazu trugen auch immer wieder Querelen im EMW-Rennstall bei. Die Fahrer Edgar Barth und Arthur Rosenhammer waren sich in vielen Belangen oft nicht immer einig und spalteten somit auch das gesamte Kollektiv in zwei Lager.

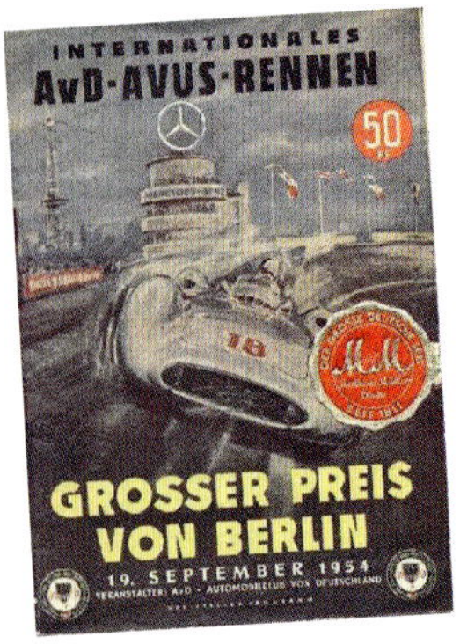

Dennoch wurde über den Winter 1953/54 an der Neuentwicklung eines AWE-Rennsportwagens gearbeitet, der zum ersten Mal keinen BMW-Motor besaß. Aus eigener Entwicklung entstand ein Sechszylinder-Reihenmotor mit 1500 ccm Hubraum.

Zu Saisonbeginn stand in Leipzig aber von vier geplanten Fahrzeugen nur eines zur Verfügung, das von Arthur Rosenhammer pilotiert wurde. 14 Tage später konnte Edgar Barth am Nürburgring den zweiten Wagen nutzen. Beim Sportwagenrennen im Rahmenprogramm des Großen Preises von Europa konnte Barth einen sechsten Platz erreichen und Paul Thiel schaffte mit dem letztmalig eingesetzten Vorjahreswagen Platz 12.

Im Dezember gelang es mit dem 1,5-Liter-Rennsportwagen (von Arthur Rosenhammer pilotiert) in Dessau, den Geschwindigkeitsrekord über 10 Meilen zu brechen (Durchschnittsgeschwindigkeit 229,5 km/h). In der Folgezeit kämpften diese Wagen auf Nürburgring und AVUS mit Porsche um den Sieg. In Eisenach wurde daher verbissen um weitere Erfolge und Neuerungen der Technik gekämpft.

Rennen und Ergebnisse 1954

Keine Formel 3-Meisterschaft BRD

Im Bereich des »kleinen« Formelrennsports fand in der Bundesrepublik 1954 keine Formel 3-Meisterschaft statt. Die Gründe dafür lagen vermutlich in erster Linie im Mangel an einsatzfähigen Fahrzeugen oder in rein organisatorischen Gründen. Rennen fanden lediglich auf dem Nürburgring und in Schwenningen statt.

Anders in der DDR. Hier wurden vier Rennen für die DDR-Meisterschaft organisiert. Als neue Rennstrecke kam das 1. Bautzener Autobahnringrennen zu den bekannten Veranstaltungen hinzu.
Viele bundesdeutsche Fahrer schrieben sich in der DDR-Meisterschaft ein. Einer der bekanntesten und erfolgreichsten europäischen Formel 3-Fahrer, Theo

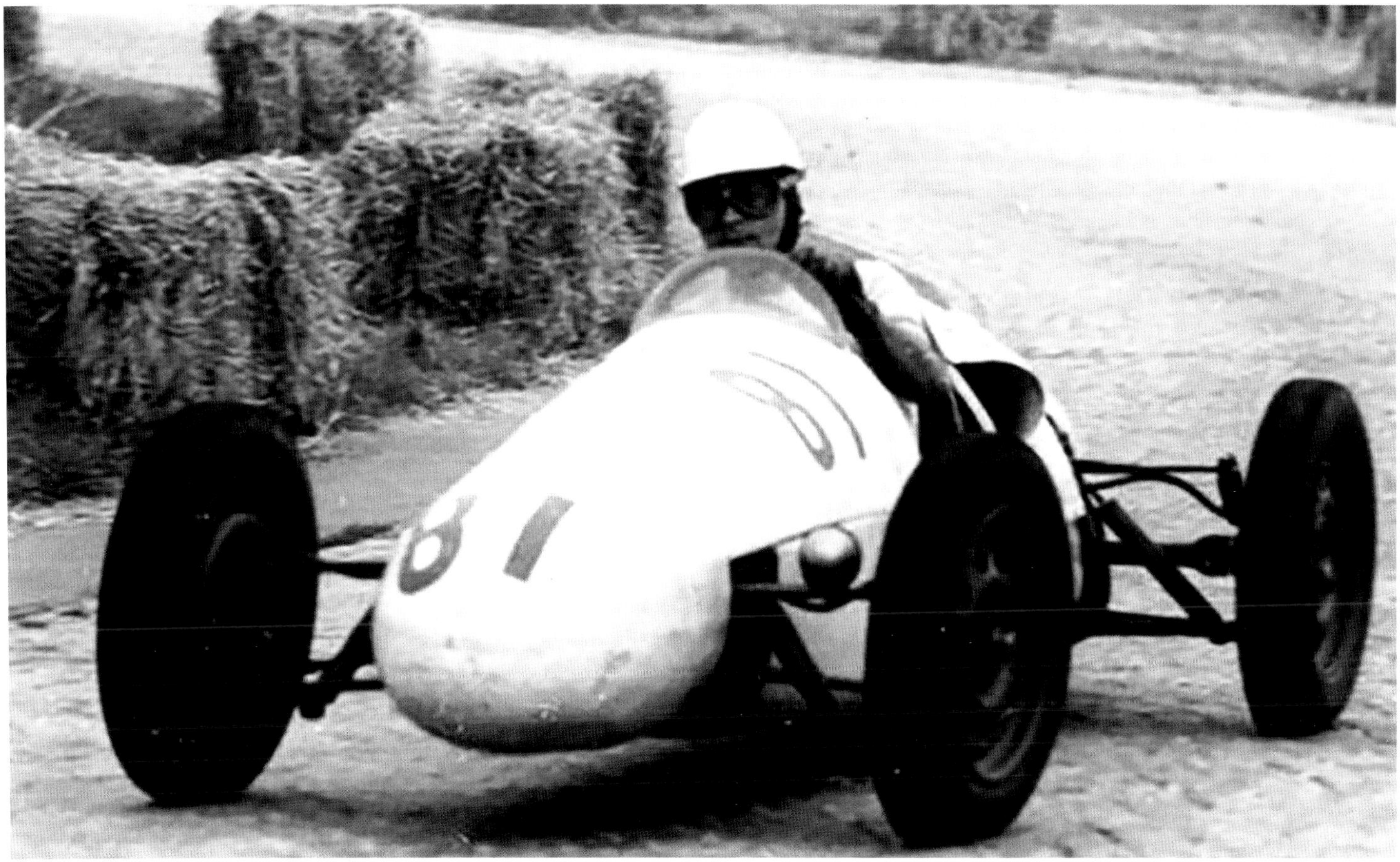

Melkus-JAP 1954, die erste Eigenkonstruktion von Heinz Melkus, im Einsatz in der Formel Junior.

Helfrich, war immer ein gern gesehener Gast auf den Rennstrecken der DDR. Auch hier konnte er seiner bemerkenswerten Statistik zahlreiche Erfolge hinzufügen. Kurt Ahrens sen. gehörte ebenfalls zu den ständigen Gastfahrern aus der BRD.

Rennen zur Formel 3-Meisterschaft der DDR

- Leipzig
- Dresden
- Halle
- Sachsenring

Ergebnisse Formel 3-Meisterschaft der DDR

Sieger: Willy Lehmann / Scampolo BMW
Zweiter: Gerhard Demmrich / GD A2 BMW
Dritter: Günter Lenssen / Grün WGW BMW

Zwischen 1950 und 1954 hatte Willy Lehmann 55 Rennen bestritten. 14 Siege, neun zweite, sieben dritte, drei vierte und drei fünfte Plätze waren dabei die Ausbeute des damals erfolgreichsten DDR-Fahrers.

Ergebnisse Formel 2-Meisterschaft der DDR

Sieger: Richard Krause / BMW Greitzu
Zweiter: Paul Thiel / EMW
Dritter: Egon Binner / BMW Eigenbau

Formel 1-Weltmeisterschaft 1954

Sieger: Juan Manuel Fangio, Argentinien
Zweiter: Jose Gonzales, Argentinien
Dritter: Mike Hawthorn, Großbritannien

Die Rennsaison 1955

Mit der Saison 1955 wurden in Eisenach noch einmal weitere Fahrzeuge des neuen Modells gebaut. Aus den Erfahrungen des Vorjahres wurden neben der Karosserie auch Lenkung, Bremsen und Fahrwerk modifiziert.

In Dessau gelang dem AWE-Team ein Dreifachsieg vor Porsche. Auch am Nürburgring konnte das Sportwagenrennen vor Porsche gewonnen werden und in Leipzig gingen sogar alle vier ersten Plätze nach Eisenach.

Dieses Jahr wurde eines der erfolgreichsten für die Thüringer Rennwagenbauer. Starts in der BRD, in der CSSR, in Frankreich und Italien verschafften der damals wirtschaftlich recht unbedeutenden Automobilindustrie der DDR großes Ansehen.

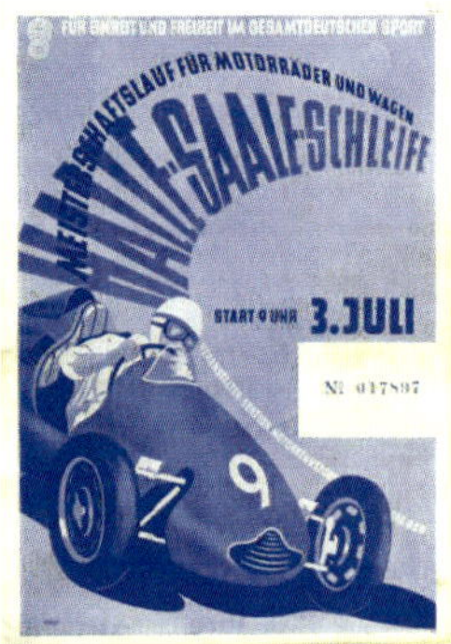

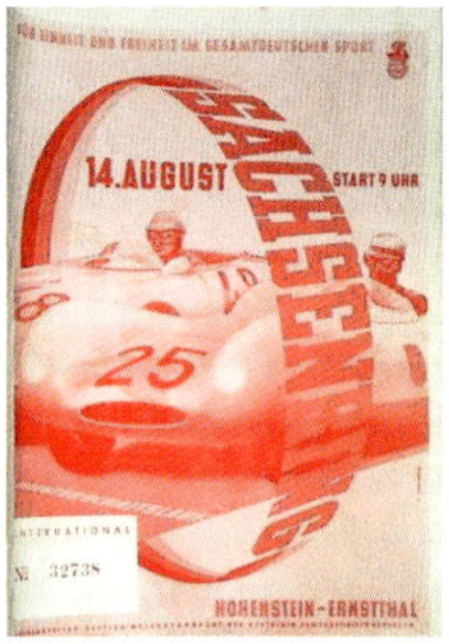

Diese, natürlich auch nationale, Überlegenheit der Eisenacher Boliden führte in der DDR zum schleichenden Rückzug der privaten Fahrer, sodass es 1955 keine DDR-Meisterschaftsvergabe gab, weil die wenigen Teilnehmer die Bedingungen des Punktesystems nicht erfüllten.

Da das Geld auch in Eisenach knapp wurde, konnten aber bereits Ende 1955 keine Rennen im westlichen Ausland mehr besucht werden, sodass man dort mögliche gute

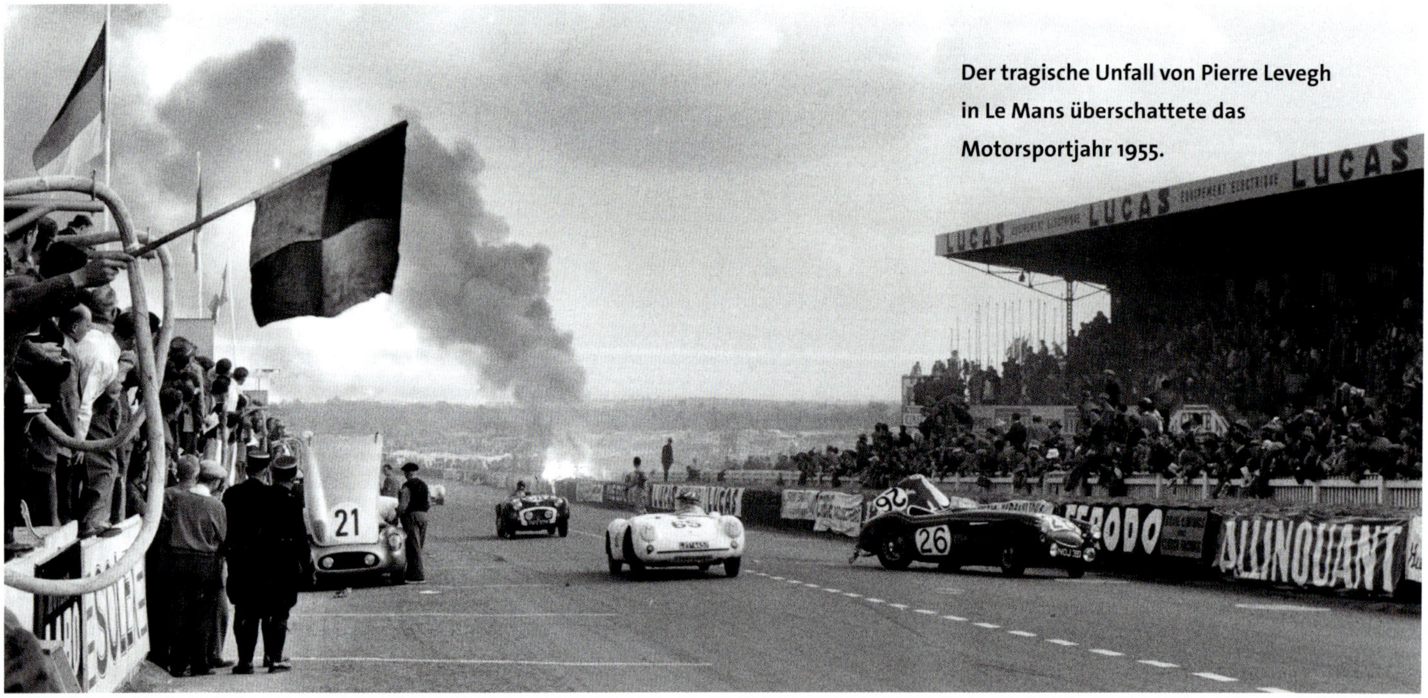

Der tragische Unfall von Pierre Levegh in Le Mans überschattete das Motorsportjahr 1955.

Rennen und Ergebnisse 1955

Rennen der Formel 3 der BRD
Es gab nur ein Rennen in Schwenningen im Bereich der Formel 3

Ergebnisse der Formel 3-Meisterschaft BRD
Es wurde wieder keine Meisterschaft ausgeschrieben.

Rennen der Formel 3-Meisterschaft DDR
Auch 1955 fand die DDR-Meisterschaft unter starker Beteiligung von Fahrern aus der BRD statt. Aus den Starterlisten lassen sich zwölf Nennungen ableiten.
Wieder sind Theo Helfrich, Kurt Ahrens, Walter Hampel, Oswald Karch und Otto Kolan unter den Teilnehmern. Die Westsportler kamen mehrheitlich mit Fahrzeugen von Cooper und Motoren von Norton. Aber auch Scampolo mit BMW-Motoren finden sich in den Listen.
Im Gegensatz zu den Vorjahren waren die Rennen nun schon fast so etwas wie Alltag geworden. Zwar waren immer noch reichlich Zuschauer entlang der Strecken zu verzeichnen, aber in der Summe nahm das Interesse ab. Grundsätzlich hatten die Formel 3-Wagen an Zuverlässigkeit gewonnen. Technische Ausfälle waren daher äußeren Einflüssen geschuldet. Die Wagen waren zum Teil auf sehr minderwertigen Strecken unterwegs. Abschnitte mit Kopfsteinpflaster waren keine Seltenheit und so mancher technische Ausfall war diesen Rüttelpisten anzulasten.

Rennen der Formel 3-Meisterschaft in der DDR
- Dessau (Autobahnschleife)
- Leipzig (Stadtpark)
- Halle (Halle-Saale-Schleife)
- Chemnitz (Sachsenring)

Als zusätzliches Rennen wurde in Dresden die Autobahnspinne befahren.

Ergebisse der Formel 3-Meisterschaft DDR
Sieger: Williy Lehmann / Scampolo 502 BMW
Zweiter: Günter Lenssen / Grün WGW BMW
Dritter: Josef Ortschitt / Ortschitt BMW
Vierter: Heinz Melkus / Melkus Post JAP

Formel 1-Weltmeisterschaft 1955
Sieger: Juan Manuel Fangio, Argentinien
Zweiter: Stirling Moss, Großbritannien
Dritter: Eugenio Castellotti, Italien

Platzierungen einfach verschenkte und die Siege an Teams gingen, die man bereits serienweise geschlagen hatte.

1955 war insofern auch ein bedeutungsvolles Jahr für den internationalen Motorsport, weil sich am 11. Juni in Le Mans beim 24-Stunden-Rennen ein tragischer Unfall ereignete.

Bei einem unglücklichen Ausweichmanöver, das durch Mike Hawthorn erzwungen wurde, war der Mercedes 300 SLR unter Pierre Levegh mit dem Austin von Lance Macklin kollidiert und aus der Bahn getragen worden. Durch den Aufprall war der Mercedes aufgestiegen und in einen Erdhügel geprallt. Dort zertrummerte der Wagen, die Karosserie geriet in Brand. Die Magnesium-Legierung ging in Flammen auf und ließ sich über Stunden nicht löschen. Dieses Ereignis kostete 84 Menschen (Pierre Levegh und 83 Zuschauer) das Leben.

Mercedes zog sich daraufhin aus dem laufenden Rennen zurück. Eine Entscheidung, die von Stirling Moss heftig kritisiert wurde. Was der gute Stirling Moss sich allerdings damals, angesichts der unbeschreiblichen Tragödie, gedacht hat, blieb mir immer unverständlich.

Dieser Unfall zog harte Konsequenzen nach sich. Verschiedene Rennen wurden daraufhin verboten, für andere verschärften sich die Sicherheitsbestimmungen massiv. So kam es dazu, dass einige Strecken aufgegeben werden mussten. Beispiele hierfür waren Zandvoort und Brands Hatch.

Obwohl der Unfall beim 24-Stunden-Rennen passiert war, hatte er verständlicherweise Auswirkungen auf alle Rennsportkategorien. Es wurde eine Weile ruhig um den Rennsport. Manuel Fangio nahm seinen Weltmeistertitel in relativer Abgeschiedenheit entgegen.

Die Rennsaison 1956

Bereits im Frühjahr des Jahres wurden die Vorjahressportwagen der Eisenacher nach Paris transportiert, um am dortigen GP teilzunehmen. Mit den Plätzen drei und vier erreichte man ein optimales Ergebnis. Die neuen Wagen der 1956er-Saison kamen mit optimierten Motoren und einer Fünfgangschaltung zum Saisonauftakt der Deutschen Meisterschaft zum Einsatz und in der Folgezeit auch beim 1000 Kilometer-Rennen auf dem Nürburgring. Dort konnten sie aber den Hauptkonkurrenten Porsche nicht schlagen. Trotz gedrosselter Motoren wegen der Langstreckenbelastung gab es brachiale Motorschäden.

Am Ende der Saison kam es auf der AVUS zum letzten Zusammentreffen zwischen AWE und Porsche, auch hier siegten die Zuffenhausener.

Die bereits vor Jahren absehbaren Probleme, im internationalen und massiv umkämpften Sportwagensektor Schritt zu halten, machten sich Ende 1956 deutlich bemerkbar. Auch national sank die Aussagekraft der Wettbewerbe. In der 1,5-Liter-Sportwagenszene der DDR konnte wiederum keine Bestenermittlung wegen fehlender Konkurrenz ausgetragen werden. Demzufolge sank auch das Zuschauerinteresse im Inland.

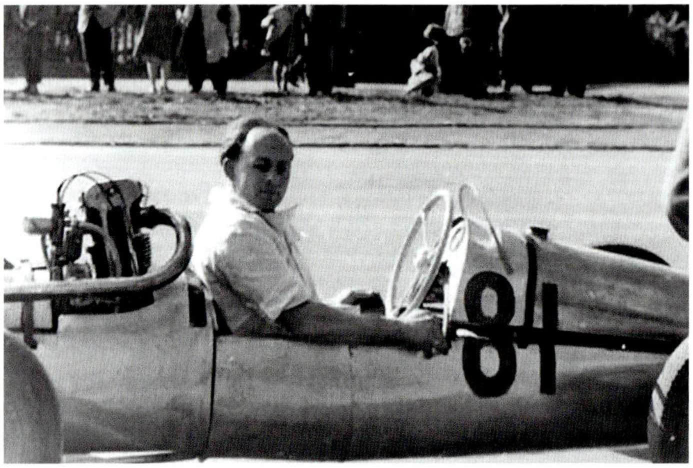

Heinz Melkus, hier auf einer Aufnahme aus dem Jahr 1956/57.

Man musste sich fragen, wozu dieser Aufwand eigentlich betrieben werden sollte. Da die Entwicklungen an den Viertakt-Rennmotoren für den Serienfahrzeugbau (Zweitakter, Wartburg) kaum sinnvolle Erkenntnisse brachten, schwand auch zunehmend das Interesse der politischen Machthaber in der DDR an den extrem aufwendigen Wettbewerben. Gerüchte um erneute Regelwerksänderungen im internationalen Sport trugen weiter zur Skepsis bei.

Für die Formel 2 gab es gar keine Argumente mehr und für die Formel 1 wären so erhebliche Aufwendungen erforderlich gewesen, um an das herrschende Niveau heran zu reichen, dass dies angesichts der vielen volkswirtschaftlicher Engpässe weder politisch noch wirtschaftlich zu verantworten war.

Der 1954 begonnene und 1956 vollendete, extrem flache 2,5-Liter-V6 Motor (265 PS) mit vier oben liegenden Nockenwellen und vielen für das Weltniveau bedeutungsvollen Details wäre zwar für die Formel 1 eine gute Basis gewesen, aber man schätzte die Chancen insgesamt wohl realistisch ein; die Konkurrenz hieß: Mercedes W 196, Lancia D 50, Ferrari 553 und Kieft-Climax V8.

Die volkseigene Automobilindustrie beschloss aus dem »Großen Rennkarussell« auszusteigen und entsprach damit einer in der Wirtschaft und Politik weit verbreiteten Auffassung.

Man darf nicht vergessen, dass die politisch brisante Situation des Kalten Kriegs der maroden Volkswirtschaft der DDR alles abverlangte. Im Osten gab es weder Marshall-Plan noch Wirtschaftswunder.

Zwar wurde in mancher Beratung noch über eine Beteiligung der Industrie an einem Formel 3-Projekt spekuliert, aber auch hier gab es mehr Vorbehalte als zukunftsträchtige Argumente. Zum einen waren zwischenzeitlich einige wichtige Ingenieure Richtung Westen verloren gegangen und zum anderen war die nationale wie internationale Beteiligung von Teams in der Formel 3 im Vergleich zu 1955 spürbar zurück gegangen.

Das gab den Ausschlag dafür, auch diese Variante zu verwerfen. Entgegen dem Trend in der Renn-Motorradindustrie der DDR, die sich tatsächlich mit der Weltspitze messen konnte, zogen sich Hersteller und Zulieferer komplett aus dem Formelrennsport zurück. Das rennsportliche-Interesse verlagerte sich nun völlig in die Hände der privaten Fahrer.

Auch in der BRD zog man aus den internationalen Entwicklungen Konsequenzen: 1956 beendete Mercedes sein Engagement in der Formel 1. Die Ära der Silberpfeile war für lange Zeit vorbei.

Damit waren die Rennsportfans in beiden deutschen Staaten zu Zaungästen des Grand-Prix-Spektakels geworden und es sollte sehr, sehr lange dauern bis dieses Thema wieder auf die Tagesordnung kam.

1985 bis 1989 wagte das Team um Erich Zakowski (Zakspeed) ein kleines Intermezzo im Formel-1-Zirkus. Leider mit geringem Erfolg.

Erst der Einstieg von BMW und Mercedes als Motorenlieferanten in der Formel 1 und das Engagement von Mercedes als eigenes Rennteam 2013 änderten dieses Bild.

Ab 2014 bis 2021 konnten die wiedergeborenen Silberpfeile den Konstrukteurs-Weltmeistertitel und den Fahrerweltmeistertitel gewinnen, fast genauso leichtfüßig wie in den 1930er-Jahren.

1956 wurden in der BRD im Bereich der Formel 3 wiederum keine Rennen ausgeschrieben. Auch gab es demzufolge keine Meisterschaft.

In der DDR hielt man dagegen die Fahnen der Klasse hoch. Es kam sogar zu einem Novum in der DDR-Meisterschaft: Neben Fahrern aus der BRD nahmen nun auch Fahrer aus anderen Ländern teil. Mit Lex Beels war der erste Niederländer zu Gast in der DDR-Formel 3.

Zu den DDR-Fahrern gehörten damals:

Horst Mansfeld (Wolfen), Heinz Melkus (Dresden), Willy Krenkel (Niedersedlitz), Siegfried Seifert (Niedersedlitz), Heinz Hermann (Dresden), Gerhard Brembach (Merkers), Franz Horn (Delitzsch), Willy Stiehler (Delitzsch), Günther Lenssen (Halle), Rudolf Stumpf (Gera), Helmut Zimmer (Dresden) und Willy Lehmann (Halle).

Rennen und Ergebnisse 1956

Rennen der Formel 3-Meisterschaft BRD
Es wurden keine Rennen veranstaltet.

Ergebnisse Formel 3-Meisterschaft der BRD
Es wurde keine Meisterschaft ausgeschrieben.

Rennen der Formel 3-Meisterschaft DDR
Vier Rennen zählten zur Meisterschaft.

- Leipzig
- Wismar
- Halle
- Dessau

zusätzlich wurde in Bautzen gefahren.
Das Rennen auf der Halle-Saale-Schleife feierte das 10. Jubiläum.

Ergebnisse Formel 3-Meisterschaft der DDR
Sieger: Willy Lehmann / Scampolo BMW
Zweiter: Günter Lenssen / Grün WGW BMW
Dritter: Heinz Melkus / Melkus Post JAP

Formel 1-Weltmeisterschaft 1956
Sieger: Juan Manuel Fangio, Argentinien
Zweiter: Stirling Moss, Großbritanien
Dritter: Peter Collins, Großbritanien

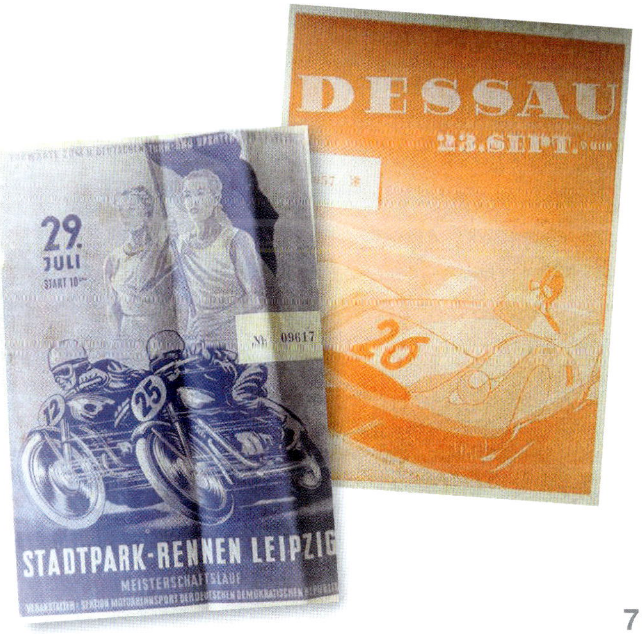

Die Rennsaison 1957

Das Rennsportkollektiv in Eisenach wurde im April 1957 aufgelöst. Edgar Barth wechselte daraufhin zu Porsche und auch Arthur Rosenhammer ging in die BRD. Die Techniker, die in der DDR bleiben wollten, kamen in der Serienproduktion unter. Dort bauten sie in den Anfangsjahren bemerkenswerte Pkw, die auch im Automobilrennsport der Tourenwagen erhebliche Erfolge erzielten. Die Wartburgtypen 311 und 353 bewiesen im Rallyesport bis weit in die 1970er-Jahre hinein die Kompetenz der Automobilbauer aus Thüringen. Weitere technische Entwicklungen scheiterten nicht am Können der Techniker und Konstrukteure, sondern an der Engstirnigkeit der damaligen Funktionäre und an der DDR-Mangelwirtschaft. Es bleibt aber festzuhalten, dass manch eine Neuentwicklung im Serienfahrzeugbau der DDR auch gut genug für den Westmarkt war und sicher manches ökonomische Potenzial ungenutzt geblieben ist. So belustigend es heute klingen mag, aber ein Fahrzeug aus »Pappe« zu bauen, das derart robust, zuverlässig und leicht handhabbar war wie der Trabant, war eine Leistung von Weltniveau. Nur entsprach das Ergebnis nicht den Ansprüchen des wohlhabenden Westens: Dort brauchte es Chrom, Blech, Leistung und Vollleder!

Im Jahr 1957 kam es zur Gründung des ADMV. Damit war eine komplexe Organisationseinheit für den Motorsport in der DDR geschaffen. Diese Organisation diente aber neben dem Sport auch der Verkehrserziehung und der Steuerung der zivilen Automobilfahrer im Interesse der sozialistischen Ideale.

Gründungsmitglieder waren unter vielen anderen Funktionären und Aktiven auch die Prominenten Egbert von Frankenberg und Manfred von Brauchitsch. Im ADMV waren nunmehr alle Sportclubs, Betriebssportgemeinschaften und sonstigen motorsportlichen Hoheiten vereint. Nur der ADMV vertrat nun die Belange aller Motorsportler, vom Bootsrennfahrer bis zu den Enduro-Fahrern.

Nach dem Verschwinden der Formel 2 und der 1,5-Liter-Rennsportwagen von den DDR-Rennstrecken blieben den Zuschauern nur noch die meist nicht wirklich als Rennwagen anerkannten Formel 3-Renner übrig. Man war von großvolumigen Motoren und massiven, futuristischen Karossen verwöhnt und nahm die »Kleinen« nicht so recht ernst.

Infolge dieser schwachen Präsenz, vor allem auch in der BRD, standen diese Rennen immer im Schatten anderer Rennsport-Veranstaltungen auf DDR-Boden, vor allem Motorrad-Bereich, wo MZ für Höhenflüge sorgte (Mehr dazu im Kapitel über Motorräder). Bei den Automobilrennfahrern der DDR erfreuten sie sich die kleinen beherrschbaren Flitzer aber nach wie vor großer Beliebtheit. Dennoch dachten viele Aktive über modernere, attraktivere Lösungen nach.

Der italienische Rennfahrer Giovanni Conte Lurani war ein maßgeblicher Initiator eines neuen, kleinen und leichten Monopostos. Er schlug ein Mindestgewicht von 400 kg vor und der verwendete Motor sollte aus einem Serienfahrzeug stammen, wobei 1100 ccm Hubraum die maximale Obergrenze darstellen sollten. Diese Parameter fanden international Anklang.

Und während noch die aktuelle, betagte Formel 3 über die DDR-Rennstrecken jagte, nahm auch der ADMV diese Gedanken auf und initiierte die ersten Bemühungen hin zu einer gemeinsamen Entwicklung von Formel Junior-Rennwagen mit Hilfe der Industrie. Dazu bedurfte es aber noch vielfältiger Ideen und der Prüfung realistischer Voraussetzungen.

Im Gegensatz zu den Vorjahren war 1957 ein sehr intensives Rennjahr in der Formel 3. Neben vier Rennen zur DDR-Meisterschaft fanden weitere vier freie Rennen statt. Das Starterfeld wurde immer internationaler.
Die freien Rennen wurden auf folgenden Strecken ausgetragen:

- Wismar (Hanseatenring)
- Bautzen (Autobahnring)
- Magdeburg (Stadtkurs)
- Bernau (Bernauer Schleife)

Rennen und Ergebnisse 1957

Rennen der Formel 3-Meisterschaft BRD
Es fanden keine Rennen statt.

Ergebnisse Formel 3-Meisterschaft der BRD
Es gab keine Meisterschaft.

Rennen der Formel 3-Meisterschaft DDR

- Halle
- Leipzig
- Sachsenring
- Dresden

Ergebnisse der Formel 3-Meisterschaft der DDR
Sieger: Willy Lehmann / Scampolo 502 BMW
Zweiter: Siegfried Seifert / Ortschitt BMW
Dritter: Heinz Melkus / WTB

Formel 1-Weltmeisterschaft 1957
Sieger: Juan Manuel, Fangio Argentinien
Zweiter: Stirling Moss, Großbritannien
Dritter: Luigi Musso, Italien

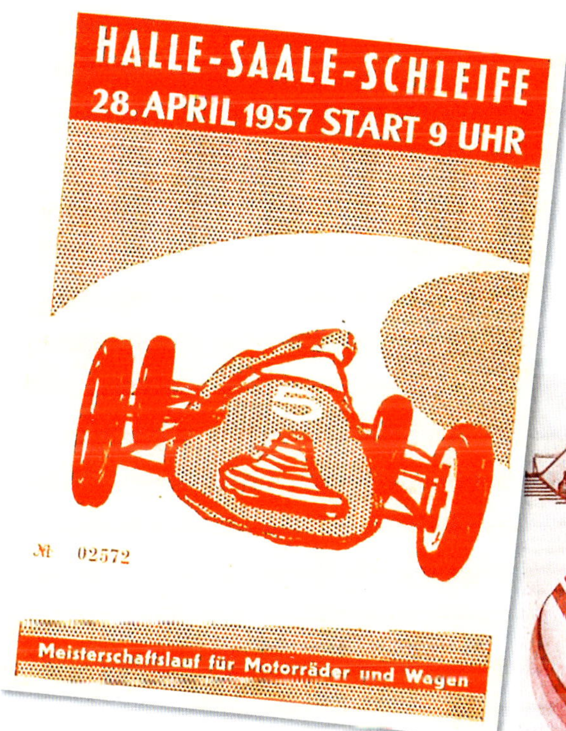

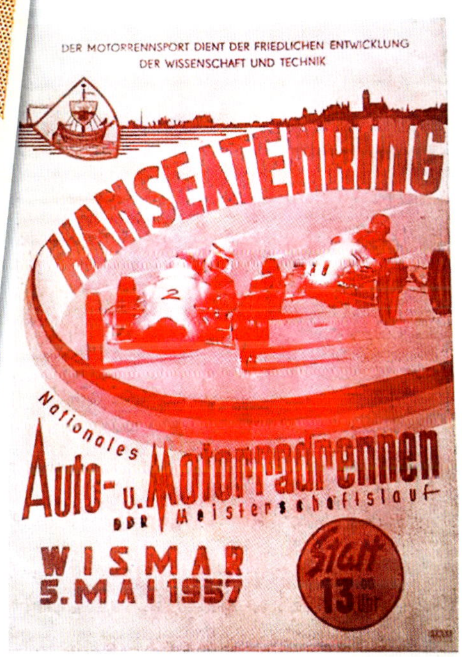

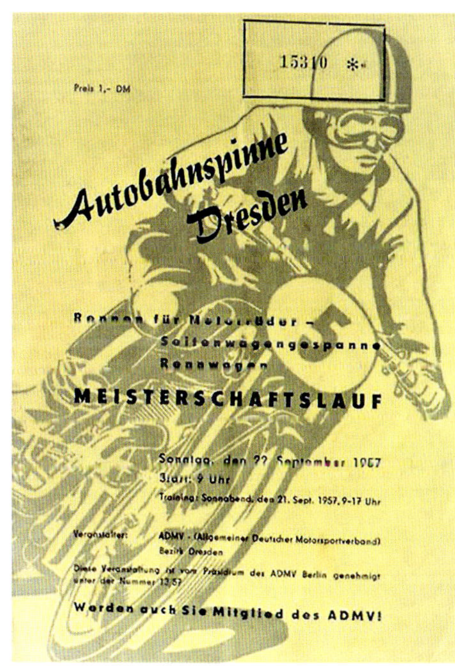

In der Saison 1957 standen unter anderen Rennen auf der Halle-Saale-Schleife, dem Hanseatenring Wismar und auf der Autobahnspinne Dresden auf dem Plan.

Die Rennsaison 1958

Die im Jahr 1957 in Italien ins Leben gerufene Formel Junior zog international ihre Kreise, vor allem nachdem der italienische Fahrzeugbauer Fiat die Szene mit einem substanziell sehr geeigneten und von der FIA homologierten Serienmotor überraschte.

Die Italiener selbst nahmen ihre Idee auf und bauten auf dieser Basis sechs Rennwagen des Typs »Stanguellini«. Diese Wagen rollten das erste Mal in Monza über die Strecke und wurden als perfekte Modelle für die neue Rennklasse »Formel Junior« vorgestellt. Diese ersten Wagen hatten noch einen Frontmotor. Erst später folgten Fahrzeuge mit Mittelmotor. Die FIA erklärte noch im selben Jahr die Formel Junior als verbindlich.

In der DDR verfolgte man die Entwicklungen auf dem internationalen Sektor mit wachsendem Interesse. Aber aktiv wurde die alte Formel 3 noch weiter betrieben: Und zwar mit wachsendem Zuspruch. Viele Fahrer wollten und konnten einen erneuten technischen Umbruch nicht realisieren und hofften auf möglichst langen Erhalt der alten Substanz. Das galt auch für zahlreiche Westeuropäer. Die großen Starterfelder sorgten für spannenden und internationalen Spitzensport. Neben den Fahrern aus der BRD waren Schweizer, Österreicher, Belgier, Franzosen, Schweden und Finnen am Start.

Starter der BRD:
Kurt Ahrens sen., Kurt Ahrens jun., Rudi Wüstrich, Adolf Lang, Günter Isenbügel, Theo Helfrich, Oswald Karch, Phillipp Meub, Friedrich Staschel, Kurt Kuhnke, Hans Senf.
Starter Frankreichs:
Charly Texidor

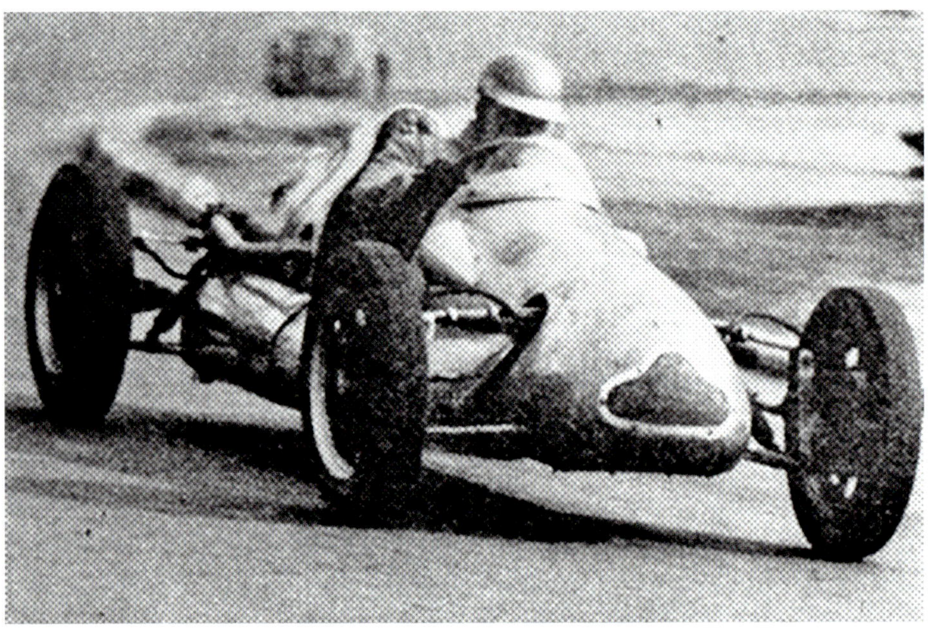

Willi Lehmann während des Stadtparkrennens in Leipzig.

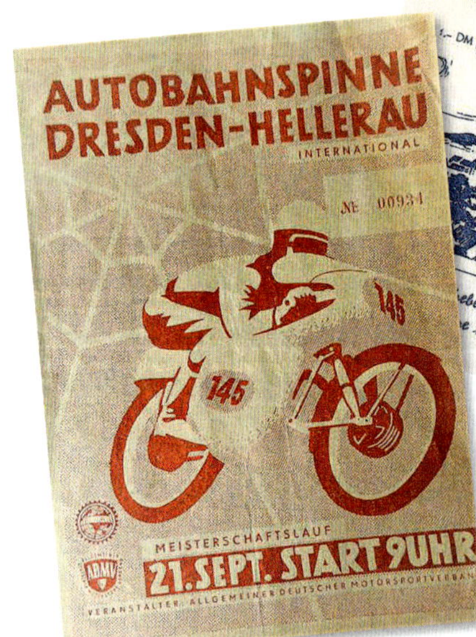

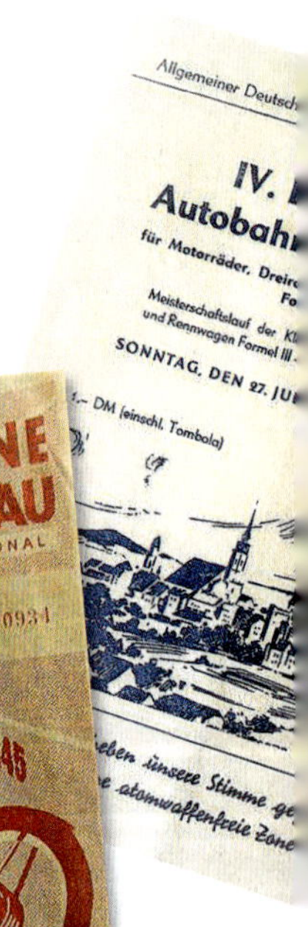

Starter der Schweiz:
Harry Zweifel, Fritz Heini
Starter Österreichs:
Josef Walla
Starter Schwedens:
Sven Anderson, Axel Johansson, Nils Gerremo, Sten Bielke
Starter Belgiens:
Jos Saveniers
Starter der Niederlande:
Willy Vroomen, Lex Beels
Starter Großbritaniens:
George Hernrotte, Cyril Scott-Mac-Arthur, Donald Wagner
Starter Finnlands:
Lars Finnilä, Jouko Nordell, Curt Lincoln

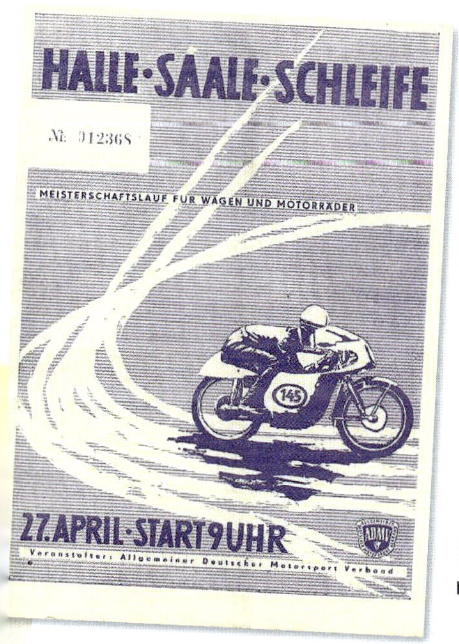

Starter der DDR:
Helmut Zimmer (Dresden), Heinz Melkus (Dresden), Willy Lehmann (Bitterfeld), Werner Köhler (Pirna), Wolfgang Ehrhardt (Dresden), Gerhard Brembach (Meinigen), Willy Stiehler (Bitterfeld), Siegfried Seifert (Dresden), Frieder Rädlein (Dresden), Günter Gösel (Zeitz), Willy Krenkel (Dresden), Horst Mansfeld (Roitsch), Joachim Hadamus (Dresden)

Rennen und Ergebnisse 1958

Rennen zur DDR Formel 3-Meisterschaft
Die Rennen in der DDR waren zu diesem Zeitpunkt europaweit die attraktivsten der Formel 3-Szene. Vor allem gab es nirgendwo so zahlreiche Rennen. In der BRD gab es nicht ein einziges. In der DDR standen folgende Rennstrecken auf dem Plan:

- Halle
- Leipzig
- Wismar
- Bautzen
- Sachsenring (Der Sachsenring feierte sein 30-jähriges Jubiläum)
- Dresden

Als ergänzendes freies Rennen gab es ein Rennen in Magdeburg.

Ergebnisse der Formel 3-Meisterschaft der DDR
Sieger: Heinz Melkus / Melkus Post JAP
Zweiter: Willi Lehmann / Scampolo BMW
Die übrigen Fahrer erreichten das Wertungsminimum nicht.

Anmerkung: Horst Fügner wurde Vizeweltmeister für MZ

Formel 1-Weltmeisterschaft 1958
Sieger: Mike Hawthorn, Großbritanien
Zweiter: Stirling Moss, Großbritanien
Dritter: Tony Brooks, Großbritanien

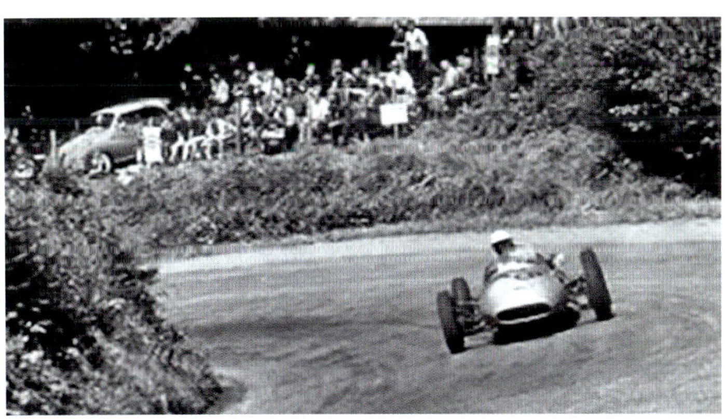
Frieder Rädlein aus Dresden während eines Laufs der Formel 3.

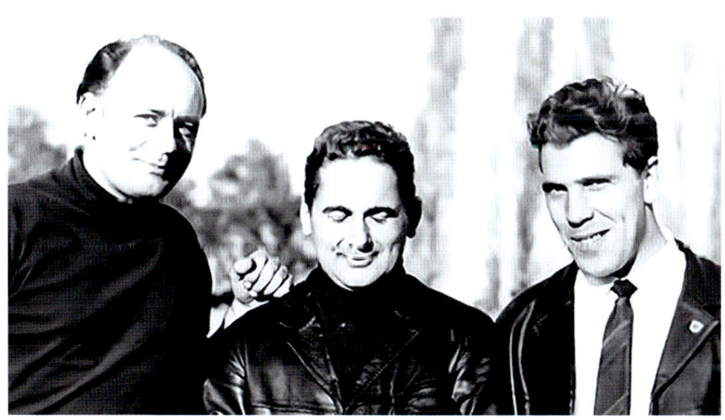
Heinz Melkus, Peter Findeisen und Frieder Rädlein.

Die Rennsaison 1959

Die im Vorjahr ins Leben gerufene Formel Junior erfreute sich bereits im ersten Jahr ihres Bestehens überall großen Zuspruchs. Rund um den Globus gab es nationale Meisterschaften im Bereich der Formel Junior. Die finanzielle Attraktivität durch die Verwendung von Serienmotoren fand allerorts zahlreiche Interessenten. Der Amateursport hatte eine anspruchsvolle, aber machbare Basis bekommen.

Dieser Aufschwung lockte auch kommerzielle Interessenten auf den Plan. So witterten einige Produzenten im Einstieg in den Rennwagenbau einen lukrativen Markt: Stanguellini, Wainer und Patriarca produzierten in Italien. Gemini, Elva, Britania, Brabham, Lola und Cooper bauten in England Serienrennwagen.

Diese Fahrzeuge waren als Einsteigermodell für Nachwuchsfahrer mit größeren Aufgaben gedacht. Mit einem Mindestgewicht von 400 kg und einem Mindestradstand

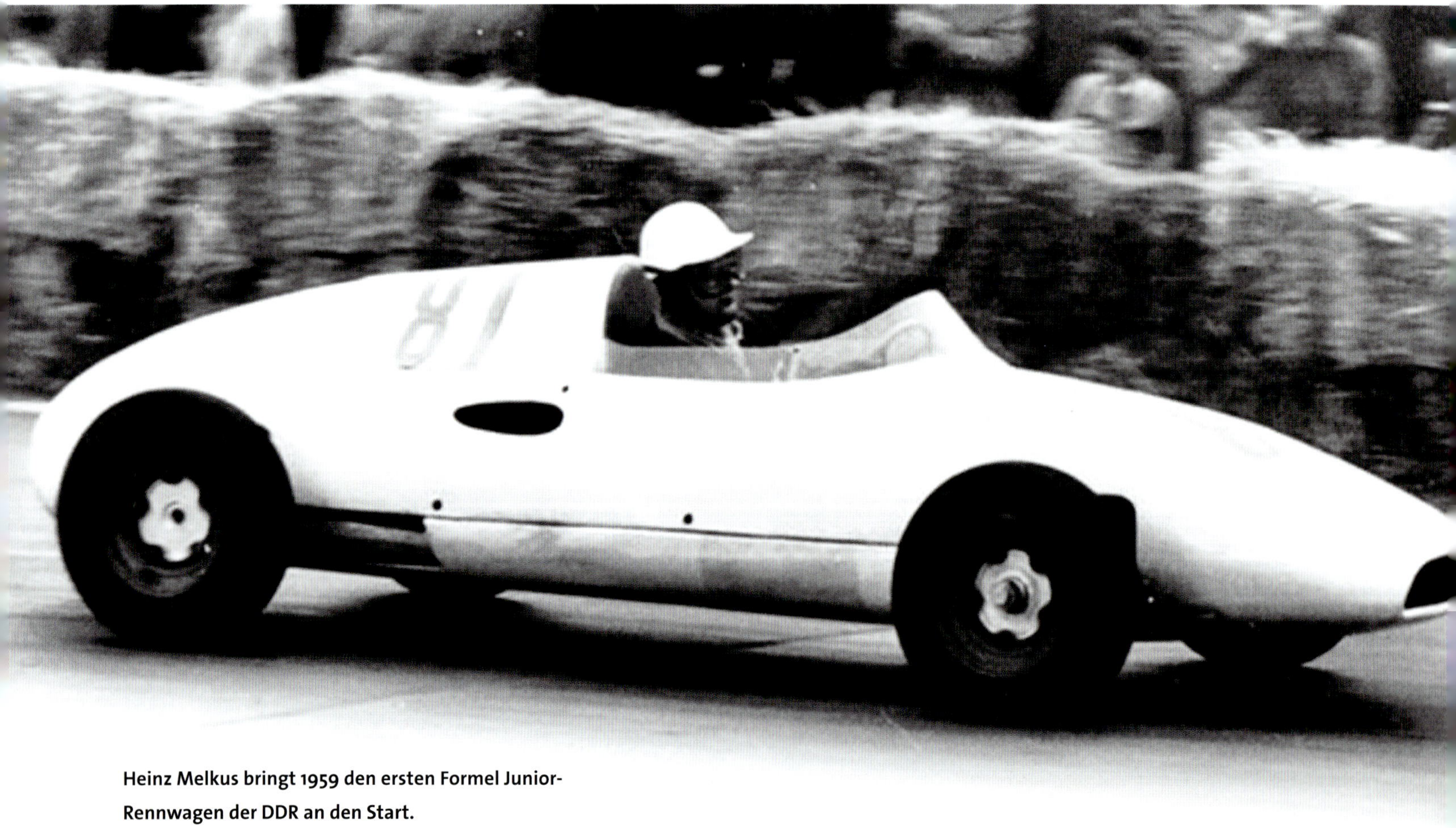

Heinz Melkus bringt 1959 den ersten Formel Junior-Rennwagen der DDR an den Start.

von zwei Metern waren neben den Motorenvorschriften sehr definierte Formel-Merkmale gegeben. Hinzu kam, dass in den Anfangsjahren nur die Bremsanlagen zugelassen waren, die dem gleichen Fahrzeug entstammten von denen der Motor verwendet wurde. Dadurch waren diese Fahrzeuge noch mit Trommelbremsen unterwegs.

Im Frühjahr 1959 tauchte im Fahrerlager beim Halle-Saale-Schleife-Rennen Heinz Melkus mit einem völlig neuen Rennwagen auf. Dieser schon optisch bemerkenswerte Wagen ließ die Herzen der Aktiven und Zuschauer in der DDR höher schlagen. Ausgestattet mit einem im Heck platzierten Wartburg-Motor und einer Monoposto-Konstruktion sehr moderner Bauart belebte das Fahrzeug die aktuelle Rennszene. In seiner Dresdner Werkstatt hatte Heinz Melkus erheblichen Aufwand betrieben, um beim Start einer neuen Rennserie diesmal von Anfang an konkurrenzfähig dabei sein zu können.

Der Dreizylinder-Motor brachte den Wagen auf etwa 180 km/h, was auch durch die Stromlinienform der Karosserie möglich wurde, die über einen Gitterrohrrahmen gebaut und sehr leicht war.

1959 wurden nicht nur in der DDR noch zweierlei Typen von Rennen gefahren: Die Formel 3 und die Formel Junior. Die Formel 3-Veranstaltungen verloren dabei aber langsam ihre Dominanz, da das Pendel sich zu Gunsten der aufkommenden Formel Junior-Rennen neigte.

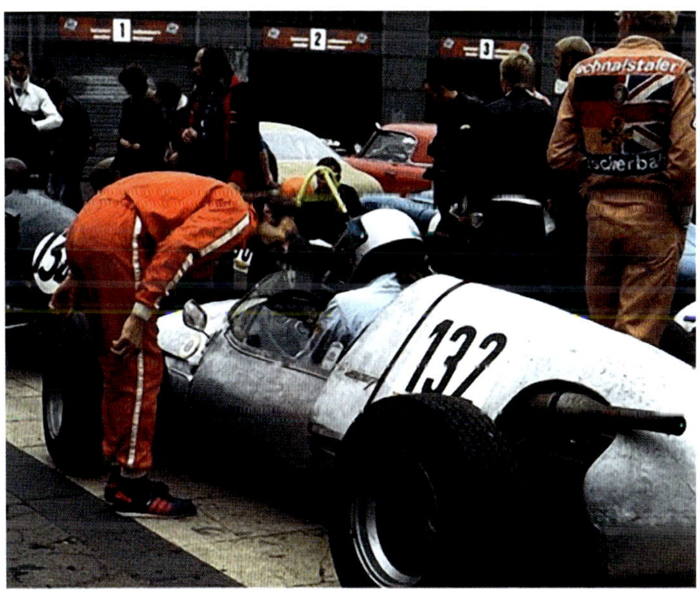

Ein Melkus-Wartburg aus dem Jahr 1959.

Rennen und Ergebnisse 1959

Rennen der Formel Junior außerhalb der DDR

- Monte Carlo
- Pferdsfeld
- Nürburgring zweimal
- Solitude

Rennen der Formel Junior in der DDR

- Autobahnspinne Dresden-Hellerau
- Sachsenring
- Autobahndreieck Bautzen

Diese Rennen wurden gemeinsam mit der Formel 3 ausgetragen, aber getrennt gewertet. Noch dominierten Rennen für die alte Formel 3.

Rennen der Formel 3 in der DDR

Die ausgetragenen Rennen wurden teilweise sowohl für Formel 3 als auch für Formel Junior-Wagen ausgeschrieben und gemeinsam gestartet aber getrennt gewertet. Die einzelnen Veranstaltungen fanden in

- Halle
- Bernau
- Dresden
- Magdeburg
- Wismar
- Sachsenring
- Bautzen

statt.

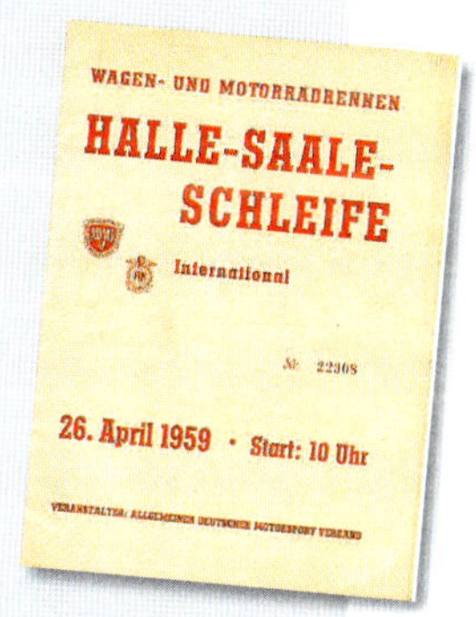

Ergebnisse der Formel 3-Meisterschaft der DDR

Es wurde keine Formel 3-Meisterschaft ausgeschrieben.

Ergebnisse der Formel Junior-Meisterschaft der DDR

Es gab in der DDR noch keine Meisterschaft

Formel 1-Weltmeisterschaft 1959

Sieger: Jack Brabham, Australien (Cooper Climax)
Zweiter: Tony Brooks, Großbritannien
Dritter: Stirling Moss, Großbritannien

Die Rennsaison 1960

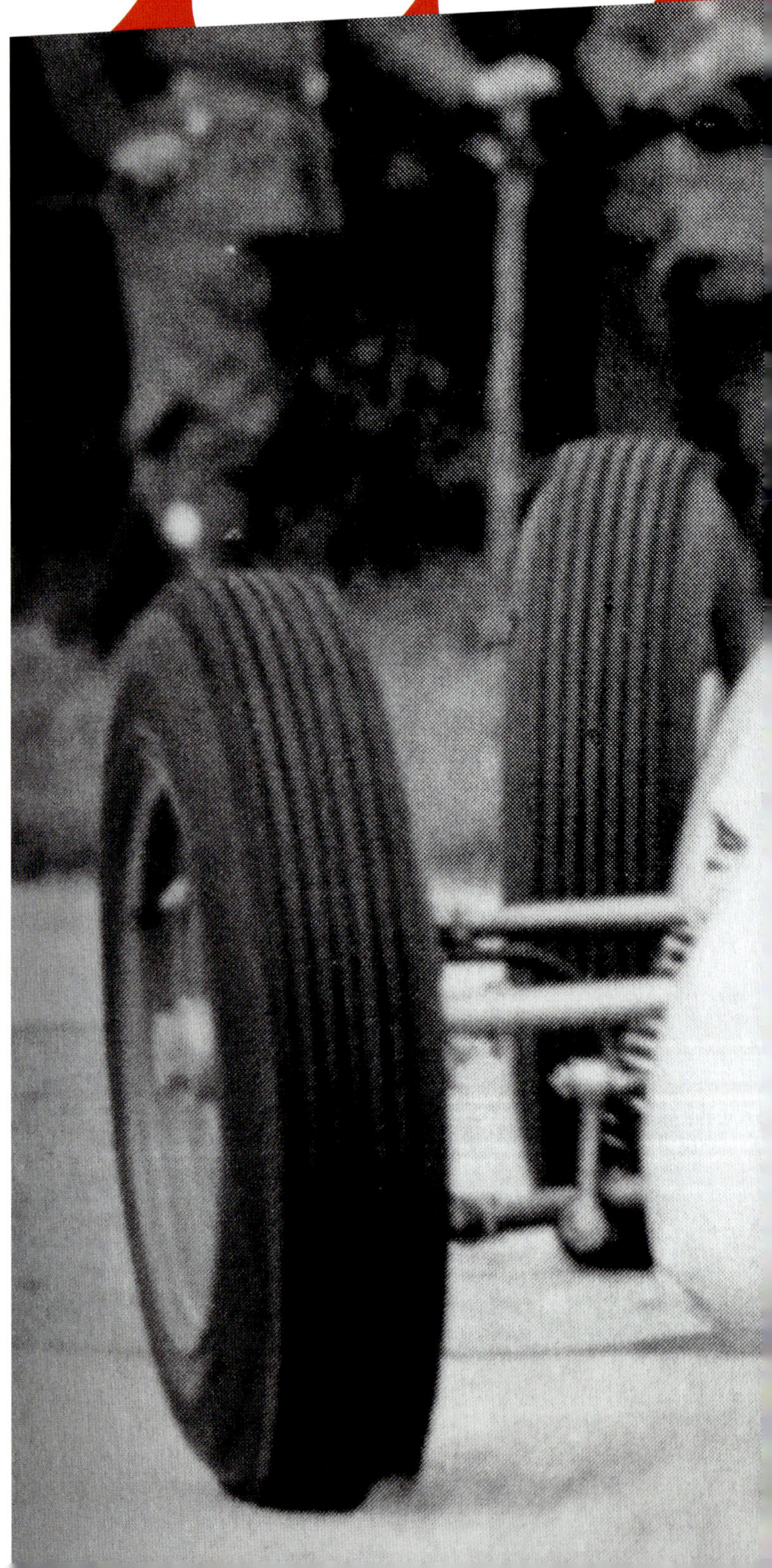

Wie bereits angedeutet, hatte Heinz Melkus mit einem Kollektiv von fünf Sportfreunden begonnen, in Dresden an den ersten DDR-Modellen der Formel Junior zu arbeiten. Frieder Rädlein, Peter Findeisen, Max Byczkowski, Wolfgang Krug und Bodo Rust stellten so über Jahre ihre eigenen Rennwagen her und bildeten einen Fahrerstamm, der nahezu zwei Jahrzehnte lang Spuren und Impulse im Formelsport des deutschen Ostens hinterlassen hat.

Aufbauend auf dem Prototyp des Jahres 1959 entstanden in den Folgejahren 24 Fahrzeuge. 1960 kamen vier davon zum ersten Einsatz.

Die Neuheit dieser Modelle war der Einbau der Motoren unmittelbar hinter dem Fahrersitz. Die so etwas kompliziertere Getriebeanordnung machte daher eine Kraftübertragung erforderlich, die über Ketten auf die Antriebsachsen führte. So erhielt der Wagen die inoffizielle Bezeichnung »Kettenwartburg«.

Der in Eisenach produzierte 900 ccm-Dreizylinder-Serienmotor des »Wartburg 311« stellte die Grundlage für diese Entwicklungsarbeit dar. Da man in Eisenach zwischenzeitlich reichlich Wissen über Leistungssteigerungen und optimale Wartung bei den Einsätzen der Wartburg-Rallye gesammelt hatte, konnte die Rennsportszene davon profitieren. Das klingt allerdings leichter, als es im DDR-Leben zu praktizieren war. Die Wartezeiten für einen privaten Pkw lagen jenseits heute vorstellbarer Zeiträume (Trabant bis zwölf Jahre, Wartburg etwas weniger). Daher konnte niemand die erforderlichen Teile für einen Rennwagen aus dem Hut ziehen und drauf los bauen.

Die meisten Peripherieteile wie Achsen, Anlenkungen, Karossen und vieles andere mehr mussten in privater Handarbeit gefertigt werden. Und in diesen Fällen musste man erst einmal Zugriff auf das erforderliche Material haben.

Ich kann mich entsinnen, dass ich noch reichlich 20 Jahre

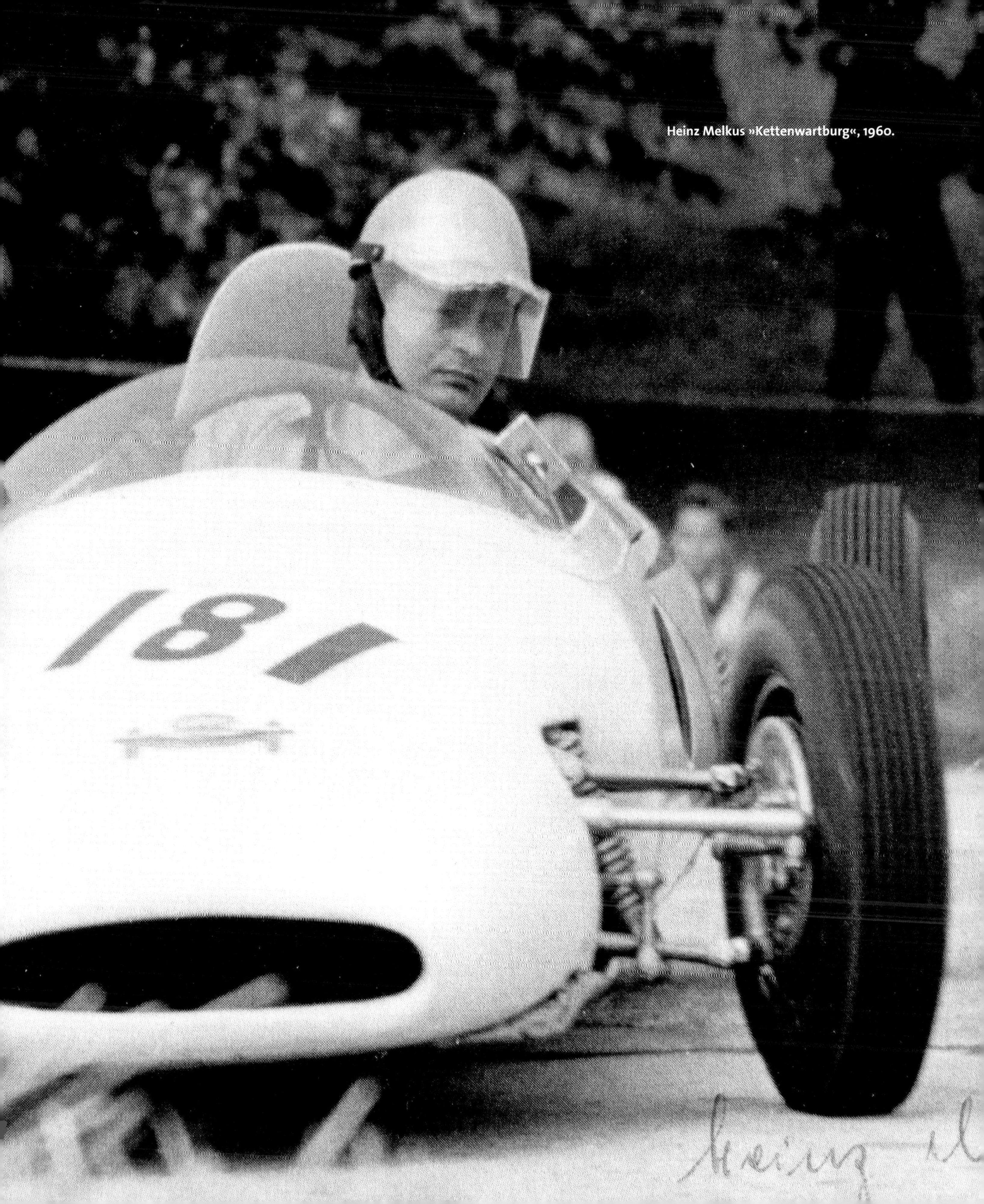

Heinz Melkus »Kettenwartburg«, 1960.

später bei der Beschaffung meiner Lada-Rennmotoren von den Beziehungen und Empfehlungen von Heinz Melkus profitiert habe. In den 1980er-Jahren war die Situation rund um Autoersatzteile immer noch genau so angespannt wie früher. Umso bewundernswerter und nahezu an Zauberei grenzend war es, in den 1960er-Jahren einen konkurrenzfähigen Rennwagen zu erdenken, zu konstruieren und zu bauen.

Die Saison 1960 brachte in der BRD, nach vielen Jahren Dornröschenschlaf mit einer heruntergekommenen Formel 3-Szene, durch die Formel Junior ein Wiederaufleben des Amateursports in ungeahntem Maß. Allein für die Formel Junior wurden zwölf Rennen für eine westdeutsche Formel Junior-Meisterschaft ausgeschrieben. Damals noch üblich war die spontane Teilnahme von ostdeutschen Fahrern an dieser Meisterschaft. So waren mit Lehmann, Krenkel, Bunk, Seifert, Melkus und Rädlein die Spitzen des DDR-Formelsports mit ihren Wartburg-motorisierten Wagen am Start. Im Gesamtklassement konnten sie aber keine vorderen Platzierungen erringen. Das hatte allerdings nichts mit ihren individuellen Leistungen zu tun, sondern in erster Linie mit finanziellen Problemen, die eine permanente Rennteilnahme zum Problem werden ließen.

Auch waren Leistungsdefizite der DDR-Eigenbauten gegenüber den westlichen Werksfabrikaten von Anfang an ein Problem, das aber in vielen Rennen dank beachtlicher Fahrkünste ausgeglichen werden konnte.

In erster Linie fehlte es aber am Westgeld und diese Mittel waren in der DDR kaum verfügbar. So konnten die DDR-Sportler nur spontan an Rennen in der Bundesrepublik teilnehmen.

Auch in der DDR gab es 1960 wieder eine Meisterschaft. Neu in diesem Jahr war das 1. Frohburger Dreiecksrennen, das aber nicht zur Meisterschaft zählte. In dieser Meisterschaft waren mit Kuhnke, Lang und Meub, den Ahrens-Männern und anderen, wie bereits in den früheren Meisterschaften, wieder einmal bekannte BRD-Fahrer eingeschrieben.

Auch der Holländer Willy Vroomen hatte der DDR die Treue gehalten. Die DDR-Fahrer jenes Jahrgangs, wie Lehmann (Bitterfeld), Moßler (Halle), Rust (Halle), Mansfeld (Wolfen), Wilhelm (Bautzen), Schneider (Bautzen), Woijciechowski (Wittenberg), Zimmer, Bunk, Seifert, Rädlein, Krenkel, Thomas, Richter und Melkus (alle Dresden) lieferten sich immer wieder spannende Rennen gegen die Fiat, Ford und DKW-bestückten Lotus, Cooper und Lola.

Vor allem die Dresdner Teams kamen mit dem 1960er-Melkus Wartburg immer gut in Position.

Bei Rennen in der BRD (Pferdsfeld/Berchtesgaden/Nürburgring) und in Jugoslawien (Opatija/Belgrad) konnte sich Heinz Melkus immer unter den ersten fünf platzieren.

Rennen und Ergebnisse 1960

Rennen zur Formel Junior-Meisterschaft in der BRD

Rundstrecke
- Nürburgring (3x)
- Hockenheim
- Solitude
- Freiburg

Bergrennen
- Rottach
- Berchtesgaden
- Deggendorf
- Pirmasens
- Bayrischzell

Ergebnisse der Formel Junior-Meisterschaft der BRD

Sieger: Gerhard Mitter / Lotus DKW
Zweiter: Kurt Ahrens jun. / Cooper Fiat
Dritter: Herbert Ott / Mitter DKW
Vierter: Sepp Liebl / Stanguellini Fiat
Fünfter: Willy Zimmermann / Lola Ford

Rennen zur Formel Junior-Meisterschaft in der DDR
- Halle
- Bernau
- Bautzen
- Sachsenring
- Dresden
- Staaken

Ergebnisse der Formel Junior-Meisterschaft der DDR

Sieger: Heinz Melkus / Melkus 60 Wartburg
Zweiter: Frieder Rädlein / Melkus 60 Wartburg
Dritter: Willy Lehmann / Scampolo Wartburg
Vierter: Willy Krenkel / Krenkel Wartburg
Fünfter: Siegmar Bunk / Melkus 60 Wartburg

Formel 1-Weltmeisterschaft 1960

Sieger: Jack Brabham (AUS) / Cooper Climax
Zweiter: Bruce Mc Laren (AUS)
Dritter: Stirling Moss (GB)

Die Rennsaison 1961

In der Formel 1 änderte die FIA wiederum die Reglements. Aber diesmal waren die kleinen Klassen nicht betroffen. Die für die Formel 1 ab 1961 ausschließlich gültigen 1,5-Liter-Saugmotoren bei 450 kg Fahrzeuggewicht machten diese Klasse allerdings sehr attraktiv. Kompressoren waren verboten und daher ein großes Problemfeld ausgeschaltet.

Die Firma Porsche versuchte sich in diesem Regelwerk und schlug sich dabei sehr beachtlich. Allerdings hielt das Engagement nicht lange an, denn diese technische Entwicklung initiierte keinen wirklichen Fortschritt. Anders im Bereich der Sicherheit. Zweikreisbremsen wurden konstruiert und der Sicherheitsgurt feierte sein Debüt. Außerdem erschienen zum ersten Mal die Japaner mit Honda im Formel 1-Zirkus.

Ausgehend von den Formel 1-Regeln mussten auch die kleinen Klassen hier einiges tun. 1961 wurden daher die Bremsanlagen in der Formel Junior frei gegeben, da die Wagen bereits nach wenigen Monaten leistungsseitig so verbessert worden waren, dass die alten Trommelbremsen den Anforderungen nicht mehr gewachsen waren. Hinzu kam der übergreifende Einbau von Mittelmotoren, wodurch die Fahrzeuge generell schneller wurden. In den kleinen Klassen stabilisierten sich der Rennbetrieb und die Technik. Doch nur im Westen wurden die Starterlisten auffällig internationaler. Politisch und sportlich bedeutete 1961 aus DDR-Sicht den »Bruch mit der kapitalistischen Welt«.

Der Mauerbau verschärfte nicht nur die allgemeine politische Situation, sondern auch den gesamten Sportverkehr. Die Abwanderungsprobleme guter Fachkräfte und die Flucht zahlloser Personen, die vom DDR-Staat genug hatten, führte 1961 zum vorher stets bestrittenen Bau der Berliner Mauer und einem radikalen Grenzregime. Eine Weile lang hielten die Sportbeziehungen noch auf privater Ebene an und DDR-Fahrer waren sogar in der bundesdeutschen Meisterschaft eingeschrieben. Die Konkurrenz von Cooper, Lola, Lotus und Osca war aber einfach zu stark für vordere Platzierungen und eine komplette Saisonbeteiligung war für die Ostsportler, wie bereits erwähnt, aus Kostengründen nicht möglich. Im Übrigen hinterließ die politische Entwicklung im Kalten Krieg auch im Rennsport mehr und mehr Spuren. Fortan verschärfte sich die gesamtdeutsche Situation erheblich, sodass einige Westsportler die DDR-Strecken von sich aus boykottierten.

Daraufhin versuchten die DDR-Funktionäre, die bundesdeutschen Lücken mit anderen westlichen Fahrern zu füllen.

Die Globalausschreibung des ADMV 1961 sah nicht für alle Rennstrecken Wagenrennen vor. So sollte zum Beispiel Schleiz nur Motorradrennen veranstalten, während Staaken, Sachsenring, Bautzen, Bernau und Halle für Autorennen vorgesehen waren. Dabei spielten in Schleiz wohl individuelle Zwistigkeiten seitens des ADMV gegenüber der Rennleitung eine Rolle. Am Ende dieser Streitigkeiten bekam aber auch Schleiz einen internationalen Formel Junior-Lauf. Der stand allerdings unter keinem guten Stern, denn das Rennen musste wegen starken Nebels abgebrochen werden.

DDR-intern zeigte sich, dass durch die in den Vorjahren realisierte Rennwagenentwicklung unter der Leitung von Heinz Melkus die gesamte restliche DDR Konkurrenz ins Hintertreffen geraten war. Mit den alten Modellen aus der Formel 3 oder den Eigenbauten noch älteren Ursprungs war kein Blumentopf mehr zu gewinnen. Der bis dato erfolgreichste Rennfahrer der Formel 3, Willy Lehmann, war mit seinem alten Scampolo-Modell einfach nicht mehr konkurrenzfähig und das wurmte den alten Hasen maßlos.

Seine guten Beziehungen zum ADMV-Präsidium bewirkten aber, dass der ADMV auch endlich wach wurde und seine bereits 1959 ins Auge gefasste Idee zu einer Rennwagenentwicklung mit Beteiligung der volkseigenen Industrie aktivierte.

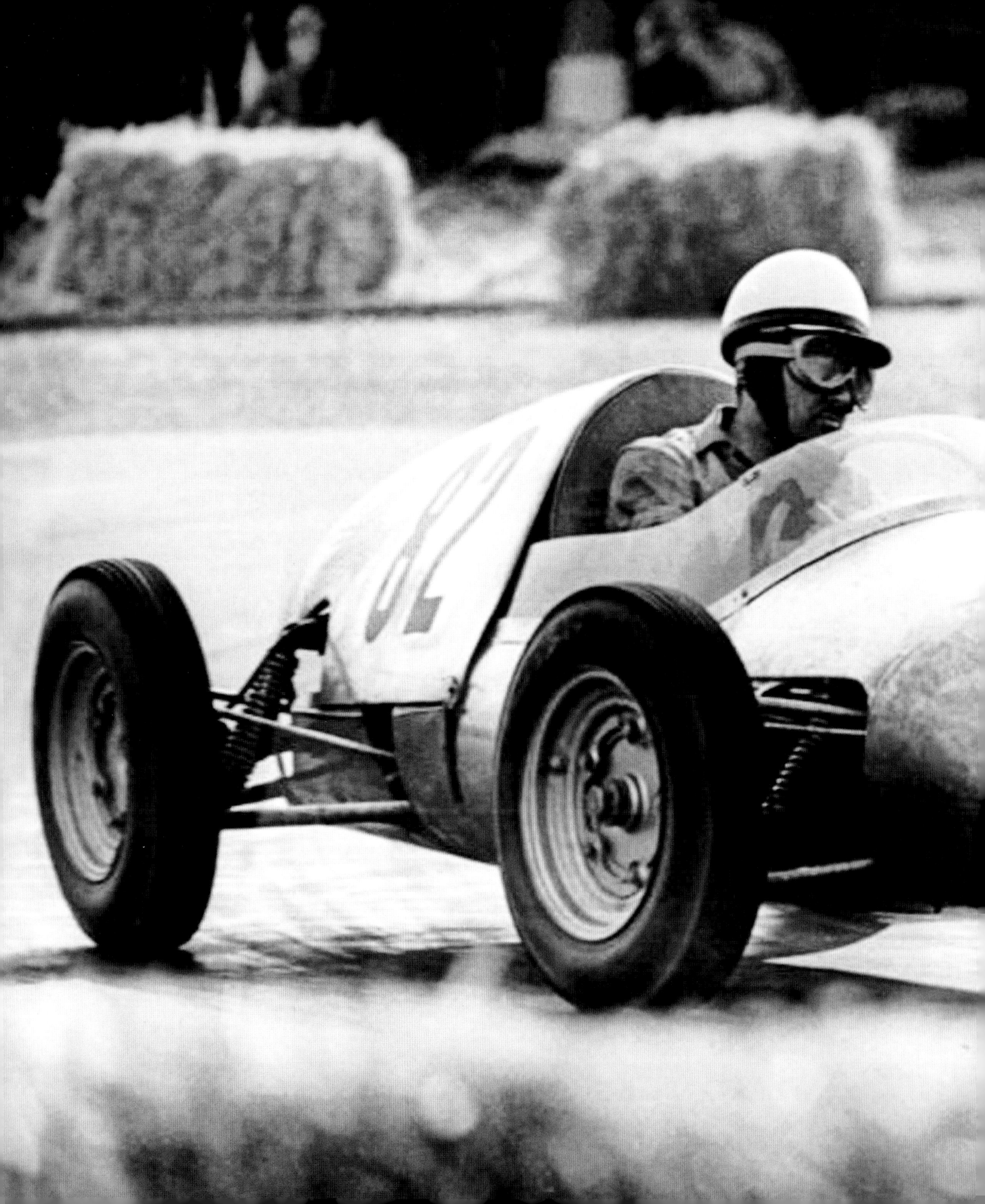

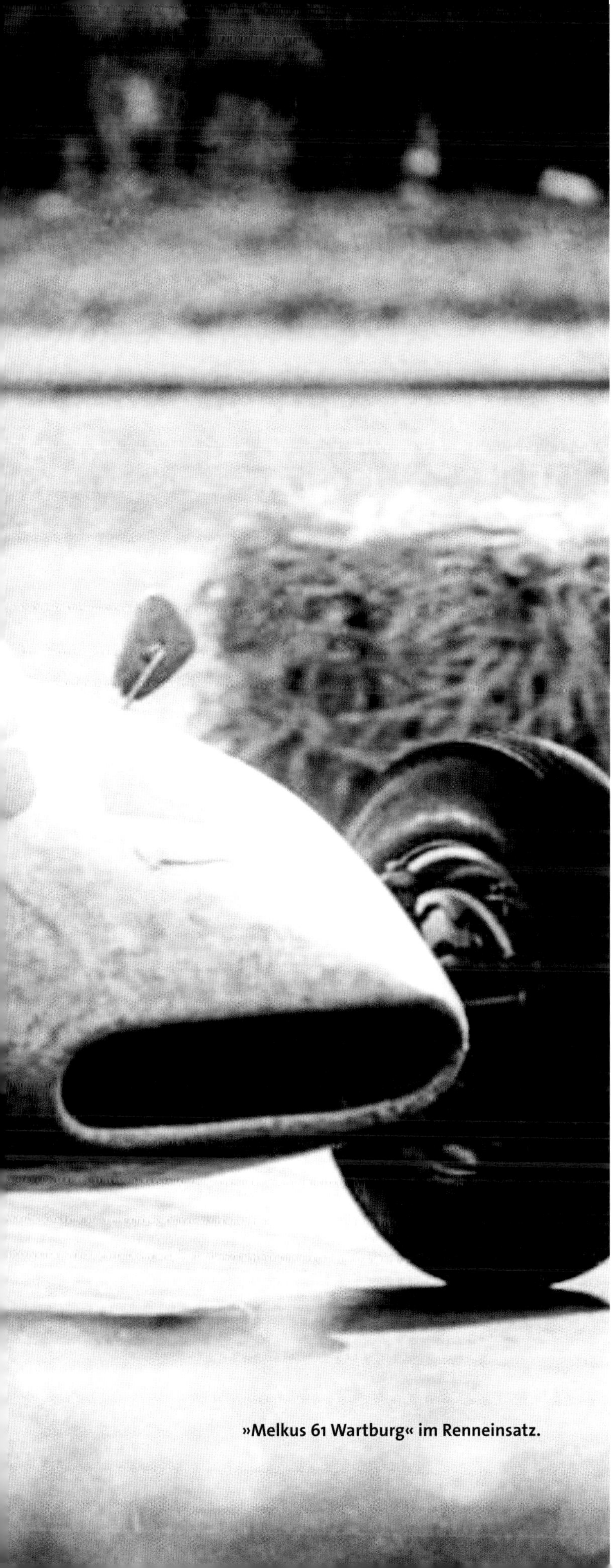

»Melkus 61 Wartburg« im Renneinsatz.

So rief er Ende der Saison die erste »Sozialistische Entwicklungsgemeinschaft« (SEG) für den Rennwagenbau ins Leben. Diese fand schon ob ihres Namens viel Zuspruch. Allerdings konnten auch diese Männer keine Rennautos aus Parteiabzeichen bauen. Es ist aber nachvollziehbar, dass die staatliche Unterstützung manchen Weg ebnete, was aber nicht bedeutete, dass man den Aktiven um Willy Lehmann Geschenke machte.

In Dresden hingegen hatten die Sportler und Techniker um Heinz Melkus alle ihre Erfahrungen in einen überarbeiteten Wagen gesteckt. Es entstand der Typ »Melkus 61 Wartburg«, von dem im Verlaufe der Saison sechs Exemplare gebaut wurden.

Am Ende der Saison 1960 waren die Männer um Heinz Melkus bereits mit überarbeiten Wagen an den Start gegangen. Der »Melkus 61 Wartburg« konnte natürlich nur besser geworden sein, was sich auch auf Anhieb bewahrheitete. Und da die 1960er-Modelle neue Besitzer gefunden hatten, wuchs die Starterliste der DDR-Fahrer nachhaltig an.

Da den Dresdnern kein Weg zu weit war, fuhren sie auch 1961 wieder bis Leningrad und nach Belgrad. Auch wurde in Tschechien, Polen und Bulgarien gefahren. Der »Kettenwartburg« dominierte auch in der 1961er-Saison. Allerdings schmorte die Szene mehr oder weniger im eigenen Saft.

Der auf 1050 ccm Hubraum gebohrte Wartburgmotor lieferte mit seinen drei Vergasern etwa 70 PS. Das Getriebe stammte ebenfalls vom 311er Wartburg, besaß aber andere Abstufungen. Der Stahlrohrrahmen verlieh die Stabilität, die über die vordere Einzelradaufhängung und eine hintere de Dion-Achse auf die Straße gebracht wurde. Etwa 200 km/h

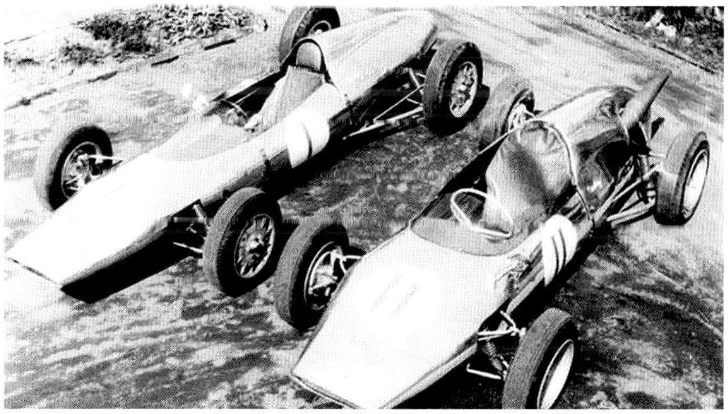

Links im Bild der »Melkus 61 Wartburg«.

Spitzengeschwindigkeit konnten mit diesem Rennwagen erreicht werden, machten den Kampf mit den Konkurrenten aber nicht zum Kinderspiel.

Rennen und Ergebnisse 1961

Rennen zur Formel Junior Meisterschaft in der BRD

Rundstrecke
- Nürburgring
- Pferdsfeld
- Norisring
- Solitude
- Freiburg

Bergrennen
- Kehlheim
- Berchtesgaden
- Pimasens
- Schorndorf

Ergebnisse der Formel Junior-Meisterschaft der BRD
Sieger: Kurt Ahrens jun. / Cooper Fiat
Zweiter: Gerhard Mitter / Lotus DKW
Dritter: Kurt Ahrens sen. / Lotus Ford
Vierter: Herbert Ott / BRW DKW
Fünfter: Kurt Kuhnke / Cooper DKW

Rennen zur Formel Junior-Meisterschaft in der DDR
Neu im Wettkampfkalender war das Lückendorfer Bergrennen, das aber nicht zur Meisterschaft zählte.
- Halle
- Bernau
- Schleiz
- Bautzen
- Sachsenring
- Dresden

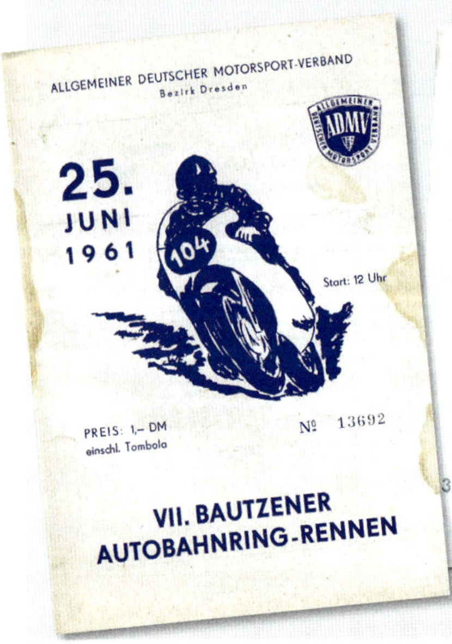

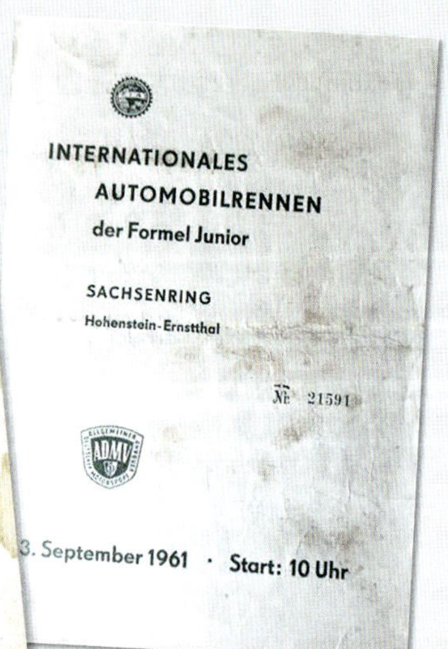

Teilnehmer der DDR Meisterschaft 1961
Heinz Melkus / Dresden Melkus 61 Wartburg
Siegmar Bunk / Dresden Melkus 61 Wartburg
Frieder Rädlein / Dresden Melkus 61 Wartburg
Max Byczkowski / Grimma Melkus 61 Wartburg
Rudi Juhrich / Großbothen Melkus 61 Wartburg
Hans-Theo Tegeler / Plauen Melkus 60 Wartburg
Gottfried Schneider / Bautzen Melkus 60 Wartburg
Wolfgang Schneider / Bautzen Melkus 60 Wartburg
Siegfried Seifert / Dresden RES 60 Wartburg
Jochen Kister / Mühlhausen Melkus 60 Wartburg
Bodo Rust / Halle Melkus 59 Wartburg
Siegfried Seifert / Dresden
Friedrich Richter / Dresden Richter Wartburg
Karl Moßler / Halle Wartburg Eigenbau
Wolfgang Wiele / Wolfen Wartburg Eigenbau
Siegfried Wilhelm / Bautzen Wilhelm Wartburg
Joachim Ranft / Dresden Wartburg Eigenbau
Christian Pfeiffer / Dresden Pfeiffer Wartburg
Helmut Zimmer / Dresden Zimmer Wartburg
Siegfried Seifert / Dresden RES 60
Helmut Zimmer / Dresden Zimmer Wartburg
Willy Lehmann / Halle Scampolo Wartburg RES 60 Wartburg

Ergebnisse der Formel Junior-Meisterschaft der DDR
Sieger: Willy Lehmann / Scampolo Wartburg
Zweiter: Heinz Melkus / Melkus Wartburg 61
Dritter: Siegmar Bunk / Melkus Wartburg 61
Vierter: Max Byczkowski / Melkus Wartburg 61
Fünfter: Frieder Rädlein / Melkus Wartburg 61

Anmerkung zum Motorradrennsport
Auf dem Sachsenring fand der erste WM-Lauf für Motorräder statt mit sensationeller Beteiligung an Fahrern und Zuschauern.

Formel 1-Weltmeisterschaft 1961
Sieger: Phil Hill (USA) Ferrari
Zweiter: Wolfgang von Trips (D) Ferrari
Dritter: Stirling Moss (GB) Lotus

Die Rennsaison 1962

Entgegen der Entwicklung im Amateursport, die mehr und mehr Privatpersonen und kleinen Teams den Einstieg in den Automobilrennsport ermöglichte, forderte Kosten- und Leistungsentwicklung in der Formel 1 die Zusammenarbeit von Firmen. Beispiele hierfür waren Lotus/Climax, Lola/Climax und später Brabham/Repcooder Lotus/Ford. Manche dieser Firmen versuchten sich auch in der Formel Junior, allerdings mit anderen Motorenlieferanten.

In der Formel Junior der BRD ging man daher bei der Fahrzeugbeschaffung mehrheitlich den Weg des Ankaufes von fertigen Rennwagen. Das bedeutete weniger Aufwand grundsätzlicher Art und mehr Zeit für die Saisonvorbereitung und die Vorbereitung auf die jeweiligen Rennen.

Im Osten Deutschlands hingegen mussten die Rennwagen in Feierabendarbeit und manch schlafloser Nacht erbaut und vorbereitet werden. Dieser aufwendige Weg gemeinschaftlicher Eigenentwicklungen war erforderlich, weil man natürlich kein Geld für den Kauf fertiger Westmodelle hatte. Ich denke aber, dass genau diese Art Autorennen zu fahren den Riesenunterschied machte und erklärt, weshalb selbst weniger erfolgreiche Platzierungen im internationalen Maßstab dennoch große Anerkennung bei den Zuschauern fanden.

Umso wertvoller sind daher die zählbaren Erfolge der DDR-Sportler. Die von Willy Lehmann gegründete SEG, zu der auch Siegfried Seifert, Christian Pfeiffer und Ernst Keppler gehörten, brachte 1962 den Prototyp ihrer Arbeit auf der Bernauer Schleife zum Einsatz.

Unter der fachlichen Anleitung von Prof. Dr. Konrad Hofmann (TU Dresden), der als Fahrwerks- und Motorenspezialist bekannt war, präsentierte man einen »SEG Wartburg«, der auf Anhieb erfolgreich war. Ein Dritter Platz hinter Leo Mattila (Finnland) auf Lotus und Frieder Rädlein (Dresden) auf »Melkus 62 Wartburg« belegt diese Aussage. Am Ende der Saison konnte sich Lehmann sogar erneut einen Meistertitel erkämpfen.

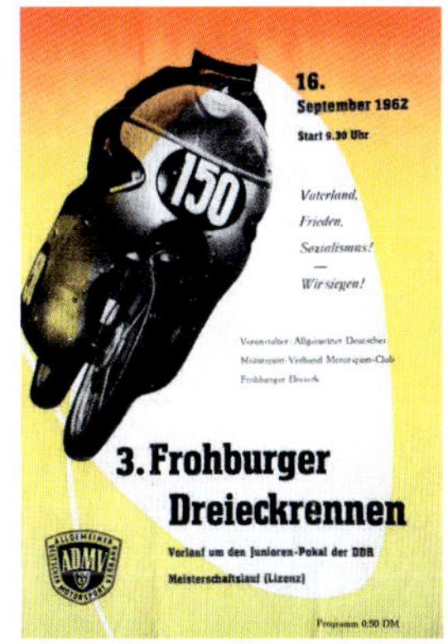

Die beiden konkurrierenden »Rennställe« Melkus-Wartburg und SEG-Wartburg wurden offiziell zwar als gleichwertig gehandelt. Ich denke aber, dass das Schwergewicht aus Dresden, samt der Menge der sächsischen Fahrer über die Jahre erfolgreicher war.

1962 reagierte die Sportführung der BRD auf die ständigen Querelen mit den DDR-Funktionären. Man beschloss, den Sportverkehr mit der DDR einzustellen. Damit waren die alten, zuschauerträchtigen Kämpfe zwischen ostdeutschen und westdeutschen Sportkameraden vorerst Geschichte.

Für die Veranstalter galt es nun, neue Kontakte sowohl im Osten als auch in DDR-freundlichen, westlichen Ländern zu suchen. Dank enormer Anstrengungen der Veranstalter (die von der Politik nicht immer wohlwollend gesehen wurden) gelang es in die Saison 1962 hinein eine alte Internationalität der DDR-Rennen wieder herzustellen.

So gab es Mitte des Jahres ein großes Starterfeld mit annähernd 70 eingeschriebenen Fahrern, die an den jeweiligen Rennen natürlich nicht alle komplett teilnahmen, aber immer für volle Felder und spannende Rennen sorgten. Die Nationen-Liste liest sich heute noch wie ein Märchenbuch und sie konnte der großen Formel 1 locker das Wasser reichen.

Nationenliste:
Österreich, Schweiz, Frankreich, Schweden, Polen, DDR, Finnland, Belgien, Großbritanien, Niederlande, Italien, Schweden.

In Schleiz rollten 8 Wagen aus Finnland, Belgien, Frankreich, Schweden und Süd-Rhodesien an den Start. In Folge der vielen DDR-Aktiven wurden zwei Leistungsklassen ausgetragen, denn die Starterliste der DDR-Fahrer nahm beachtliche Ausmaße an. So große Starterfelder wurden erst wieder Mitte der 1980er-Jahre (mit den Serien MT) erreicht.

Diese Entwicklung machte für die Zukunft Überlegungen für eine zweite Renn-Untergruppe auf allen Strecken erforderlich, was ja dann auch realisiert wurde. Vor allem auch deshalb, weil es zum Teil große Unterschiede zwischen den Fahrern gab, die bei der Menge der Starter auch schnell mal in Gefährdungen umschlagen konnten.

Grundsätzlich konnten die SEG- und Melkus-Wartburg zwischenzeitlich recht gut mit den Lotus und Cooper konkurrieren, aber gegen Gaststarter wie David Riley aus Rhodesien und seinem brandneuen Cooper/Ford konnten sie nicht ankämpfen.

DDR Starter

Gerhard Zschoche, Halle / Scampolo 502/9 Wartburg
Heinz Melkus, Dresden / Melkus 62 Wartburg
Siegmar Bunk, Dresden / Melkus 62 Wartburg
Frieder Rädlein, Dresden / Melkus 62 Wartburg
Max Byczkowski, Grimma / Melkus 62 Wartburg
Rudi Juhrich, Großbothen / Melkus 61 Wartburg
Siegfried Bubenik, Meißen / Wartburg Eigenbau
Hans-Theo Tegeler, Plauen / Melkus 62 Wartburg
Siegfried Seifert, Dresden / SEG I Wartburg
Willy Ahrenholz, Berlin / Ahrenholz Wartburg
Christian Pfeiffer, Dresden / SEG I Wartburg
Otto Auerbach, Dresden / Wartburg Eigenbau
Siegfried Leutert, Leipzig / Melkus 61 Wartburg
Helmut Zimmer, Dresden / Zimmer Wartburg

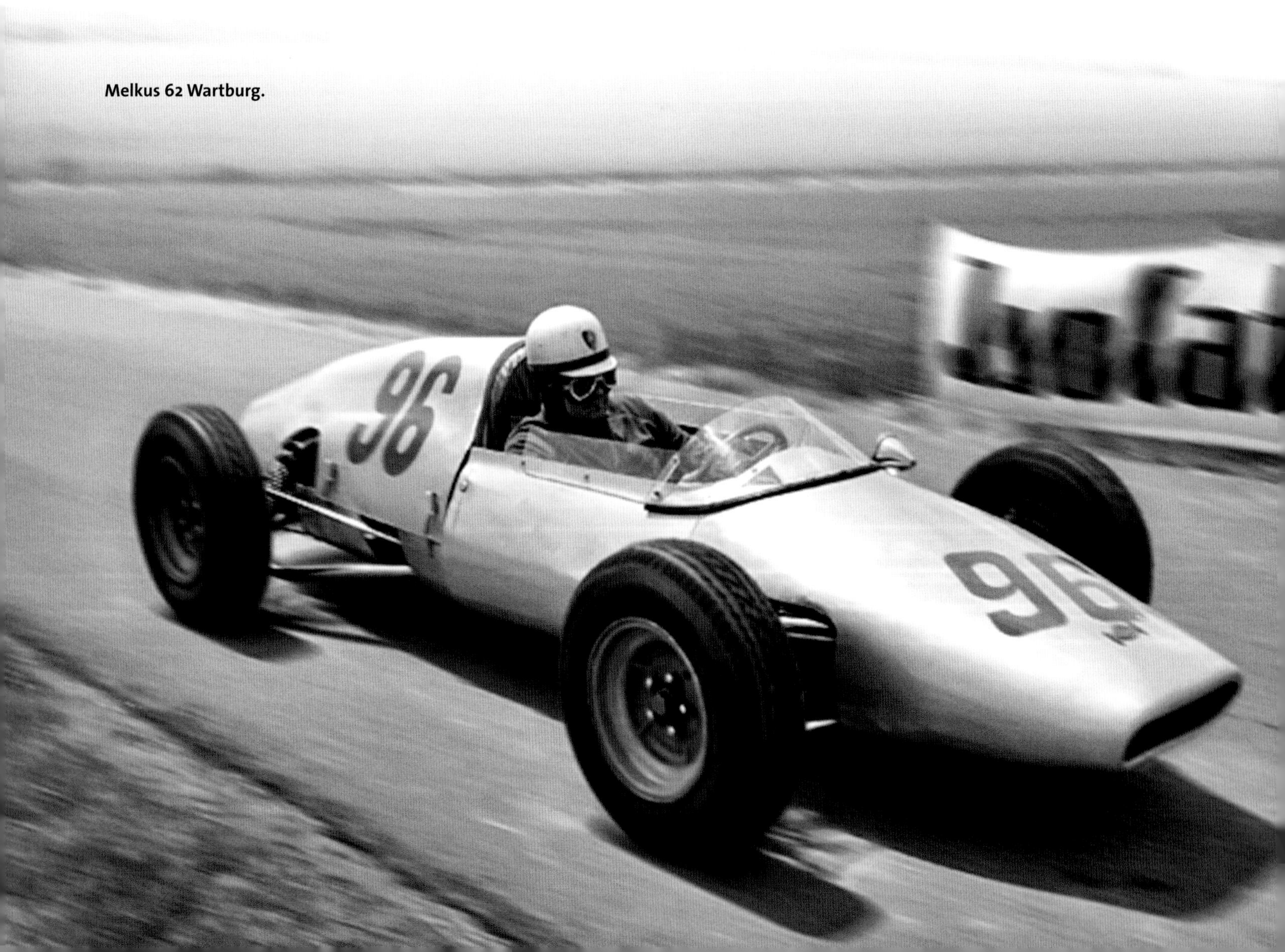

Melkus 62 Wartburg.

Jochen Kister, Mühlhausen / Melkus 61 Wartburg
Peter Findeisen, Dresden / Melkus 62 Wartburg
Gerhard Zschoche, Halle / Scampolo 502/9 Wartburg
Karl Funke, Dresden / Melkus 60 Wartburg
Friedrich Richter, Dresden / Richter Wartburg
Günter Klug, Ueckermünde / Melkus 61 Wartburg
Karl Funke, Dresden / Melkus 60 Wartburg
Christian Weiße, Dresden / RES 60 Wartburg
Joachim Ranft, Dresden / Wartburg Eigenbau
Wolfgang Wiele, Wolfen / Wartburg Eigenbau
Alfons Schütt, Wismar / Melkus 61 Wartburg
Willy Ahrenholz, Berlin / Ahrenholz Wartburg
Alfons Schütt, Wismar / Melkus 61 Wartburg
Friedrich Richter, Dresden / Richter Wartburg
Christian Pfeiffer, Dresden / SEG I Wartburg
Helmut Zimmer, Dresden / Zimmer Wartburg
Otto Auerbach, Dresden / Wartburg Eigenbau
Siegfried Seifert, Dresden / SEG I Wartburg
Willy Lehmann, Bitterfeld / SEG I Wartburg
Christian Gallus, Dresden / RES 60 Gallus Wartburg
Dietmar Krieger, Bautzen / Wartburg Eigenbau
Manfred Brettschneider, / Dresden Wartburg 60
Siegfried Leutert, Leipzig / Wartburg 61
Friedrich Richter, Dresden / FR Wartburg

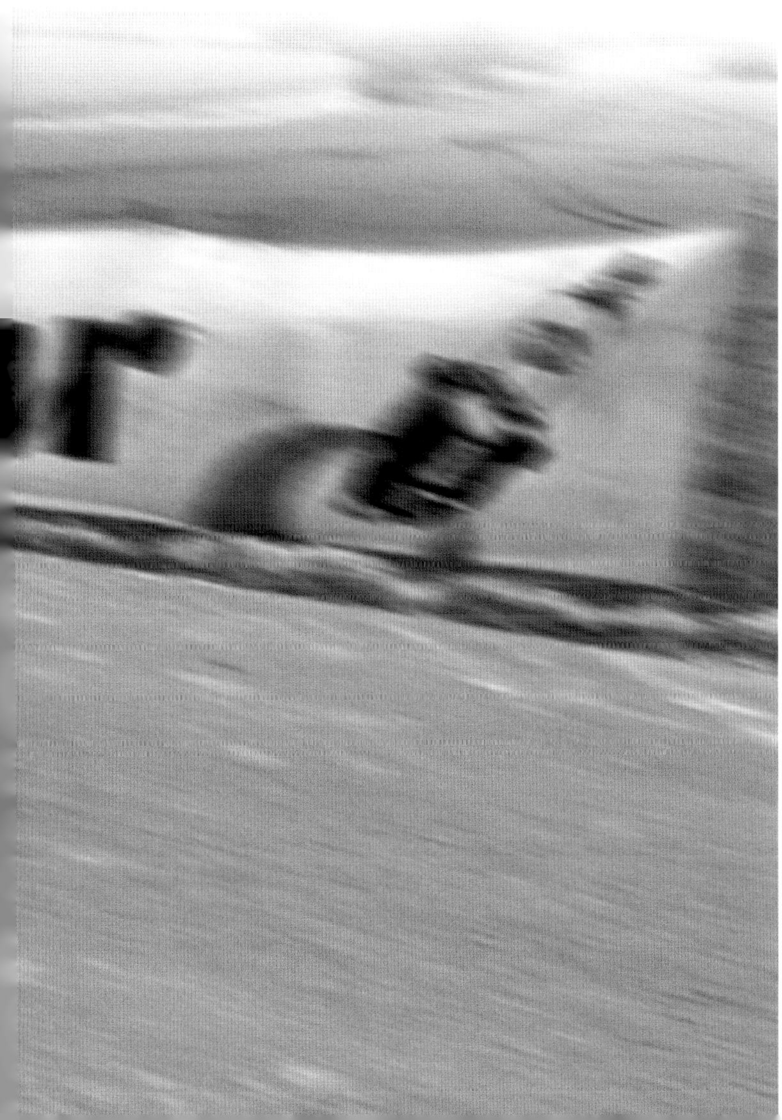

Rennen und Ergebnisse 1962

Rennen zur Formel-Junior Meisterschaft in der BRD

Rundstreckenrennen
- Nürburgring zweimal
- Norisring
- Freiburg
- Achum

Bergrennen
- Rottach
- Trier
- Geisberg

Ergebnisse der Formel Junior-Meisterschaft der BRD:
Es wurden keine Meisterschaft vergeben, weil es zwischen den Fahrern illegale wettbewerbsverzerrende Absprachen gegeben hatte.

Rennen zur Formel Junior-Meisterschaft in der DDR
- Bernau
- Halle
- Schleiz
- Bautzen
- Sachsenring
- Dresden

Ergebnisse der Formel Junior-Meisterschaft der DDR
Sieger: Willy Lehmann / SEG Wartburg
Zweiter: Heinz Melkus / Melkus 62 Wartburg
Dritter: Frieder Rädlein / Melkus 62 Wartburg
Vierter: Max Byczkowski / Melkus Wartburg 62 Wartburg
Fünfter: Siegfried Seifert / SEG Wartburg

Formel 1-Weltmeisterschaft 1962
Sieger: Graham Hill (GB) BRM
Zweiter: Jim Clark (GB) Lotus Climax
Dritter: Bruce Mc Laren (AUS) Cooper Climax

Die Rennsaison 1963

Auch in diesem Jahr wurde nach dem Reglement der Formel Junior bis 1100 ccm gefahren. In der BRD meldeten sich unglaublich viele deutsche Fahrer und gleichermaßen internationale Gäste in der Meisterschaft des Jahres an. Neben Vertretern aus europäischen Ländern kamen auch zahlreiche Fahrer aus Überseenationen. So fanden sich Rennfahrer aus den USA, Australien und Rhodesien in der Starterliste. Aus der DDR hatten sich allerdings keine Fahrer mehr eingeschrieben. Diese Zeiten waren vorbei!

In wieweit hier der Einfluss der SED in den sportlich

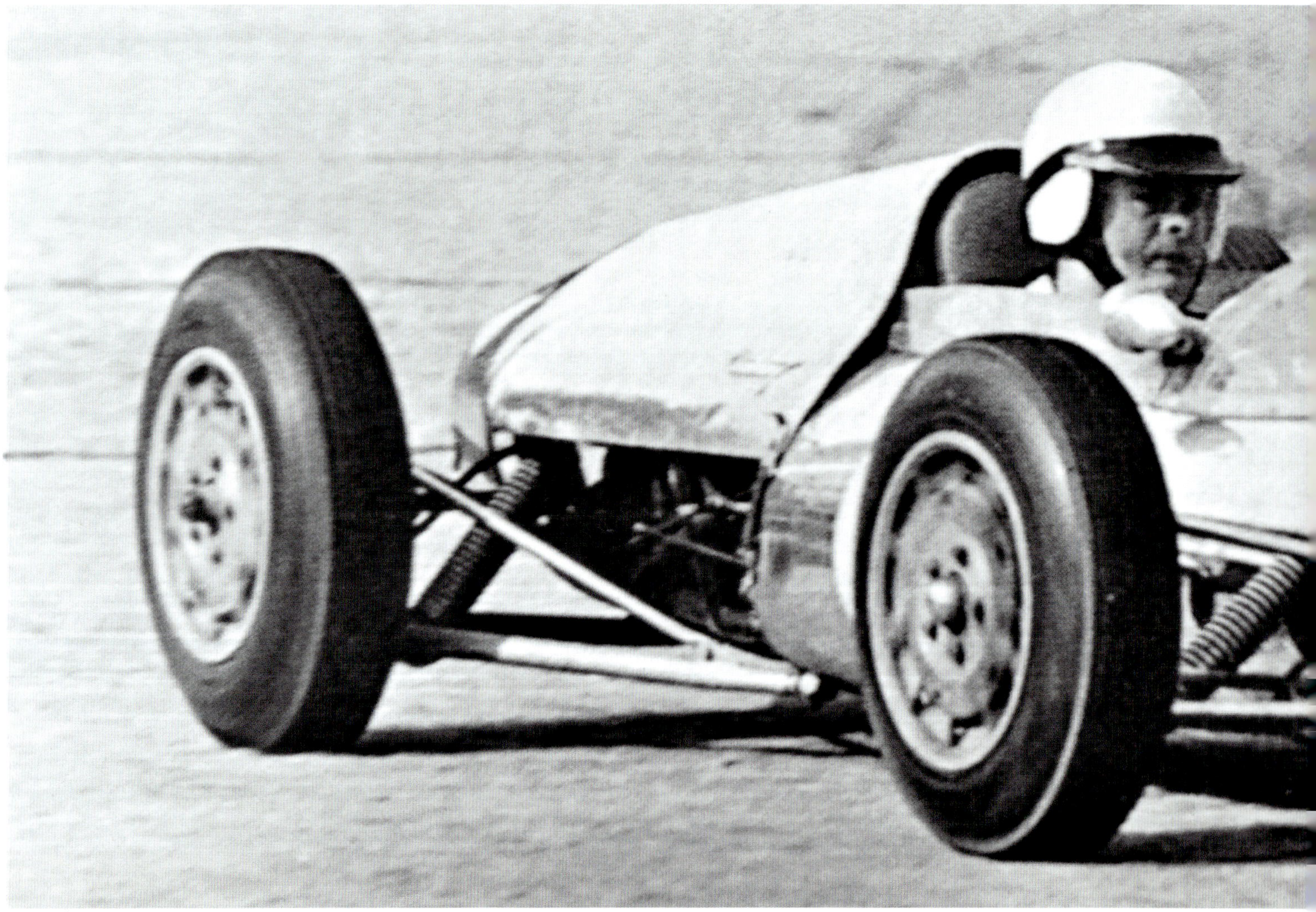

zuständigen Stellen wirksam geworden war, lässt sich heute nicht mehr klären. Aber angesichts der angespannten politischen Situation war es sicher »unschicklich«, beim Klassenfeind Sport zu treiben.

Offensichtlich sahen die BRD-Fahrer den Fall umgekehrt ähnlich, denn keiner von ihnen hatte sich im Osten eingeschrieben. Es soll sogar seitens der westdeutschen Motorsporthoheit auf Fahrer wie Kurt Ahrens Senior und Junior Druck ausgeübt worden sein, ihre ursprünglichen Nennungen zurückzunehmen.

Das hinderte aber andere westliche Sportler nicht daran, an der Meisterschaft in der DDR teilzunehmen. So starteten in Schleiz beispielsweise neben David Riley aus Rhodesien, Paul Deetens aus Belgien, Jack Taylor und Alan Robinson aus Schottland, Eric Offenstadt aus Frankreich und Leo Mattila aus Finnland in der Leistungsklasse I. Die zwischenzeitlich immer moderner werdenden Wagen des Westens von Cooper, Lola und Lotus ließen recht schnell erkennen, dass die noch 1961 errungene Leistungsgleichheit nicht länger bestand. Diese Entwicklung war nicht aufzuhalten und stellte ein völlig verzerrtes fahrerisches Leistungsabbild der DDR-Aktiven dar. Das erkannten natürlich auch die überlegenen Konkurrenten und von daher gab es große Wertschätzung untereinander.

Die ausländischen Starter lobten in jenen Jahren auch immer wieder die Rennen in der DDR angesichts der bewährten Organisationsroutine und ihrer perfekten Abläufe.

Infolge der umfangreichen DDR-Nennungen wurde auch

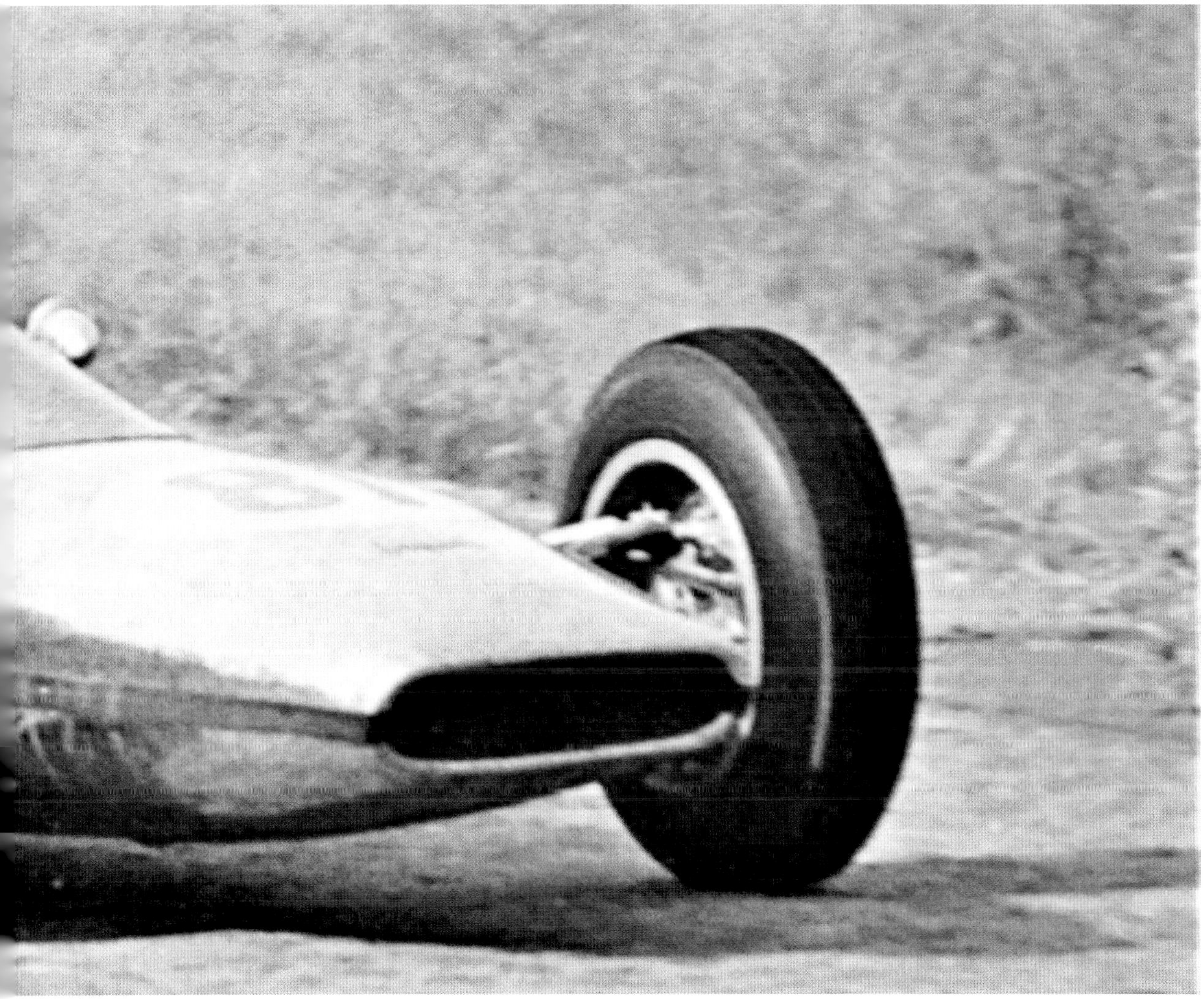

Melkus 63 Wartburg während eines Meisterschaftslaufs.

1963 eine Leistungsklasse I und II realisiert. In der Leistungsklasse II fanden sich mehrheitlich die technisch älteren Fahrzeugmodelle wieder – und ebenso Fahrer, die neu im Formelsport waren. So konnte man in der LK I auch ein einigermaßen ausgeglichenes Renn-Niveau schaffen, das gleichzeitig auch mehr Sicherheit bot.

Die in der Saison 1963 von Melkus eingesetzten neuen Rennwagen der Baureihe 63 waren im Vergleich zum Vormodell flacher und schmaler. Somit verringerte sich ihr Luftwiderstand. Neu konstruierte Achsanlenkungen und Verbesserungen der Stabilität gaben dem optisch wesentlich verschönerten Modell einen respektablen Touch.

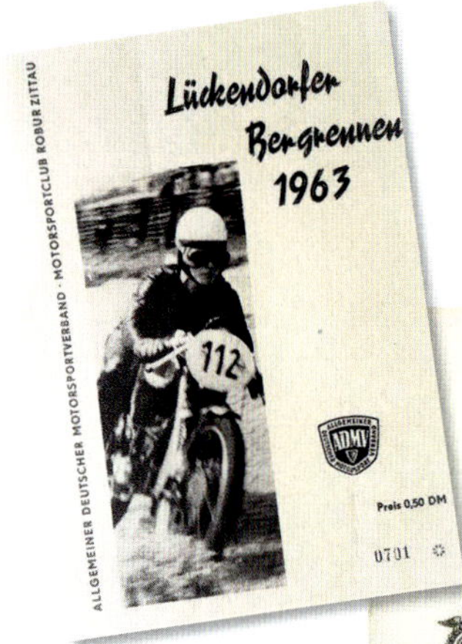

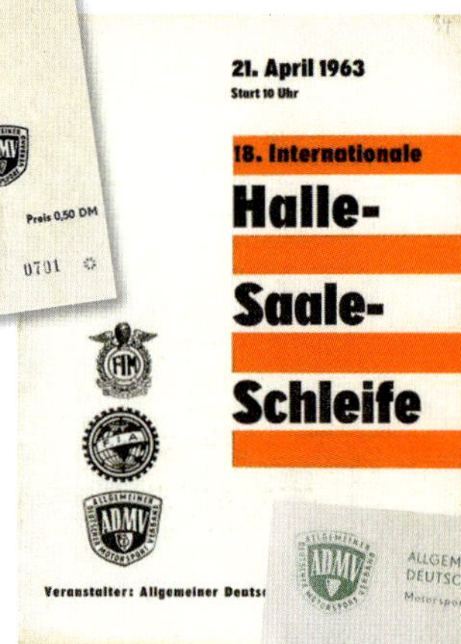

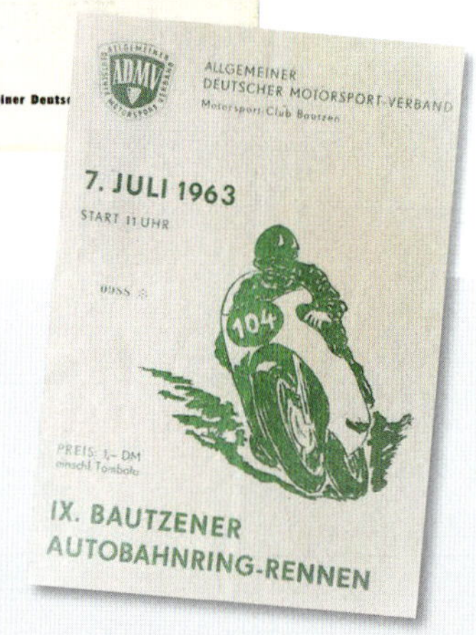

Die Wartburg-Motoren machten allerdings einige Probleme in punkto Standfestigkeit. Aus diesem Grund musste die Verdichtung verringert werden, was natürlich zu Leitungsverlusten führte. Somit konnte den hochgezüchteten Lola und Lotus nun erst recht nicht mehr Paroli geboten werden, was vorher schon schwer genug war. Trotzdem gewann Heinz Melkus die Rennen in Opatija, Gleiwitz und Brünn. In Minsk wurde er Zweiter.

Rennen und Ergebnisse 1963

Rennen zur Formel-Junior Meisterschaft in der BRD

Die Praxis sowohl Rundstreckenrennen als auch Bergrennen auszutragen wurde auch 1963 fortgesetzt. Die Rennen fanden wie folgt statt:

Rundstreckenrennen

- Nürburgring (2x)
- Avus
- Norisring
- Solitude
- Freiburg
- Achum

Bergrennen

- Bayrischzell
- Kehlheim

Ergebnisse der Formel Junior-Meisterschaft der BRD

Sieger: Kurt Ahrens jun., Cooper Ford
Zweiter: Franz Müller, Lola Ford
Dritter: Gerhard Mitter, Lotus DKW
Vierter: Günther Schramm, Cooper Ford
Fünfter: Josef Hecht, Lola Ford

Rennen zur Formel-Junior Meisterschaft in der DDR

- Halle
- Bernau
- Bautzen
- Sachsenring
- Schleiz
- Dresden

Ergebnisse der Formel Junior-Meisterschaft der DDR

Sieger: Hans Theo Tegeler, Melkus 63 Wartburg
Zweiter: Frieder Rädlein, Melkus 63 Wartburg
Dritter: Willy Lehmann, SEG II Wartburg
Vierter: Max Byczkowski, Melkus 63 Wartburg
Fünfter: Peter Findeisen, Melkus 63 Wartburg

Leistungsklasse II

Sieger: Hans Roediger, Melkus 63 Wartburg
Zweiter: Siegfried Leutert, SEG I Wartburg
Dritter: Wolfgang Wiele, Wartburg Eigenbaut
Vierter: Werner Markhoff, Melkus 62 Wartburg
Fünfter: Christian Gallus, Pfeiffer Wartburg

Formel 1-Weltmeisterschaft 1963

Sieger: Jim Clark (GB) Lotus Climax
Zweiter: Graham Hill (GB) BRM
Dritter: Richie Ginther (USA) BRM

Die Rennsaison 1964

Mit Beginn der Saison 1964 wurde die bis dato in der Formel Junior zugelassene Regelung von zwei Hubraumlimits (1000 und 1100 ccm) eingeschränkt. Mit der Begrenzung auf 1000 ccm folgte eine erneute Umbenennung. Offensichtlich hatte man sich an alte Zeiten erinnert. So erstand die »Formel 3« urplötzlich wieder wie ein Phoenix aus der Asche. Die Gründe für die neue-alte Bezeichnung wurden teilweise aus den Reihen der Fahrer geliefert und sind auch heute noch nachvollziehbar. Der Name »Formel Junior« implizierte etwas unausgereiftes, während »Formel 3« so richtig nach Rennsport klang. Und in der Tat war die Ex-Junior zwischenzeitlich zu einer respektablen Formelrennsportklasse erwachsen. Spannende Rennen mit erstklassiger internationaler Beteiligung und leistungsstarke Technik auf hohem Niveau charakterisierten diesen Sport Mitte der 1960er-Jahre.

Max Byczkowski, Willi Lehmann, Frieder Rädlein, Hans Roediger, Peter Findeisen, Siegfried Seifert, Heinz Melkus und Christian Pfeiffer lieferten sich trotz erheblicher technischer Handicaps sehenswerte Kämpfe mit Eddy Fletscher und Jonathan Williams auf ihren Cooper und Brabham. In Schleiz ging sogar der US-Amerikaner Bruce Eglington an den Start und im Verlauf der Saison folgten seinem Beispiel die Briten Charles Crichton-Stuart, Anthony Horsley und Frank Williams, denen sich der Däne Legarth und der Schwede Petterson anschlossen.

Das wieder gewonnene Interesse der Zuschauer im Osten wurde aber in der BRD abrupt ausgeblendet. Mit dem Ende der Formel Junior wurden zwar noch neun Rennen im Westen veranstaltet, aber in der Folge wurden diese immer seltener. Eine Meisterschaft der Formel 3 wurde nicht ausgeschrieben.

So fiel es den Organisatoren in der DDR zu, die Fahnen der neuen Formel 3 hochzuhalten. Und sie taten das mit wachsender Begeisterung. Das bewährte Konzept der zwei Leistungsklassen setzte sich fort. Die so genannte LK I für die Leistungsträger und die LK II für die Einsteiger. Soweit mir bekannt, gab es in beiden Klassen keine technischen Einschränkungen wie später bei den Formel Easter.

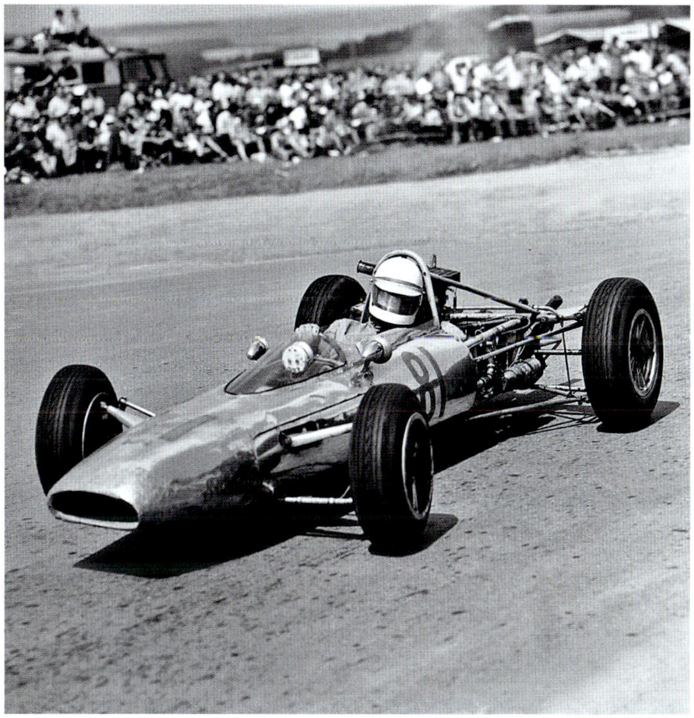

Melkus Rennwagen der Baureihe 64.

Technisch gesehen modifizierte die SEG von Willy Lehmann den ursprünglichen Wagen zum Modell »SEG II Wartburg«. Die Verbesserungen umfassten in erster Linie die Fahrwerks- und Rahmenkonstruktion.

In Dresden baute die Gruppe um Heinz Melkus die Baureihe 64. Aus meiner Sicht noch heute das gelungenste Rennauto, das man sich zu jener Zeit vorstellen konnte. Seine Ästhetik wirkt auch heute noch brillant.

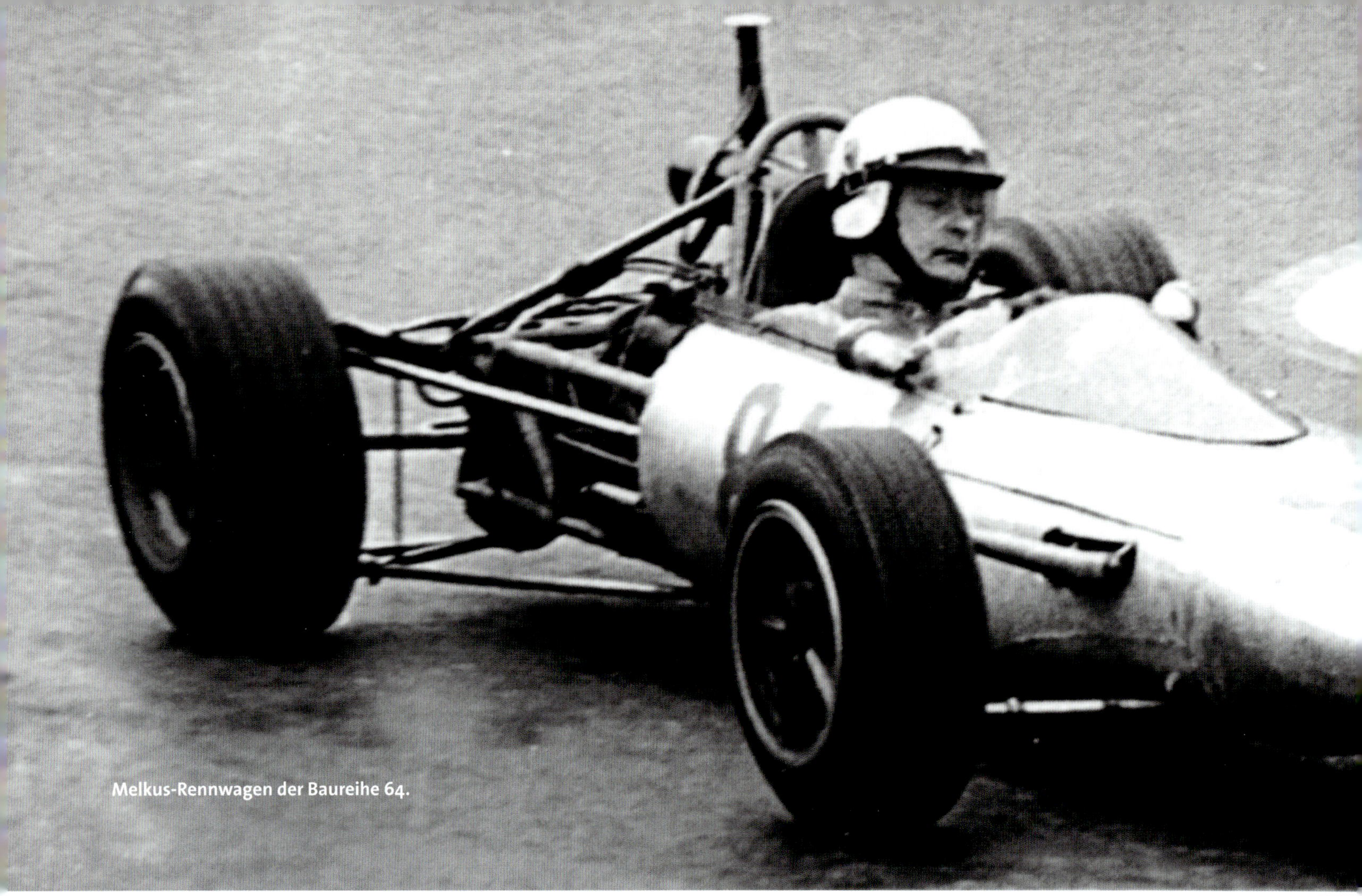

Melkus-Rennwagen der Baureihe 64.

Dieser neue Typ 64 wurde gemäß Reglement nur noch von einem Vergaser mit Treibstoff versorgt. Außerdem musste er schwerer ausfallen, da das Gewicht auf 400 kg festgelegt wurde.

Absolute Neuheiten waren der liegende, wassergekühlte Motor und die innen liegenden Stoßdämpfer. So konnte der Wagen aerodynamisch günstiger gestaltet werden. Verbesserungen am teilsynchronisierten Getriebe förderten die verwertbare Leistungsentwicklung des Motors auf etwa 100 PS.

Nach Aufzeichnungen der Firma Melkus wurde von diesem Modell rund 90 Fahrzeuge gebaut, die auch in die UdSSR, die CSSR und nach Ungarn geliefert wurden. Der Wagen wurde sogar auf der Leipziger Messe feilgeboten.

Die Rennen jener Tage boten hochbrisanten Sport. Die DDR-Fahrer kämpften nach wie vor verbissen gegen Fahrer aus England, Schweden Frankreich, Belgien, Dänemark und aus der Schweiz.

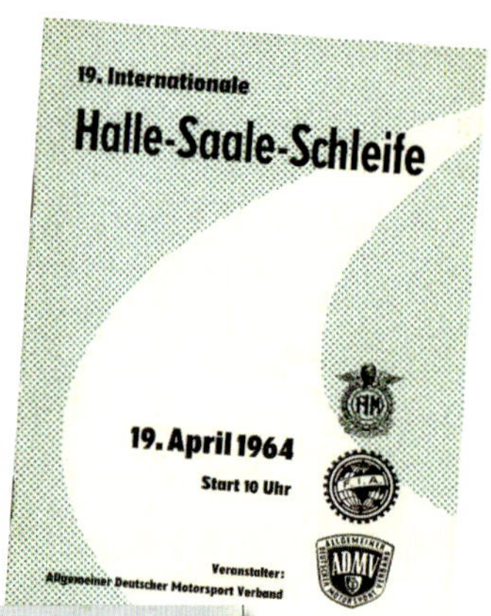

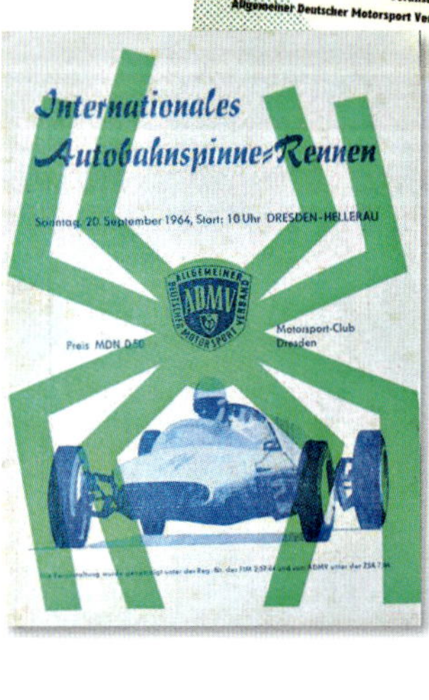

Die Konkurrenz trat mit immer neueren Fahrzeugen von Cooper, Brabham, Lola, Holbey-Ford und Lotus an und machte den Ostsportlern das Siegen immer schwerer.

Allerdings gab es auch Glücksmomente, wie beim Rennen in Schleiz. Dort fuhren Eglinton, Williams und Petterson schon in der ersten Runde auf und davon, doch der eine landete in den Heuballen, der andere fiel aus und der Dritte musste an die Box. Woraufhin Max Byczkowski und Willy Lehmann richtig am Gas blieben und das Rennen im Doppelpack als Sieger beendeten.

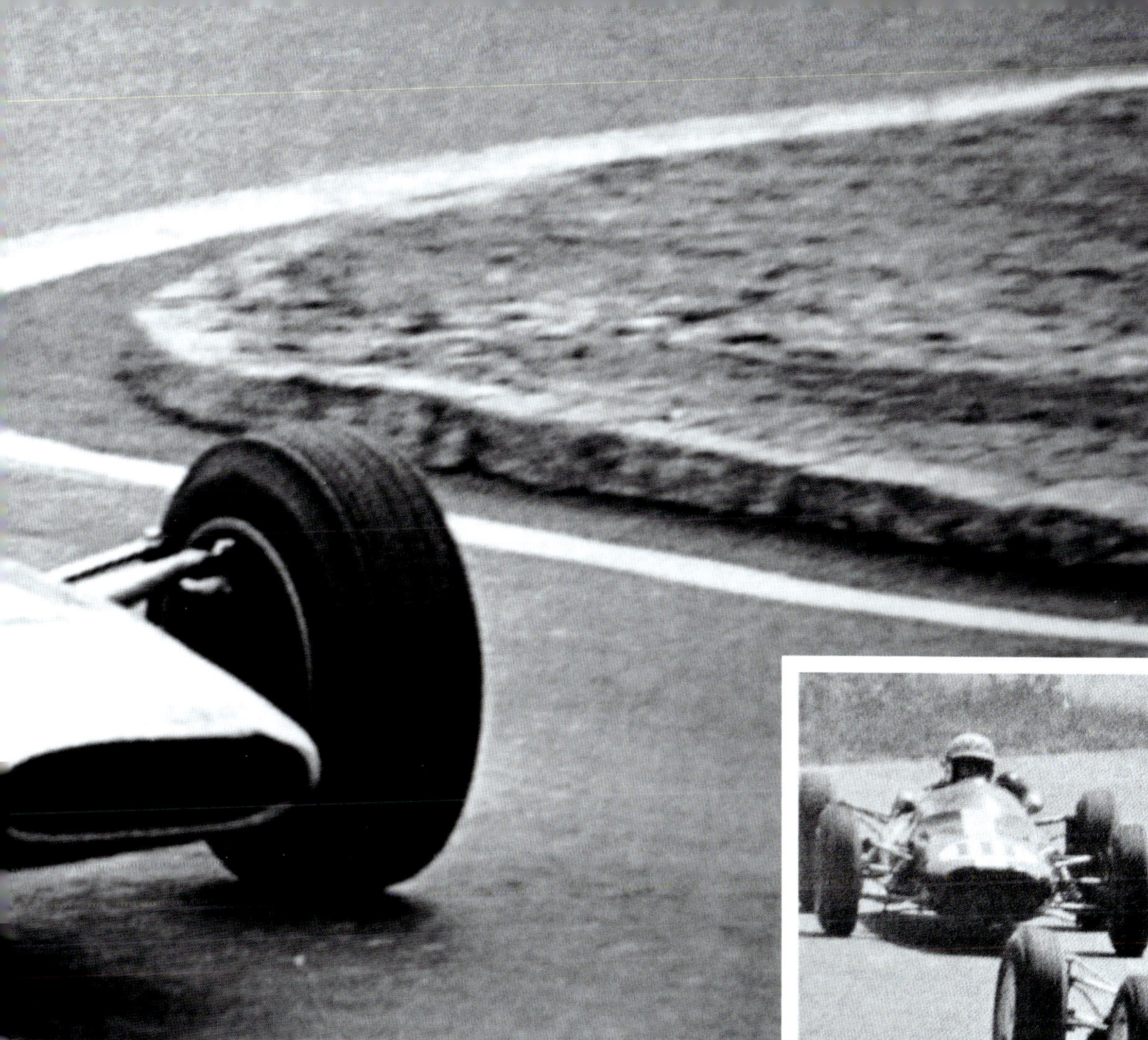

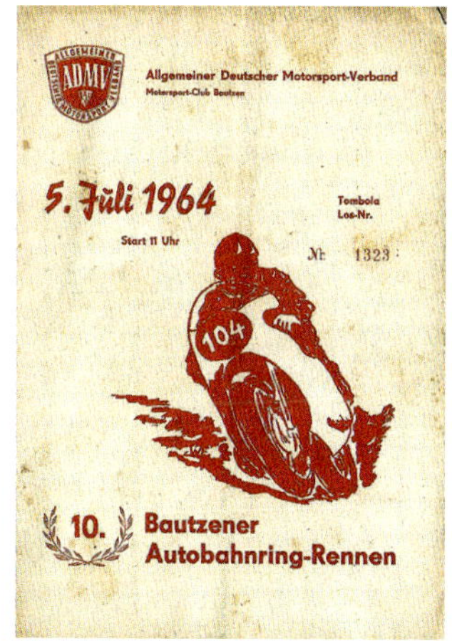

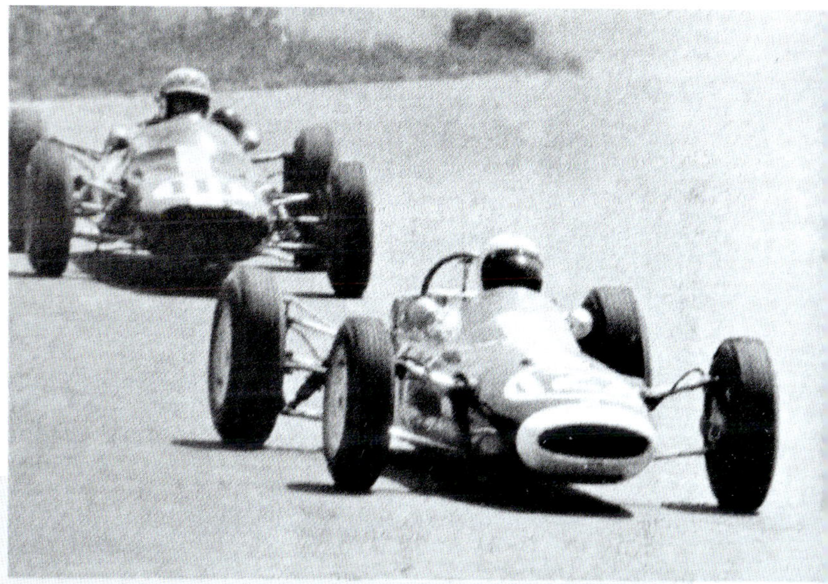

Internationales Motorsport-Flair: Bruce Eglinton (USA) auf Lotus vor Charles S. Stuart (GB) auf Cooper.

Rennen und Ergebnisse 1964

Rennen in der BRD

keine Austragung

Rennen zur Formel 3-Meisterschaft in der DDR

- Halle
- Bautzen
- Bernau
- Sachsenring
- Schleiz
- Dresden

Ergebnisse der Formel 3-Meisterschaft der DDR

Leistungsklasse I

Sieger: Max Byczkowski, Melkus 64 Wartburg
Zweiter: Heinz Melkus, Melkus 64 Wartburg
Dritter: Hans Roediger, Melkus 64 Wartburg
Vierter: Frieder Rädlein, Melkus 64 Wartburg
Fünfter: Willy Lehmann, SEG II Wartburg

Leistungsklasse II

Sieger: Peter Brettschneider, Melkus 62 Wartburg
Zweiter: Manfred Brettschneider, Melkus 62 Wartburg
Dritter: Werner Markhoff, Melkus 62 Wartburg
Vierter: Christian Gallus, FR Wartburg
Punktgleich: Günter Klug, Melkus 62 Wartburg

Formel 1-Weltmeisterschaft 1964

Sieger: John Surtees (GB) Ferrari
Zweiter: Graham Hill (GB) BRM
Dritter: Jim Clark (GB) Lotus

Die Rennsaison 1965

International erlangte die neue Formel 3 bei Weitem nicht den angedachten Widerhall. Die Epoche der Nachkriegsbegeisterung für den Rennsport war lange beendet. In den westlichen Ländern hatte sich eine Motorsportlobby mit weiten Verzweigungen in die Industrie herausgebildet. Der sportliche Wert, den die aktiven Fahrer einst (und sicher auch heute noch) im Kopf hatten, ging in kommerziellen Interessen nahezu unter. So erhielten alle Motorrennsportarten die mit Unterstützung, oder auf Basis wirtschaftlicher Gesichtspunkte ausgetragen wurden, ein enormes Übergewicht

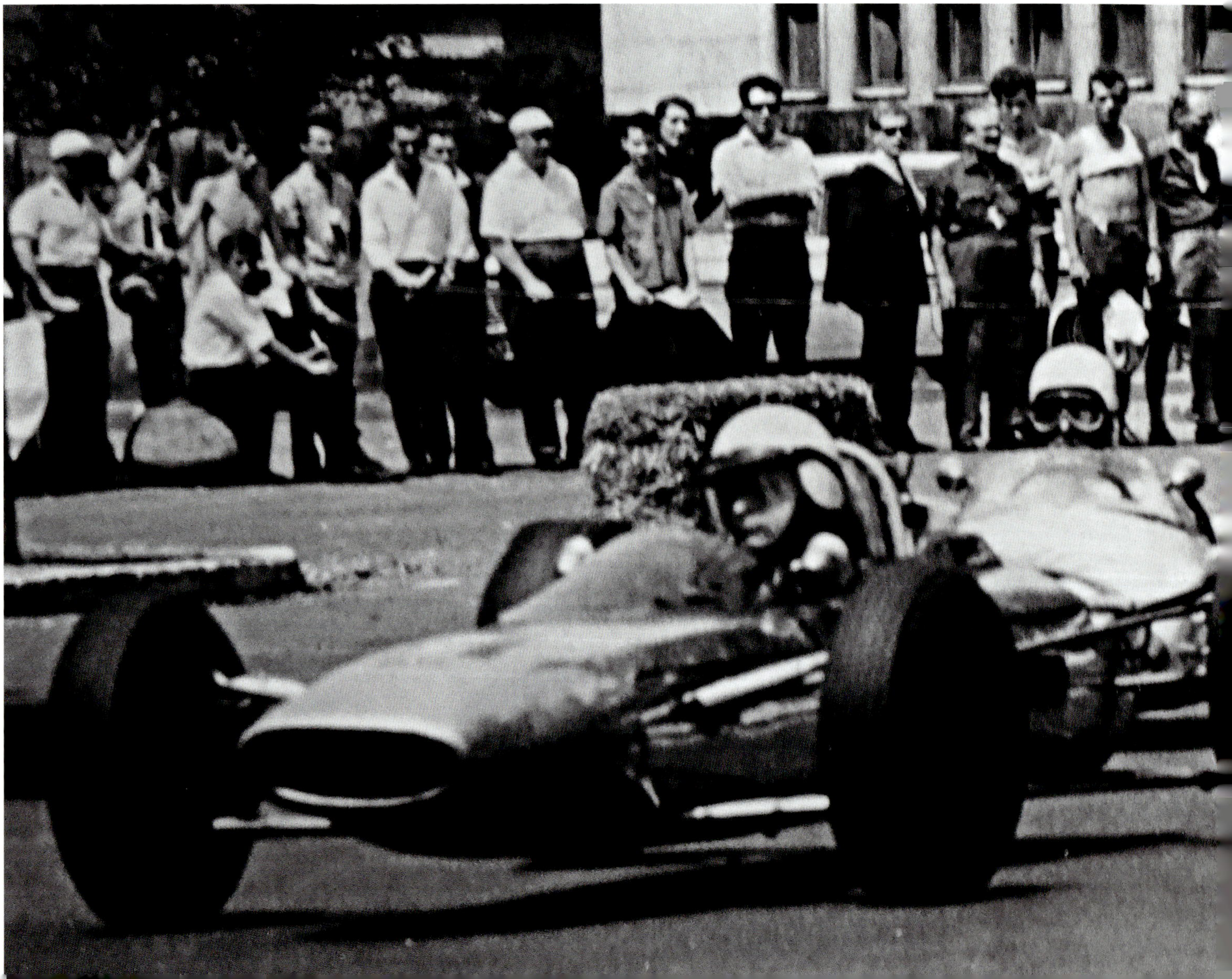

gegenüber den amateursportlichen Aktivitäten.

Im Formelsport drückte die Formel 1 praktisch alle anderen an die Wand. So gab es 1965 in der Bundesrepublik immer noch keine Meisterschaft und nahezu keine Rennen in der Formel 3.

Daher stellten sich wiederum zahlreiche Starter aller Nationen in der DDR den DDR-Piloten im Kampf um die Formel 3-Pokale. Das war ein Glücksfall für die Zuschauergewinnung und bescherte der eingemauerten Bevölkerung der DDR wenigstens ein bisschen Flair des Westens.

Zwar wurden in der DDR mittlerweile Rennwagen auch kommerziell hergestellt, aber in einer Dimension die eigentlich nur dem Selbsterhalt des Sports diente. Bedauerlicherweise gab es zwischen den Fahrern beider deutscher Staaten kaum noch Kontakte außer privaten Freundschaftsbesuchen.

Die Verbindungen zu anderen Sportlern westlicher Länder trugen dazu bei, dass Heinz Melkus beispielsweise am Flugplatzrennen in Wien-Aspern teilnehmen konnte, wo er hinter Kurt Ahrens jun. einen beachtlichen zweiten Platz belegen konnte. Über weitere internationale Rennen im Westen und eventuelle Platzierungen gibt es keine Informationen.

Auch 1965 orientierte man sich infolge spärlicher Rennausschreibungen im westlichen Ausland (außer in Großbritannien) bei den Rennteilnahmen von DDR-Fahrern nahezu ausschließlich an den sozialistischen Ländern. Das war auch im Interesse der Staatsführung und es war wenig sinnvoll diesbezüglich Opposition zu leisten. Wo wollte man denn

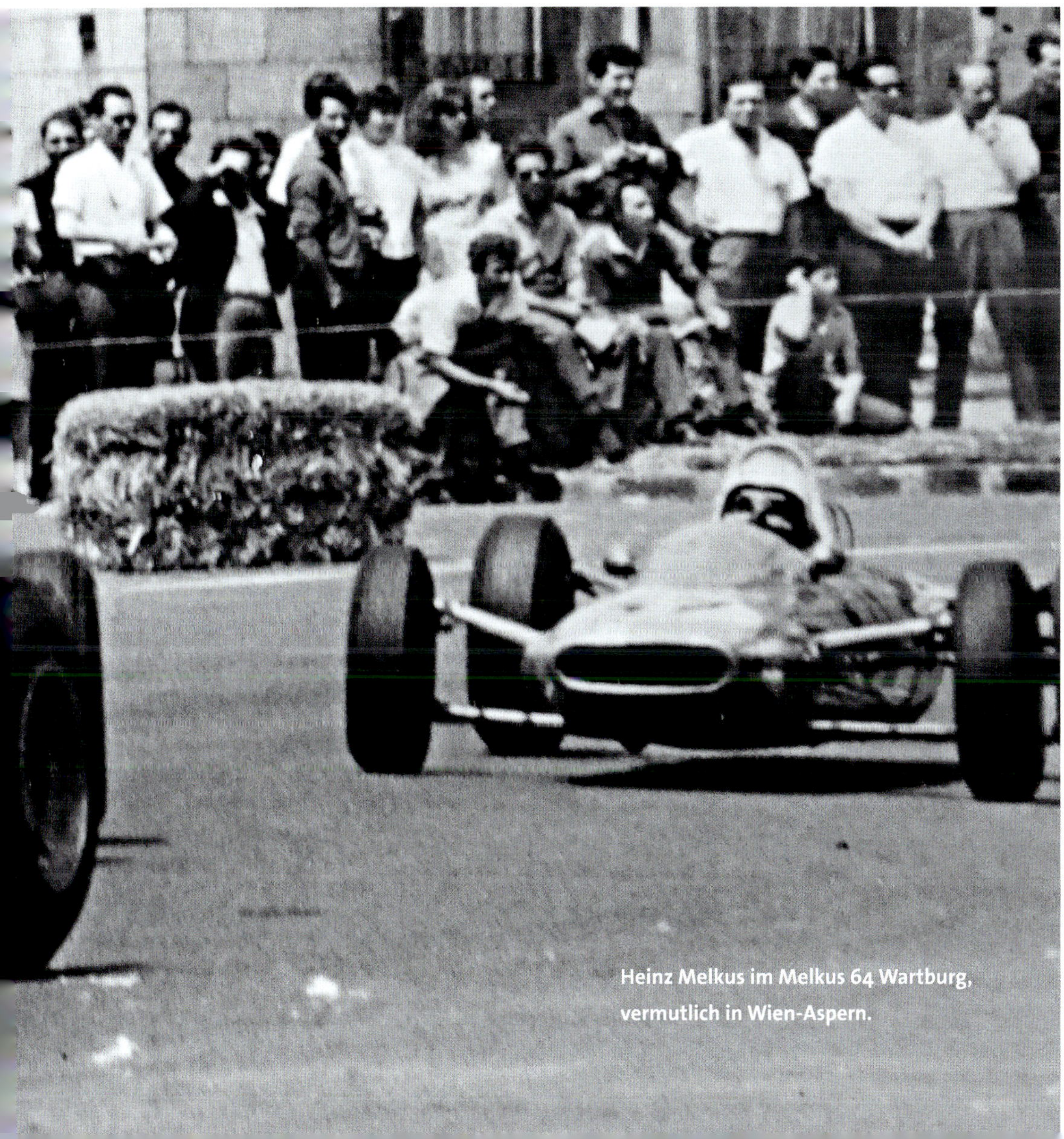

Heinz Melkus im Melkus 64 Wartburg, vermutlich in Wien-Aspern.

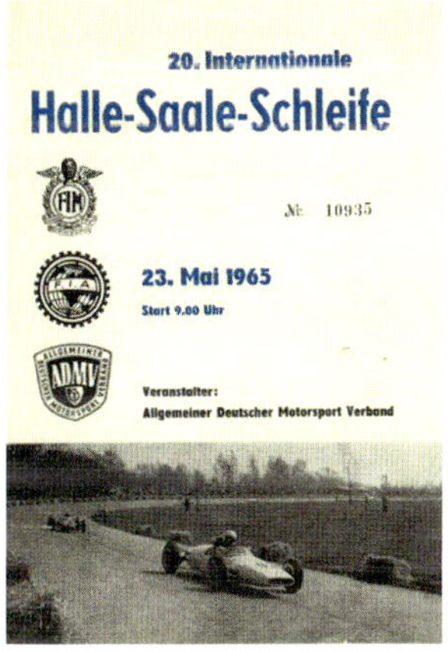

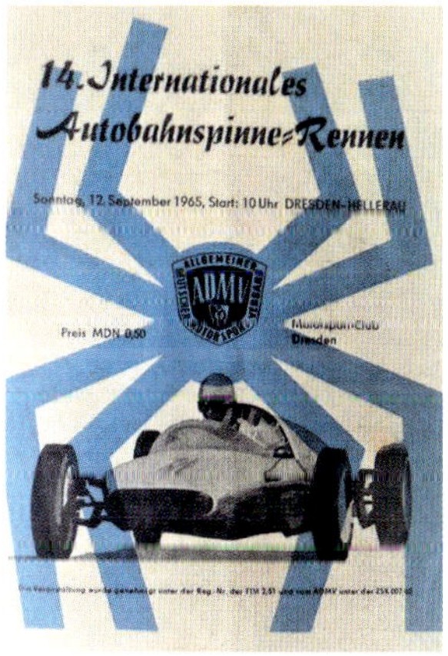

ohne staatliche Genehmigung auch hin. Ein Rennen in England wäre gar nicht finanzierbar gewesen.

Im »Sozialistischen Wirtschaftsgebiet (SW)« brillierten die DDR-Fahrer dafür mit ausgezeichneten Platzierungen. In Warschau, Opatija, Brünn und Budapest siegte Melkus relativ souverän, zum Teil gefolgt von seinen »Stallgefährten«.

Bei den Rennen in der DDR war zwar bereits ein Rückgang der Zuschauerzahlen zu bemerken, aber 1965 kamen alle noch einmal auf ihre Kosten. Neben Eric Offenstadt (F) und seinem Lola waren Jörg Dubler (CH), Cliff Haworth (US) und Ingvar Petterson (S) zu verschiedenen Rennen gelistet und dort wo sie fuhren, lag bis zur letzten Runde Spannung in der Luft, auch wenn die Ostdeutschen Fahrer in diesem Jahr bereits absolut chancenlos waren.

Auch 1965 kamen in der DDR mehrheitlich die Melkus-Wartburg Serie 64 und die SEG II zum Einsatz. Fahrer mit älteren Modellen oder Eigenbauten waren fast genauso chancenlos, wie unsere Spitzenfahrer im internationalen Vergleich.

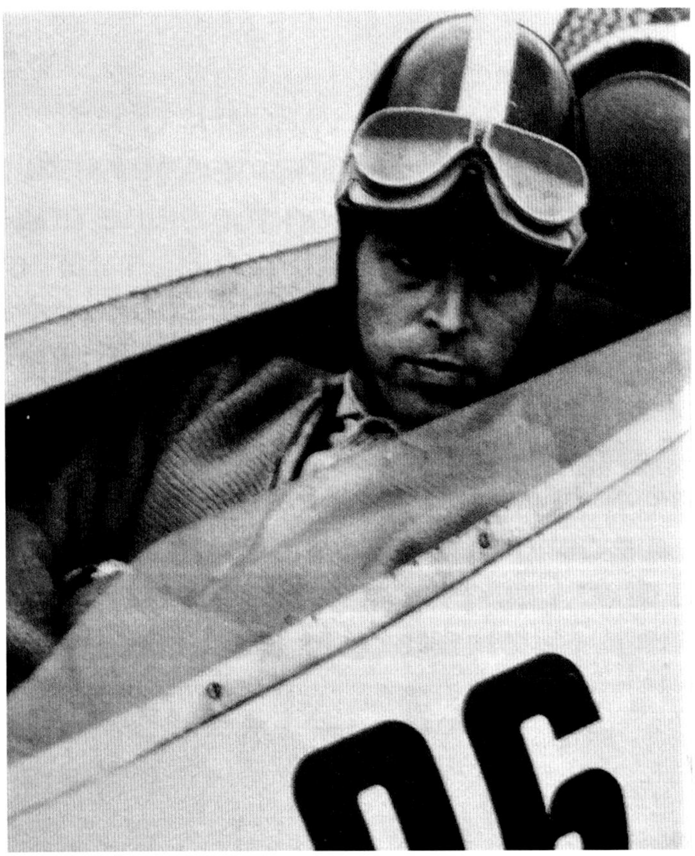

Max Byczkowski.

Rennen und Ergebnisse 1965

Rennen zur Formel 3 in der BRD

Es fanden keine Rennen statt und es gab auch keine Meisterschaft.

Rennen zur Formel 3-Meisterschaft in der DDR

- Halle
- Bautzen
- Sachsenring
- Schleiz
- Dresden
- Bernau

Ergebnisse der Formel 3-Meisterschaft der DDR

Sieger: Willy Lehmann, SEG II Wartburg
Zweiter: Christian Pfeiffer, SEG II Wartburg
Dritter: Heinz Melkus, Melkus 64 Wartburg
Vierter: Siegfried Seifert, SEG II Wartburg
Fünfter: Peter Findeisen, Melkus 64 Wartburg

Die Bestenermittlung in der Leitungsklasse II wurde eingestellt

Formel 1-Weltmeisterschaft 1965

Sieger: Jim Clark (GB) Lotus Climax
Zweiter: Graham Hill (GB) BRM
Dritter: Jacky Steward (GB) BRM

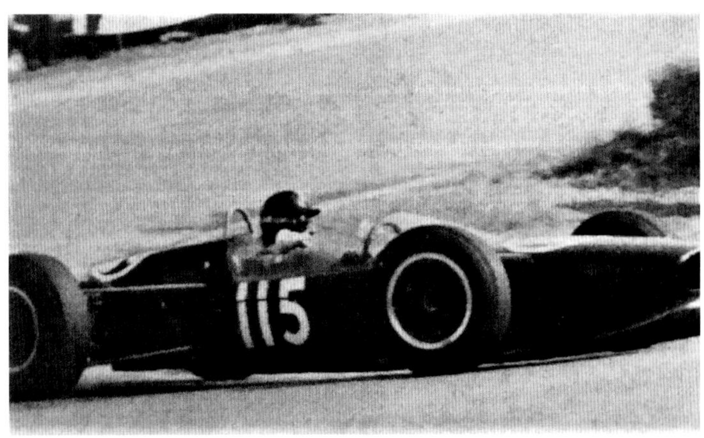

Eric Offenstadt (Frankreich) auf Lola in Schleiz (1965).

Die Rennsaison 1966

Beginnen wir wieder mit dem internationalen Formelsport. 1966 bekam die Formel 1 zum wiederholten Mal ein neues Regelwerk. Massive Veränderungen für die Motorentechnik waren die Folge. Festgeschrieben wurden die Varianten 3000 ccm Hubraum für Saugmotoren und 1500 ccm für Turbomotoren bei 500 kg Fahrzeuggewicht.

Nach den Erfahrungen der Vergangenheit gestaltete sich das Interesse an Turbomotoren aber eher gering. Dafür begann die große Zeit der 3-Liter-Ford-Cosworth-Motoren, die fortan lange Zeit das Geschehen bestimmen sollten.

Erste Rennwagen mit Flügeln wurden getestet und eingesetzt. Im Bereich der Sicherheit wurden Feuerlöscher Pflicht, Knautschzonen obligatorisch und Tanks mussten aus flexiblen Materialien hergestellt werden. Das galt dann auch für die kleineren Rennwagen.

In der BRD war auch 1966 keine Verbesserung der gesamten Formel 3-Szene in Sicht. Dies war mit Sicherheit dem Überangebot an professionellem Motorsport geschuldet. Bei den Amateuren agierten Rennserien wie die Formel V und Anfänge der Formel Ford mit steigendem Zuspruch, weil sie erschwinglich waren.

Das waren alternative Einsteiger-Formeln auf Serienbasis, die, wie am Beispiel der Formel V, bereits 1959 erste Anfänge in den USA gefunden hatten. Ferry Porsche und Rennleiter Huschke von Hanstein organisierten die ersten Fahrzeuge aus den USA und so kam es beim Ebersbach-Bergrennen im Mai 1965 zum Auftakt der »Renn-Volksrennwagen«.

Auch wenn deren Anfangsbemühungen wenig Zuschauerliebe fanden, gelang es, diese Rennserie bis in unsere Tage zu erhalten. Wir sind 1998 mit der Formel Euro noch mit den Formel V-Nachfolgern in gemischten Rennen gemeinsam gefahren.

Zur Popularität der Formel V und deren Überlebensfähigkeit trugen angepasste Regelwerke und Modernisierungen bei. Geblieben ist praktisch bis heute eine preiswerte, überschaubare Art Motorsport zu treiben, ohne Millionär zu sein. An diesen Prinzipien hatten wir »Ossis« nach der Wende Gefallen gefunden und sind so jahrelang mit sympathischen Sportlern in ganz Europa unterwegs gewesen. Mit den Sportfreunden der Formel V trugen (nach der Wende in der ehemaligen DDR) 1991 Ost- und Westfahrer erstmals seit 1972 wieder gemeinsame Rennen aus. Das war historisch gesehen ein bemerkenswerter Schritt im Bereich des Amateursportes der Formel-Rennfahrer aus Ost und West, hat aber im großen Jubel um den West-Hype leider kaum eine Rolle gespielt.

Diese Sportfreundschaft währte bis ins Jahr 2000, als sich die Wege beider Serien wieder trennten.

Im Laufe ihrer Geschichte wurde die Formel V zum Sprungbrett für Nachwuchstalente wie Nicky Lauda, Helmut Marko, Dieter Quester, A.J Foyt, Jacky Ickx, Jean Pierre Beltoise, Jochen Rindt und Harald Ertl. Selbst in Daytona und Kyalami waren Formel V-Wagen am Start.

Den Kinderschuhen entwachsen, entstand in der Folgezeit auch noch die Formel Super V der Klasse 1600 ccm (VW-Porsche 914). Hier maßen sich in den frühen 1970er-Jahren Emmerson Fittipaldi, Jochen Maas, Nelson Piquet und der auch in der DDR beliebte Freddy Kottulinsky.

Womit wir wieder beim ostdeutschen Formelrennsport gelandet sind, denn Freddy Kottulinksky gehörte in den 1960er-Jahren zu den ständigen Gästen bei Formel 3-Rennen in der DDR.

In der dortigen Formel 3-Szene waren 1966 Rennen mit 25 und mehr Startern keine Seltenheit. Nach wie vor hielt das internationale Interesse an den Rennen in der DDR an. Etwa 20 ausländische Fahrer waren zur Meisterschaft eingeschrieben, die natürlich mehrheitlich nur spontan an bestimmten Rennen teilnahmen und sich daher in der Meisterschaftswertung nicht auf den Spitzenplätzen etablieren konnten.

Gabriel Aumont (Frankreich) auf Aumont-Ford, Jürg Dubler (Schweiz) auf Brabham-Ford, George Smith (USA) auf Alexis-Ford und Leo Mattila (Finnland) auf Cooper-Ford sorgten aber für Abwechslung im großen Feld der Wartburg-Armada. Mit Dieter Bonhorst, Kurt Ahrens jun. und Hans Hermann Sibbert waren nach Jahren auch wieder einmal BRD-Fahrer für die Rennen der DDR-Meisterschaft eingeschrieben.

Mit den »Silberzigarren« der Variante Melkus 64 waren über die Jahre optisch bildschöne Rennwagen entstanden, die auch international einen guten Ruf hatten.

Die Wartburg-Motoren, die mit ursprünglich 50 PS ausgestattet waren, hatten unter den Händen der Motorsportler in der DDR zwischenzeitlich mal locker 100 PS eingehaucht bekommen. Damit war aber auch absehbar, dass die Leistungsgrenze dieser Technik erreicht war.

Da in der Serienfahrzeugindustrie kaum noch Neuentwicklungen stattfanden, konnte man von dieser Seite keine Hilfe erwarten. Um eigene Motor-Neuentwicklungen zu tätigen, fehlte es schlichtweg an Geld und politischem Willen. Privat konnte zwar einiges bewegt werden, aber auch hier gab es klare technologische Grenzen.

International waren infolge eines viel besseren Zugangs zu neuen Materialien und modernsten Technologien im gleichen Motorensegment ganz andere Leistungsausbeuten möglich. Beispielsweise konnte ein Ford-Motor bei 1000 ccm Hubraum mehr als 50 PS über den Leistungsdaten der spitzesten Wartburg-Motoren liegen. So verloren die DDR-Rennwagen wieder einmal ihre Konkurrenzfähigkeit und damit alle Siegeschancen – zumindest solange die »West-Technik« durchhielt. Da konnten sich Byczkowski, Melkus, Rädlein, Findeisen und wie sie alles hießen die Seele aus dem Leib fahren. Sie waren chancenlos.

Umso bemerkenswerter ist deren Optimismus und Liebe zum Sport: Sie gaben eben nicht auf und warteten auf das Wunder. Und es mutete manchmal wie ein Wunder an, wenn die ostdeutschen Fahrer nur wenige Sekunden hinter den Favoriten übers Ziel fuhren, wie beispielsweise Willy Lehmann in Schleiz, als er nur 15 Sekunden hinter dem Drittplatzierten Leo Mattila (FIN) über den Zielstrich fuhr.

Dass sich in der Rennpraxis im Sozialistischen Lager bisweilen gute Platzierungen erreichen ließen, konnte aber nicht über die ausgelutschten Motoren, technische Probleme und Ausfälle hinwegtäuschen.

Der zum ersten Mal in Schleiz ausgetragene »Pokallauf für Frieden und

Freundschaft«, an dem Fahrer der CSSR, Polen, der UdSSR und Ungarn teilnahmen, wurde von vielen bereits als Reaktion auf die »Westdominanz« angesehen, obwohl das Zuschauerinteresse vorerst gering war.

Überraschend war 1966 das Auftreten der polnischen Fahrer mit ihren Formel 3-RAK-Ford. So konnte Jerzy Jankowski das Rennen mit einer Minute Vorsprung vor Willy Lehmann gewinnen. Es folgten Heinz Melkus, der Tscheche Vaclav Bobek und Peter Findeisen. Die Russen fuhren damals unter ferner Liefen.

Einen Schatten auf das Rennen warf der Unfall eines polnischen Fahrers in der Seng. Er verlor die Kontrolle über den Wagen und raste in die Zuschauer. Im Ergebnis gab es zwei Tote und 5 Verletzte.

Rennen und Ergebnisse 1966

Rennen zur Formel 3-Meisterschaft in der DDR
Rundstreckenrennen
- Halle
- Bautzen
- Sachsenring
- Dresden

Bergrennen
- Lückendorf

Ergebnisse der Formel 3-Meisterschaft der DDR
Sieger: Willy Lehmann, SEG II Wartburg
Zweiter: Frieder Rädlein, Melkus 64 Wartburg
Dritter: Hans Roediger, Melkus 64 Wartburg
Vierter: Heinz Melkus, Melkus 64 Wartburg
Fünfter: Peter Findeisen, Melkus 64 Wartburg

Formel 1-Weltmeisterschaft 1966
Sieger: Jack Brabham (AUS) Brabham-Repco
Zweiter: John Surtees (GB) Ferrari
Dritter: Jochen Rindt (OE) Cooper Maserat

Die Rennsaison 1967

International etablierte sich als neue vollwertige Rennserie die Formel Ford. Das splittete den Amateursport weiter auf. Allerdings hatte das in der BRD zunächst keine Folgen, da bis 1973 nur US-Militärangehörige daran teilnehmen durften. Verwendet wurde das Einheitsmodell Lotus MK 6.

An diesem Beispiel ist aber zu ersehen, dass sich die gesamte Szene des Formelrennsports wandelte. Zum Teil waren es nationale, aber auch wirtschaftliche Interessen, die ein einheitliches Vorgehen, wie eine Europameisterschaft oder gar Weltmeisterschaft im »kleinen« Formelbereich unmöglich machten. Da auch die FIA kein Interesse an einem solchen Projekt hatte, verliefen sich die Spuren vieler guter Fahrer und Enthusiasten im Chaos der Regelwerke und im Interessenspiel einzelner Akteure.

Da die Rennwagen aus der DDR bereits weit vor 1967 von der FIA für die internationale Formel 3 vollwertig homologiert waren, machte das den internationalen Verkauf dieser Technik möglich. Das zuständige Ministerium bot daher den »Melkus 64 Wartburg« als »Melkus Formel 3« sogar auf Messen und im Handelskatalog an. Über tatsächliche Verkaufszahlen habe ich nur unklare Informationen gefunden. Am sichersten sind wohl die Zahlen, die auf Unterlagen der Firma Melkus selbst zurück gehen: Demnach wurden 30 Wagen in die UdSSR, zehn in die CSSR, zehn nach Ungarn und wenigsten ein Wagen nach Norwegen verkauft. Nach Informationen eines westdeutschen Sportfreundes sollen wohl auch zwei Wagen unter Umgehung der DDR-Exportformalitäten nach Westdeutschland geliefert worden sein. Diese Quelle konnte aber über die Nutzung oder den Verbleib der Fahrzeuge keine Auskunft geben.

In den Starterfeldern des Jahres 1967 stieg der Anteil der Fahrer aus dem sogenannten SW (Sozialistisches Wirtschaftsgebiet) spürbar an.

Zum ersten Mal fanden sich auch Teilnehmer aus der UdSSR und die Russen kamen gleich in Stärke von sechs Fahrzeugen. An der Spitze Alexander Grischin und Juri Andrejew. Das ließ Zuschauer wie Aktive aufhorchen und versprach zusätzlich Spannung für die Rennen, obwohl der erste Auftritt im Vorjahr nicht unbedingt ein Erfolg war.

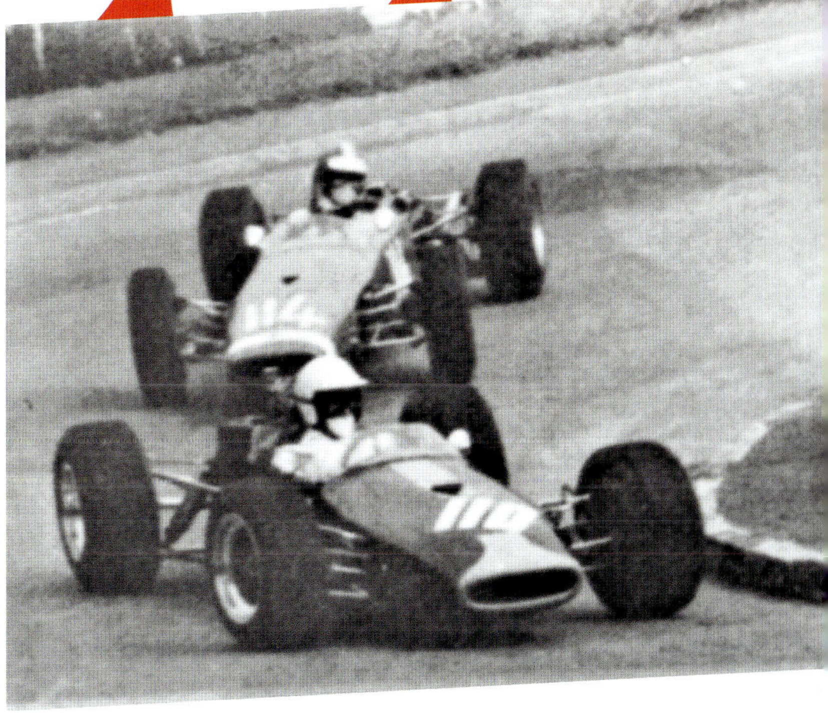

Duell zwischen Chris Williams (GB) auf Brabham-Ford und Jörg Dubler (CH) auf Lotus.

Ralf Gröndahl und Ingvar Pettersson (Schweden), Jürg Dubler (Schweiz), Bruce Eglinton (USA), Barry Collerson (Australien), Tony Goodwin (Großbritanien) und René Scalais (Belgien) gehörten ebenfalls zu den Zuschauermagneten in den Starterlisten, neben weiteren bereits bekannten Fahrern des Westens.

Soweit mir internationale Informationen zugänglich waren, zählte die DDR in jenen Zeiten zu den attraktivsten Ausrichtern in der Formel 3-Szene. Sicher gab es materiell nicht viel zu gewinnen, denn die DDR hatte immer Westgeld-Not, aber die Kulissen rund um die Rennstrecken waren die Reise wert.

Auf Grund der hohen, wieder gestiegenen Teilnehmerzahl von Fahrern aus der DDR wurde erneut die Leitungsklasse II eingeführt. Das bedeutete für die Veranstalter in der Regel zwei Rennen pro Renntag und erhöhte den Organisationsaufwand. Die Zuschauer dankten den Einsatz der Organisatoren mit großer Resonanz und zum Teil unglaublichen Besucherzahlen von 30.000 bis 50.000 Personen und mehr.

Im Konkurrenzkampf der Rennstrecken des Ostens, der vor allem zwischen dem Sachsenring und dem Schleizer Dreieck tobte, gelang es den Schleizern bei der Formel 3 die Nase auf Platz eins zu schieben. Tatsächlich war die relativ grenznahe Lage in Thüringen ein Vorteil für die Anreise der westlichen Teilnehmer. Damals fuhr niemand gern viele Kilometer gen Osten durch die DDR. Deshalb hatten Rennstrecken wie Bautzen, Dresden oder Halle eher Besuch aus den nordischen Ländern wie Finnland und Schweden. Diese Starter stellten für viele Zuschauer die Anziehungskraft dar. Das einzig bedauerliche: egal wo die »Westler« an den Start gingen, fuhren sie unseren Jungs um die Ohren. In Schleiz knöpfte die Armada der Williams, Dubler, Svensson, Elington, Goodwin und Riesen den DDR-Fahrern eine ganze Runde ab. Heute frage ich mich, wie viel Idealismus dazu gehören musste, um sich immer wieder diesen Kämpfen zu stellen, ohne Aussicht auf Erfolg. Andererseits kann ich mich hineindenken, denn ich selbst bin einem Podestplatz wenigstens zehn Jahre hinterher gefahren ohne die Lust am Sport zu verlieren.

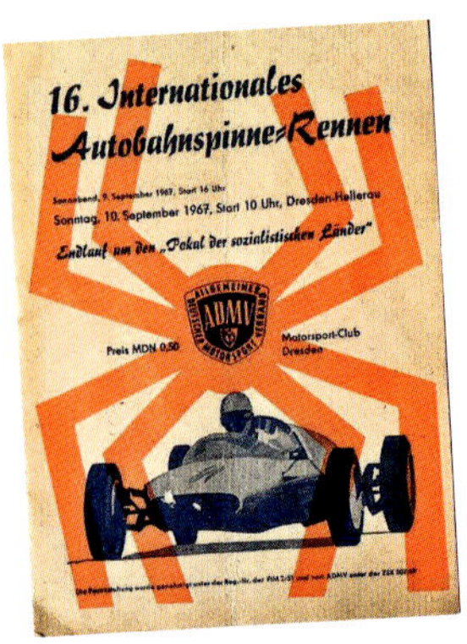

Rennen und Ergebnisse 1967

Rennen zur Formel 3-Meisterschaft in der DDR

Rundstreckenrennen

- Halle
- Bernau
- Bautzen
- Schleiz
- Dresden

Bergrennen

- Lückendorf

Ergebnisse der Formel 3-Meisterschaft der DDR

Sieger: Heinz Melkus, Melkus 64 Wartburg
Zweiter: Frieder Rädlein, Melkus 64 Wartburg
Dritter: Peter Findeisen, Melkus 64 Wartburg
Vierter: Willy Lehmann, SEG II Wartburg
Fünfter: Hans Roediger, Melkus 64 Wartburg

Leistungsklasse II

Sieger: Jürgen Käppler, SEG II Wartburg
Zweiter: Klaus Peter, Krause SEG II Wartburg
Dritter: Siegfried Scholz, SEG II Wartburg
Vierter: Dieter Pankrath, SEG II Wartburg
Fünfter: Wolfgang Krug, Melkus 64 Wartburg

Formel 1-Weltmeisterschaft 1967

Sieger: Denis Hulme (AUS) Brabham-Repco
Zweiter: Jack Brabham (AUS) Brabham Repco
Dritter: Jim Clark (GB) Lotus BRM

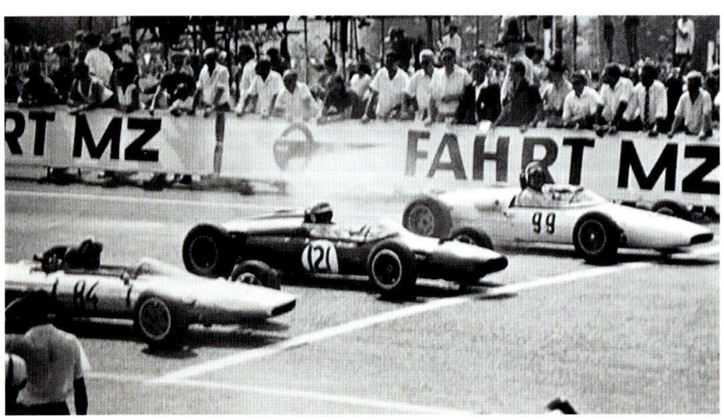

Byczkowski (DDR), Mattila (Finnland) und Lehmann (DDR).

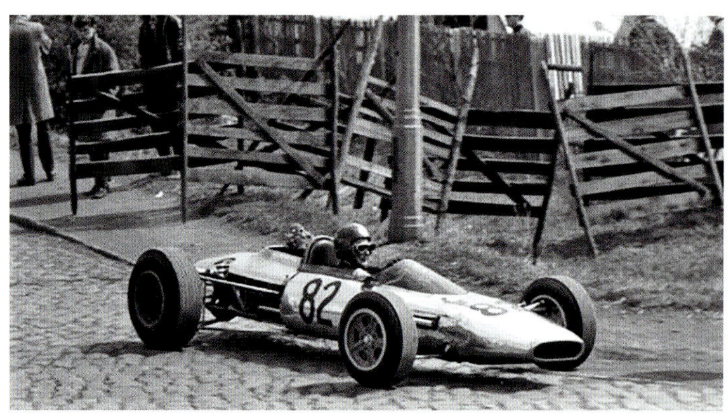

Peter Findeisen auf Melkus 64 Wartburg.

Die Rennsaison 1968

Im Profisport hatte die FIA die Genehmigung für Werbung an Rennfahrzeugen erteilt. Das änderte das Wesen des Sports maßgeblich. Zum einen trat der ständigen, recht unkontrollierten Kostenentwicklung im Motorsport endlich eine neue Geldquelle gegenüber, zum anderen bewirkte diese aber eine immer größer werdende Kluft zwischen Profi- und Amateursport. Nun bestimmten neue Interessensgruppen, wie sich der Sport zu entwickeln hatte.

Neben in der Automobilbranche aktiven Firmen hielten nun auch Zigarettenhersteller, Milch- und Textilfirmen Einzug in die Renngestaltung. Seit diesem Zeitpunkt mehrten sich die Vorwürfe von getürkten Siegen und bestochenen Fahrern – manche Gerüchte halten sich hartnäckig bis heute. Die allerorts aufgeputschte Show rings um die Autorennen grub aber der Begeisterung für den Amateursport das Wasser ab.

Für den fehlte es mehr und mehr an Geld, weil vor allem im Westen keiner mehr zu den Veranstaltungen der heimischen Clubs ging. Schon gar nicht zu Formelrennen außerhalb der Formel 1, da die mehr oder weniger nur der Nachwuchssichtung dienten.

In der DDR galt dieses Werbegeschenk nicht. Zumindest die Fahrer der DDR trugen keine Werbesymbole auf Kleidung und Fahrzeugen. Die Rennen waren in erster Linie nur deshalb noch möglich, weil immer wieder »volkseigenes Geld« zur Verfügung gestellt wurde. Wobei das für die Ausrichtung der Veranstaltungen galt, nicht für die Fahrer und deren Helfer.

Daher gab es 1968 schon weniger Veranstaltungen, da einige Ausrichter nicht mehr in der Lage waren, die erforderlichen Mittel aufzubringen, um die Veranstaltungen finanziell und technisch abzusichern.

Während auf dem Sachsenring 1968 nur Läufe für Motorräder ausgerichtet wurden, starteten in Schleiz nochmals Fahrer aus England, Frankreich Österreich, Belgien, Schweden, der Schweiz und den USA in den Wagenklassen der Formel 3.

Cliff Haworth und Peter de Merrit scheuten den weiten Weg über den großen Teich nicht und Wal Donelly kam sogar mit seinem Brabham aus Australien. Bei der Besetzung der internationalen Rennen, die immer mit finanziellen Forderungen der Starter verbunden waren, gingen den meisten Veranstaltern die Mittel aus. In Schleiz hatte man für alle westlichen Starter ein Startgeld von 5000 bis 7000 D-Mark zur Verfügung. (Anm.: Ein Motorrad WM-Teilnehmer am Sachsenring kostete etwa 5000 DM) Damit wurden die Grenzen immer enger gesteckt. Mit René Scalais (Belgien) und Rolf Gröhndahl (Schweden) waren wenigstens einige treue »Kunden« geblieben und zu aller Freude erschienen zum Rennen in Schleiz auch Alan Rollinson und Peter de Merrit (US), André Willem (B) und die bekannte Engländerin Natalie Wood.

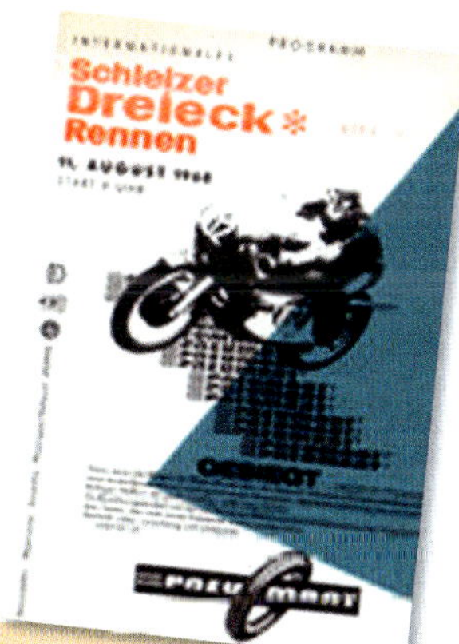

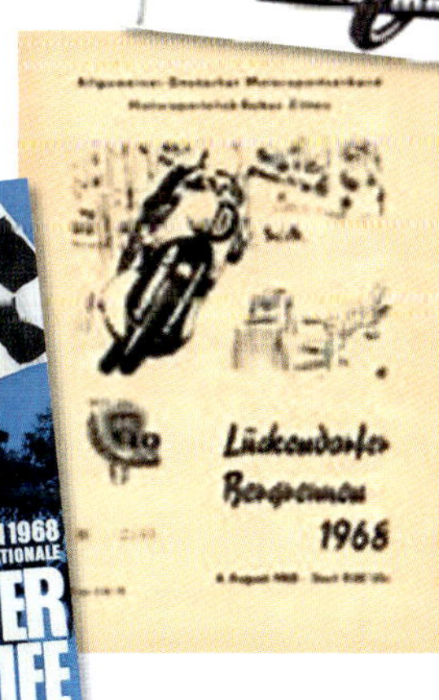

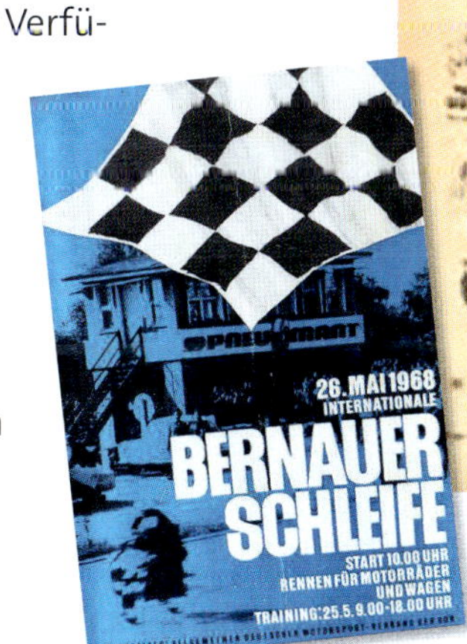

Die Russen und Polen verschwanden so schnell, wie sie gekommen waren und die ungarischen Fahrer hatten sich in der Leistungsklasse II eingeschrieben. In dieser LK II tauchten 1968 zum ersten Mal zwei Fahrer auf, die in der Zukunft den Formelrennsport maßgeblich mitbestimmen sollten. Ulli Melkus, der Sohn des Rennwagenbauers Heinz Melkus und Wolfgang Küther, beide aus Dresden.

1968

Altmeister und Urgestein des DDR-Formelsports Willy Lehmann fehlte hingegen in jener Saison. Er hatte sich für die Beendigung seiner Laufbahn entschieden.

Während im Allgemeinen die westlichen Starter mit den DDR-Fahrern in einem Rennen gestartet wurden, was organisatorische Gründe hatte, ging man 1968 in Schleiz einen neuen Weg. Angesicht der großen Überlegenheit der Lotus, Brabham, Technos, Chevrons und Merlyns veranstaltete man zwei getrennte Rennen. So blieb den DDR-Sportlern eine gewisse Demütigung erspart, zumindest denen, die diese Rennen nicht mitfahren wollten.

Aus sportlichen Gründen war das eine sehr gute Überlegung, denn so wurde der nationale Lauf zu einem unverfälschten Rennen der DDR-Besten in dem acht Wagen der LK I und neun der LK II starteten.

Die 19 Sekunden, die dem Sieger des DDR-Rennens Peter Findeisen auf den Sieger des Internationalen Rennens fehlten, machten deutlich, wo die ostdeutschen Fahrer im gemeinsamen Rennen abgeblieben wären.

Beim Internationalen Rennen goss es allerdings in Strömen und da man die Zuschauer nicht mit einer Absage verprellen wollte, kam es zu einer Kuriosität:

Zwischen dem Veranstalter und den westlichen Startern gab es ein Abkommen, dass es im Rennen keine wirklichen Überholvorgänge geben sollte, damit es angesichts der Streckenverhältnisse zu keinem Unfall komme. Ganz schön clever! Die Zuschauer erfuhren von diesem Deal erst viel später.

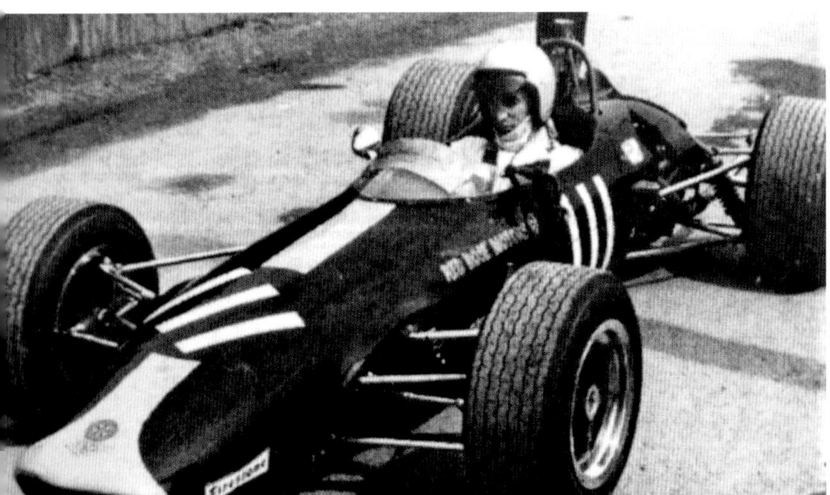

Alan Rollinson (GB) auf Chevron-Ford (1968).

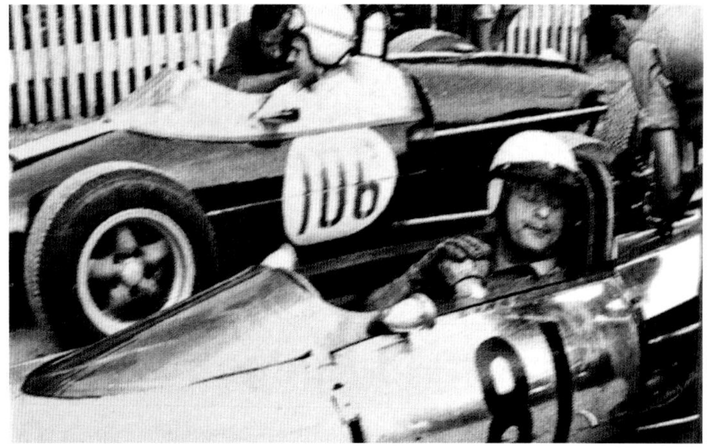

Heinz Melkus (vorne) und Eberhard Fingerle.

Rennen und Ergebnisse 1968

Rennen zur Formel 3-Meisterschaft in der DDR

Rundstreckenrennen

- Bernau
- Bautzen
- Schleiz

Bergrennen

- Lückendorf

Ergebnisse der Formel 3-Meisterschaft der DDR

Sieger: Heinz Melkus, Melkus 64 Wartburg
Zweiter: Peter Findeisen, Melkus 64 Wartburg
Dritter: Christian Pfeiffer, SEG II Wartburg
Vierter: Hans Roediger, Melkus 64 Wartburg
Fünfter: Frieder Rädlein, Melkus 64 Wartburg

Leitungsklasse II

Sieger: Manfred Berger, SEG II Wartburg
Zweiter: Ralf Röber, Melkus 64 Wartburg
Dritter: Ulli Melkus, Melkus 64 Wartburg
Vierter: Eberhard Fingerle, SEG II Wartburg
Fünfter: Christian Haase, SEG II Wartburg

Formel 1-Weltmeisterschaft 1968

Sieger: Graham Hill (GB) Lotus-Ford
Zweiter: Jacky Steward (GB) Matra Ford
Dritter: Denis Hulme (AUS) Brabham BRM

Die Rennsaison 1969

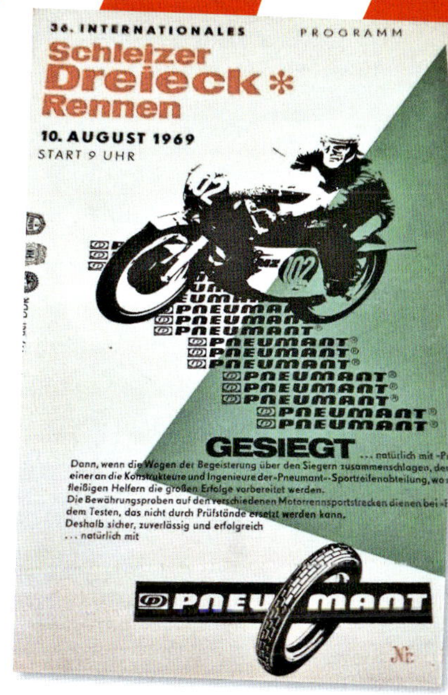

Im Westen nichts Neues! Das soll nicht heißen, dass es dort keine Entwicklungen und Bemühungen um guten und erschwinglichen Motorsport gab, nur für die Zielsetzung dieses Buches müssen wir sie ausblenden. Bedauerlicherweise verliefen zu jenem Zeitpunkt, bis auf persönliche Kontakte unter den Fahrern, die Sportbeziehungen zwischen Ost und West im Sande. Die Kontakte wurden immer geringer und die Einschreibungen westlicher Starter bei den Rennen der DDR immer weniger.

Beim ADMV hatte man indes erkannt, dass eine weitere Schwächung der Anzahl der Formelrennsport-Veranstaltungen zum Verlust einer hochwertigen Sportkultur führen würde. Noch gab es in der DDR-Regierung ausreichend Verständnis für diese Argumentation und so wurde erstmals ein Formelrennen nach Frohburg vergeben. Beim 10. Frohburger Dreieckrennen feierten daher die »Silberzigarren« ihr Debüt. Die fehlende Attraktivität der Bergrennen, die offensichtlich auch bei den Fahrern nicht unbedingt beliebt waren, ließ stattdessen das Lückendorfer Bergrennen aus dem Rennkalender fallen, obwohl das eines der besten war.

Leider nahm auch die Internationalität der Rennen weiter ab. Das betraf vor allem Dresden, Bernau und Bautzen. Nur noch vier Ausländer nahmen an diesen Rennen in der DDR teil, davon keiner aus der BRD.

Anders sah es 1969 noch in Schleiz aus. Der gute Ruf, den sich Schleiz als eine der besten Formel 3-Strecken Europas erworben hatte, wirkte hier noch länger nach. Heute herrscht die einschlägige Meinung vor, dass Schleiz 1969 den wohl interessantesten Formel 3-Lauf der Nachkriegsgeschichte zu sehen bekam.

Es gab tatsächlich Fahrer, die eine Rennzusage in Schleiz mit einem gewissen Stolz in die Öffentlichkeit trugen. So auch Nachwuchs-Ass Michael Campbell aus den USA. Schleiz war die unangefochtene Hochburg des Formelrennsports in der DDR.

Den Veranstaltern war es 1969 gelungen 14 ausländische und 22 einheimische Fahrer für das Formel 3-Rennen des Jahres zu verpflichten.

Mit Freddy Kottulinsky (für Schweden) war einer der Besten mit von der Partie. Seine schärfsten Konkurrenten waren Jörg Dubler aus der Schweiz, Ulf Svensson aus Schweden, Bernhard Baur aus der Schweiz, Eddy Link aus Österreich, aus Dänemark, Michael Campbell aus den USA und Ole Vejlund aus Dänemark.

Ein solches Starterfeld hinter dem »Eisernen Vorhang« war einzigartig. Nur die Genossen in Berlin sahen das anders. Ihnen war der ganze Rummel zu antisowjetisch und entsprach nicht den Idealen des vor sich hin modernden Arbeiter- und Bauernstaates. Das zeitigte in der Folgezeit zunehmende Restriktionen für den Formelrennsport.

Beim Schleizer Training ließ sich allerdings auch ein DDR-Sportler nicht lumpen. Ulli Melkus, bereits in die LK I hochgestuft, schaffte es auf Startplatz 6 und er hatte dabei fast genauso viele Trainingsrunden absolviert wie die Spitze. Wieder gab es einen getrennten DDR-Meisterschaftslauf, den Heinz Melkus recht souverän gewann. Um den zweiten Platz gab es harte Kämpfe zwischen Frieder Rädlein, Peter Findeisen und Klaus-Peter Krause, den schließlich Rädlein für sich entschied. Ulli Melkus wurde Fünfter.

Im internationalen Lauf lieferten sich Kottulinsky, Svensson und Baur einen fortwährenden Positionskampf mit ständig purzelnden Rundenrekorden. Letztendlich gewann Kottulinsky mit hauchdünnem Vorsprung vor Svensson und

Baur. Auch um die Plätze dahinter entbrannte ein Rad-an-Rad-Kampf der mit 0,3 Sekunden Vorsprung an den Dänen Vejlund ging. Die nachfolgenden Platzierungen gingen an Michael Campbell, Eddy Link, Jean Blanc, Luigi di Petri, Ruedi Gygax und René Scalais.

Bester DDR-Starter war als neunter Heinz Melkus mit über 3 Minuten Rückstand. 45.000 Zuschauer waren dennoch in heller Begeisterung.

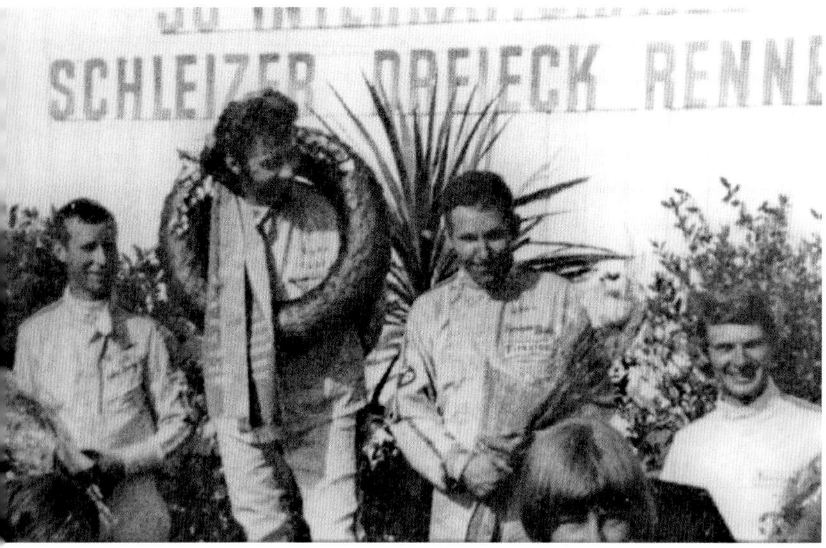

Siegerehrung mit Svensson, Kottulinsky, Baur und Vejlund.

Rennen und Ergebnisse 1969

Rennen zur Formel 3-Meisterschaft in der DDR

- Bernau
- Schleiz
- Bautzen
- Dresden

Ergebnisse der Formel 3-Meisterschaft der DDR

Sieger: Frieder Rädlein, Melkus 64 Wartburg
Zweiter: Ulli Melkus, Melkus 64 Wartburg
Dritter: Heinz Melkus, Melkus 64 Wartburg
Vierter: Peter Findeisen, Melkus 64 Wartburg
Fünfter: Manfred Berger, SEG II Wartburg

Leitungsklasse II

Sieger: Wolfgang Küther, Melkus 64 Wartburg
Zweiter: Frank Hausmann, Melkus 64 Wartburg
Dritter: Roland Jurack, Melkus 64 Wartburg
Vierter: Eberhard Fingerle, SEG II Wartburg
punktgleich Lothar Wolf, SEG II Wartburg

Formel 1-Weltmeisterschaft 1969

Sieger: Jacky Steward (GB) Matra-Ford
Zweiter: Jacky Ickx (B) Brabham Ford
Dritter: Bruce MC Laren (AUS) McLaren Ford

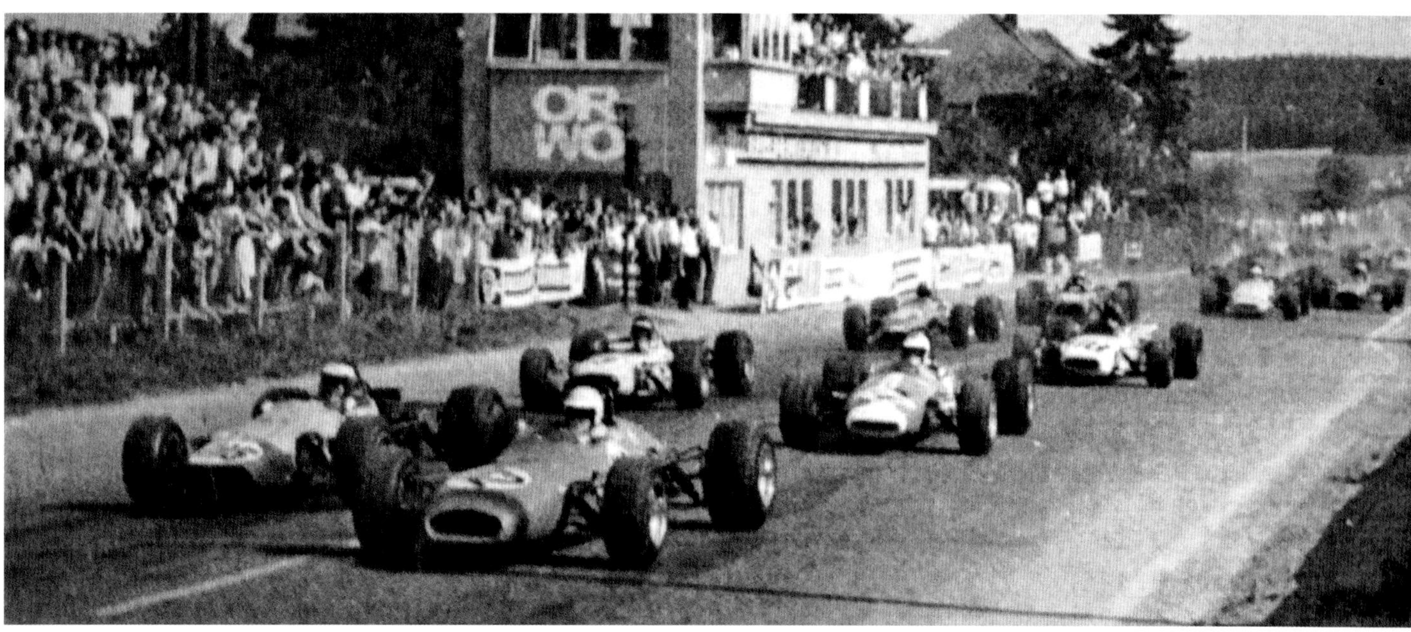

1969 in Schleiz: Svensson rechts, in der Mitte Kottulinsky, dahinter Baur und Vejlund.

Die Rennsaison 1970

In Europa arbeitete man seit geraumer Zeit an einem neuen »echten« Formel 3-Reglement, das über den bestehenden Markenpokalen liegen sollte.

Mehr und mehr internationale Rennen mit gemischten Reglements wurden ausgeschrieben und eine Menge Aufwand wurde betrieben, um die Szene wieder auf ein ansprechendes Level zu bringen. Auch bundesdeutsche Fahrer waren mittlerweile fester Bestandteil eines wachsenden Interessentenkreises.

Fahrer wie Helmut Marko, Bob Wollek, Freddy Kottulinsky, Jean-Pierre Jarier und James Hunt hinterließen ihre Spuren in den Rennannalen dieser Veranstaltungen. Ehemalige internationale Starter aus der DDR-Meisterschaft fanden sich ebenfalls immer öfter im sogenannten FIA Cup wieder.

In der DDR folgte auf die PR-Anstrengungen einiger Veranstalter, die – mit Ausnahme von Schleiz – immer mehr unter Zuschauerschwund litten, ein leichter Anstieg in der Beteiligung von westlichen Startern an den Meisterschaftsrennen. Mit Freddy Kottulinsky und Rolf Gröndahl (Schweden), René Scalais (Belgien), Miklos de Sorgo (Ungarn) und Arthur Frischknecht (Schweiz) waren das auch nach wie vor starke Konkurrenten für die DDR-Piloten. In einer Liste hatte sich offensichtlich sogar Niki Lauda mit einem McNamara-Ford einen Startplatz reserviert, den er aber nicht nutzte.

An der Gesamtsituation hatte sich auch 1970 nichts geändert, obwohl immer wieder an der DDR-Technik herumgebessert wurde. Allerdings schliefen die anderen auch nicht. Mit ihren Lotus-Ford, Brabham-Ford und Cooper-Ford waren auch 1970 Fahrzeuge am Start, die eigentlich als überlegen galten. Dennoch kam es immer wieder zu tollen Platzierungen der DDR-Sportler. Vor allem auf Strecken, die auf Grund ihrer Charakteristik nicht wirklich für derart schnelle Wagen geeignet waren, wie etwa die Autobahnspinne in Dresden-Hellerau. Auf dem Kopfsteinpflaster im »Karussell« (wo ich Hilfsstreckenposten war) musste auch der schnellste Wagen einen Gang runter schalten und da es keine Berge gab, war der Vorteil der Westwagen in Sachen Motorisierung nicht ganz so groß.

Für die zahlreichen DDR-Starter wurde auch 1970 wieder eine LK 2 ausgeschrieben. In Bernau begann die Saison gleich mal mit 25.000 Zuschauern. Die Leistungsklasse I der Formel 3 gewann Rolf Groendahl (Schweden) auf Brabham gefolgt von Ulli Melkus und Heinz Melkus beide auf Melkus-Wartburg. Das Rennen war durch einige Ausfälle gekennzeichnet. René Scalais (CH) und Wolfgang Küther zählten dazu. In der LK 2 gewann Joachim Willmann.

Erwähnenswert im Veranstaltungsverlauf war ein sehr spannendes Rennen bei den Rennsportwagen: Thassler, Findeisen und Mammitsch waren die Akteure mit ihren RS 1000 und lieferten sich harte Positionskämpfe.

Die Geschichte des RS 1000 ist umfangreich dokumentiert und daher lasse ich sie hier weg, auch wenn sie zu einem sehr erfolgreichen Motorsportevent der DDR gehörte und eng mit der Firma Melkus verbunden ist.

Auch beim Bautzner Autobahnrennen konnten die Veranstalter weit über 20.000 Zuschauer zählen.

In der LK I ging der Sieg an den SEG Wartburg unter dem Fahrer Manfred Berger. In der LK II siegte Siegfried Bubenick.

Zum nachfolgenden Lückendorfer Bergrennen, das noch einmal stattfand, waren außergewöhnlich viele Aktive angereist, obwohl Bergrennen eigentlich weniger beliebt waren.

Das Wetter am Veranstaltungsort schien den Veranstaltern des Lückendorfer Bergrennens einen Strich durch die Rechnung machen zu wollen. Einer Gewitternacht folgte ein wolkenverhangener Morgen und die Rennstrecke am Fuße des Zittauer Gebirges wies noch kurz vor Rennbeginn gefährlich regennasse Stellen auf. Zu allem Überfluss ging dann auch noch auf einem Teilstück der 4-km-Bergsprintstre-

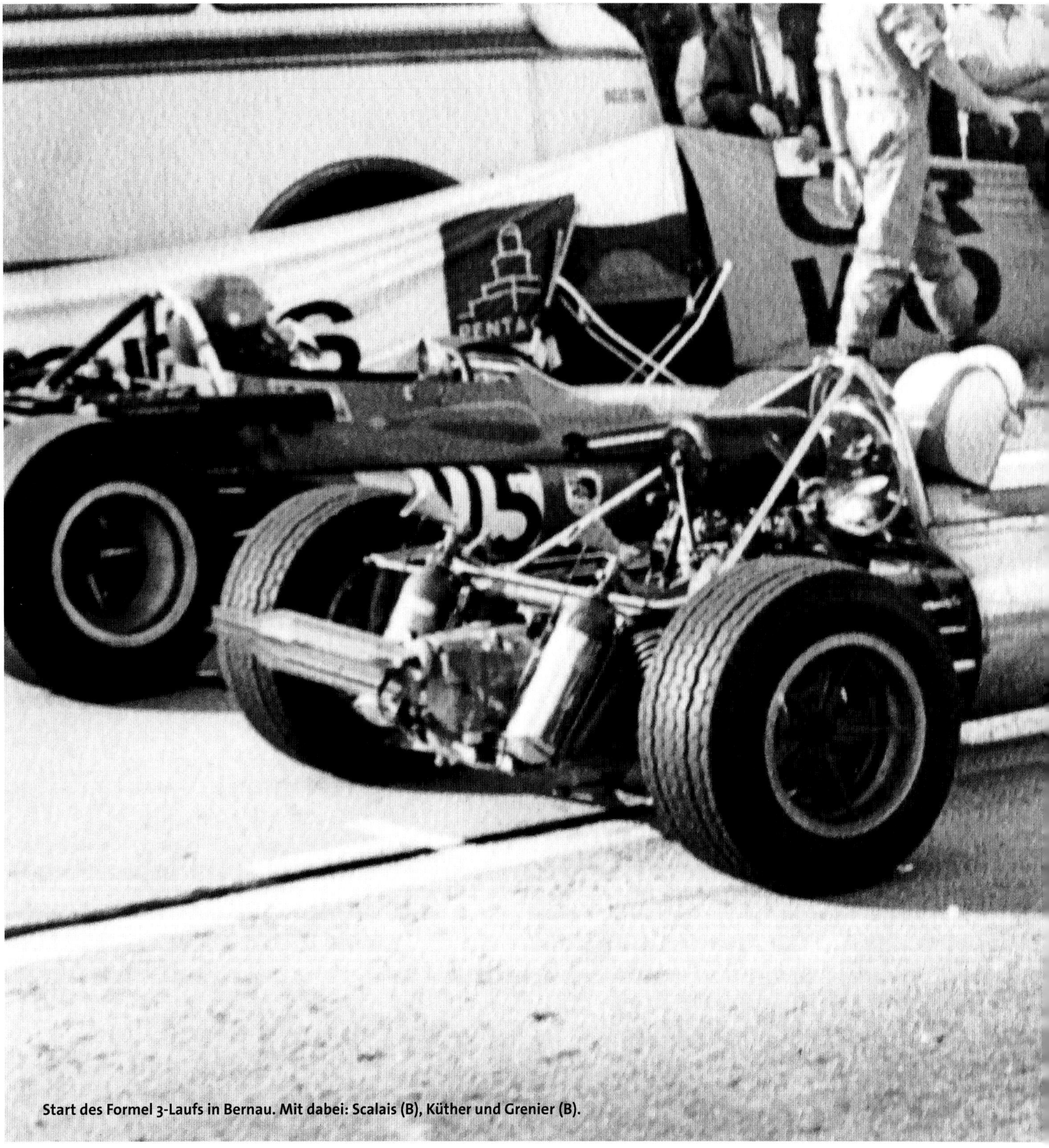

Start des Formel 3-Laufs in Bernau. Mit dabei: Scalais (B), Küther und Grenier (B).

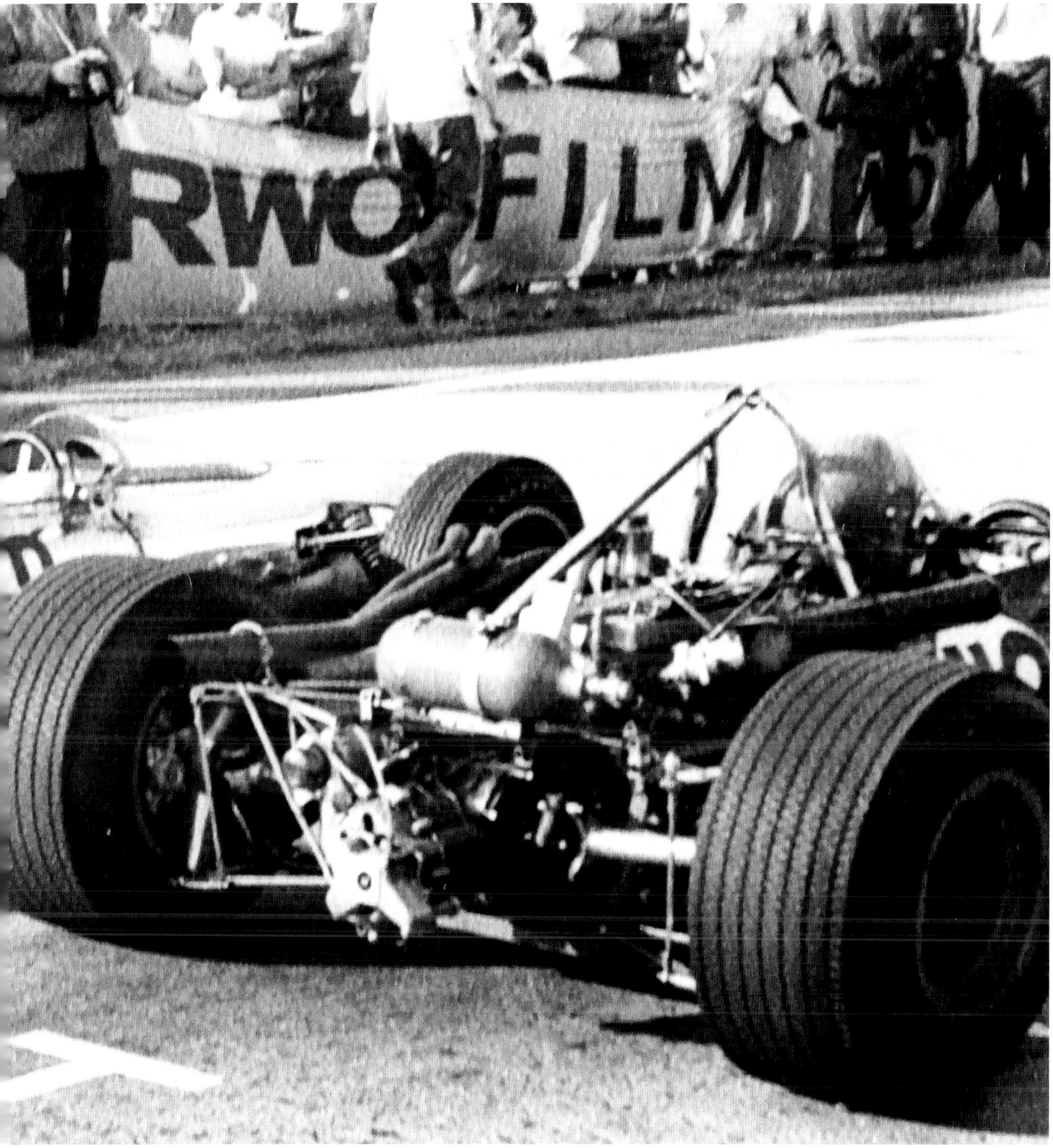
RWO FILM

cke mit ihrem Höhenunterschied von 290 m ein Regenschauer nieder. Dennoch pilgerten viele Tausend Zuschauer in den Lückendorfer Bergwald, um sich auf dem Straßenabschnitt zwischen dem Zittauer Ortsteil Eichgraben und dem Lückendorfer Forsthaus den harten Kampf gegen die Uhr anzusehen. Wohl keiner von ihnen brauchte sein Kommen zu bereuen, zumal sich auch das Wetter bald gebessert hatte. Die vom MC Robur Zittau, unter dem bewährten Rennleiter Albert Gärtner, nach einjähriger Pause wieder sehr gut organisierten Veranstaltung brachte in allen ausgeschriebenen Klassen spannende Kämpfe.

Wie üblich wurden zwei Läufe gefahren, deren Zeiten addiert das Gesamtergebnis bildeten. Eine Ausnahme gab es lediglich bei den Fahrern der Formel 3, die drei Läufe zu fahren hatten, von denen die beiden besten gewertet wurden.

Mit besonderem Interesse sahen die Rennbesucher den Läufen der Rennsportwagen Melkus RS 1000 entgegen, die nun erstmals auch in Lückendorf an den Start gebracht wurden. Die schnittigen Sportwagen fanden den ungeteilten Beifall der Zuschauer. Peter Frank Findeisen (MC Lockwitzgrund) errang in dieser Klasse einen überragenden Sieg, da der schnellste Wagen des ersten Laufes, gesteuert von Siegfried Anacker (MC Post Dresden), im zweiten Lauf ausgefallen war. Hier startete auch Helga Heinrich, die ehemalige Motorradpilotin (bekannt unter ihrem Mädchennamen – Helga Steudel). Sie belegte den vierten Platz. In der Leistungsklasse II der Formel 3 ging es um wertvolle Punkte zur Wertung für den Pokal des Präsidiums des ADMV der DDR. Hier lieferten sich Dieter Lindner (MC Betonwerke Dresden) und Günther Klinger (MC Post Leipzig), beide auf Melkus-Wartburg, einen Kampf auf Biegen und Brechen, den schließlich Lindner mit vier Zehntelsekunden Vorsprung für sich entschied.

Den DDR-Meisterschaftslauf der LK I gewann Klaus Peter Krause vom MC Gotha auf Melkus Wartburg überraschend vor Heinz und Ullrich Melkus (beide MC Post Leipzig). Frieder Rädlein, der DDR-Meister des Vorjahres, kam diesmal nur auf den neunten Platz.

Das Rennen am Kahlaer Berg war nicht für Formelwagen ausgeschrieben. Bei den Rennsportwagen siegte der Dresdner Peter Findeisen.

In Schleiz startete erstmals nach vier Jahren (1966 Debüt) wieder ein Pokallauf der sozialistischen Länder. Nach den Unfall-Erlebnissen mit dieser Rennserie war man in Schleiz nicht begeistert, aber man konnte eine erweiterte Internationalität dokumentieren.

Riesige Zuschauermassen verfolgten die Rennen auf dem Schleizer Dreieck. Der Pokallauf, der als Paul Greifzu-Gedächtnispokal ausgeschrieben war, wurde von den ausländischen Startern dominiert. Roland Salomon (CH) auf Tecno

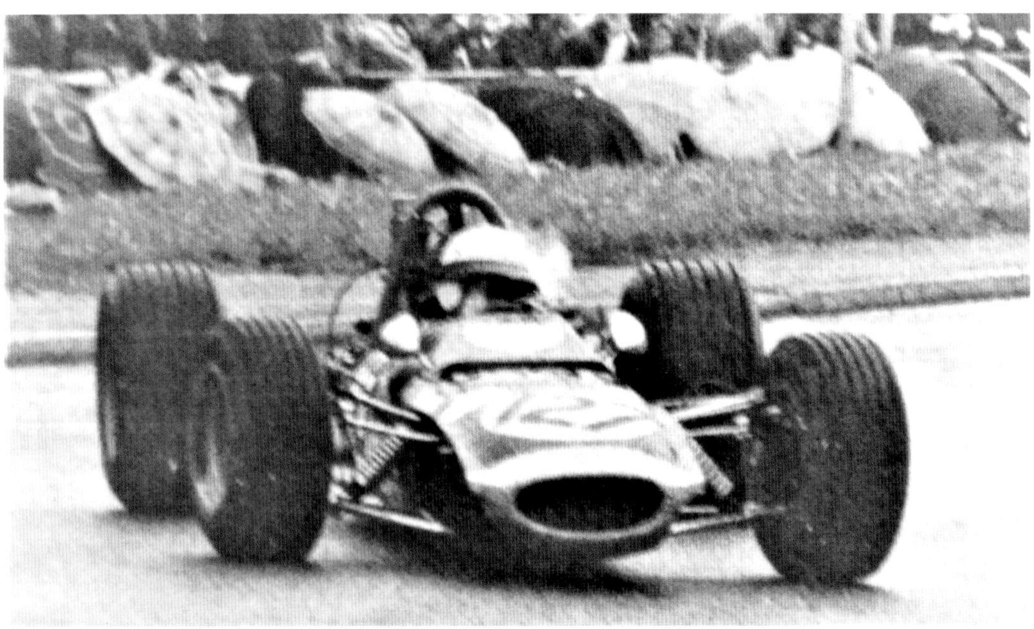

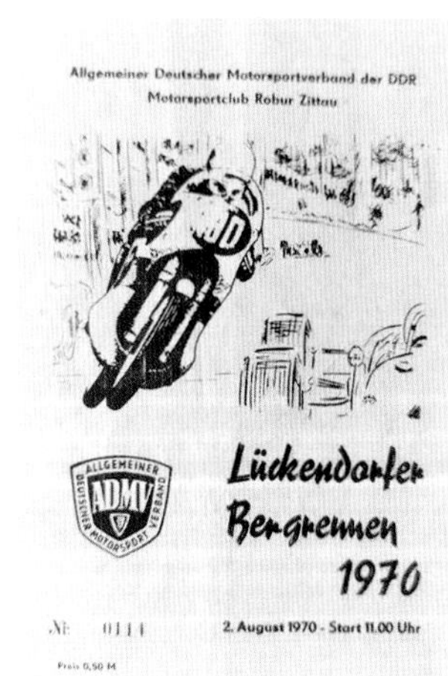

Roland Salomon (CH) im Techno-Ford (1970).

Ford gewann vor Vladislav Ondrejik (CSSR) auf Ford Lotus und Rudolf Gygax (CH) auf March 703 Ford.

Den anschließenden zweiten Lauf der Formel 3 dominierten die Tschechen Ondrejik und Hubacek mit den überlegenen Ford Lotus. Heinz Melkus und Ulli Melkus belegten Platz 4 und 5.

Für den Formel-Endlauf gab es getrennte Vorläufe unter den DDR-Fahrern und unter den internationalen Gästen. Der Vorlauf der F3 für die DDR-Fahrer sah 26 Starter auf der Piste. Zwischen den SEG- und Melkus-Wartburgs tobten sehenswerte Kämpfe.

Der Endlauf war dann reine Gästesache. Jörg Dubler (CH) gewann vor Salomon (CH) und Ondrejik (CSSR). DDR-Fahrer Heinz Melkus wurde Achter, Ulli Melkus Zwölfter und Wolfgang Küther fiel wegen Defektes aus.

Auf der nachfolgenden Dresdner Autobahnspinne verbrachten 18.000 Zuschauer ein hoch interessantes Rennwochenende. Allerdings vermochten weder die Motorrad-Lizenzfahrer noch die Wagenrennfahrer sich gegen die Gäste durchzusetzen: die waren wieder mal schneller, mit den Rennwagen sogar so schnell, wie niemand zuvor auf dem 5,3 km-Kurs bei Dresden-Hellerau.

Freddy Kottulinsky (Schweden), bisher schnellster auf dem Schleizer Dreieck, erreichte nun auch auf dem Autobahnkurs bei Dresden-Hellerau die höchsten Rekordmarken. Schon im Training am Sonnabend hatten die Schweden Kottulinsky und Gröndahl mit ihren Lotus-Wagen Zeiten gefahren, die neue Rekorde versprachen.

20 Wagen waren am Start, als es zum letzten und schnellsten Lauf des Tages ging. Die Strecke war wie bei allen Läufen des Tages trocken, aber böiger Wind machte den Fahrern zu schaffen. Die beiden Schweden gingen enorm schnell ab, gefolgt von Ulli Melkus, für den es hier um wertvolle Meisterschaftspunkte ging, wenn nicht gar um den Titel. Zwar führte Hans Peter Krause in der Wertung mit 22 Punkten und Ulli Melkus hatte nur 12 Punkte, aber ein Sieg konnte die Wende bringen.

Gröndahl und Kottulinsky jagten sich vorn, wechselten in der Führung ab, überrundeten bald die ersten Fahrer, bis Kottulinsky nach der achten Runde endgültig in Führung ging, in immer neuen Rekordrunden, so dass schließlich von den beiden schwedischen Sportlern dem gesamten Feld mindestens eine Runde abgenommen worden war. Acht Wagen blieben auf der Strecke, auch der von Heinz Melkus. Für Klaus Peter Krause vom MC Gotha war es hier nun darauf angekommen, wenigstens unter den ersten sechs Fahrern zu sein – denn schon mit einem einzigen Punkt war ihm der Titel des DDR-Meisters nicht mehr zu nehmen. Er bekam am Ende sogar drei und der Titel im Straßenrennsport der Saison 1970 war vergeben.

Freddy Kottulinksky (S) gewann auf seinem Lotus gefolgt von Gröhndahl (S), auch auf Lotus, und Ulli Melkus. Beachtlicher vierter wurde Peter Findeisen vor Frieder Rädlein.

Das Frohburger Dreieckrennen wurde wegen zweier schwerer Unfälle mit Todesfolge bei den Motorradfahrern abgebrochen.

Rennen und Ergebnisse 1970

Rennen zur Formel 3-Meisterschaft in der DDR

Rundstreckenrennen	**Bergrennen**
• Bernau	• Lückendorf
• Bautzen	• Kahla
• Schleiz	
• Dresden	
• Frohburg	

Ergebnisse der Formel 3-Meisterschaft der DDR
Sieger: Klaus Peter Krause, Melkus 64 Wartburg
Zweiter: Ulli Melkus, Melkus 64 Wartburg
Dritter: Manfred Berger, SEG II Wartburg
Vierter: Heinz Melkus, Melkus 64 Wartburg
Fünfter: Peter Findeisen, Melkus 64 Wartburg

Leistungsklasse II
Sieger: Siegfried Bubenik, Melkus 64 Wartburg
Zweiter: Manfred Lesche, Melkus 64 Wartburg
Dritter: Dieter Lindner, Melkus 64 Wartburg
Vierter: Frank Hausmann, Melkus 64 Wartburg
Fünfter: Günter Klinger, Melkus 64 Wartburg

Formel 1-Weltmeisterschaft 1970
Sieger: Jochen Rindt (OE) Lotus-Ford
Zweiter: Jacky Ickx (B) Ferrari
Dritter: Clay Reggazzoni (CH) Ferrari

Die Rennsaison 1971

Ausschlaggebend für die Ereignisse des Jahres 1971 waren internationale Entwicklungen. Wie bereits in der Zeit der Ablösung der 500 ccm-Motoren der alten Formel 3, gab es in jenem Jahr eine Menge Befürworter für eine erneute Erhöhung der Motorenleistungen. Diese Tendenz kam zwar nicht aus der DDR, sie wurde aber sogar von anderen östlichen Ländern unterstützt.

Sicherlich bestimmten auch kommerzielle Interessen die Entscheidungen der FIA. In den zurückliegenden Monaten um den Jahreswechsel 1970/71 waren Reglements-Änderungen in der Formel 3 mehr oder weniger stillschweigend durchgesickert. So löste man sich von der vorgeschriebenen Vorschrift des Ausschlusses oben liegender Nockenwellen und setzte die Einvergaser-Regelung außer Kraft.

Es folgte pro forma die Freigabe aller 1300 ccm-Motoren nach Homologation der Gruppe A mit 5000 hergestellten Serienfahrzeugen. Das hätte zwar das Aus für den Wartburg-Motor bedeutet, aber Skoda, Shiguli, Dacia und Polski/Fiat fertigten passende Aggregate. Mit Beginn des Jahres 1971 wurden nun sogar 1600 ccm-Motoren in der Formel 3 erlaubt.

Das war ein Schicksalsschlag gegen den DDR-Formelrennsport, weil es zu diesem Zeitpunkt im gesamten sozialistischen Lager keinen verwendbaren 1600er-Motor gab. Ganz davon zu schweigen, dass selbst 1300er-Motoren noch in den Kinderschuhen der Formel 3 der DDR steckten.

Zwar wurden 1971 die angesagten Rennen weiterhin nach altem Reglement zu Ende gefahren, aber die alte Formel 3-Sonne ging auch in der DDR bereits langsam unter.

In der LK I waren zwischenzeitlich nahezu alle Motoren auf 1100 ccm aufgebohrt und entsprachen den noch gültigen FIA-Bestimmungen. Allerdings machte die Standfestigkeit dieser Technik erhebliche Probleme.

1971 gab es nur noch einen Wagen mit einer 80er-Startnummer – den von Heinz Melkus.

Manfred Brettschneider und Siegfried Scholz hatten die Fahrerhandschuhe an den Nagel gehängt. Frieder Rädlein und Peter Findeisen fuhren nur noch in der RS 1000-Klasse.

Auf der Bernauer Schleife gelang Heinz Melkus im ersten Rennen ein Sieg vor Klaus Peter Krause und Wofgang Küther. Alle drei konnten somit den Belgier René Scalais schlagen, der eigentlich favorisiert war. Einen Abstecher zu den Rennsportwagen machte zwischenzeitlich Ulli Melkus, der diesen Lauf gewinnen konnte.

Leider zeigte sich das Wetter in Bernau, wie schon so oft im Verlaufe der letzten Jahre, von der denkbar schlechtesten Seite. Damit war die Zuschauerresonanz bescheiden.

Es folgte im Juli das Bautzener-Autobahnringrennen. Gewitterwolken, Nebelschwaden und schwüle Hitze gaben alles andere als ein gutes Rennwetter ab. Dennoch kamen immerhin 28.000 Zuschauer an die Strecke.

Gemeinsam mit Sportlern aus Schweden, Finnland, Dänemark und Nordirland bot die Veranstaltung aus Motorrad- und Autorennen wieder einmal sehenswerten Sport,

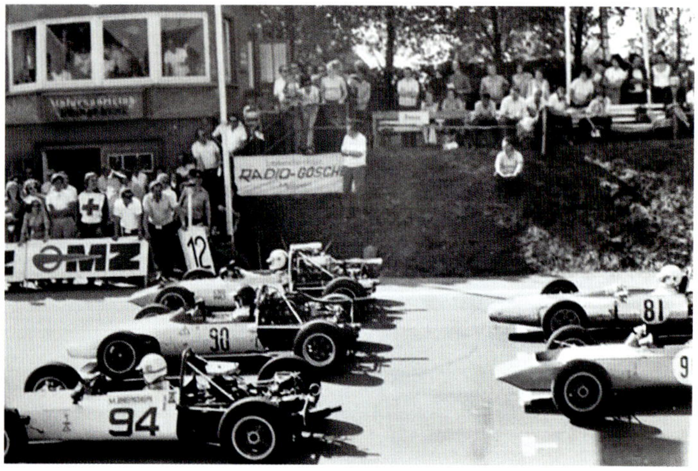

Berger, Krug, Küther und Melkus am Start des Frohburger Dreiecks.

wobei bei den Formel-3-Rennen offensichtlich keine Ausländer am Start waren. Heinz Melkus gewann dieses Rennen vor dem langsam immer stärker werdenden Wolfgang Küther und Manfred Bubenick.

Durch die Absage des Lückendorfer Bergrennens ging es als nächstes nach Schleiz. Auf dem 48 Jahre alten Rennkurs demonstrierten 50.000 Zuschauer die nach wie vor anhaltende Begeisterung der DDRler für den Motorsport. Die Schleizer hatten ein ausgesprochenes Mammutprogramm aufgestellt: Es gab sechs Motorrad- und sieben Wagenläufe mit Rennwagen der Formel 3 bis 1600 ccm, mit Rennsportwagen (RS1000) und mit Tourenwagen (bis 850 ccm und 1150 ccm).

Zwischen den Rennen ließ heftiger Regen immer wieder schwierige Verhältnisse entstehen, die aber alle unfallfrei verliefen. Das interessanteste Rennen war zweifellos der internationale Lauf der Formel 3, der gleichzeitig Schlusslauf des Tages war und auf wieder abgetrockneter Piste ausgetragen wurde. Hier war noch einmal europäische Spitzenklasse, vor allem aus der Schweiz und aus Schweden, am Start. Enorm schnelle Wagen mit Vierzylinder-Viertakt-Einspritzmotoren von 1600 ccm mit je zwei obenliegenden Nockenwellen brachten 125 bis 135 PS bei 6500 bis 7000 U/min auf die Straße und ließen den fünf DDR-Startern nicht die Spur einer Chance. Sie fuhren mit ihren 1100 ccm und 90 PS quasi außer Wertung.

Allesamt wurden sie von den wie entfesselt tobenden Boliden der westlichen Starter zweimal überrundet: Rückstand mehr als neun Minuten.

Den internationalen Formel-3-Lauf machten Schweizer, Schweden und Belgier unter sich aus. Achtbar schlug sich hinter Kottulinsky, Svensson und Andersson Wolfgang Küther der als achter und mit zwei Runden Rückstand die Ziellinie überquerte. Das reichte ihm immerhin für den Gewinn der Meisterschaft der DDR.

Unter anderem fuhr in diesem Rennen damals ein Karl Wendlinger aus Österreich im Feld mit, der aber nicht der später bekannten F1-Fahrer war. Die Teilnehmer aus der UdSSR auf ihren Estonia waren komplett abgeschlagen. In der LK II dominierte Joachim Willman vor Lothar Schmidt und Kurt Klotz.

Beim nachfolgenden Rennen vor 25.000 Zuschauern auf der Autobahnspinne in Dresden-Hellerau zeigte Wolfgang Küther wieder einmal, dass er zu den absoluten Spitzenfahrern der DDR gehörte. Das Rennen gewann zwar Kottulinsky (S) auf Lotus 69/BMW vor Georges Grenier (B) auf Tecno-Ford, aber dann stand der Dresdner schon mit auf dem Treppchen.

Kottulinsky war vom letzten Startplatz gestartet und hatte schon in Runde neun den zweiten Grenier erreicht. Kurz darauf zog er vorbei. Leider musste das Rennen wegen eines Unfalls mit Zuschauerbeteiligung abgebrochen werden. Die LK II gewann Christian Gallus.

Den Jahresabschluss bildete das Frohburger Dreieckrennen an dem 20.000 Zuschauer Gefallen fanden, obwohl es kalt und regnerisch war. Auch diesmal fuhr Küther wieder an der Leistungsgrenze und gewann relativ locker vor Klaus Peter Krause und Heinz Melkus. Ulli Melkus wurde vierter. In der LK II gewann dieses Mal Werner Eschrich.

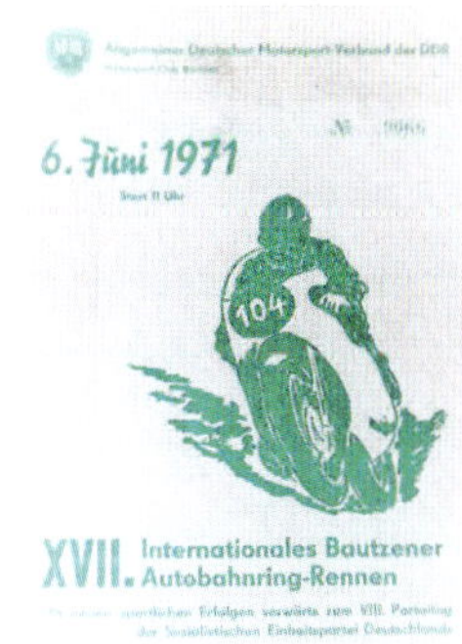

Während in der DDR noch alles nach altem Muster verlief, bekam in der Bundesrepublik Deutschland 1971 die neue Formel 3 Rückenwind durch die Ausschreibung des »ADAC-Preises für Formel 3«. An diesen Rennen konnten DDR-Fahrer aber von Staats wegen nicht mehr teilnehmen, selbst wenn sie gewollt hätten.

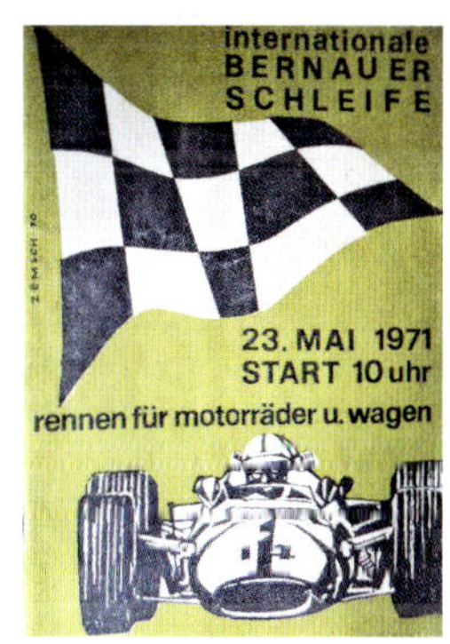

Bemerkenswert waren in den Starterlisten des ADAC-Preises Namen wie Freddy Kottulinsky, James Hunt, Jo Vonlanthen, Harald Ertl und Randy Lewis.

Eigentlich mussten Ende 1971 seitens der Sporthoheit des ADMV dringend Entscheidungen getroffen werden, die eine Neuorientierung des Formelsports betrafen. Diese ließen aber auf sich warten. Daher trieb die gesamte Szene auf einen luftleeren Raum zu. Niemand dachte ernsthaft darüber nach, auf die Dauer mit den alten Motoren weiter an internationalen Rennen teilnehmen zu wollen und dabei noch erfolgreich sein zu können. Die Konkurrenzsituation war im Laufe der Zeit immer aussichtsloser geworden.

Dazu kam, dass wieder einmal eine wichtige Rennstrecke im DDR-Rennsport verschwand: Ende 1971 wurden die

Rennen auf der Dresdner Autobahnspinne eingestellt. Nach meinen Recherchen wurde das damit begründet, dass man nicht jedes Mal den stetig steigenden Autobahnverkehr der letzten Jahre umleiten könne, weil sich das Unfallrisiko auf den Ausweichstrecken erhöhe. Das war natürlich Quatsch, denn in Bautzen endete die noch vom Krieg zerstörte Autobahn Richtung Polen sowieso.

Dennoch wurde die Entscheidung mehr oder weniger respektvoll akzeptiert. In Wirklichkeit lagen seitens der DDR-Regierung, des Olympischen Komitees sowie des Sportbundes der Deutschen Demokratischen Republik bereits Pläne vor, die einschneidende Einschränkungen für den Sportverkehr und die Sportförderung bringen sollten. Neben anderen Sportarten war der Straßenrennsport massiv davon betroffen.

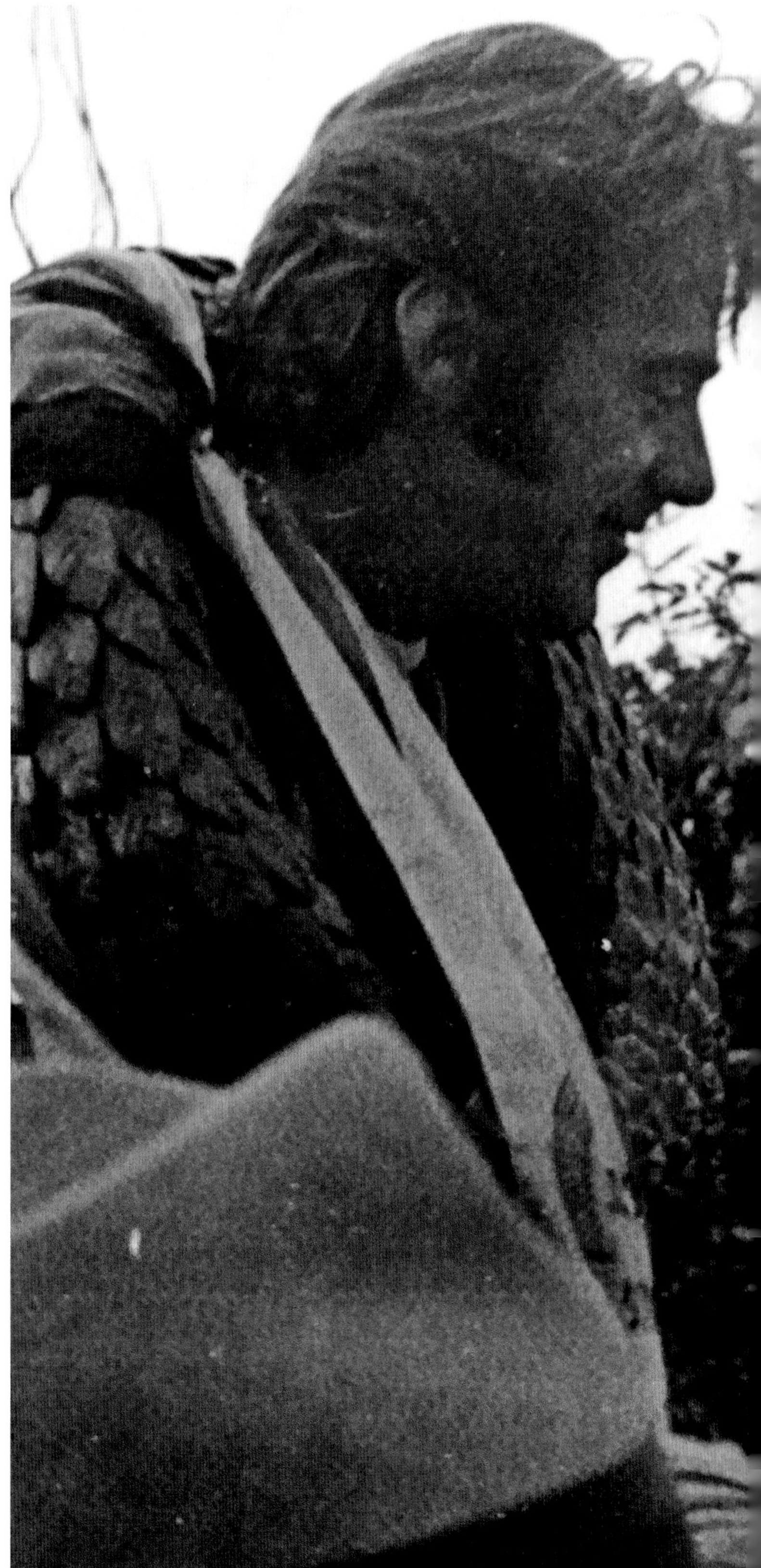

Rennen und Ergebnisse 1971

Rennen zu Formel 3-Meisterschaft der DDR

- Bernau
- Bautzen
- Schleiz
- Dresden
- Frohburg

Ergebnisse der Formel 3-Meisterschaft der DDR

Sieger: Wolfgang Küther Melkus 64 wartburg
Zweiter: Heinz Melkus Melkus 64 Wartburg
Dritter: Klaus Peter Krause Melkus 64 Wartburg
Vierter: Ulli Melkus Melkus 64 Wartburg
Fünfter: Manfred Berger SEG II Wartburg

Leistungsklasse II

Sieger: Lothar Wolf SEG II Wartburg
Zweiter: Kurt Rolapp SEG II Wartburg
Dritter: Joachim Willmann Melkus 64 Wartburg
Vierter: Günter Klingner Melkus 64 Wartburg
Fünfter: Christian Gallus Melkus 64 Wartburg

Formel I Weltmeisterschaft 1971

Sieger: Jacky Steward (GB) Tyrell-Ford
Zweiter: Ronnie Petersson (S) March Ford
Dritter: Francois Cevert (F) Tyrell Ford

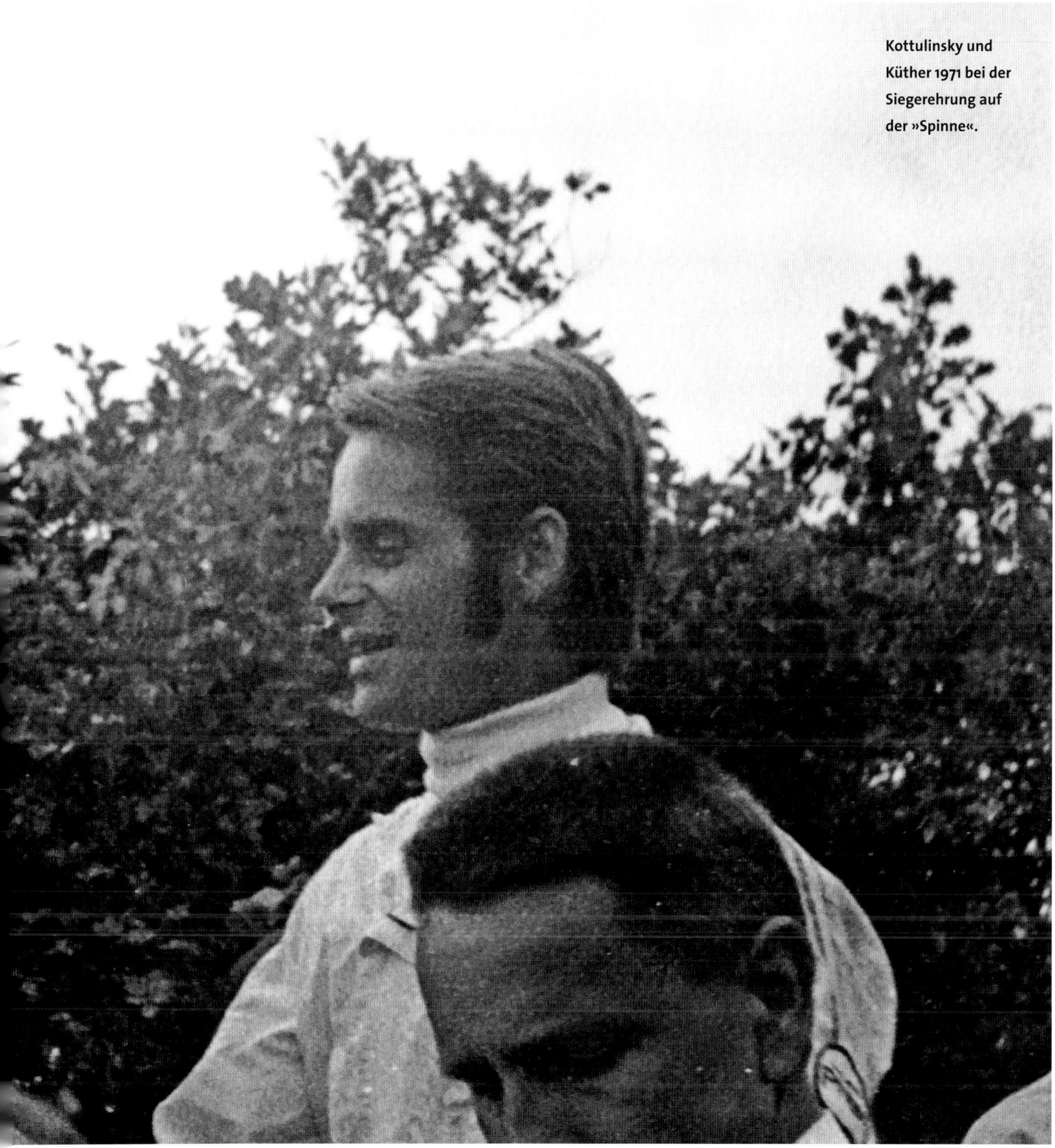

Kottulinsky und Küther 1971 bei der Siegerehrung auf der »Spinne«.

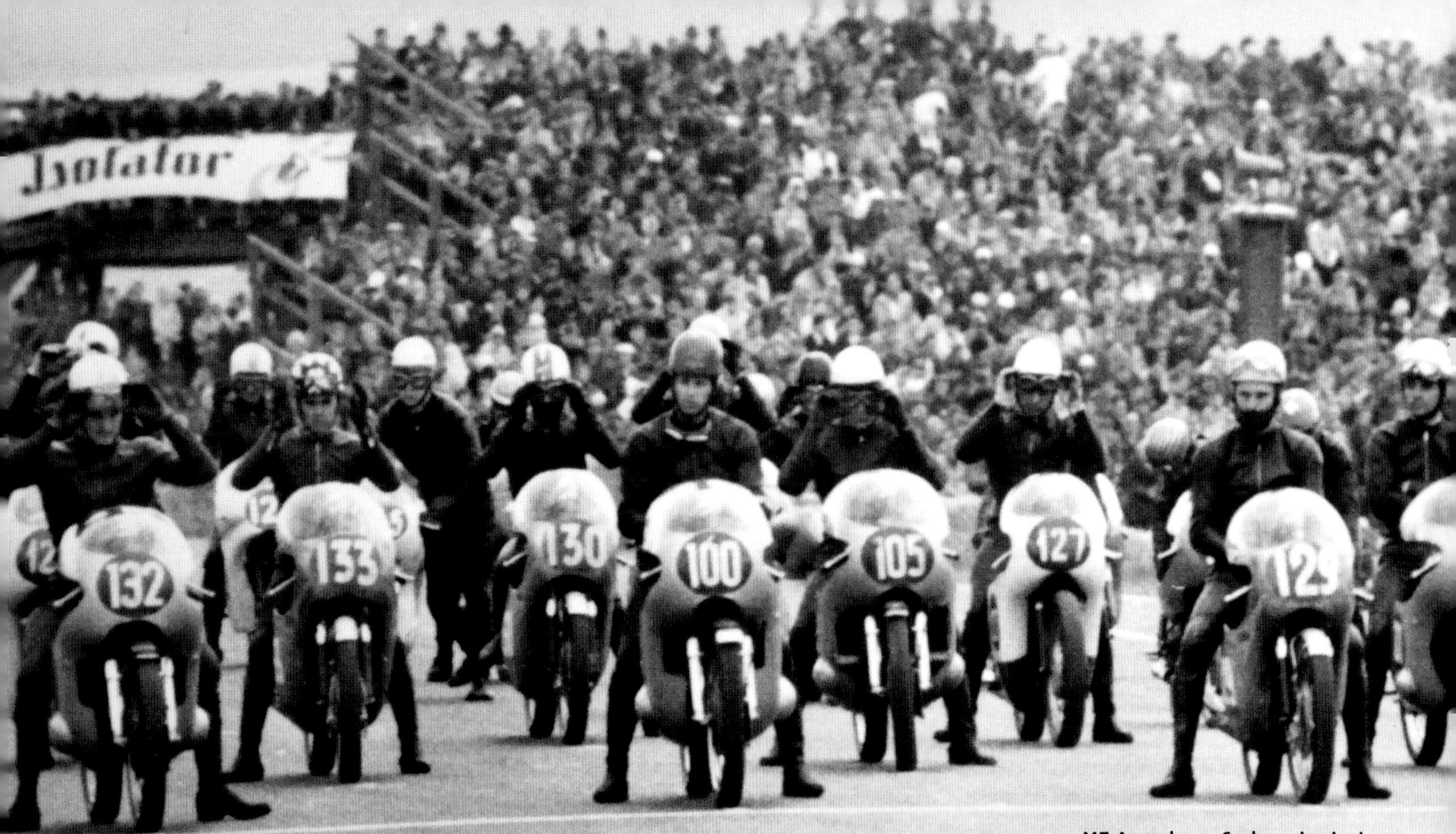

MZ-Armada am Sachsenring in der ersten Startreihe. Unter den Fahrern waren Hailwood, Shepard und Enderlein.

Die Motorrad-Rennszene der DDR

Zur Motorradrennsportszene des voran geschilderten Zeitabschnittes gibt es ähnliches zu berichten wie über die Automobilsportler.

Da es zu diesem Zeitpunkt noch keine offizielle werksmäßige Rennentwicklung in Ostdeutschland gab, war es zahllosen Privatinitiativen zu verdanken, dass die Motoren wieder heulten.

Im ehemaligen DKW-Werk in Zschopau arbeitete allerdings ein Kollektiv unter Leitung von Ingenieur Kämpf in Feierabendarbeit an der Rennmodifizierung der 125er IFA DKW.

Hermann Scherzer und Erhardt Krumpholz fuhren dieses Gefährt auf die ersten Plätze der Wettbewerbe jener Zeit.

Selbst in der gemeinsamen deutschen Meisterschaftswertung 1948/49 erreichten die RT-Maschinen beachtliche Platzierungen. Beispielsweise errang Andreas Ellmann einen 4. Platz beim 1. Meisterschaftslauf in Hannover.

Schon damals war absehbar das der Motorradsport mehr Zuspruch finden würde als der Formelrennsport. Das hing zum einen damit zusammen, dass der »Normalbürger« ja eher wieder zu einem Zweirad als zu einem Auto kommen würde und zum anderen damit, dass die Motorradindustrie der jungen DDR insgesamt bessere Entwicklungsmöglichkeiten hatte als die Automobilbranche.

Der Motorradrennsport der DDR

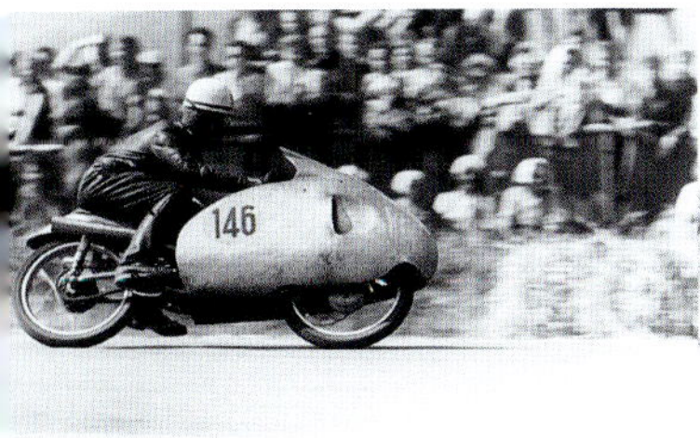
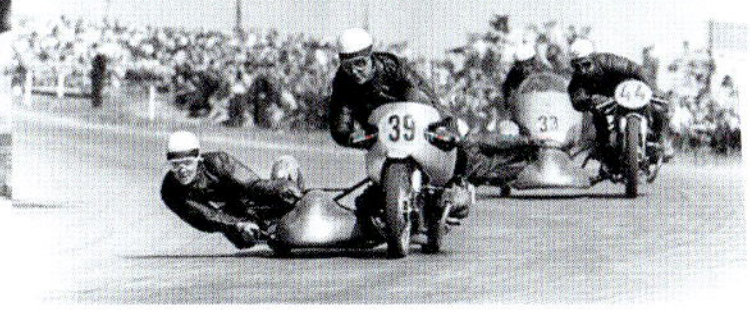
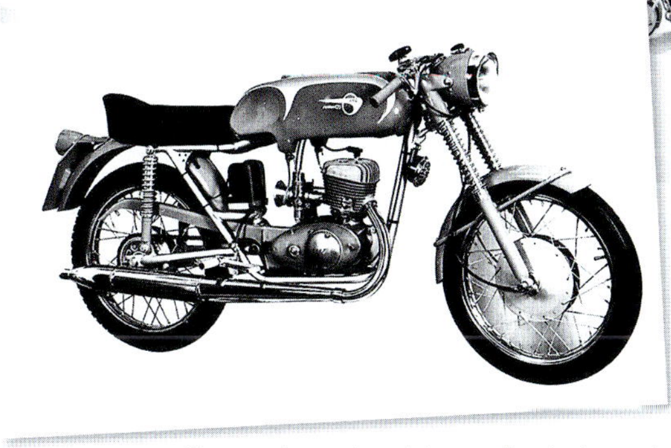
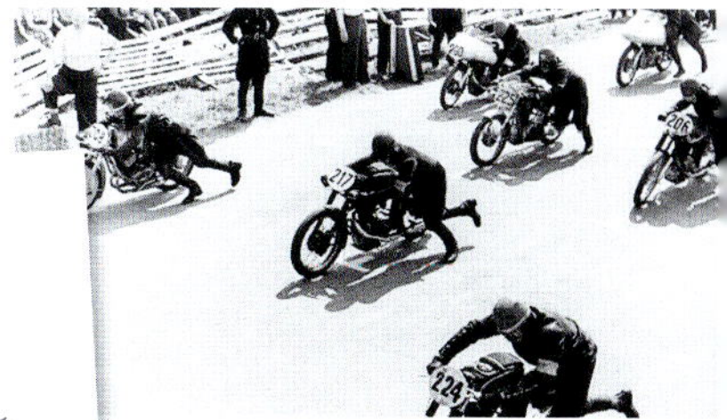

Ich kann dieses Kapitel nicht beenden, ohne ein Wort zu den Erfolgen der Motorradrennsportler zu schreiben – auch wenn es nicht das eigentliche Thema des Buches ist und ich deshalb nicht allzu tief in die Details gehen werde.

Im vorgenannten Zeitraum leisteten Industrie und private Akteure in der DDR in eigener Initiative Bemerkenswertes, um im Motorradrennsport internationalen Maßstäben gerecht zu werden.

Bereits 1950 lag eine RT 125 auf dem dritten Platz des Gesamtklassements der Deutschen Meisterschaft.

Die Sportfreunde Helmut Eisner und Kurt Noack brachten immer wieder schnelle Maschinen an den Start. Aber in vorderster Linie bestimmten Fahrer wie Ernst Petruschke, Horst Fügner, Dietmar Krumpholz und Christian Haase das Geschehen in der 125er-Klasse.

Mit Ernst Petruschke war einer der gestandenen Männer der Vorkriegsjahre aktiv. Er konnte die größten Erfolge jener Zeit verbuchen.

Schon 1935 war er einer der erfolgreichsten Privatfahrer in der 350er-und 500er-Klasse. Später fuhr er mit Vertrag für NSU und wurde 1938/39 mit DKW-Vizeeuropameister in der 250er-Klasse.

Auch Dietmar Krumpholz gehörte als ehemaliger Lizenzfahrer von BMW zu den alten Haudegen der Ost-Motorradrennsportszene.

In den großen FIM-Klassen dominierten in der 250 ccm-Klasse DKW-Ladepumpenmaschinen und Vorkriegsmodelle von Puch. Die 350 ccm-Klasse war die Domäne ausländischer Marken und Fahrer. Lediglich die Karl-Josef Kutil und Rudolf Krause konnten hin und wieder mit ihren frisierten Serienmodellen von DKW und Zündapp Paroli bieten.

BMW und NSU bestimmten das Bild in der 500 ccm-Klasse in der Sportfreund Wünsche mit seiner Norton zeitweise erfolgreich mitfuhr. In den Rennen der Seitenwagengespanne (ausschließlich BMW) hatten die Ostaktiven gegenüber den Werksfahrern nur wenige Chancen. Also galt das Augenmerk den kleinen Maschinen.

Die 125er RT stellte das Ausgangsprodukt für die nachfolgenden Entwicklungen dar. 1952 fuhr Petruschke mit der von Daniel Zimmermann frisierten Maschine das Feld der 125er in Grund und Boden. Diese Ergebnisse ließen den Entschluss reifen, in Zschopau werksmäßig Renntechnik zu produzieren. In jenem Jahr wurde die PS-Ausbeute von sechs auf neun PS gesteigert. Der Einsatz eines Flachdrehschiebervergasers machte sogar elf PS möglich.

Im Auftrag des Ministeriums für Maschinenbau (Hauptverwaltung Automobil-Traktorenbau) wurde 1953 in Zschopau eine Rennabteilung gegründet. Unter Leitung von Walter Kaaden entstanden in der Folgezeit zehn Rennmaschinen des Typs ZPH 125. Dieser Motorradtyp zählte zu den erfolgreichsten Rennmaschinen Anfang der 50er-Jahre.

Mit Hilfe des Luckenwalder Kfz-Meisters Daniel Zimmermann, der sich große Verdienste um die technische Entwicklung der späteren MZ erwarb, wurde die ZPH unter Petruschke Sieger beim GP der CSSR und Zweiter beim GP von Ungarn. Noch 1950 zeigte die deutsche Rennsportmeisterschaft ein deutliches Übergewicht von Fahrern aus der BRD – aber dieses Bild sollte sich in den Folgejahren rasch ändern.

Von den Erfolgen der Zschopauer inspiriert begann man auch in Suhl ein Jahr nach der Aufnahme der Serienproduktion der AWO 425 in Rennsportdimensionen zu denken.

Der Kraftfahrzeugschlosser Werner Strauch wird heute noch als einer der Väter der ersten zwei Exemplare der AWO 250 RS angesehen und er erwarb sich in den nachfolgenden Jahren einen ungebrochenen Ruf, der sich noch heute in der Wertschätzung aller AWO-Freunde widerspiegelt.

Das staatliche Komitee für Körperkultur und Sport bestellte bei Simson 1953 15 Rennmaschinen. Die sehr wartungsaufwendigen und komplizierten Motoren wurden anfangs ausschließlich von Werksfahrern wie Hans Weinert bewegt und von der Versuchsabteilung betreut.

Modifikationen der AWO (Simson) ließen 1956 die 250er-Zweizylinder, 1959 die 350er-Einzylinder und einige andere Sondermodelle entstehen. Auf internationalem Parkett gelang den Suhler Maschinen allerdings nie ein Durchbruch, weshalb 1959 die Sportentwicklungen eingestellt wurden. Zwei Jahre später endete sogar die Serienproduktion.

Nach dem Ende der Simson-Maschinen richtete man im Motorradrennsport das Augenmerk auf die 125 ccm-Motorräder und damit lag die Verantwortung bei den Entwicklern, Technikern und Fahrern des Motorradwerks Zschopau. In Auswertung der 1953er-Saison gelang es kurzfristig 1954 mit einer Einzylinder-Zweitakt-Drehschiebermaschine an den Start zu gehen. Dieses Motorrad brachte bei 125 ccm Hubraum immerhin 15 PS auf die Straße und war 150 km/h schnell. In Schleiz probierte man sogar eine 250 ccm-Version.

Das Jahr 1955 brachte eine weitere Kultivierung des Renn-Zweitakters. Auf dem Autobahnkurs von Dessau wurde erstmals ein neues Fahrgestell ausprobiert, das in dieser Form (Doppelrohrrahmen, Schwinge hinten/vorn, Änderung des Radstandes) bis 1958 verwendet wurde. Gleichfalls neu waren Getriebe und die Vollverkleidung.

Die kontinuierliche Leistungsentwicklung der 125er-Maschine und die versuchsweise Optimierung der 250er ermöglichten 1958 den Schritt auf das WM-Parkett. Mit einer 36 PS-Rennmaschine, gefahren von Horst Fügner, wurde MZ auf Anhieb Vizeweltmeister. Bei den WM-Läufen in Assen,

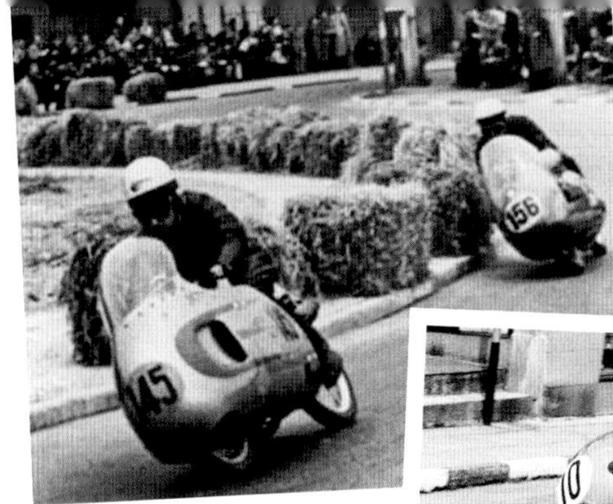

Horst Fügner, 250-cm³-Vizeweltmeistertitel 1958.

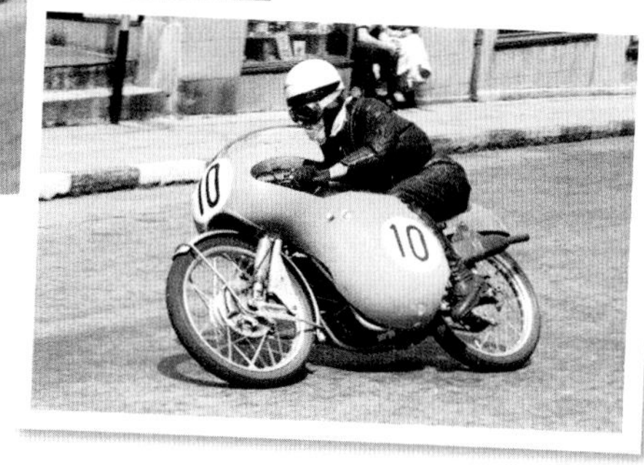

Ernst Degner im Jahr 1959.

Hedemora, Monza und auf dem Nürburgring lieferten sich die DDR-Fahrer heiße Kämpfe gegen die italienische Elite mit Fahrern wie Praviani und Ubbiali. Die Mühen des kaum drei Dutzend Menschen zählenden Technikerkollektivs bei MZ hatten sich gelohnt.

Mit Luigi Taveri (Schweiz) war 1958 auch der erste Fahrer aus dem Ausland für MZ unterwegs. Viele technische Änderungen und Verbesserungen machten die Maschinen in der Folgezeit immer konkurrenzfähiger. Die neue, nach FIM-Reglement gestaltete Kanzelverkleidung, der Leichtguss-Motorblock, die Telegabel vorn und das Sechsgang-Getriebe machten das Bild der MZ-RE-Typen in aller Welt bekannt.

Ab 1959 übernahm MZ auch die Betreuung verschiedener Privatfahrer. Weitere Erfahrungen flossen in die Arbeit ein und bald standen auch weitere neue Fahrer zur Verfügung.

Die erste Generation der Herren Petruschke, Krumpholz und Haase hatte Mitte der 1950er-Jahre das Zepter an solche Asse wie Horst Fügner, Walter Brehme, Werner Muschiol und Ernst Degner übergegeben. Dabei zeigte sich, dass die schnellen Maschinen mit ihren spezifischen Fahreigenschaften auch erst einmal gefahren werden wollten. Nicht jedem gelang auf Anhieb der große Wurf.

Mit hervorragenden Platzierungen gelang es 1959, die italienische Konkurrenz selbst in Monza zu schlagen. Sowohl die 250er- als auch die 125er-MZ-RE boten Spitzenleistungen. Dann riss der Sturz von Horst Fügner in Spa-Francorchamps MZ aus allen Träumereien. Man verlor den besten Fahrer im Team, der zwar nach langem Ringen am Leben blieb, aber keine Rennen mehr fahren konnte. Ernst Degner blieb der einzige nationale Stammfahrer bei MZ. Der zeitweilige Einsatz von ausländischen Fahrern wie Hinton, Minster (1959), Anderson, Cladwick, Crooks, Dale Hocking und Hemplemen (1960) erwies sich nur als Teilerfolg.

Die zweite Phase des Motorradrennsports

1960 war die MZ-RE 125 die schnellste Maschine der Welt, auch wenn sie keinen offiziellen Weltmeistertitel errang. Die Ursachen für dir fehlenden Rennerfolge lagen sowohl in fahrerischen wie auch in politischen Problemen: Der Kampf gegen MZ nahm teilweise unsportliche Dimensionen an.

Zu Rennen in den NATO-Staaten bekamen die DDR-Fahrer oft keine Einreisegenehmigung oder sie wurden anderweitig diskriminiert, so dass es zu Punkteinbußen wegen fehlender Rennen kam. Diese Praxis setzte sich bis 1964 fort.

1961 fand auf dem Sachsenring der 1. Weltmeisterschaftslauf für den Motorradrennsport in der DDR statt. Das Zuschauerinteresse war überwältigend und die Rennen waren spannend wie lange nicht. Das war das Jahr, als Ernst Degner mit seine 125er-MZ-RE eine unglaubliche Spitzengeschwindigkeit von 200 km/h fuhr und den WM-Titel so gut wie in der Tasche hatte.

Die greifbare Krönung der Zschopauer Arbeit zerstörte aber ein überdrehter Motor, der zur Rennaufgabe zwang. Die Behauptung, dass Ernst Degner diesen Schaden vorsätzlich herbeigeführt habe, dürfte wohl dem Propaganda-Unwesen der SED zuzuschreiben sein: Kein Sportler setzt einen Weltmeistertitel leichtfertig aufs Spiel, vor allem dann nicht, wenn er damit der Held der Nation geworden wäre. Die nachfolgende negative Darstellung der realen Sachverhalte war aber mit Sicherheit die Retourkutsche für die nachfolgende Republikflucht von Degner, der so vermutlich seine Unversehrtheit gerettet hat und ewigen Schikanen entgangen ist.

Trotz dieser Niederlage baute man in Zschopau weiter Rennmotorräder. Verstärktes Augenmerk galt Anfang der 1960er-Jahre der 250er RE. Als Werksfahrer wurden Werner Musiol, Walter Brehme, Werner Fischer und Lazlo Szabo angestellt. Gelegentlich fuhren Alan Shepard und Mike Hailwood die Zschopauer Maschinen.

Im sturzgespickten Jahr 1963, als in Opatija gleich drei Fahrer verunglückten, ging die Weltmeisterschaft der 250er an Jim Redmen auf Honda. Der 125er-Titel ging an Phil Anderson auf Suzuki. Damit waren die Japaner im Renngeschehen ganz oben angekommen, wo sie sich bis in unsere Tage bravourös halten.

Als 1964 Mike Hailwood auf dem Sachsenring mit der 250er RE die schnellsten Runden fuhr und erst durch einen Sturz ausschied, stand fest, dass die DDR-Motorräder in jener Zeit die Weltspitze verkörperten.

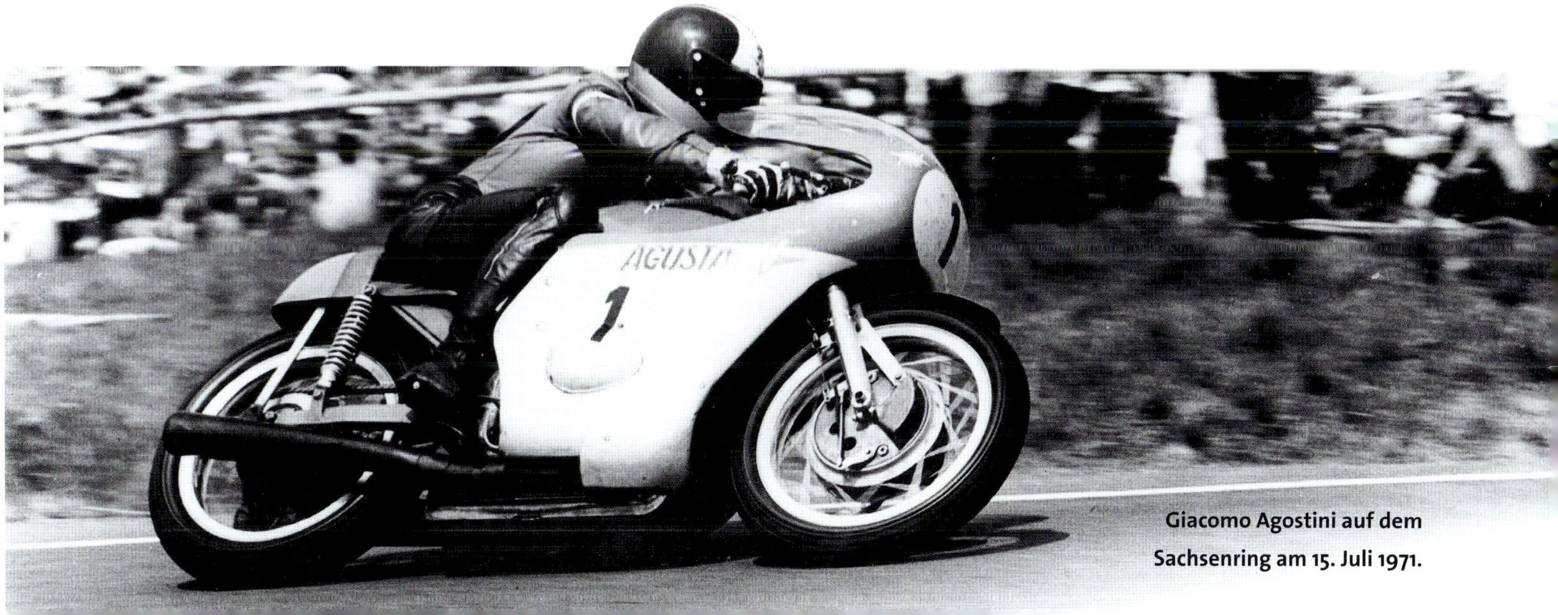

Giacomo Agostini auf dem Sachsenring am 15. Juli 1971.

1968 lieferten die Sportfreunde Enderlein, Rosner und Bartusch in der Klasse 250 ccm der Konkurrenz von MV Augusta und Yamaha heiße Kämpfe. Von 20 internationalen Läufen wurden in der Klasse bis 125 ccm neun Siege und in der Klasse 250 ccm ebenfalls neun Siege eingefahren. Alan Shepard belegte trotz aller Hindernisse den dritten Platz in der WM-Wertung.

Aber es kam die Zeit der bitteren Realität und mit ihr die Erkenntnis, dass Erfolge nicht automatisch programmiert sind. Die Leistungsgrenzen des 125 ccm Motors schienen ausgereizt, so dass man 1970 in Zschopau dessen Entwicklung einstellte und ausschließlich in der 250 ccm und teilweise in der 350 ccm Klasse aktiv blieb. Silvio Grasetti hieß der damals erfolgreichste Werksfahrer bei MZ.

Zwischenzeitlich hatten die Serienmotorräder von MZ den zivilen Markt in einer Größenordnung erobert, die den Aufwand im Rennsport rechtfertigten.

Mit den vorhandenen Mitteln waren aber neue große Erfolge kaum abzusehen und eine Erhöhung des Einsatzes war infolge der Sportpolitik der DDR nicht geplant. 1977 wurde die Straßenrennsportabteilung bei MZ geschlossen, die sportlichen Aktivitäten verlagerten sich auf die zahlreichen Privatfahrer in den Motorsportclubs des ADMV.

Es soll an dieser Stelle noch erwähnt werden, dass MZ in den Jahren 1963/64/65 den Six-Days-Pokal gewinnen konnte und dass trotz des Rückzugs aus dem Straßenrennsport auf diesem Gebiet noch längere Zeit erfolgreich agiert wurde.

Eine westdeutsche Zeitschrift schrieb Jahre später: »Keine deutsche Motorradfirma war so viele Jahre werksmäßig im Straßenrennsport engagiert und konnte die etablierte Konkurrenz so lange in Atem halten […].«

Am Ende der 1970er-Jahre ließ das Zuschauerinteresse merklich nach. Die Fans schneller Motorräder in der DDR waren eher zu Zaungästen an den europäischen Rennstrecken geworden und die internationale Beteiligung bei den Inlandsrennen nahm auch merklich ab.

Dies wendete sich erst etwas zum Besseren, als im sozialistischen Staatenbund die Pokalkämpfe für Frieden und Freundschaft ausgeschrieben wurden. Namen wie Friedhelm Kohlar, Jürgen Lenk und Hartmut Bischoff werden manchem Sportfreund noch gut in Erinnerung sein. Die Übermacht der jugoslawischen, tschechischen und ungarischen Fahrer mit ihrer Technik von Honda, Yamaha, Suzuki und CZ war allerdings erdrückend. Fahrer wie Drapal, Pintar, Lazo und Havrda standen nur allzu oft auf den Siegertreppchen.

Oft gingen die Zuschauer enttäuscht nach Hause, wenn trotz heißer Kämpfe die Eigenbautechnik der DDR-Aktiven in letzter Minute versagte. Aber dennoch blieben die Rennsportanhänger ein treues Publikum und nicht zuletzt motivierte diese Begeisterung wiederum die Techniker und Fahrer. Daher bedarf es einer besonderen Würdigung all der Aktiven, die in jenen Tagen nicht den Kopf in den Sand gesteckt haben und in unzähligen Arbeitsstunden um Anschluss an internationale Maßstäbe gerungen haben.

Günther Bartusch, Friedhelm Kohlar, Thomas Heuschkel, Hartmut Bischoff, Jochen Leitert, Walter Brehme, Klaus Enderlein, Jürgen Lenk, Gernot Weser, Ulli Grobe, Stefan Tennstädt, Frank Wendler, Günter Hösel, Roland Rensch, Michael Freudenberg, Jochen Holstein und die Gebrüder Brandenburger sollen hier nur stellvertretend genannt werden.

Letztendlich brachte dieses Bemühen in den zurückliegenden Jahren auch Erfolge. Mit dem 1. Platz von Johannes Kehrer im Pokal für Frieden und Freundschaft in der 250er Klasse und dem 3. Platz von Frank Rien in der 125er-Klasse (1988) ist das sogar mit Ergebnissen belegbar.

Nach der Wende driftete die Motorradszene leider restlos auseinander. Die Freigabe der Technik (bis dato war nur Osttechnik erlaubt) eröffnete zwar ungeahnte Möglichkeiten, aber sowohl die Finanzmisere als auch der angewachsene Leistungsverlust ließen nur wenige Erfolge zu. Die DDR-Sportler waren gezwungen, in die internationalen Klassen einzusteigen – zumindest für einige die neue Alternative.

Die Bemühungen des Sportfahrerverbandes e.V., die Motorradfahrer als eigenständige Gemeinschaft mit in die neue Zeit zu nehmen, scheiterte trotz zahlreicher Bemühungen der Verbandsleitung. Jochen Holstein war damals der zuständige Motorradexperte und ich habe ihn begleitet, wenn wir bei den Bundesverbänden und bei der FIA um die Genehmigung einer DDR-spezifischen Rennserie geworben haben. Ergebnislos!

Die Motorräder waren international eindeutig klassifiziert und unterlagen daher diesen Bedingungen. Eine ähnliche Lösung wie bei den Automobilen scheiterte unter anderem auch an der Uneinigkeit der Fahrer. Die gutklassigen Fahrer sahen ihre Zukunft im offenen internationalen Sport und die leistungsschwächeren blieben dabei auf der Strecke.

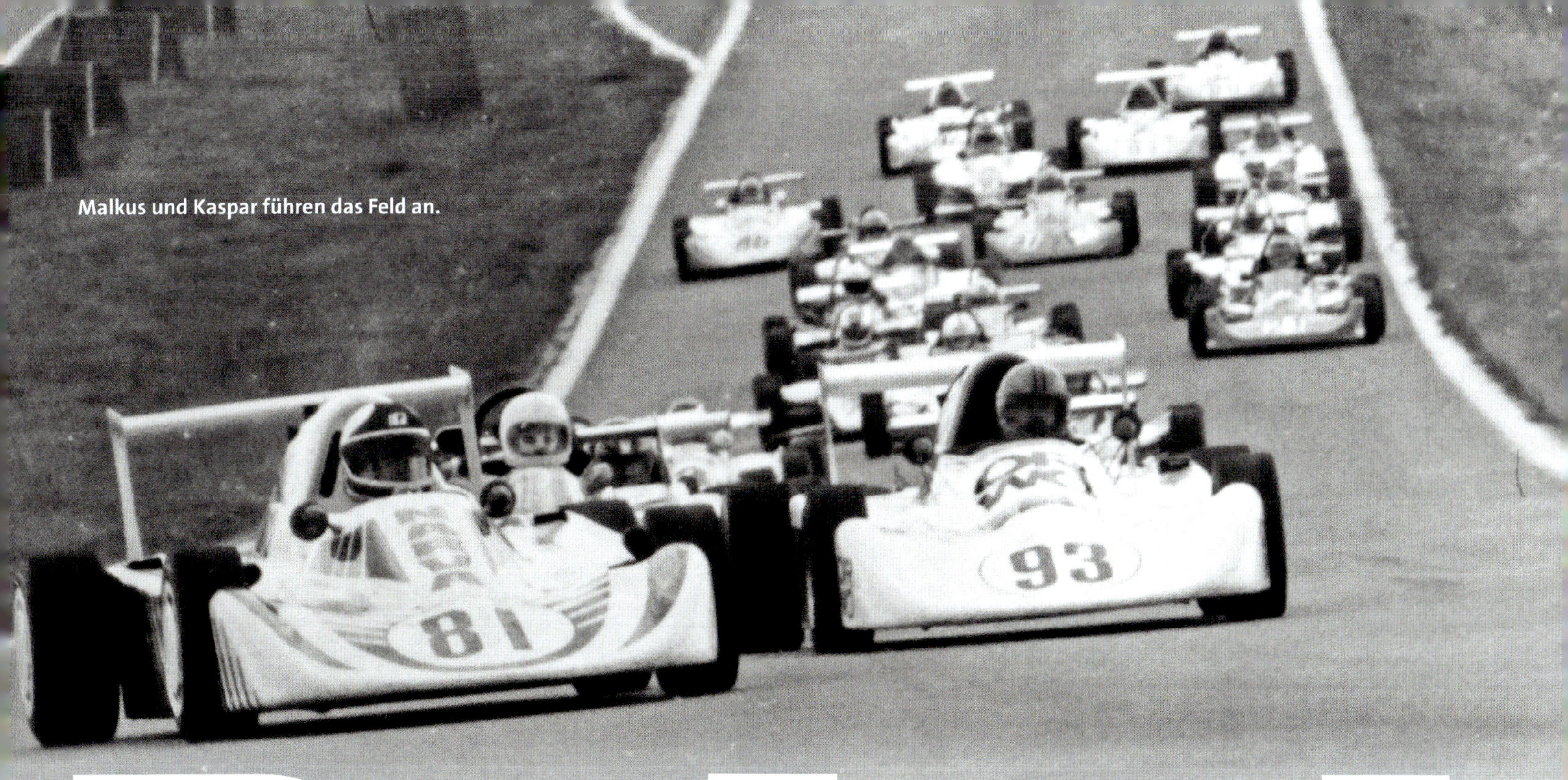

Malkus und Kaspar führen das Feld an.

Pokal für Frieden und Freundschaft

Kurz nach dem Bau der Berliner Mauer wurde in Kreisen der politischen Führung der DDR klar, dass eine weitere gesellschaftliche Abgrenzung vom Westen auch im Sport Konsequenzen nach sich ziehen würde.

Es ist bis heute nicht genau nachvollziehbar, welches Land der Initiator für einen speziellen Wettkampf der sozialistischen Länder war. Aber in anderen Sportarten wurden ähnliche Wettkampftypen bereits realisiert und immer populärer. Im Motorsport waren vor allem die Aktiven der damaligen CSSR im Ostblock neben den Deutschen die Eifrigsten. So lag es nahe, dass vermutlich in bilateralen Gesprächen die ersten Weichen für eine gemeinsame Rennserie gestellt worden. Aber es ist auch denkbar, dass die Russen auf alle Beteiligten etwas Druck ausgeübt haben, obwohl sie selbst wettbewerbstechnisch im Hintertreffen waren.

Als 1966 der »Pokal für Frieden und Freundschaft der sozialistischen Länder« (PdFF) ausgeschrieben wurde, galten international noch die Formel 3-Regeln und in diesem

Bereich hatten die sozialistischen »Bruderländer« nur wenig verfügbares Material. Bei den Teilnahmen der DDR-Fahrer an Rennen in der UdSSR, der CSSR, in Polen und in Jugoslawien konnten die DDR-Piloten aber immer wieder gute Platzierungen erreichen. Heinz Melkus gewann beispielsweise in Opatija, Kiew und Minsk mehrfach, zudem stand er immer wieder auf verschiedenen Stufen des Siegertreppchens.

Das waren Erfolgserlebnisse, die vielleicht auch im Westen möglich gewesen wären – aber an den westlichen Rennen konnten die RGW-Fahrer, meist aus Geldmangel, sowieso nicht teilnehmen.

Bei den Rennen in der DDR dominierten wiederum die westlichen Fahrer durch erhebliche technische Leistungsvorteile. So bildeten die PdFF-Rennen zwar eine gewisse Internationalität ab, die aber kaum Beachtung fand. In den Folgejahren gewann das Regelwerk des Pokals mit der Öffnung auf 1300 und später sogar auf 1600 ccm-Motoren respektabel an Bedeutung. Allerdings war zu diesem Zeitpunkt der Abgesang des Ostblocks bereits zu vernehmen.

Die nach 1972 erzwungene motorsportliche Isolation der DDR trug dazu bei, dass man nach attraktiveren Rennen suchte. Die Formelklasse C9 ermöglichte mit ihrem Regelwerk nahezu gleichwertige Leistungsbedingungen für alle RGW-Teilnehmer. Mit der wachsenden Anzahl der Rennfahrzeuge in allen sozialistischen Ländern erreichten die Pokalwettbewerbe nun eine wesentlich höhere Akzeptanz. Der Formelrennsport der DDR erhielt somit auch wieder eine beachtete internationale Plattform. Das Gleiche galt auch für

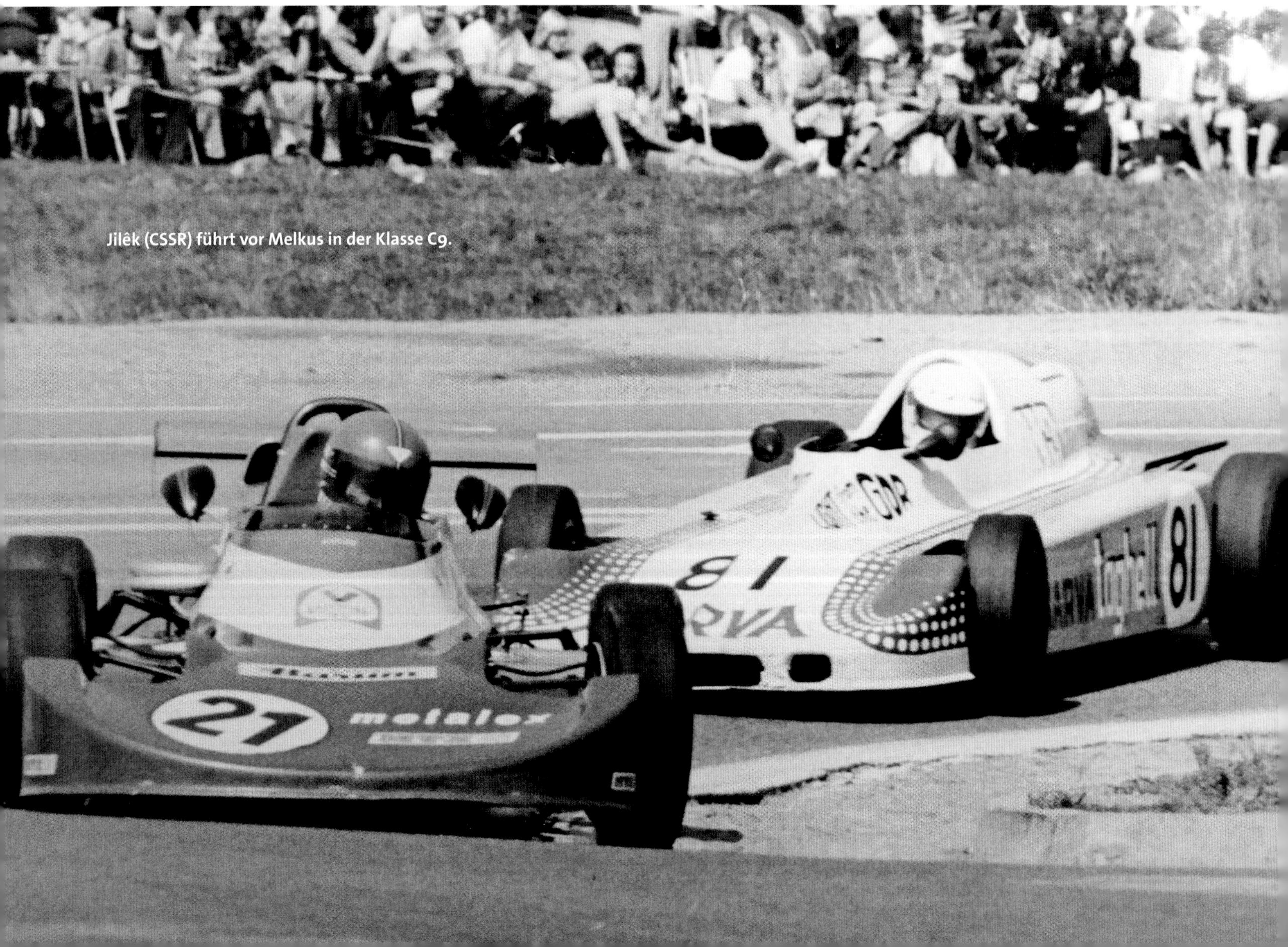

Jilêk (CSSR) führt vor Melkus in der Klasse C9.

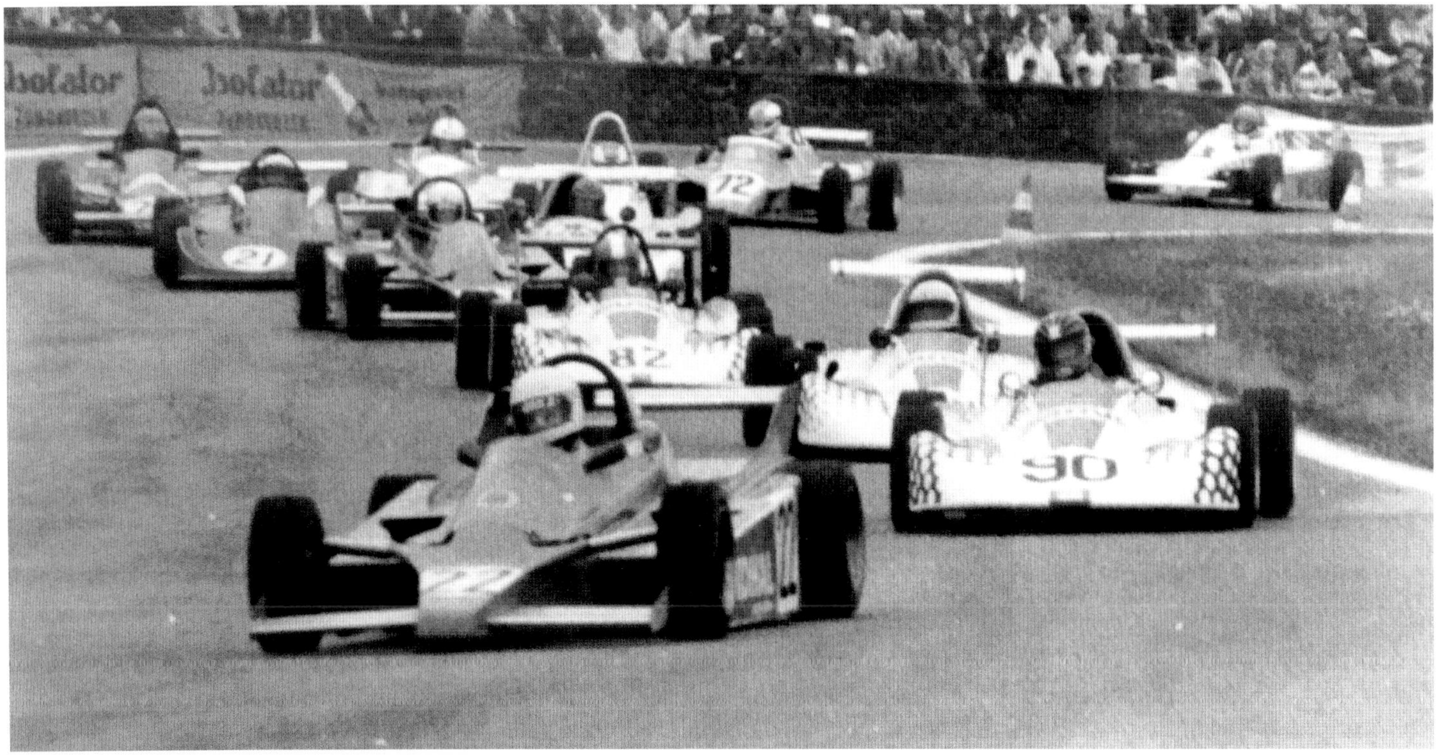

Kosankow (UdSSR) liegt vor Siegert in Führung.

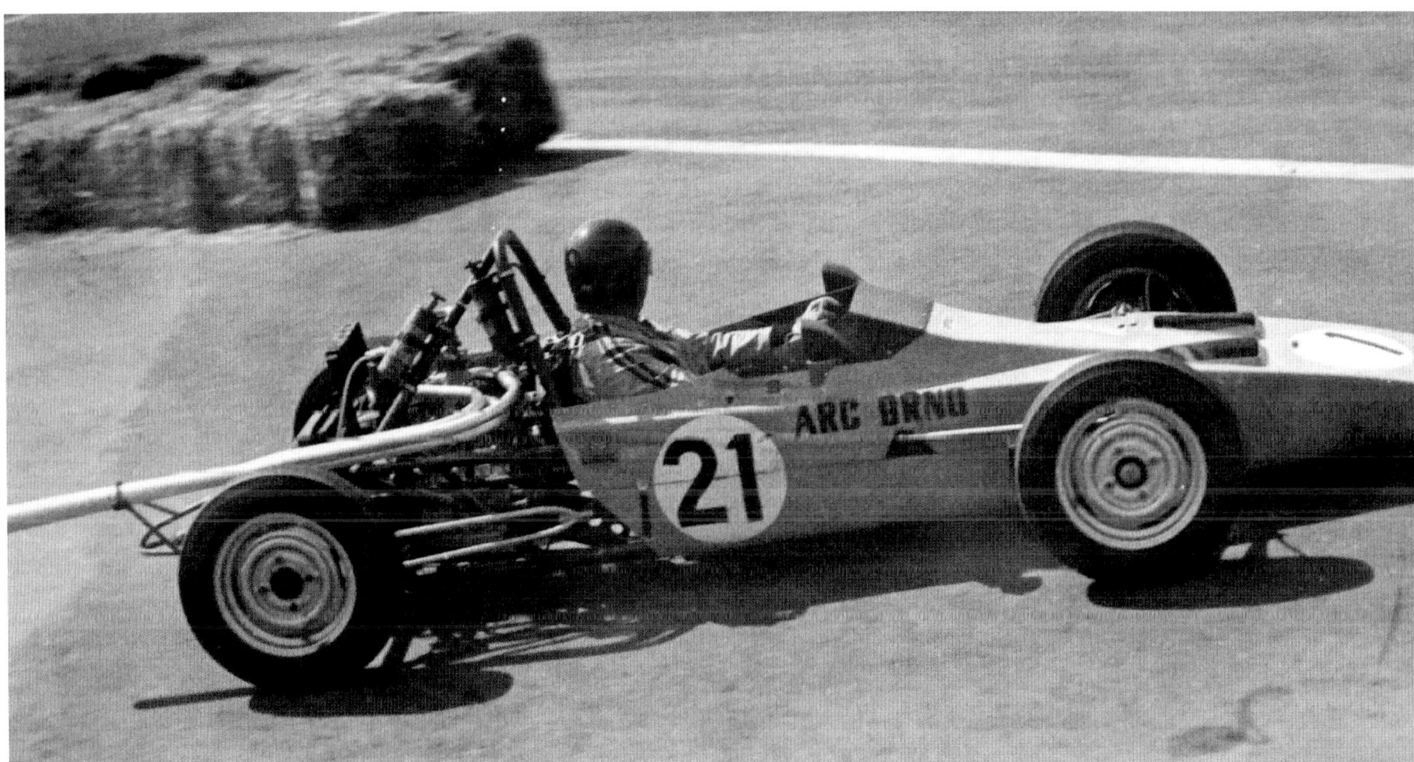

Karel Jilêk (CSSR) auf MTX.

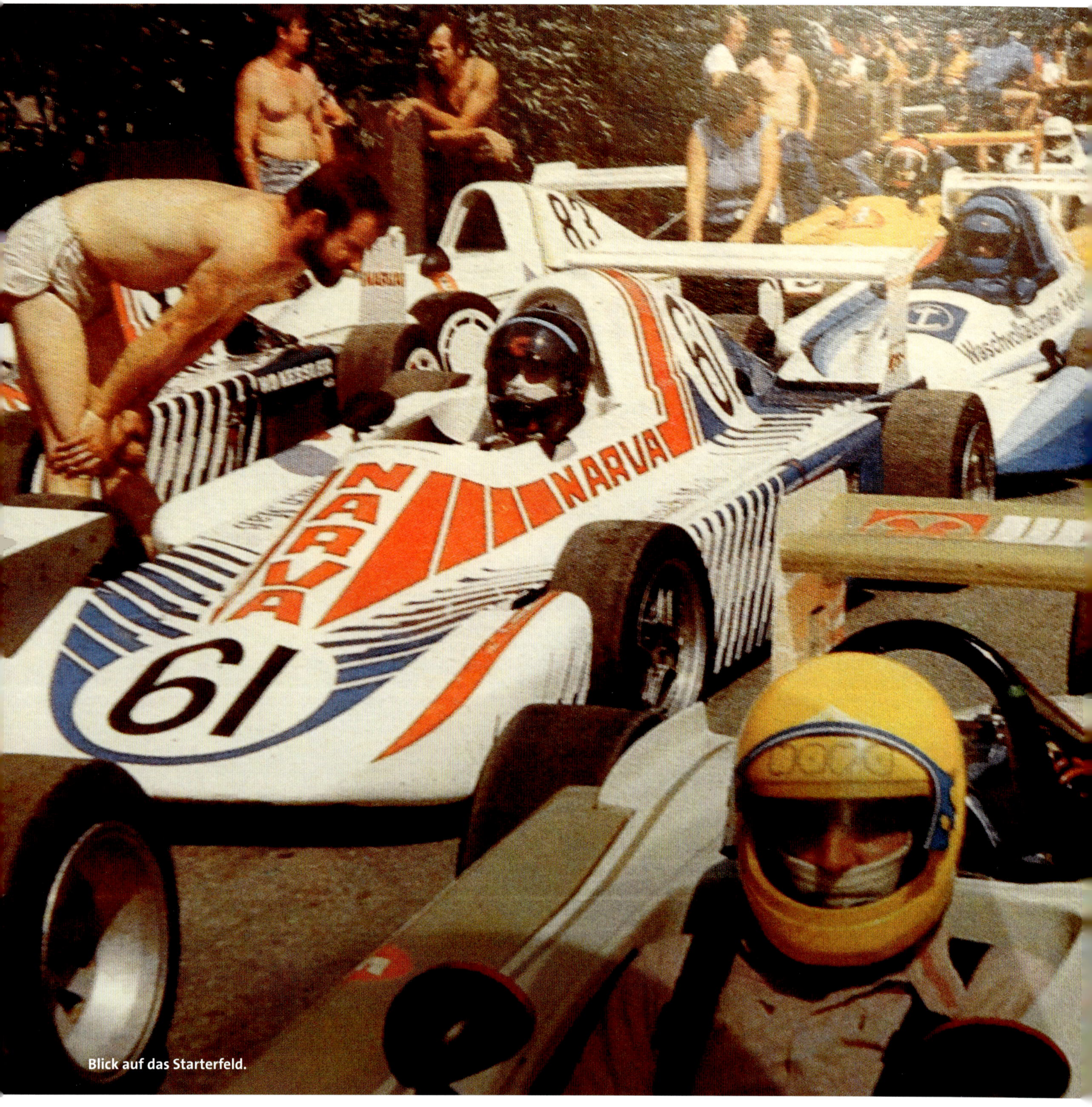

Blick auf das Starterfeld.

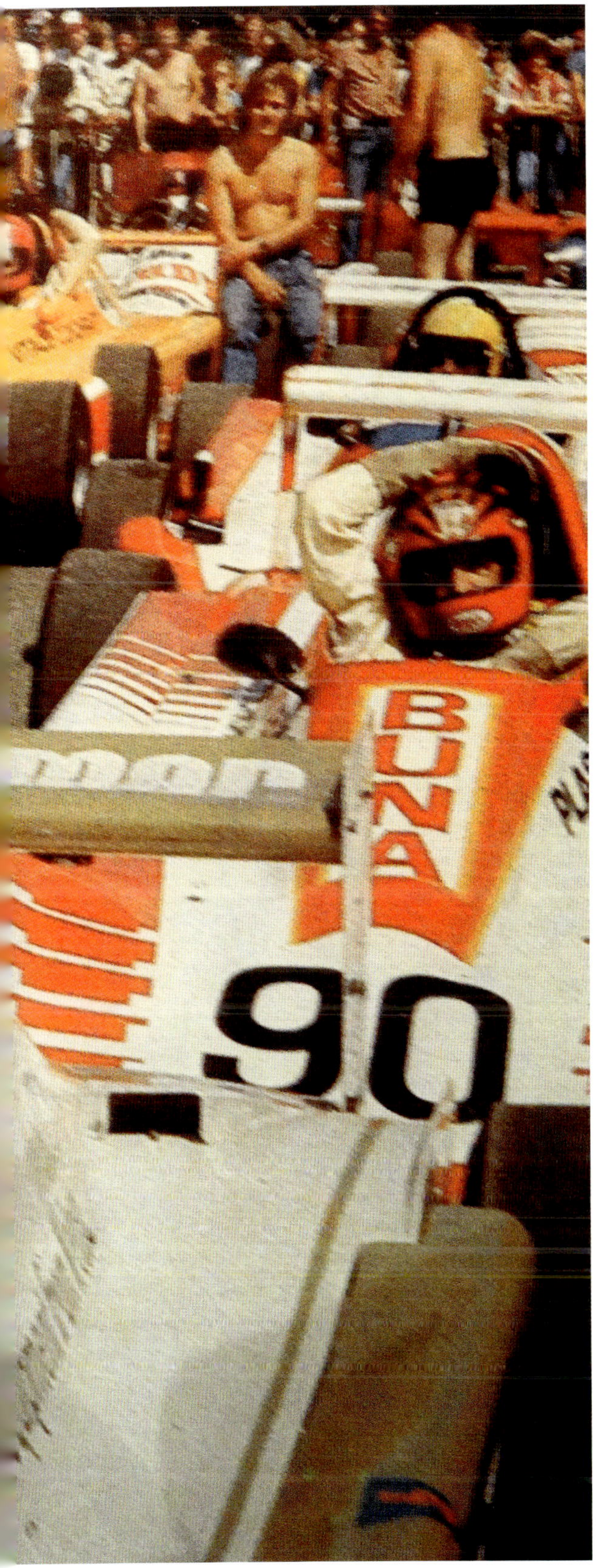

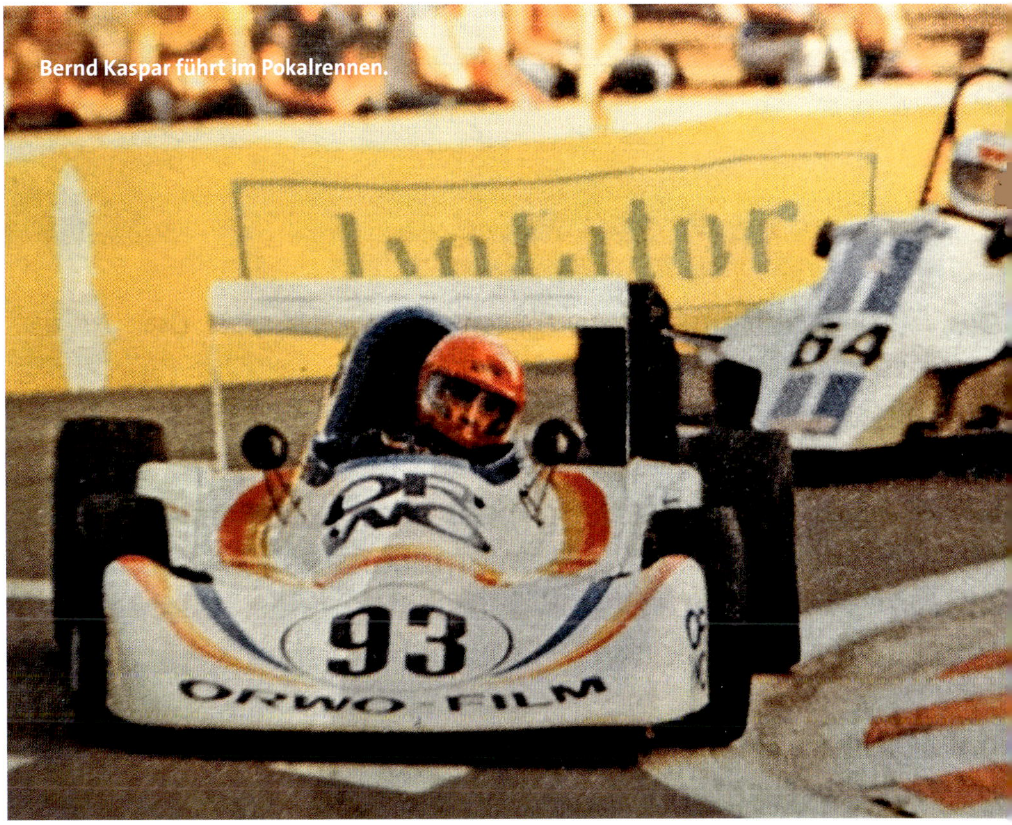

Bernd Kaspar führt im Pokalrennen.

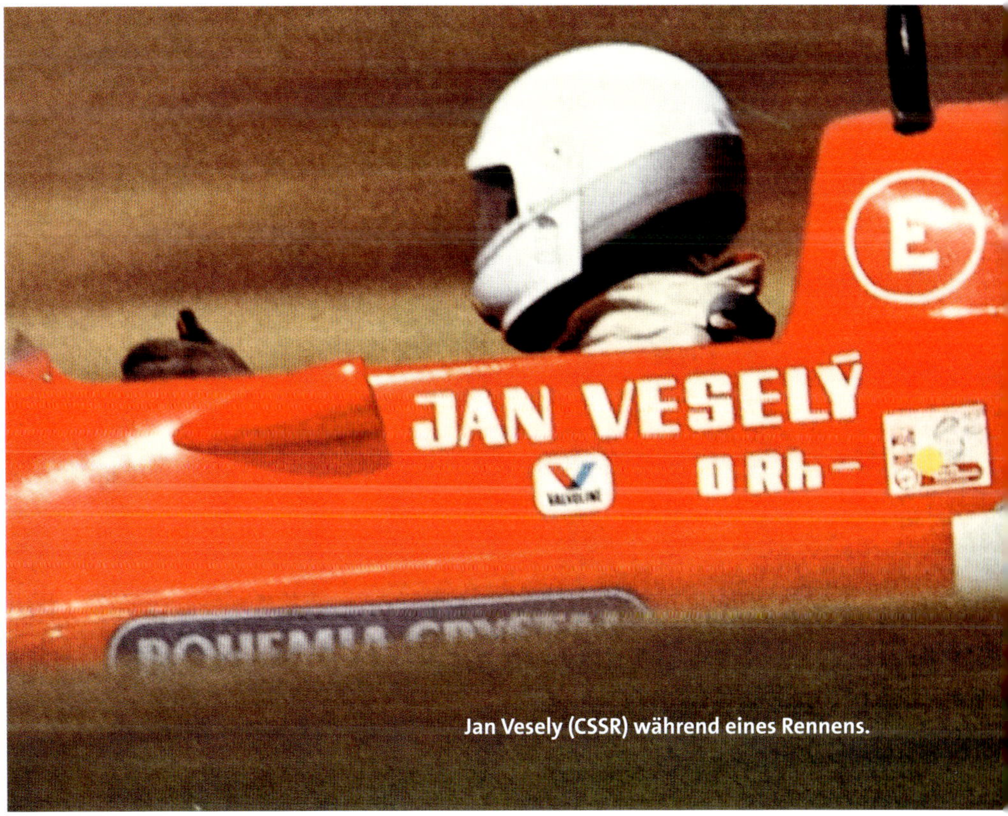

Jan Vesely (CSSR) während eines Rennens.

die anderen Autorennsportarten und die Motorradrennen, für die ähnliche Wettbewerbe ausgeschrieben waren.

Ab 1977 waren die Rennen um den PdFF fester Bestandteil nahezu jeder größeren Rennveranstaltung in der DDR, soweit die Streckenverhältnisse dies zuließen.

Startberechtigt im PdFF waren Fahrer aller RGW-Nationen. Die Teilnehmer kamen aus Rumänien, Bulgarien, Ungarn, Polen, Tschechien und der UdSSR. Fahrerfelder mit 40 Autos waren keine Seltenheit. Dadurch kamen aber Austragungsorte wie der Sachsenring oder gar Frohburg gar nicht erst in Frage. Infolge des technischen Rückstands mancher Teilnehmerländer wurden die Rennen fast ausschließlich zwischen den Fahrern der CSSR, der UdSSR und der DDR ausgekämpft. Diese drei Nationen teilten sich fast immer die Podiumsplätze.

Allerdings hingen die DDR-Piloten bis in die Mitte der 1970er-Jahre auch reichlich in den Seilen: Die alten Fahrzeugmodelle waren den tschechischen MTX-Modellen oft unterlegen. Außerdem verfügten die Tschechen mit den Vessely-Brüdern, mit Moskal, Jatel, Cerva, Michanik und Lim über brillante Rennfahrer. Lediglich Ulli Melkus und Bernd Kasper konnten diese Phalanx bis in die Spitze brechen, wobei auch

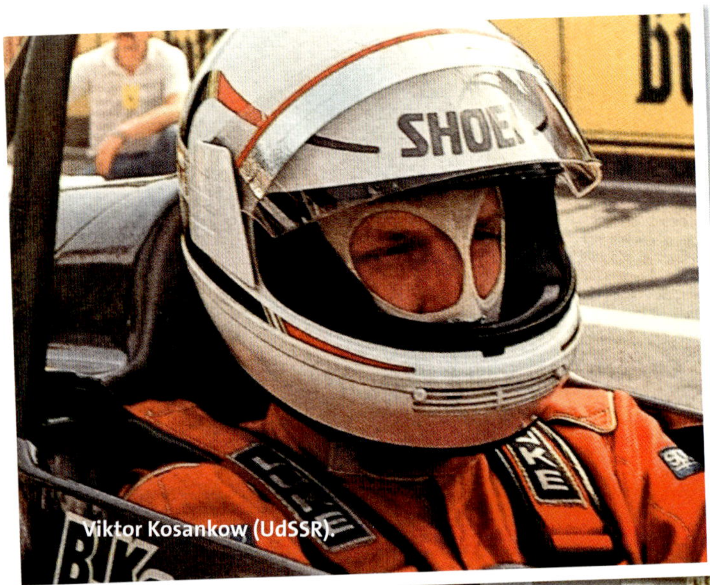

Viktor Kosankow (UdSSR).

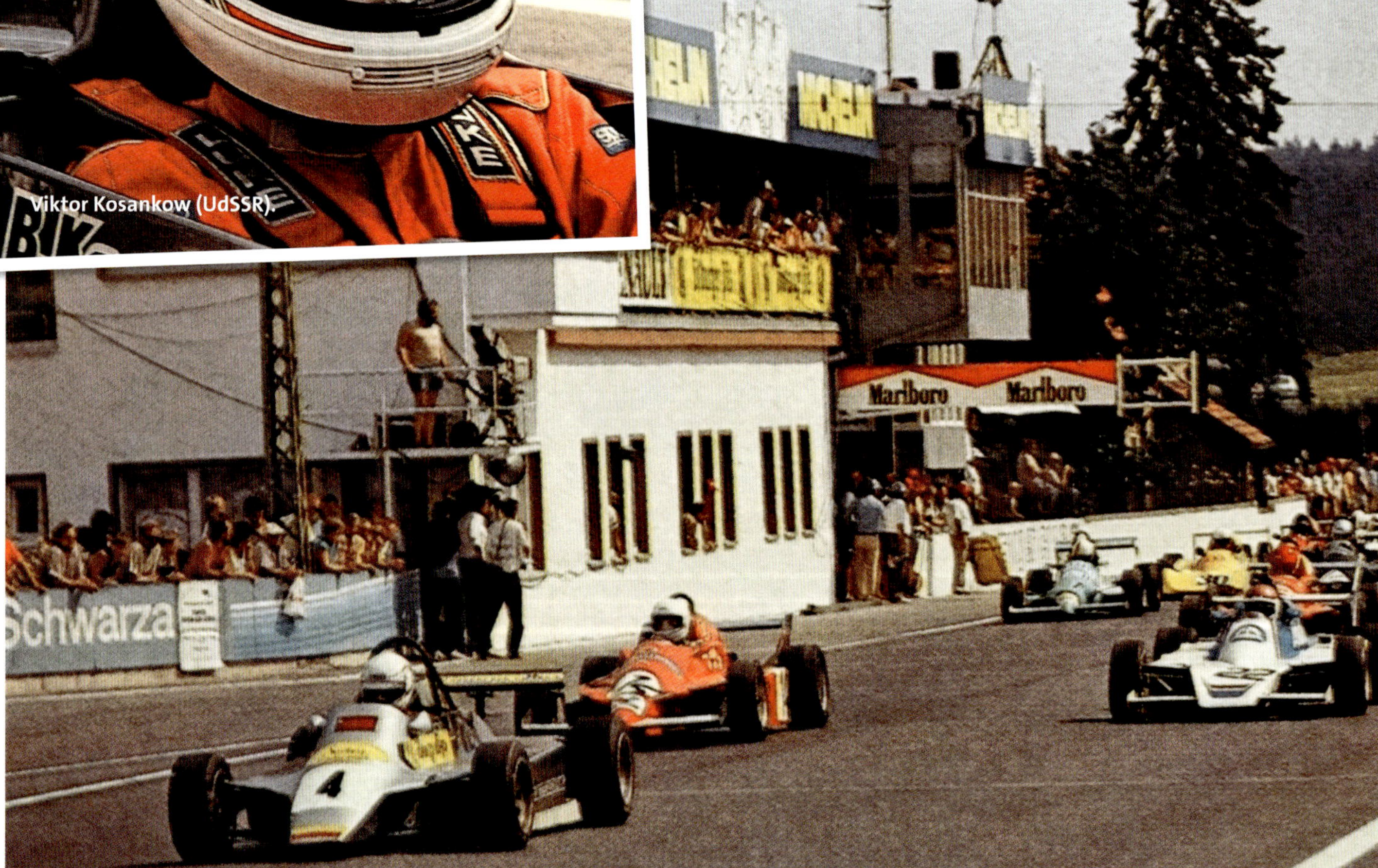

»Pokal für Frieden und Freundschaft der sozialistischen Länder« in Schleiz.

Heiner Lindner, Frieder Kramer, Wolfgang Günther und Heinz Siegert zeitweilig auf den ersten Plätzen zu finden waren.

Gegen Ende der Wettbewerbe, vor dem Zerfall des sozialistischen Lagers, dominierten allerdings die Russen nahezu unangefochten. Den Sowjets war es gelungen mit den Rennwagenmodellen Estonia 21 und 25 tatsächlich richtig gute Rennwagen an den Start zu bringen. Fahrwerkstechnisch und aerodynamisch überzeugten sie auch die größten Skeptiker. Aber ihre wahre Stärke lag in den Motoren.

Dass diese Dominanz mitunter nicht regelkonform war, durfte natürlich gegenüber den »Brüdern« nicht erwähnt werden und hat sich vielleicht tatsächlich auch erst relativ spät erwiesen. Ab 1985 ließen die Sowjets ihre Motoren in westlichen Tuningfirmen präparieren und unter den Fahrern war recht klar, dass dabei Materialien Verwendung fanden, die nicht mehr den homologierten Seriendaten entsprachen. Dagegen gerichtete Proteste verboten sich angesichts der großpolitischen Gemengelage – die kommunistischen Brüder begingen keinen Betrug!

Da ich (wie bereits beschrieben) selbst in den Besitz eines solchen Motors gekommen bin, kann ich bestätigen, dass Motorenteile verbaut waren, die so nicht hätten verwendet werden dürfen. Jedenfalls waren Toivo Asmer, Toomas Napa, Victor Kosankow und Kollegen auch keine Kinder von Traurigkeit und beherrschten ihre Technik. Das war alles zusammen der Schlüssel zum Erfolg und zu zahlreichen Siegen.

Ergebnisse des Pokals für Frieden und Freundschaft

1976
Jiri Cerva, MTX (CSSR)
Karel Jilek, MTX (CSSR)
Madis Laiw, Estonia (SU)

1977
Karel Jilek, MTX (CSSR)
Vaclav Lim, Avia (CSSR)
Jiri Cerva, MTX (CSSR)

1978
Ulli Melkus, MT 77 (DDR)
Toomas Napa, Estonia (SU)
Wolfgang Günther, MT 77 (DDR)

1979
Vaclav Lim, Avia (CSSR)
Jiri Moskal, MTX (CSSR)
Jiri Cerva, MTX (CSSR)

1980
Ulli Melkus, MT 77 (DDR)
Jiri Moskal, MTX (CSSR)
Frieder Kramer, MT 77 (DDR)

1981
Jiri Moskal, MTX (CSSR)
Toomas Napa, Estonia (SU)
Jiri Cerva, MTX (CSSR)

1982
Jan Vesely, RAF (CSSR)
Ulli Melkus, MT 77 (DDR)
Jiri MosKal, MTX (CSSR)

1983
Ulli Melkus, MT 77 (DDR)
Edgar Lindgren, Estonia (SU)
Jiri Moskal, MTX (CSSR)

1984
Ulli Melkus, MT 77 (DDR)
Jan Vesely, RAF (CSSR)
Jiri Cerva, MTX (CSSR)

1985
Ulli Melkus, MT 77 (DDR)
Toomas Napa, Estonia (SU)
Jiri Cerva, MTX (CSSR)

1986
Vaclav Lim, Avia (CSSR)
Bernd Kasper, MT 77 (DDR)
Heinz Siegert, MT 77 (DDR)

1987
Toomas Napa, Estomia (SU)
Vaclav Lim, Avia (CSSR)
Victor Kosankow, Estonia (SU)

1988
Victor Kosankow, Estonia (SU)
Vaclav Lim, Avia (CSSR)
Toivo Asmer, Estonia (SU)

1989
Victor Kosankow, Estonia (SU)
Vaclaw Lim, Avia (CSSR)
Alexander Potehkin, Estonia (SU)

1990
Alexander Potehkin, Estonia (SU)
Victor Kosankow, Estonia (SU)
Vaclaw Lim, Avia (CSSR)

Rennstrecken
im Osten Deutschlands

Mit dem Einstieg deutscher Rennsportler in den internationalen Motorsport wurde es nötig, auch im eigenen Land Renn-Strecken in Betrieb zu nehmen. Solange diese Rennen auf herkömmlichen Straßen möglich waren, hatte man lediglich Probleme mit der Genehmigung der Veranstaltungen, denn deutsche Behörden waren in diesem Fall von Kaisers Gnaden außergewöhnlich behäbig.

Erst die spärlichen internationalen motorsportlichen Erfolge deutscher Fahrer und Hersteller bewirkten ein langsames Entgegenkommen.

Das 1904 mit Kaisers Wohlwollen durchgeführte Gordon-Bennett-Rennen bei Saalburg machte den Motorsport in Deutschland salonfähig. Aus diesem Ereignis heraus wurde der Taunus so etwas wie das deutsche Mekka des Rennsports.

Immer wieder fanden dort bis in die 1920er-Jahre hinein kleinere Rennen statt. Es folgten im Umfeld Veranstaltungen wie das Bergrennen »auf die eiserne Hand« und das Rundstreckenrennen »Rund um den Neroberg«.

Doch die sich häufenden Unfälle brachten bald schon wieder Einschränkungen. Auch in Deutschland sollten nun separate, sicherheitstechnisch verantwortbare Rundkurse zum Standard werden. Der wachsende Freundeskreis motorisierter Fahrzeuge bewirkte auch in der Industrie ein Umdenken und der Motorsport bekam eine wirtschaftlich starke Lobby.

Auf speziell präparierten Straßenkursen, eigentlich auf öffentlichen Straßen, wurden in der Folgezeit immer häufiger

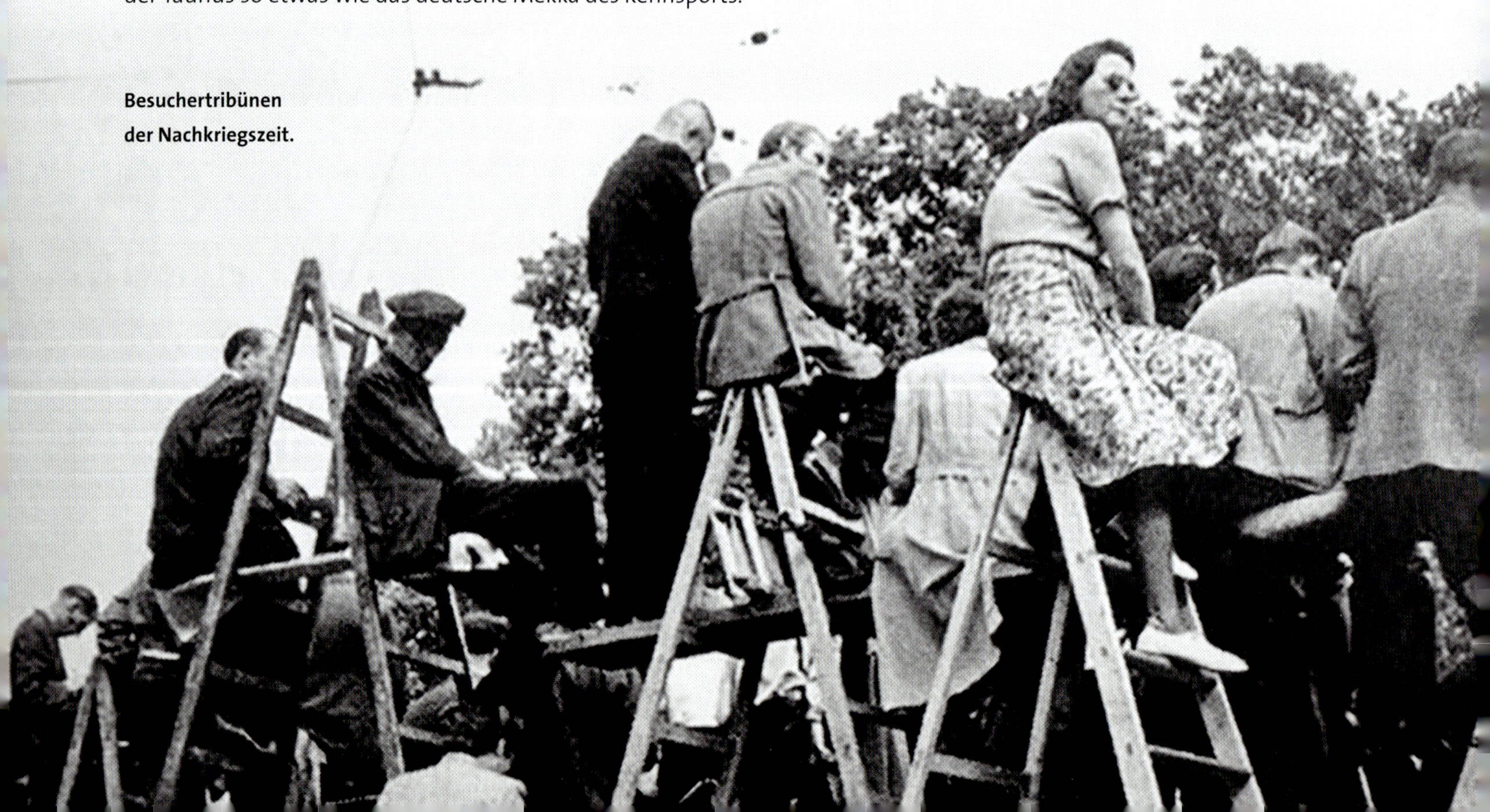

Besuchertribünen der Nachkriegszeit.

Rennen für Automobile und Motorräder ausgetragen. Als unter den braunen Machthabern der Bau der Autobahnen begann, eröffnete sich ein völlig neues Rennareal. Autobahnkreuze, Autobahndreiecke und die Zubringer zu den Autobahnen eigneten sich vor allem durch den guten und breiten Straßenbelag, die unverbaute Umgebung ohne Gebäude und Bäume, sowie die recht einfache Verfügbarkeit. Man musste sie nur für den noch recht spärlichen Verkehr schließen.

In der Nähe von Dessau und Berlin entstanden sogar durch die Automobilindustrie geförderte Teststrecken: Die AVUS und die Halle-Saale Schleife waren perfekte Rennstrecken.

Speziell in der Silberpfeil-Phase boten sich die gerade fertiggestellten Abschnitte der Autobahnen, besonders die Autobahnknoten und Autobahnauffahrten als exquisite Austragungsorte für Rennen an.

So entwickelte sich in Deutschland eine ständig wachsende Motorsportszene, die durch viele Straßenkurse in Naturlagen (wie beispielsweise Nürburgring, Solitude, Schotten, Schleiz) als auch durch Strecken in innerstädtischen Bereichen (wie beispielsweise Hamburg, Leipzig, Braunschweig, Magdeburg), sowie durch die Nutzung von Industrie- und Hafengebieten oder Flugplätzen erweitert wurde. Diese Praxis setzte sich auch im Nachkriegsdeutschland bis weit in die 1970er-Jahre fort.

Vor allem in der DDR wurden weiterhin viele Jahre lang Autobahnabschnitte genutzt, weil das Verkehrsaufkommen dies problemlos zuließ – andere Straßenstrecken waren infolge ihres schlechten Zustandes kaum nicht verfügbar. Der Wiederaufbau eines funktionierenden Transport- und Verkehrsverbundes steckte damals in den Kinderschuhen und war nach dem Krieg nicht das dringlichste Problem.

Dennoch war die DDR ein unglaublich rennbegeistertes Land: Riesige Zuschauermassen säumten die Rennstrecken und an den Rennwochenenden fand eine regelrechte Völkerwanderung statt.

In heute kaum vorstellbaren, privaten Initiativen arbeiteten die Menschen in ungezählten freiwilligen Arbeitsstunden an der Wiederherstellung alter und neuer Rennstrecken. Was der Staat nicht schaffte, vollbrachten die Zuschauer für ihre Motorsportidole. Später hieß dieses System »Nationales Aufbauwerk« und wurde vom Regime schnell zum Druckmittel, wenn es irgendwo anders an Kapazitäten klemmte. Durch die Kriegsereignisse hatten die meisten Straßen nicht nur durch Munitionstreffer, sondern auch unter den schweren Kettenfahrzeugen und den endlosen Militärtransporten gelitten. Das hinderte aber die Pioniere des Motorsports nicht daran, jede halbwegs wieder befahrbare Straße für motorsportliche Veranstaltungen zu nutzen. Es soll sogar Empfehlungen der DDR-Regierung gegeben haben, wonach jeder Bezirk eine eigene Rennstrecke betreiben sollte. Das war die Zeit, in der die Halle-Saale Schleife, das Bernburger Dreieck, der Rostocker Osthafenkurs, die Dresdner Autobahnspinne, der Bautzner Autobahnring und die Chemnitzer Autobahnschere geboren wurden.

Anlässlich des 17. Schleizer Dreieck-Rennens 1950 notierte eine Zeitung im Auftrag der Motorsportkommission der DDR:

»Zum ersten Male nach der Wiedergeburt des Motorsports in der DDR im Jahre 1949 wird jetzt der Wunschtraum der nach Hunderttausenden zählenden Motorsportfreunde im Osten Deutschlands Wirklichkeit, zum ersten Mal nach elfjähriger Pause wird wieder ein Gesamtdeutscher Meisterschaftslauf für die deutsche Motorrad-Straßenmeisterschaft durchgeführt, zum ersten Mal können wir Wiedersehen feiern mit all unseren alten Bekannten, mit den gesamten Spitzenfahrern aus dem Westen unseres Vaterlandes. Über Zonengrenzen haben sie uns die Bruderhand gereicht, um in friedlichem Wettstreit im Rahmen des Schleizer Dreieckrennens, des 5. Laufes der Deutschen Motorrad-Straßenmeisterschaft 1950, Seite an Seite mit unseren Sportlern ihre Kräfte zu messen. Wieder ein Schritt weiter zu der von West und Ost lange herbeigesehnten Wiedervereinigung Deutschlands.«

Auch im Westen Deutschlands gab es ähnliche Bemühungen um die Wiederbelebung des Rennsports und wie im Osten dienten oft Autobahnkreuze und Stadtkurse als Austragungsort; so beispielsweise in Braunschweig, Köln und Leverkusen.

Die in den 1950er- und 60er Jahren vollzogenen technischen Weiterentwicklungen der Vorkriegstechnik in den Bereichen Motoren, Fahrwerke und Karosserien ließen, die größtenteils im Eigenbau entstandenen Fahrzeuge recht schnell in Geschwindigkeitsbereichen agieren, die den Straßen nicht mehr angepasst waren. Das bedeutete für alle Streckenbetreiber und Organisatoren eine enorme Herausforderung, um den Sicherheitsanforderungen gerecht zu werden.

Mitunter saßen die Zuschauer mit ihren Hockern und Bänken unmittelbar an der Strecke oder hatten waghalsige Konstruktionen aus Leitern, Brettern, Tapeziertischen und ähnlichem direkt an der Straße aufgestellt, dies konnte natürlich nur kurzzeitig geduldet werden. Je schneller die Rennfahrzeuge wurden, desto wichtiger wurden auch ausreichende Sicherheitszonen.

Der größte deutsche Rennunfall ereignete sich am 31. August 1952 auf dem Grenzlandring vor geschätzten 100.000 Zuschauern; 13 Tote lautete die Schreckensbilanz.

Spätestens dieses Ereignis zwang zum Handeln: In der Folgezeit wurden die Sicherheitszonen zwischen Zuschauern und Rennstrecke weiträumig vergrößert, es gab nun direkt ausgewiesene Sperrzonen. Mitte der 1960er-Jahre forderte die FIA/FIM noch weitergehende Maßnahmen in Bezug auf Auslaufzonen, Fangzäune und Leitplanken.

Bis zum Anfang der 1960er-Jahre waren die Rennstrecken in der DDR noch sehr zahlreich, denn es gab neben »Altkursen« wie Schleiz und Sachsenring auch noch viele Bergrennen. Diese Vielfalt reduzierte der ADMV im Verlaufe der Folgejahre immer weiter.

Das lag zum Teil an Sicherheitsproblemen, zum Teil an finanziellen Problemen, aber vielerorts auch an Schwierigkeiten materieller, beziehungsweise technischer Natur.

Schließlich mussten ja nicht nur die Rennen als solche abgesichert werden, die Zuschauer waren ein mindestens genau so großes Problem: Unterbringung, Versorgung und Verkehrsbewältigung erforderten einen enormen Kraftaufwand, den manche Gemeinden im Umfeld der Strecken nicht mehr aus eigenen Mitteln stemmen konnten. Geld vom Staat war nicht vorhanden!

Im Zeitraum zwischen 1946 und 1972 wurden die Rennstrecken in beiden deutschen Staaten von Sportlern beider Länder genutzt. Das gab es später erst wieder nach 1990, nachdem die Mauer gefallen war. Allerdings bestanden zu dieser Zeit kaum mehr international zugelassene Strecke. Die folgten erst später wieder.

Praktisch schränkte sich der deutsche Ost-West-Rennsport aber schon nach dem Mauerbau 1961 ein. Den DDR-Funktionären waren Siege westdeutscher Fahrer auf ostdeutschen Strecken immer suspekt und so gab es mehr und mehr unsportliche Machenschaften, insbesondere gegen die Sieger aus der Bundesrepublik. Diese zogen sich in der Folge mehr und mehr zurück. Der Osten profitierte aber in jener Zeit stark von der internationalen Beteiligung an den Rennen, sodass der Verlust der BRD-Teilnehmer keine große Rolle spielte.

Im Jahr 1972 verzichtete man dann (wie bereits geschildert) sogar grundsätzlich auf internationale Vergleiche mit westlichen Sportlern. Es war zwischenzeitlich klar, dass die »sozialistischen Strecken« nicht der Verherrlichung westlicher Technik dienen sollten. Denn die Osttechnik hatte kaum noch Siegchancen, was definitiv nicht an den Fahrern lag.

Daher entstand nicht nur im technischen Bereich eine DDR-spezifische Techniker-Szene, sondern auch hinsichtlich der Renngestaltung und Organisation hatte man die »Westprobleme« abgeschafft.

Man umging auf diese Weise auch die Modernisierung vorhandener Rennstrecken und es ist nur den örtlichen »Machern« zu verdanken, dass auch in sicherheitstechnischer Sicht das Bestmögliche ohne Staatshilfe versucht wurde. Um nur die Mindestanforderungen in Sachen Sicherheit zu erfüllen, war großer Aufwand nötig. Dabei ging es nicht nur um Strohballen vor den Straßenbäumen, sondern auch um Leitplanken, Streckenkommunikation und medizinische Einrichtungen für den Notfall. Schließlich war selbst die Zahl der Krankenwagen stark begrenzt.

Zusätzlich zu den Autobahnkursen nutzte man, vor allem auch bei Bergrennen, normale Landstraßen für motorsportliche Wettbewerbe.

Diese Strecken waren aber trotz aller Bemühungen der Organisatoren immer besonders kritisch zu sehen. Den Veranstaltern fehlte es zwar nie an gutem Willen und Fachwissen, aber oft an den nötigen Mitteln, um ein solches »Abenteuer« für Fahrer und Zuschauer verträglich zu gestalten.

Bei Flugplatzkursen gab es diese Probleme nicht, aber dafür waren diese militärischen Sicherheitsareale meist nicht für Zuschauer und Fans zugänglich. Daher spielten Flugplatzrennen in der DDR keine Rolle.

Nach dem DDR-Verbot der Rennen auf den Autobahnkursen Anfang bis Mitte der 1970er-Jahre gestaltete sich der Rennbetrieb im Osten kompliziert. Da es keine permanenten Rennstrecken gab, blieben nach Wegfall der Autobahnstrecken nur die Straßenkurse Schleiz und Sachsenring übrig. Später kam Frohburg hinzu.

Mit den schneller werdenden Fahrzeugen litten diese Kurse aber trotz umfassender Sicherheitsmaßnahmen immer unter einem relativ hohen Restrisiko. Die Strecken blieben mit ihren ursprünglichen Stadtquerungen immer ein Wagnis. Und wer einmal im Rennbetrieb durch die Häuserschlucht von Hohenstein-Ernstthal, nebst Bordsteinkanten und Hydranten, gerast ist, weiß wovon ich schreibe. Ähnlich verhielt es sich in Schleiz mit der Stadtkurve und auch in Frohburg landete man in der letzten Kurve vor Start und Ziel direkt in einer Sandsteinmauer, wenn mit den Bremsen etwas nicht funktionierte.

Zu all diesen Problemen kam der Aufwand der Beschallung, der Verkehrsleitung, der Zuschauerversorgung, der medizinischen Versorgung und vieles mehr, was auf diesen nur kurzzeitig genutzten Strecken immer wieder mit enormen Anstrengungen beim Auf- und Abbau verbunden war.

Ein heute übliches Motodrom ist dagegen zwar in der Unterhaltung teurer, aber nahezu immer verfügbar und wesentlich kurzfristiger und unkomplizierter rennfertig. Zu DDR-Zeiten gab es eine solche Einrichtungen allerdings nirgendwo, obwohl die Organisatoren des Rödertal-Flachbahnrennens in Dresden ein solches Projekt beinahe realisiert hätten.

Das Projekt »Rödertalring«

Da in der CSSR, in Polen und in Ungarn schon permanente Rennstrecken vorhanden waren, dachte sich das Kollektiv des Rödertal-Rennveranstalters um den damaligen Rennleiter Lutz Blütchen 1987 eine Lösung »Made in DDR« aus.

Nach den ersten erfolgreichen Rödertal-Rennen auf einer 2,8 Kilometer langen Flachbahnstrecke (also nicht auf einem Rundkurs), wollten alle Beteiligten einen richtigen Rundkurs etablieren. Dieser Optimismus basierte auf einem begeisterungsfähigen Umfeld. Sowohl die örtlichen Verwaltungen als auch die Grundbesitzer (damals LPG) und die Straßenbehörden standen einer permanenten Rennstrecke sehr wohlwollend gegenüber.

Die Organisatoren des Rödertal-Rennens hatten lange Zeit nach einer kompakteren Lösung für ein Straßenrennen gesucht. In jedem Fall sollte es ein Rundkurs sein.

Eine zwischenzeitliche Prüfung der Wiederinbetriebnahme des ehemaligen »Großdeutschlandrings« bei Hohnstein in der Sächsischen Schweiz scheiterte sehr früh. Dies lag zum einen an den »Altlasten« des Nazi-Kurses und zum anderen an den Naturschutzbehörden, weil die Sächsische Schweiz als Naturschutzgebiet unmittelbar angrenzte und Teile davon (Polenztal) sogar zum Kerngebiet gehörten. Eine Reaktivierung des »Großdeutschlandrings« bedurfte nicht allzu großer baulicher Veränderungen und strukturpolitisch hatte dieses Projekt sowohl für die Wirtschaft als auch für den Tourismus einiges zu bieten. Aber es gab keinen Weg. Daher wurde auf das Vorhandene zurückgegriffen.

In Abstimmung mit örtlichen Eigentümern, Behörden und Unternehmen nahm das Team daraufhin das Rödertal unter neuen Gesichtspunkten wieder in den Blick. Flächentechnisch gab es ausreichend Platz, um eine permanente Rennstrecke entstehen zu lassen. Dazu hätten keine Bäume gefällt werden müssen. Im Grunde genommen ging es nur um den Straßenbau mit den entsprechenden Gewerken und die komplette Medienerschließung.

Nachdem es Abstimmungen mit anderen potenziellen Nutzern gegeben hatte, die beispielsweise aus der Automobilindustrie kamen und auch eine militärische Verwendung in Betracht gezogen wurde, nahmen die Pläne Fahrt auf. So sollten neben den sportlichen Anlagen Bereiche für Fahrzeugtests und eine Ausweich-Rollbahn für den Klotzscher Militärflughafen entstehen. Für 1989 waren erhebliche Mittel geplant um eine völlig neue, separate Rennstrecke unter

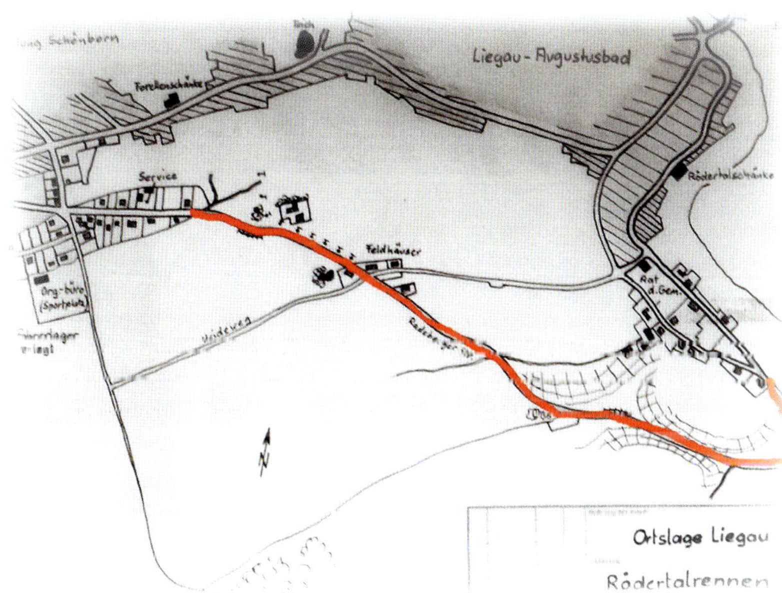

Erster Vorschlag für einen Rödertalring. Der untere Streckenteil war der Flachbahnkurs, der im Bild nach oben im Uhrzeigersinn unter Einbeziehung der Ortsstraße zur Rundstrecke geschlossen werden sollte.

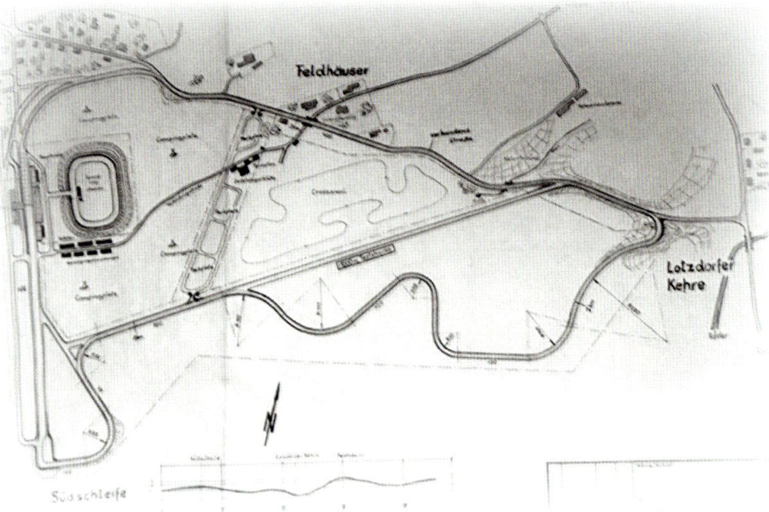

Zweiter Vorschlag: Der untere Streckenteil war ein neu erbauter Straßenteil, der im Bild nach oben im Uhrzeigersinn mit dem Flachbahnkurs zur Rundstrecke geschlossen werden sollte. Zur Anlage gehörten eine Cross-Strecke und ein Speedwaystadion.

Einbeziehung des bisher bei Rödertal-Rennen benutzten Straßenabschnittes entstehen zu lassen.

Der erste Vorschlag beinhaltete eine straßentechnische Erweiterung des vorhandenen Landstraßenpotenzials und die Einbindung in die bisherige Rennstrecke. Dies hätte aber eine Ortsdurchfahrt bedeutet und das wäre in jedem Fall nur eine Überbrückungsvariante gewesen, die das Problem nicht lösen konnte. Dieser Vorschlag wurde daher sehr schnell verworfen.

Ein zweiter Vorschlag für einen Rödertalring drehte das Ganze förmlich auf den Kopf. An den vorhandenen Rennstreckenteil sollte nach Süden hin eine Erweiterung als komplette neue Piste angebaut werden, die auf den vorhandenen freien Feldflächen entstehen sollte. In dieses Projekt waren zusätzlich ein Speedwaystadion und eine Motocross-Strecke integriert.

Allerdings musste auch dieser Entwurf verworfen werden, weil der straßentechnische Aufwand so hoch war, dass bei

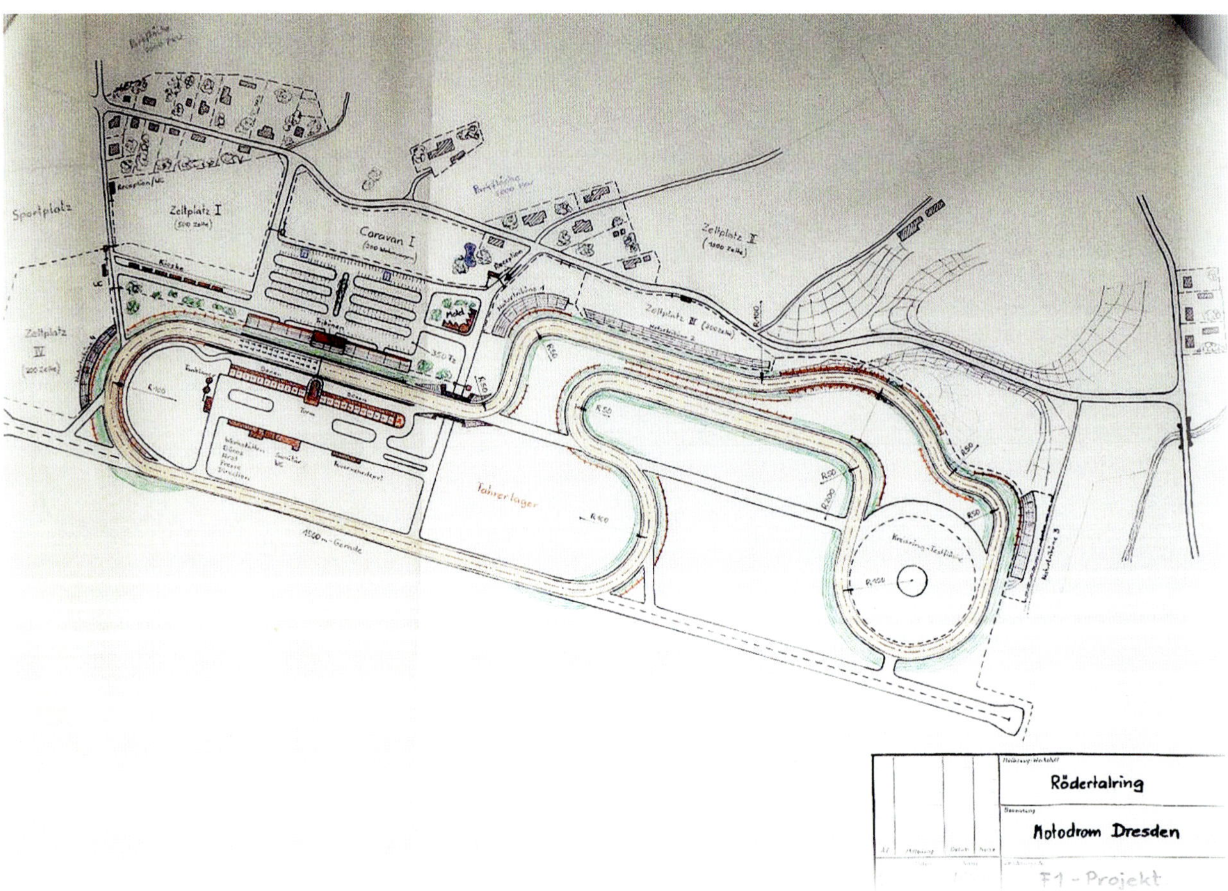

Das endgültige Rödertalring-Projekt lag unmittelbar südlich der ehemaligen Flachbahnrennstrecke in einer leichten Hügellandschaft, vor der Dresdner Heide.

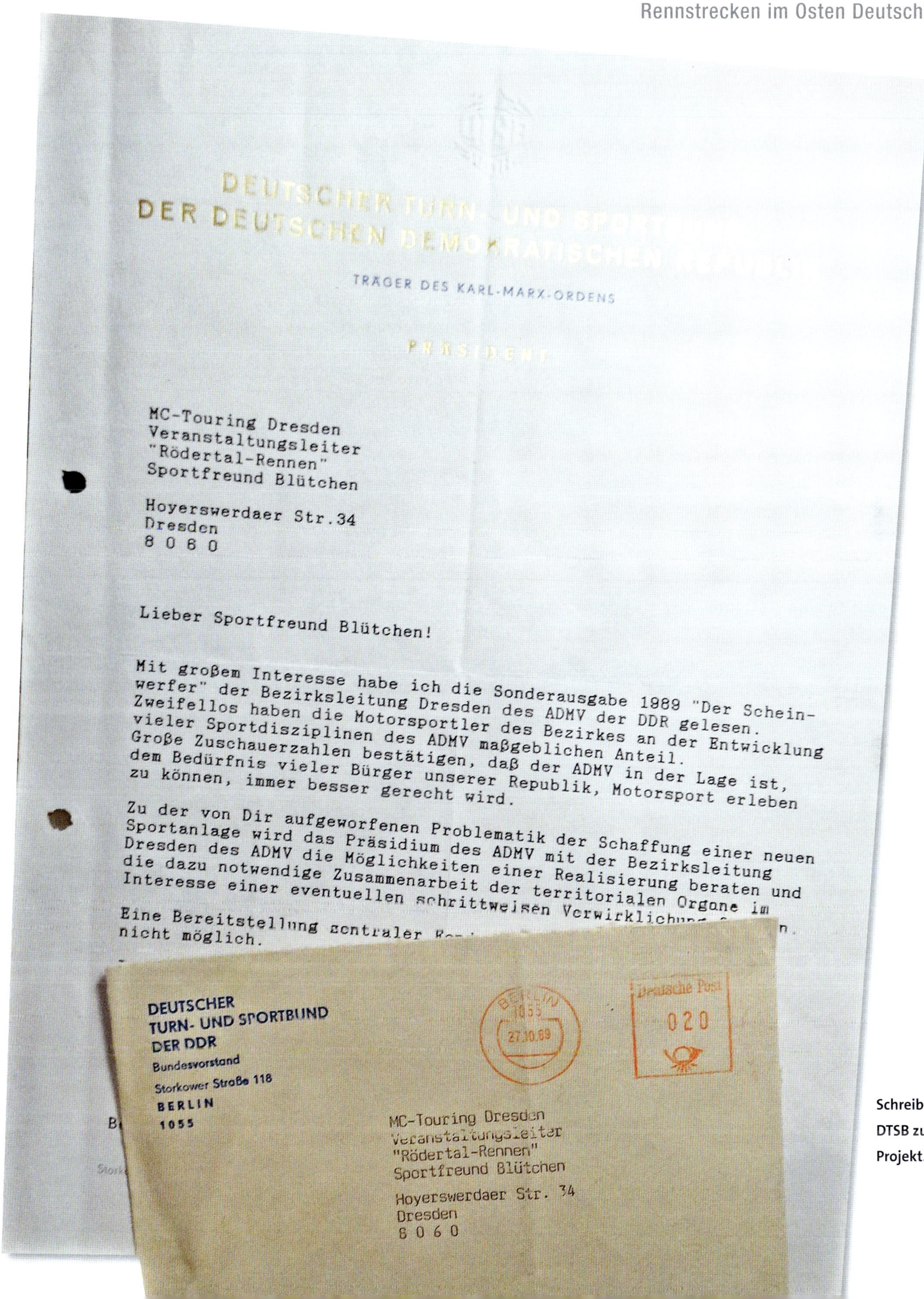

DEUTSCHER TURN- UND SPORTBUND
DER DEUTSCHEN DEMOKRATISCHEN REPUBLIK

TRÄGER DES KARL-MARX-ORDENS

PRÄSIDENT

MC-Touring Dresden
Veranstaltungsleiter
"Rödertal-Rennen"
Sportfreund Blütchen

Hoyerswerdaer Str.34
Dresden
8 0 6 0

Lieber Sportfreund Blütchen!

Mit großem Interesse habe ich die Sonderausgabe 1989 "Der Scheinwerfer" der Bezirksleitung Dresden des ADMV der DDR gelesen. Zweifellos haben die Motorsportler des Bezirkes an der Entwicklung vieler Sportdisziplinen des ADMV maßgeblichen Anteil. Große Zuschauerzahlen bestätigen, daß der ADMV in der Lage ist, dem Bedürfnis vieler Bürger unserer Republik, Motorsport erleben zu können, immer besser gerecht wird.

Zu der von Dir aufgeworfenen Problematik der Schaffung einer neuen Sportanlage wird das Präsidium des ADMV mit der Bezirksleitung Dresden des ADMV die Möglichkeiten einer Realisierung beraten und die dazu notwendige Zusammenarbeit der territorialen Organe im Interesse einer eventuellen schrittweisen Verwirklichung ... n.

Eine Bereitstellung zentraler ... nicht möglich.

DEUTSCHER
TURN- UND SPORTBUND
DER DDR
Bundesvorstand
Storkower Straße 118
BERLIN
1055

BERLIN 1055 27.10.89

Deutsche Post 020

MC-Touring Dresden
Veranstaltungsleiter
"Rödertal-Rennen"
Sportfreund Blütchen

Hoyerswerdaer Str. 34
Dresden
8 0 6 0

Schreiben des DTSB zum Projekt.

den erforderlichen Kosten ein völlig neues Objekt nahezu gleich teuer gewesen wäre. Auch der vorhandene Streckenteil hätte schließlich komplett erneuert werden müssen. Alle diese Argumente sprachen deutlich für einen totalen Streckenneubau.

So entstand in weiterer unermüdlicher Arbeit ein fast ausgereiftes Projekt unter der Bezeichnung »Rödertalring«.

Im Rahmen der Projektierung dieses Objekts gab es enorm viele Kontakte mit zuständigen Behörden, Firmen, potenziellen Nutzern und Leistungsanbietern, so dass sehr brauchbare Ergebnisse zu verzeichnen waren.

Im Frühjahr 1989 lag daher ein realistisches Projekt auf dem Tisch, für das es eine abgestimmte Erstfinanzierung in Höhe von 12 Millionen Mark gab. Das angedachte Motorsportareal umfasste neben einer permanent nutzbaren Rennstrecke für Straßenrennen, eine Motocross-Strecke sowie Testflächen und Teststrecken für die Fahrzeughersteller aus Eisenach, Zwickau und Zittau.

Die Streckenlänge war auf 4,6 oder 4,8 Kilometer ausgelegt. Die Fahrbahnbreite lag durchschnittlich bei zwölf Metern. Über die nahe gelegene Eisenbahnverbindung Dresden – Radeberg war eine Anbindung für die Material-Belieferung und Zuschauer-An- und Abreise geplant. Eine verkehrsgünstige Anbindung zur Autobahn Dresden – Bautzen war ebenfalls gewährleistet.

Wesentliches Baugenehmigungsargument war die Auslegung einer etwa zwei Kilometer langen Geraden als Ausweichflugplatz für den in der Nähe gelegenen Militärflughafen Dresden – Klotzsche. Damit hatten die Initiatoren die Landesverteidigung auf ihre Seite bekommen und eigentlich konnte es los gehen. Wäre da nicht die Wende gekommen!

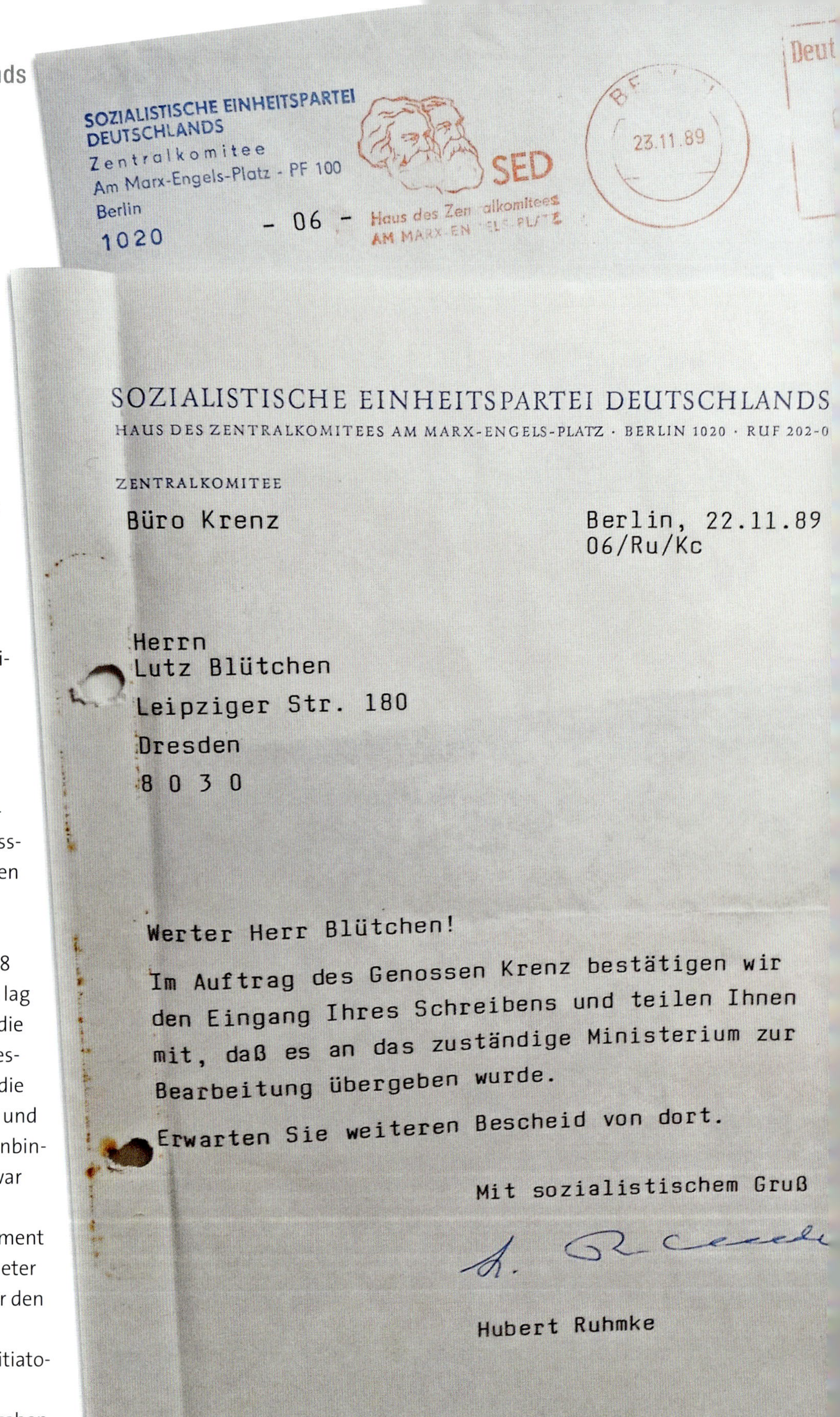

SOZIALISTISCHE EINHEITSPARTEI DEUTSCHLANDS
Zentralkomitee
Am Marx-Engels-Platz - PF 100
Berlin
1020 - 06 -

SED
Haus des Zentralkomitees
AM MARX-ENGELS-PLATZ

23.11.89

SOZIALISTISCHE EINHEITSPARTEI DEUTSCHLANDS
HAUS DES ZENTRALKOMITEES AM MARX-ENGELS-PLATZ · BERLIN 1020 · RUF 202-0

ZENTRALKOMITEE

Büro Krenz

Berlin, 22.11.89
06/Ru/Kc

Herrn
Lutz Blütchen
Leipziger Str. 180
Dresden
8 0 3 0

Werter Herr Blütchen!

Im Auftrag des Genossen Krenz bestätigen wir den Eingang Ihres Schreibens und teilen Ihnen mit, daß es an das zuständige Ministerium zur Bearbeitung übergeben wurde.

Erwarten Sie weiteren Bescheid von dort.

Mit sozialistischem Gruß

Hubert Ruhmke

Schreiben des Staatsrats zum Projekt.

Bis zur endgültigen Genehmigung galt, wie oft üblich in der DDR, absolutes Stillschweigen über dieses Vorhaben und so kam es, dass nach der Wende (nur wenige Monate vor der erhofften Baufreigabe) keiner mehr über dieses Thema sprechen wollte und viele der »Mitwisser« nicht mehr in Amt und Würden waren. Stattdessen tauchten einige Zeit später die Projekte des Motorparks Oschersleben und des Lausitzrings auf.

» …denn Liegau schaut durchaus auf eine eigene Rennsportgeschichte zurück. Von 1985 bis 1989 wurden auf der Haupt- und Radeberger Straße hier die legendären Rödertal-Rennen ausgefahren. Ging es anfangs bei den DDR-offenen Flachbahnrennen noch um die Ermittlung der Bezirksbesten, so wurde später sogar um Punkte zur DDR-Meisterschaft gefahren. Geschwindigkeiten um die 200 km/h waren damals keine Seltenheit und Größen wie Ulli Melkus waren dabei genauso am Start wie Bernd Kasper oder Steffen Nickoleit.

Jedes der fünf Rennen war dabei ein Höhepunkt für die kleine Ortschaft. Rennfahrer und Techniker waren in Gastfamilien untergebracht, unzählige Helfer sicherten die Rennstrecke und eigentlich war ein ganzes Dorf auf den Beinen, um bei der Realisierung dieser Sportveranstaltung zu helfen. Organisator der Rennen war damals der MTC Touring Dresden und federführend als Rennleiter Lutz Blütchen. In der damaligen Presse wurde er als »der pfiffige Organisator des Rödertalrennens« betitelt und dies durchaus zu Recht. Wäre es nach dem Willen von Lutz Blütchen gegangen und hätte die Wende noch ein oder zwei Jahre gewartet, dann wären 12 Millionen Ost-Mark zum Einsatz gekommen und Liegau hätte seinen sogenannten 3800 Meter langen Rödertalring mit Crossareal, Speedwayarena, Cartbahn und Zeltplatz. Möglich wäre dies geworden, weil selbst Militär und ein großer VEB Interesse an dem Ring zeigten. Einerseits als Ausweichstart- und Landebahn, andererseits als Teststrecke. Aber es kam eben alles ganz anders. Für den 25. und 26. August 1990 war das 6. Rödertalrennen geplant, und es gab noch am 27. Juli 1990 Absprachen zwischen dem MTC Touring Dresden und der Gemeindeverwaltung von Liegau bezüglich der Organisation des Rennens. Doch mit einem Brief vom 25. August kam das Aus für den Motorsport in Liegau. Das Aus für das Rödertal-Bergrennen und das Projekt Rödertalring war somit besiegelt und sicherlich wird es in Liegau auch keine Motorsportarena mehr geben.«

Auszug aus der Radeberger Heimatzeitung vom 10.2.2011

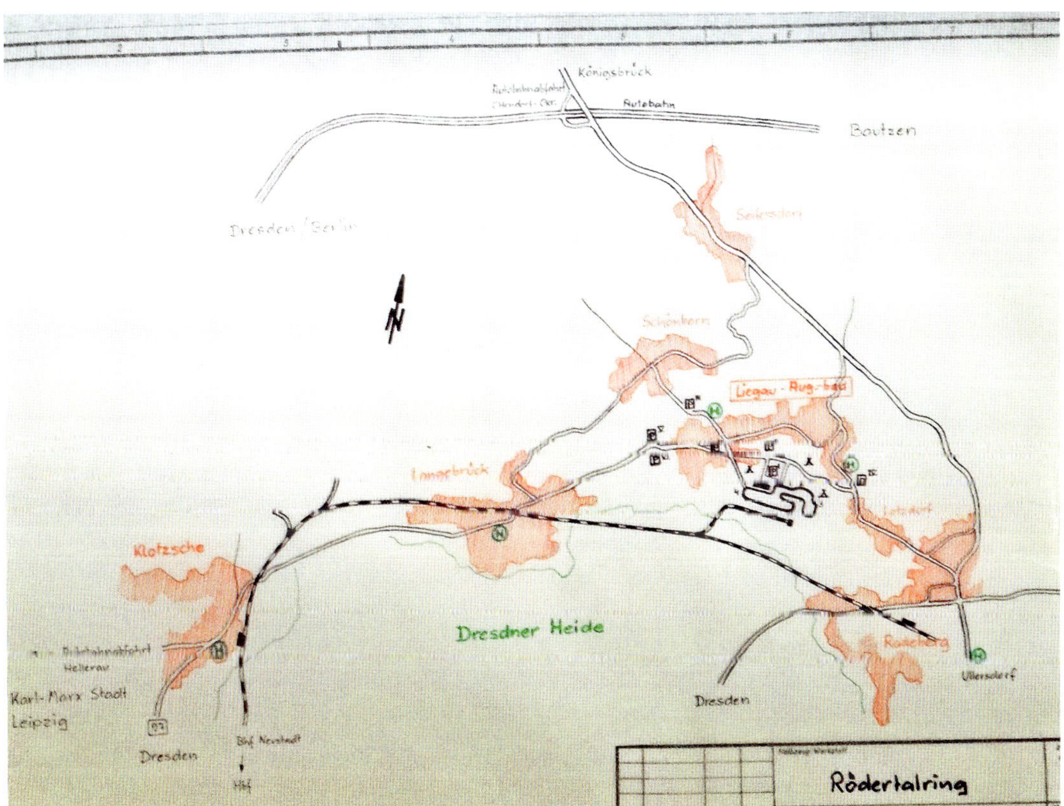

Lageplan des projektierten Rödertalrings.

Rennstrecken des deutschen Ostens und der DDR

In diesem Abschnitt beginne ich mit den historischen Rennstrecken, wobei einige davon bereits seit der Zeit vor dem Zweiten Weltkrieg über die Sowjetische Besatzungszone und die spätere DDR bis in den heutigen Tag genutzt werden. Dies betrifft das umgebaute Schleizer-Dreieck und den komplett umgebauten Sachsenring.

Sprichwörtlich aus dem Nichts entstanden im Osten Deutschlands der Motorpark Oschersleben und der Lausitzring. Zahlreiche der hier benannten Strecken spielten allerdings in der Formelrennsport-Geschichte keine Rolle, weil sie nur für Motorradwettbewerbe genutzt wurden.

Nach der Wiedervereinigung wichen die Aktiven der Formel-Euro, -Easter/Formel Euro/2000 mehrheitlich auf Strecken im Ausland aus. Das ergab sich aus den Erfordernissen einer internationalen Renn-Beteiligung und der Anbindung an dort agierende Großveranstalter.

In der DDR wurden Straßenrennen an folgenden Orten realisiert:

(Es gab wesentlich mehr kleine Strecken, die hier nicht benannt werden, weil sie entweder nicht für Automobile genutzt wurden oder nur einmalige Nutzung fanden).

Ort	vermutl. Nutzungsdauer
Annaberg	1975 – 1979
Autobahnschere Chemnitz	1952 – 1953
Bautzen Autobahnring	1957 – 1963
Bernburger Saaledreieck	1952 – ?
Bernauer Schleife	1952 – 1973
Dresden Autobahnspinne	1951 – 1972
Dessauer Schleifebis	1939, dann 1949 – 1956
Eibenstock	1964 – 1989
Erfurter Doppelring	1950 – 1952
Forst	1989 – 1990
Frohburger Dreieck	1960 – 1990, dann nur Motorräder
Glasbach	1974 – 1990
Großdeutschlandring	1939
Halle-Saale-Schleife	1922 – 1924, dann 1950 – 1967
Heuberg	1977 – 1989
Inselsberg Illmenau	1924 – 1974
Kyffhäuser	1922 dann 1952, dann 1980 – 1999
Leipziger Stadtpark	1951 – 1956
Lückendorf	1923 – 1934, dann 1961 – 1970
Lausitzring	2000 – heute
Motorpark Oschersleben	1997 – heute
Rostocker Osthafenkurs	1952 – 1954
Rund um den Pfaffenteich Schwerin	1953 – ?
Rödertal Liegau-Augustusbad	1985 – 1989
Sachsenring	1927 – 1990, dann 1996 – heute
Schleizer Dreieck	1923 – heute
Schwartenberg Seiffen	1978 – 1988
Staakener Kleeblatt	1959 – 1963
Steierberg Riehstädt	1980 – ?
Stralsunder Bäderrennen	1949 – 1956
Weinberg Naumburg	1977 – 1985
Wismaer Hanseatenring	1954 – 1959
Zschorlaer Dreieck	?

Autobahnspinne Dresden

In der Nähe von Dresden, genauer in Dresden-Hellerau, fand auf der so genannten Spinne, einer Art Autobahnkreuz, am 17. Juni 1951 das erste Rennen statt. Diese Strecke wurde bis 1971 kontinuierlich für Straßenrennsportwettbewerbe genutzt. Nur 1968 fielen die Rennen wegen der CSSR-Krise (Prager Frühling) aus. Als Fahrerlager nutzte man die nahe gelegene Autobahnmeisterei.

Die Stadtnähe sicherte regelmäßig gute Zuschauerzahlen. Auch weil aus dem Bereich Dresden ausgesprochen viele Rennsportler kamen und mit Heinz Melkus ein Idol in der Stadt lebte.

Im Jahr 1971 wurden die Rennen eingestellt. Damit folgte der ADMV einer Argumentation, die verkehrstechnisch begründet war: Infolge steigender Verkehrszahlen bedeutete die einmalige Sperrung des Autobahnkreuzes angeblich eine unzumutbare Belastung der Umleitungsstrecken. Hinzu kam eine statistisch nie nachgewiesene Erhöhung der Unfallzahlen auf den Umleitungsstrecken. Da in Dresden auch im

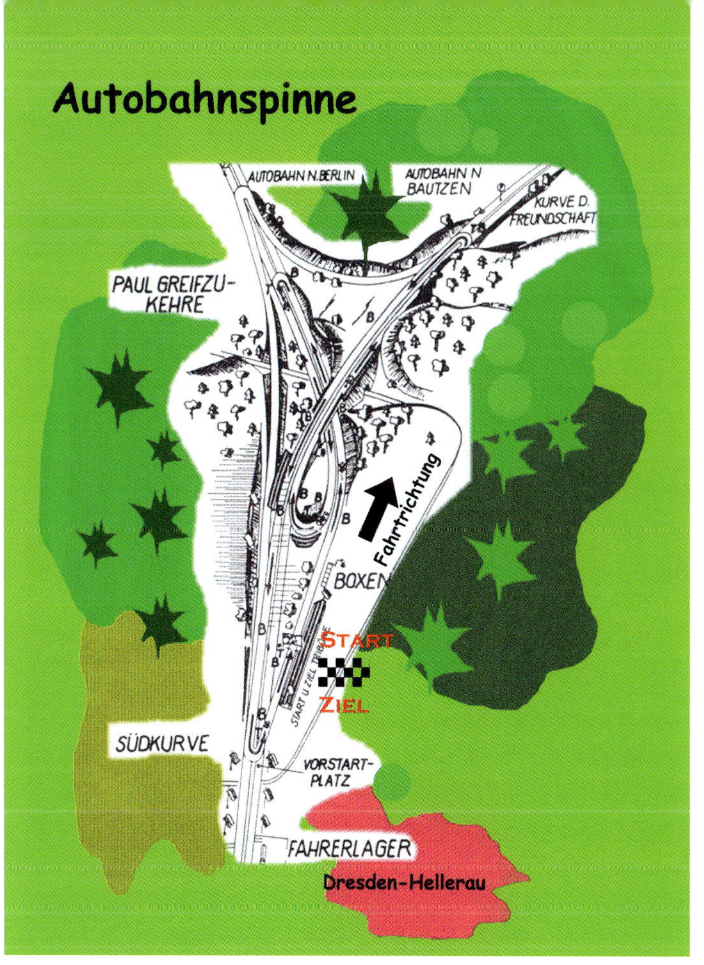

Streckenlänge lag bei 6,4 Kilometern.

Sieger in den Formelsportrennen

1. Rennen (1951)

Formel 2	Paul Greifzu, BMW Eigenbau

2. Rennen (1953)

Formel 2	Edgar Barth, EMW 52/53

3. Rennen (1954)

Formel 2	Rudolf Krause, BMW Greifzu
Formel 3	Theo Helfrich, Cooper T31 Norton

4. Rennen (1955)

Formel 3	Heinz Melkus, Melkus JAP

5. Rennen (1957)

Formel 3	Lex Beels Cooper, T42 Norton

6. Rennen (1958)

Formel 3	Jos Saveniers, Cooper T42 Norton

7. Rennen (1959)

Formel Junior	Heinz Melkus, Melkus 59 Wartburg
Formel 3	Kurt Ahrens jr., Cooper T42 Norton

8. Rennen (1960)

Formel Junior	Kurt Ahrens jr., Cooper T 52 Fiat

9. Rennen (1961)

Formel Junior	Kurt Ahrens sen., Lotus 20 Ford

10. Rennen (1962)

Formel Junior	Max Byczkowski, Melkus 62 Wartburg

11. Rennen (1963)

Formel Junior	John Peterson, Brabham BT 6 Ford

12. Rennen (1964)

Formel 3	Max Byczkowski, Melkus 64 Wartburg

13. Rennen (1965)

Formel 3	Christian Pfeiffer, SEG II Wartburg

14. Rennen (1966)

Formel 3	Dieter Bohnhorst, Brabham BT 16 Ford

16. Rennen (1967)

Formel 3	Heinz Melkus, Melkus 64 Wartburg

17. Rennen (1969)

Formel 3	Heinz Melkus, Melkus 64 Wartburg

18. Rennen (1970)

Formel 3	Freddy Kottulinsky, Lotus Ford 69

19. Rennen (1971)

Formel 3	Freddy Kottulinsky, Lotus BMW

Bereich der Verkehrspolizei ein sehr hoher Anteil an Motorsportfreunden ansässig war, die kein Interesse an der Einstellung der Rennaktivitäten hatten, kann ich nur zu dem Schluss kommen, dass höhere politische Mächte den Sport attackieren wollten. Was schließlich 1972 auch gelang.

Bautzener Autobahnring

Auf dem Bautzener Autobahnring fand das erste Rennen 1954 statt. In der Folgezeit gab es dort sowohl Motorrad-, als auch Autorennen.

Die 2,9 Kilometer lange Strecke war Bestandteil einer Autobahnverbindung. Als Rennstrecke dienten die Anschlussstelle Bautzen-West sowie Teile der F 96. An den Renntagen wurde der Autobahnverkehr an einer Behelfsausfahrt bei Prischwitz von der Autobahn auf die Straße Kamenz – Bautzen abgeleitet. Aufgrund der Zerstörung der Autobahnbrücke über die Spree im April 1945 konnte die Autobahn östlich der Anschlussstelle ohnehin nicht mehr vom Verkehr genutzt werden. Bei den Wagenrennen waren

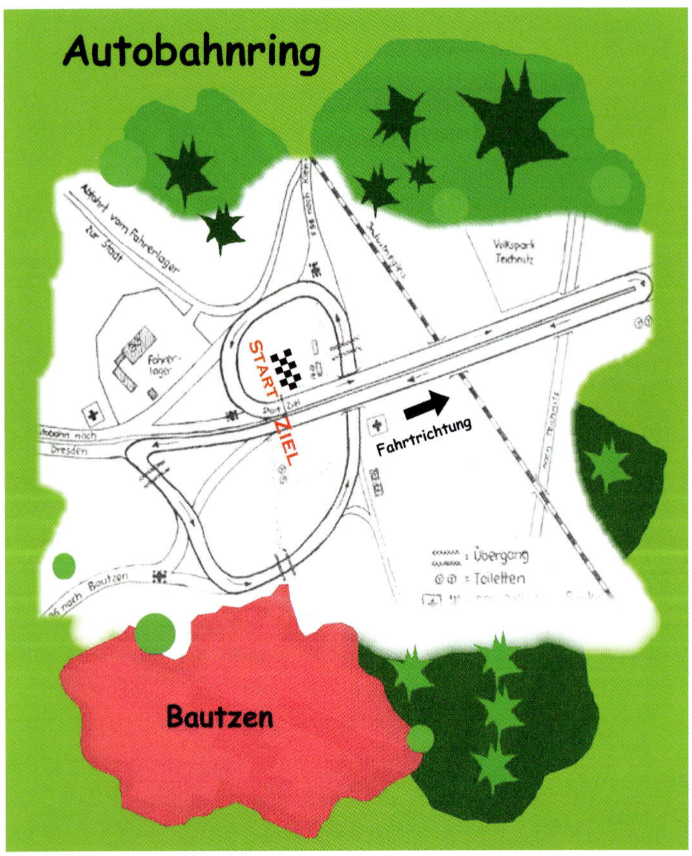

jahrelang die Formel Junior und auch die Formel 3 am Start. 1974 kam das Ende für den Autobahnkurs, obwohl es damals eigentlich keine weiterführende Autobahn Richtung Polen gab. Die übliche Argumentation der eingeschränkten Verkehrsführung dürfte in diesem Fall wohl ebenfalls eine Finte gewesen sein.

Bernauer Schleife

Die Rennstrecke ist eine der ältesten Autobahnstrecken. Sie wurde 1930 eröffnet. Von 1957 bis 1973 betrug ihre Länge nur noch fünf Kilometer, vorher waren es 5,8 Kilometer.

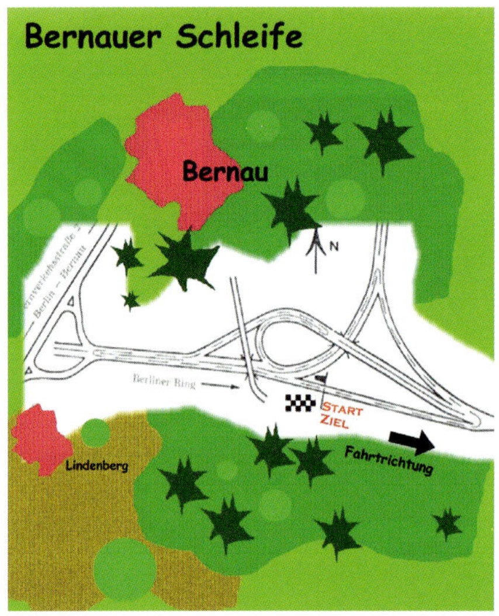

Von den 1930er-Jahren bis 1973 war die Bernauer Schleife eine Rennstrecke in der Nähe der Stadt Bernau. Dort fanden internationale Auto- sowie Motorradrennen mit und ohne Beiwagen statt. Klassen waren die Formel Junior (die spätere Formel 3) bei Rennwagen, A, B, C bei Motorrädern sowie verschiedene Hubraumklassen der Beiwagenmotorräder. Die Rennstrecke war mit einer Steilkurve bei der Einfahrt der Autobahn 11 versehen, die in den 1990er-Jahren bei der verkehrstechnischen Neugestaltung des Abzweigs abgerissen wurde.

Die Bernauer Schleife ist heute Bestandteil des Autobahndreiecks Barnim, ehemals Schwanebeck, am Abzweig der A11 vom Berliner Ring. Ein Befahren der Strecke als Rundkurs ist seit 1973 nicht mehr möglich.

Die BSG Motor Bernau machte 1951 dort die ersten Testfahrten. 1952 bis 1954 fanden in dichter Folge Rennen für Motorräder und Automobile statt. Nach einer Pause begann 1957 eine kontinuierliche Nutzung bis 1973. Im 18. und letzten Rennen fuhren die Formelrennwagen bereits nach dem Reglement der Gruppe C 9 in zwei Leistungsklassen. Anlässlich dieser Rennen fanden sich immer wieder unglaubliche Zuschauermengen entlang der Strecke ein.

Hanseatenring Wismar

Der Hanseatenring in Wismar war von 1954 bis 1959 eine zeitweilig genutzte Strecke. In der Länge maß sie 2,95 Kilometer und als Piste wurde die heutige Bürgermeister-Haupt-Straße genutzt, deren Fahrbahnen durch Grünstreifen voneinander getrennt waren. Neben Rennen aller Motorradklassen wurden auch Autorennen gefahren. So zum Beispiel Rennen der Formel 3 bis 500 ccm.

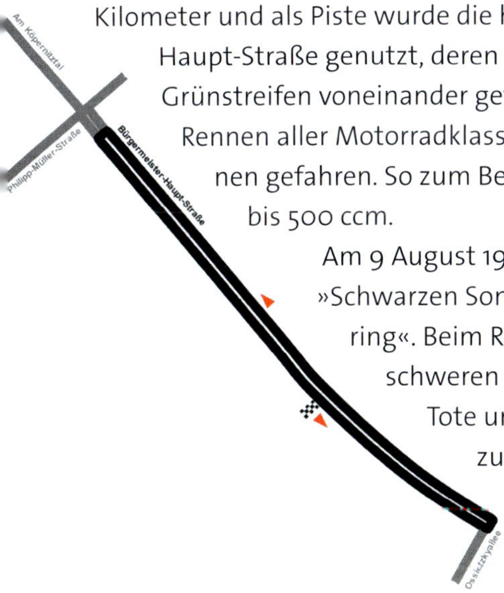

Am 9 August 1959 sprach die Presse vom »Schwarzen Sonntag auf dem Hanseatenring«. Beim Rennen kam es zu einem schweren Unfall, bei dem es drei Tote und neun Schwerverletzte zu beklagen gab. Dies nahm man zum Anlass, keine weiteren Rennen mehr zu organisieren.

Eibenstock-Bergrennen

Eibenstock war eine Bergrennstrecke in unmittelbarer Nähe der Staumauer der Eibenstock-Talsperre. Die Veranstaltung wurde vom MC Wismut Aue organisiert, der sich 1957 als erster Verein des ADMV gegründet hatte.

1964 fand das erste Motorradrennen statt. Es folgte eine längere Pause, dann begann eine kontinuierliche Nutzung, die von 1982 bis 1989 andauerte – auch für Automobile.

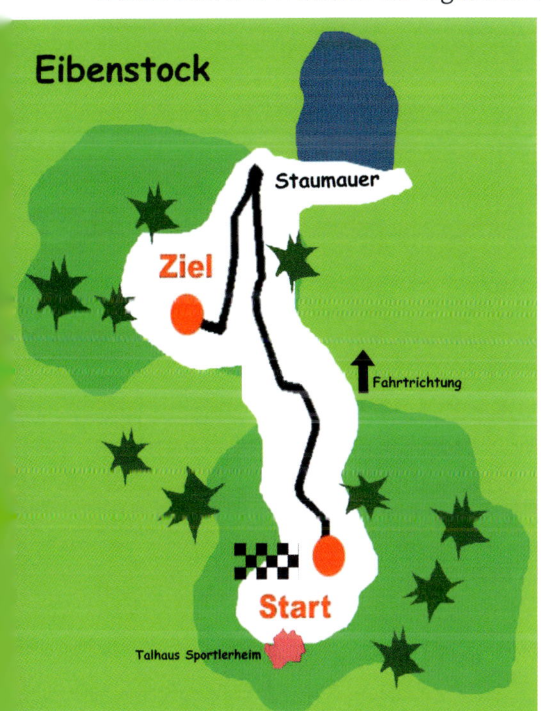

Die Streckenlänge betrug 1,7 Kilometer.

Forst-Flachbahnrennen

Das Flachbahnrennen in Forst fand auf dem Autobahnabschnitt Forst – Bademeusel Richtung Görlitz statt. Der MC Kahsel veranstaltet nur 1989 und 1990 zwei Rennen für Motorräder und Automobile. Infolge der Kürze der Strecke und der »Künstlichkeit« der Streckenführung erfuhr die Veranstaltung nur wenig Resonanz bei den Aktiven.

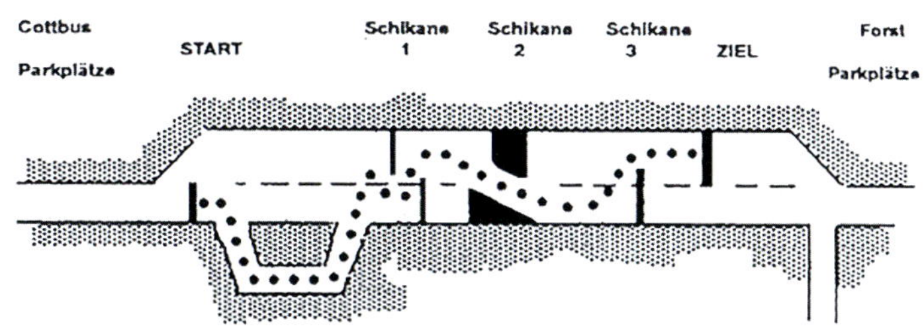

Die Strecke in Forst war nur einen Kilometer lang.

Glasbach-Bergrennen

Seit 1974 wird in der Nähe der Stadt Bad Liebenstein das Glasbachrennen ausgetragen. Ein Teilstück der Landestrasse 1027 wird dann als abgesperrtes Rennareal für Auto- und Motorradrennen genutzt. Die Streckenführung folgt der natürlichen Geländeformation des Grumbachtals.

Die Rennstrecke mit 35 Kurven und einer Länge von 5,5 Kilometern verläuft bergauf bis auf 630 m ü. NN. Sie endet an der Einmündung der L1027 in den Rennsteig. Der Höhenunterschied beträgt 250 Meter. Das Fahrerlager befindet sich wahlweise im Zentrum von Steinbach oder auf dem Sportplatz am Stadtrand von Bad Liebenstein.

Die Rennstrecke ist dabei durch ihre Charakteristik einzigartig und aktuell sowohl die längste Bergrennstrecke Deutschlands als auch eine der modernsten Bergrennpisten Europas. Sie bietet eine Kapazität für rund 25.000 Zuschauer und ermöglicht dabei vielfältige Veranstaltungsarten. Zwischen 1974 und 1977 wurde die Motorsportveranstaltung durch den MC Kali Merkers und danach bis 1990 mit Unterbrechungen durch den MC Moorgrund ausgetragen. Zeitweise wurde hierbei auch die DDR-Meisterschaft im Bergrennen ausgetragen, auch für Formelwagen. 1991 wurde die Strecke wegen unzureichender Sicherheitseinrichtungen und schlechtem Straßenbelag zum vorerst letzten Mal genutzt. Mit dem 16. Internationalen ADAC-Glasbachrennen vom 2. bis 4. September 2011 wurde die Motorsportveranstaltung nach genau 20-jähriger Pause auf dem ersten Teilabschnitt über 2,2 Kilometer wiederbelebt.

Halle-Saale-Schleife

Sie zählt zu den traditionsreichsten Rennstrecken der DDR. 1950 wurde sie das erste Mal befahren. Die Strecke war 5,2 Kilometer lang und führte entlang der Peißnitz. Es gab auch eine kleine Schleife, die nur 2,6 Kilometer lang war. Bis 1967 wurden auf dieser, in freiwilliger Arbeit von Motorsportfreunden erbauten Strecke 22 Rennen realisiert, bei denen sowohl Motorräder als auch Automobile zum Einsatz kamen.

1950 sollen etwa 150.000 Zuschauer die Strecke gesäumt haben. Paul Greifzu konnte damals gewinnen und eröffnete die Reihe der von den Motorsportfans verehrten Rennwagensport-Idole wie Arthur Rosenhauer, Rudi Krause, Heinz Melkus, Siegfried Seifert und Willly Lehmann.

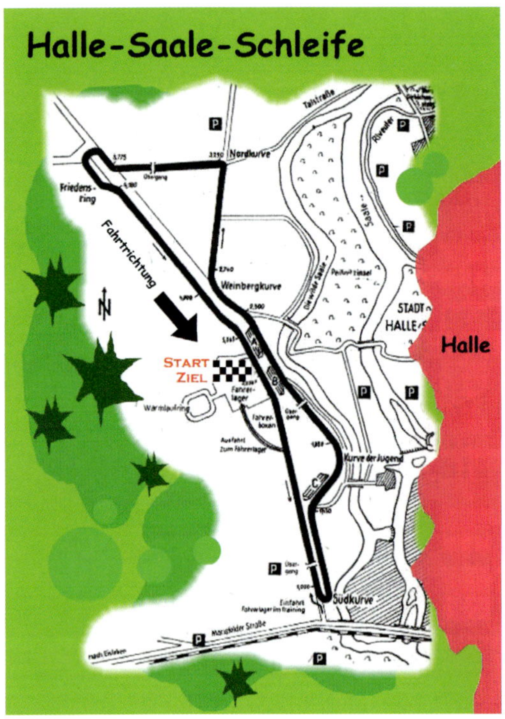

Nahezu alle ostdeutschen Motorradrennsport-Asse waren über die Pflasterstraßen von Halle gerast. Dazu gehörten neben Bernd Petruschke und Erhard Krumpholz die späteren MZ-Asse wie Ernst Degner, Horst Fügner, Heinz Rosner und Werner Musiol.

Sowohl bei den Rennwagen als auch bei den Motorrädern lieferten sich die DDR-Sportler packende Kämpfe gegen die westdeutsche und internationale Konkurrenz. In den Formelrennen waren dies Fahrer wie Hans Stuck, Theo Helfrich, Kurt Ahrens (alle BRD), Leo Mattila und Jouko Nordel (Schweden), Silvio Moser (Schweiz) und Jacques Bernusset (Frankreich). Während 1965 noch sagenhafte 236 Fahrer aus zwölf Nationen am Start waren und jede Menge Zuschauer die Strecke säumten, verlief sich das Interesse in den Folgejahren. 1967 fand das letzte Formel 3-Rennen statt. Dennoch gehörte die Halle-Saale-Schleife zu den Dauerbrennern im DDR-Rennsport.

Heuberg-Bergrennen

Ein weiteres Bergrennen etablierte sich für längere Zeit am Heuberg bei Friedrichsroda. Veranstalter war der Motorsportclub Gotha. Von 1977 bis 1990 fanden dort auch immer wieder Läufe zur DDR-Meisterschaft und zur DDR-Bestenermittlung statt. Rennleiter Helmut Aßmann, selbst ehemaliger Aktiver, sorgte für perfekt organisierte Veranstaltungen. Auch auf dieser drei Kilometer langen Strecke zwischen Friedrichroda und Pappenheim mit ihren zahlreichen Kurven bekam man nichts geschenkt. Im Spitzenbereich sorgte die Steigung für Vorteile, wenn die Motorleistung und die Getriebeabstimmung exakt passten.

Gestartet wurde am Ortsausgang Friedrichroda, das Ziel lag am Heuberghaus wo sich Fahrerlager und Rennleitung befanden. Die sechs bis sieben Meter breite Straße überwindet 180 Höhenmeter, in deren Verlauf acht recht schnell befahrbare Kurven einigen Mut erfordern.

Nach der Wende verlor die Strecke ihre Bedeutung, weil zum einen organisatorische und finanzielle Probleme zu bewältigen waren und zum anderen, weil in der mittlerweile durch Rundstrecken verwöhnten Fahrerschaft keiner mehr wirklich mehr Lust auf Bergrennen hatte.

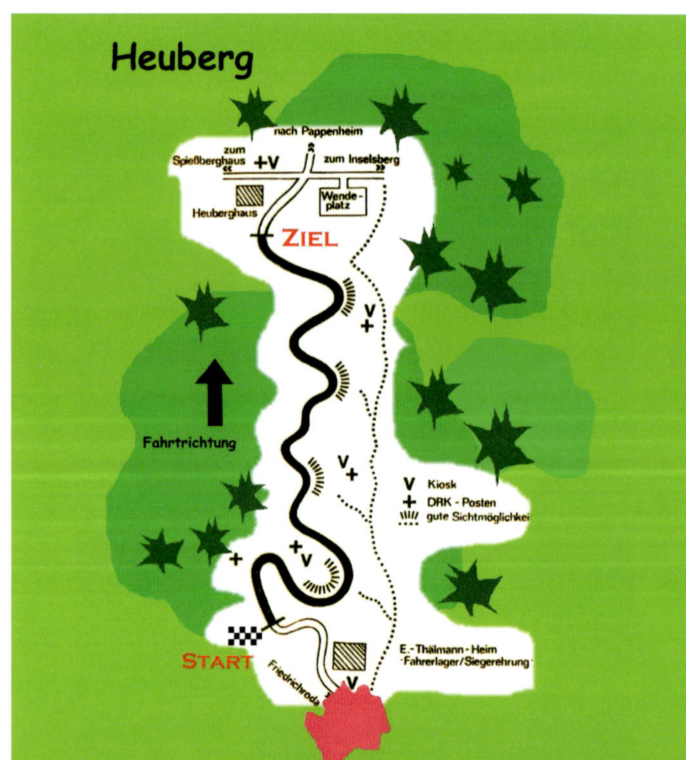

Inselberg-Bergrennen

Am Inselberg gab es in den Jahren 1924/25 einen Rundkurs, der aber nur von Motorrädern befahren wurde. Diese Strecke war ursprünglich 33 Kilometer lang.

Ab 1974 wurde die Strecke für den Automobilsport interessant. Allerdings nur ein Teilstück, das als Bergrennstrecke genutzt wurde.

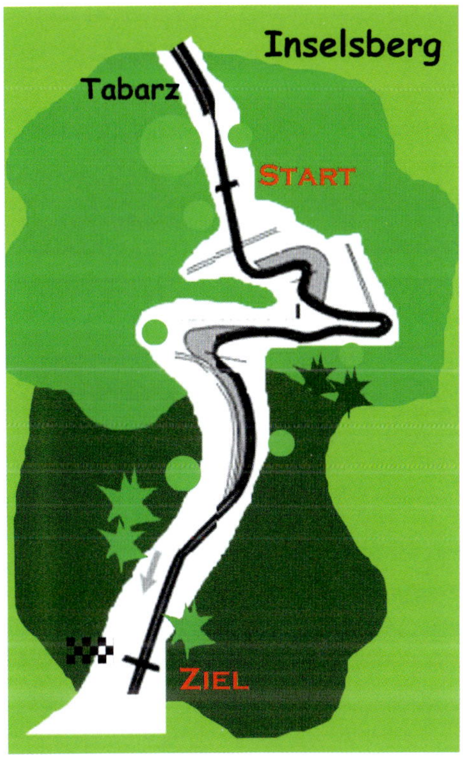

Leider gibt es so gut wie keine Aufzeichnungen zu den Rennen selbst und auch zur Streckenbeschaffenheit war die Ausbeute gleich Null. Rennergebnisse sind in den Sportarchiven auch nur für die Rundkursrennen verfügbar.

Zuletzt wurde ein drei Kilometer langes Teilstück befahren.

Großdeutschlandring

Auf dieser Rundstrecke ist keiner der heute noch lebenden Fahrer ein Rennen gefahren. Ich möchte sie nur der Vollständigkeit halber und wegen ihres traumhaften Streckenprofils benennen. Auf zehn Kilometer Länge gab es extrem schnelle Bergab-Passagen, schwer zu fahrende Serpentinen und eine leicht überhöhte Hochgeschwindigkeitskurve.

Diese Rennstrecke lag in der Nähe von Hohnstein bei Dresden in der Sächsischen Schweiz. Sie war eine der ersten Rennstrecken Deutschlands. Der Baubeginn war 1933, das erste Rennen fand 1939 statt. Das war aber auch das einzige Rennen, das dort stattfand. Nach dem Krieg gab es keinerlei Nutzung mehr und die letzten baulichen Reste wurden um 1990 beseitigt. Der Streckenverlauf ist jedoch nach wie vor zu erkennen.

Bereits vor dem Bau der Rennstrecke wurde 1926 auf einem später zugehörigen Teilstück das erste Bergrennen veranstaltet, bei dem 10.000 Zuschauer zugegen waren. Es folgten weitere Rennen, bei denen unter anderem auch Rudolf Caracciola (Benz SSK) und Bernd Rosemeyer auf einem NSU-Motorrad gewannen. 1933 entschloss man sich dann zum Bau eines permanenten Rundkurses.

Die Strecke sollte 250.000 PKW-Parkflächen bieten, sie war für rund eine Million Zuschauer ausgelegt.

Zum Bau der Strecke wurden auch Häftlinge aus dem KZ Hohnstein herangezogen.

Für 1940 war der »Große Preis von Großdeutschland« auf dieser Strecke geplant, der aber durch den Kriegsbeginn nie stattfand. Mercedes Benz-Teamchef Neubauer sagte damals Spitzengeschwindigkeiten von 280 km/h voraus und erwartete eine Durchschnittsgeschwindigkeit von 160 km/h.

Um der Motorsportbegeisterung in den östlichen Teilen Deutschlands Rechnung zu tragen, wurde dieses Projekt geplant und gebaut. Die große Entfernung zum Nürburgring machte vielen Zuschauern einen Rennbesuch unmöglich. Als besonders begeisterte Motorsportfans galten die Sachsen, 1938 waren beim GP von Europa für Motorräder 300.000 Zuschauer zugegen.

Die Bahn selbst war auf zwölf Meter Breite ausgelegt, wobei die Kurven 20 Meter breit waren. Oberhalb Hohburkersdorf gab es eine zwei Kilometer lange und 24 Meter breite Gerade, die als Startbahn genutzt werden konnte.

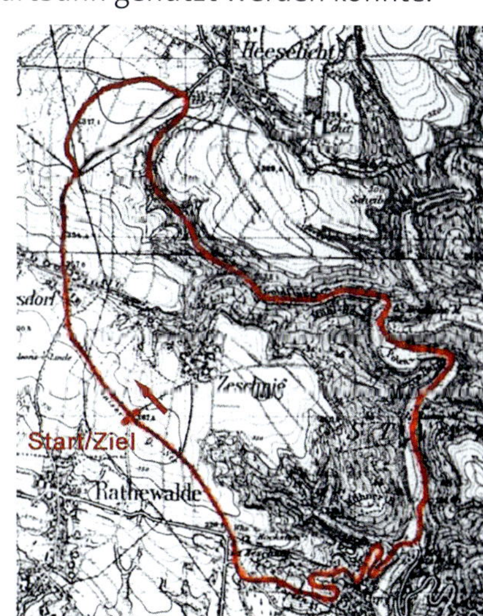

Einmalig waren die Streckenlänge von exakt zehn Kilometern und die 16 Serpentinen im Polenztal. Dort mussten gewaltige Bergmassive weggesprengt werden und auch ansonsten wurden – meist durch Zwangsarbeiter – enorme Erdmassen bewegt.

Kyffhäuser-Bergrennen

Das Kyffhäuser-Bergrennen zählte wohl von jeher zu den heikelsten Rennen im ostdeutschen Rennsportkalender.

In einer malerischen Landschaft am Fuße des Kyffhäusers fanden die Rennen auf dem Teilabschnitt der damaligen F 85 zwischen Kelbra und hinauf bis zur Wasserkunst statt. Dabei musste man schon richtig den »Allerwertesten zusammenkneifen« um halbwegs vernünftige Zeiten fahren zu können.

Es gab Aktive, die dort über sich hinauswuchsen und die Strecke förmlich liebten. Andere hingegen bezahlten ihren Übermut mit teurem Schrott oder sogar körperlichen Schäden. Allgemein galt der Satz: »Hier trennt sich die Spreu vom Weizen.«

Bei einer Höhendifferenz von 300 Metern auf drei Kilometern Streckenlänge und 36 Kurven gehörte wirklich Mut zu einer guten Platzierung. Vor allem, weil man ununterbrochen an massiven alten Baumriesen vorbei raste und gleich neben der nicht sehr breiten Strecke, deren Belag auch nicht so brillant war, ging es zum Teil mehrere Meter tiefe Böschungen hinunter.

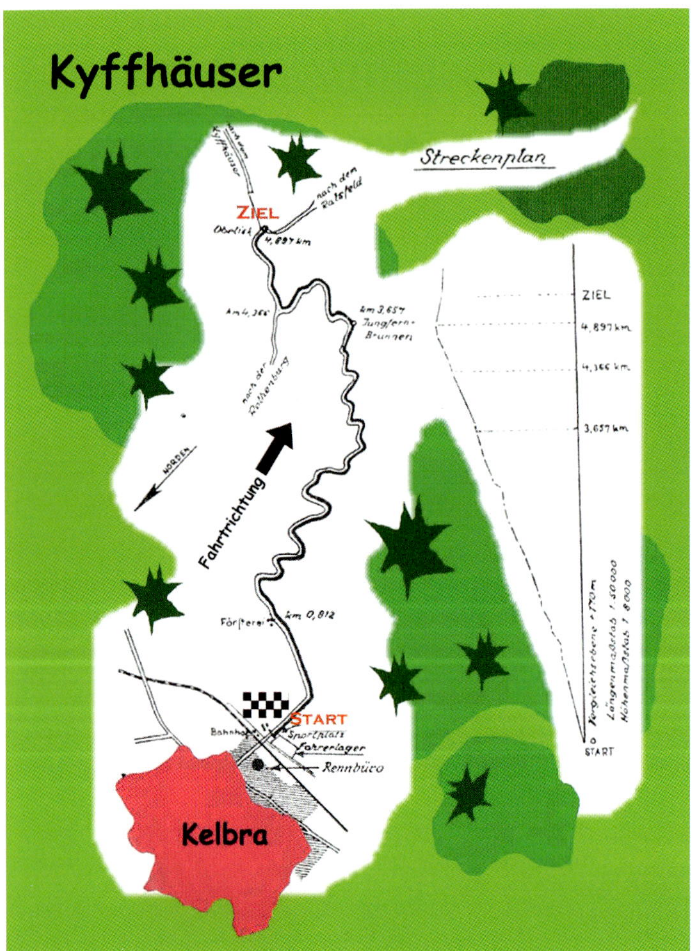

Es war schon gut, die Strecke vor dem Rennen mehrmals abzulaufen und das Gehirn dabei einzuschalten. Da die längste Gerade nur etwa 100 Meter lang ist, galt es blitzschnell zu agieren. Als Fahrerlager diente das Sportlerheim der BSG Kelbra und der nahegelegene Stausee bot Camping-Möglichkeiten und Erholung.

1922 wurde die Strecke zum ersten Mal befahren und als Höhepunkt wird noch heute das Rennen von 1951 gewertet, an dem der Bergkönig Hans Stuck teilnahm. Angeblich sollen sogar Rosemeyer und Caracciola dort gefahren sein.

Der Motorsportclub Sangerhausen machte die Strecke 1984 für den DDR-Automobilrennsport sicherheitstechnisch mit hohem Aufwand wieder nutzbar und veranstaltete bis 1989 Meisterschaftsläufe auch für die Formelrennfahrzeuge. In jenem Jahr auch erstmals für Rennwagen der Klasse E 1600 ccm. Ulli Melkus und Hans-Dieter Kessler zählten zu den Startern.

Ein Versuch mit Motorrädern wurde aus Sicherheitsgründen (schlechtes Wetter) abgesagt und nie wieder unternommen. Die Zuschauerresonanz war, zumindest bei den Rennen, die ich selbst erlebt habe, immer unglaublich groß.

Nach einer Pause nahm man ab 1999 den Rennbetrieb wieder auf und hielt somit einen wirklichen Klassiker mit hohen Ansprüchen an Fahrer und Material am Leben.

Leipziger Stadtpark (Rund ums Scheibenholz)

Zwischen 1951 und 1958 war auch die Messestadt im Rennfieber. Auf einem Innenstadtkurs »Rund ums Scheibenholz«, also rund um die Pferderennbahn, jaulten die Motoren der Rennmaschinen. Wer heute durch Leipzigs beschauliche Nonnenstraße fährt, kann sich kaum vorstellen, dass hier einst Rennfahrer mit durchgedrücktem Gaspedal um die entscheidenden Sekunden fuhren. Bis zu 200.000 Besucher säumten den 4,3 Kilometer langen Kurs, der zwischen 7,5 und zwölf Meter breit war. Von der Start- und Zielgeraden in der Wundtstraße ging es durch den Park, die Anton-Bruckner-Allee, die Nonnenstraße und den Schleußiger Weg. Sport- und Rennwagen, Motorradfahrer, Seitenwagengespanne –

durch Leipzig raste alles, was im DDR-Rennsport der Fünfzigerjahre Rang und Namen hatte. Willy Lehmann, einst Sieger auf der Leipziger Rennstrecke, schwärmte noch 2008 in der »Leipziger Volkszeitung«: »Leipzig war eine sehr schöne Episode... Heute ist es ja kaum mehr vorstellbar, dass durch die Stadt Rennen stattfanden, bei denen die Fußraste an der Bordsteinkante schliff.«

1958 kam das Aus für die Rennen »Rund ums Scheibenholz«. Der DDR-Motorsportverband wollte sich auf wenige Rennstrecken konzentrieren: den Sachsenring, das Schleizer Dreieck, die sogenannte »Halle-Saale-Schleife« und die Autobahnstrecken Bautzen, Dresden und Bernau.

»Wir Sportler kämpfen für den Frieden«, stand auf dem Programmheft des 1. Stadtpark-Rennens in Leipzig.

Am 9. Juli 1950 veranstaltete der Deutsche Sportausschuss ein Rennen für Motorräder sowie Sport- und Rennwagen inmitten der Stadt Leipzig. Damals zählte die Strecke zu den besten ihrer Art in ganz Deutschland. Aus diesem Grund waren bei der Premiere neben den DDR-Fahrern auch Aktive aus der CSR (spätere CSSR) und aus Westdeutschland am Start.

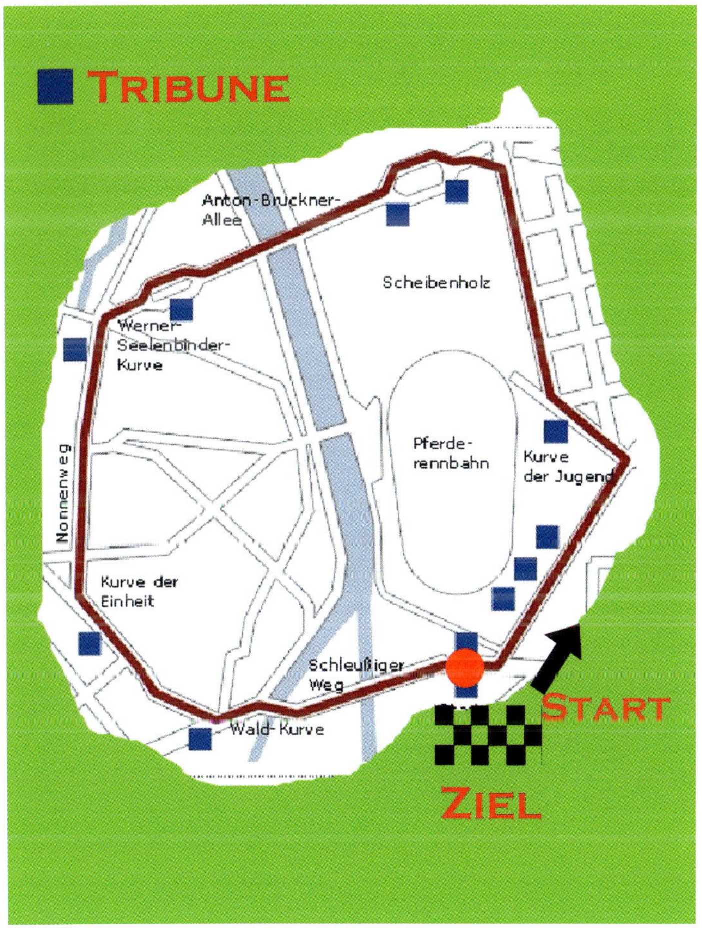

Für die Leipziger bedeutete dieses Großereignis eine weitere Aufwertung der Messestadt. Die Presse schrieb: »Leipzig, die Stadt der Weltmessen und das heutige Sportzentrum der DDR, hat sich damit in die Reihe der deutschen Großstädte eingegliedert, die schon seit Jahrzehnten die Bedeutung von Wagen- und Motorradrennen nicht nur für den Sport als solchen, sondern auch für die Industrie und Wirtschaft erkannt haben, wie Hamburg, Hannover, Köln und Nürnberg.« Diese Städte trugen zu jener Zeit die bekanntesten Rennen aus. Im Duell der Kleinstrennwagen bis 500 und 750 ccm gingen damals neben Bobby Kohlrausch (Eisenach), Theo Fitzau (Köthen), Willy Lehmann (Bitterfeld) auch Toni Kreuzer, Otto Kolan und Heinrich Schnelle aus der Bundesrepublik an den Start.

Bei den Rennwagen bis 2000 ccm waren es unter anderen Kurt Baum (Hainspitz), Arthur Rosenhammer (Dessau), Paul Greifzu (Suhl) und Theo Helfrich aus Mannheim. Es wurde geschätzt, dass etwa 200.000 Zuschauer an der Strecke waren.

1952 war Hans Stuck Gast in Leipzig. Er wurde allerdings nur Fünfter. 1955 jagten die berüchtigten EMW-Silberpfeile durch die Stadt und 1956 nahmen zum ersten Mal Fahrer aus Übersee an den Rennen teil. Die Konkurrenz der Formel 3-Rennwagen wurde 1957 und 1958 von Kurt Ahrens sen. und jun. dominiert.

Leipzig zählte damals zu den fixen Plätzen des Motorsports auf denen neben begeisterten Zuschauern auch immer eine qualifizierte Rennorganisation vorzufinden war.

Der 4,3 Kilometer lange Rundkurs fiel 1958 einem nachlassenden Zuschauerinteresse, wachsenden Verkehrsaufkommen und sicherheitstechnischen Bedenken zum Opfer. Die Stadt Leipzig hatte schwerwiegendere Probleme zu lösen, als Geld für den Erhalt des Rennens auszugeben und andererseits forderte der gerade gegründete ADMV eine Konzentration auf wenige Großveranstaltungen.

Welche Beweggründe den ADMV zu diesem Schritt bewogen haben, kann heute nicht nachvollzogen werden, aber im Laufe der Jahre hat die Motorsportorganisation noch weitere Rennen sterben lassen.

Auf der Suche nach einem neuen Rennort in der Leipziger Region kam man schließlich auf das Frohburger Dreieck, wo pfiffige Veranstalter schon in den Startlöchern standen.

Lückendorf

Das Lückendorfer Bergrennen hat eine sehr lange Tradition. Von 1923 bis einschließlich 1934 wurden immer wieder Wettkämpfe ausgetragen.

Kurioserweise datiert das 1. Lückendorfer Bergrennen der Nachkriegszeit auf den 13. August 1961. Albert Gärtner (Vorsitzender der Kommission Motorrennsport beim ADMV) organisierte ausgerechnet am Tag des Mauerbaus diese Veranstaltung gemeinsam mit den Motorsportclubs Zittau und Bautzen.

Bis 1970 fanden neun weitere Rennen statt, wobei 1969 kein Rennen möglich war, weil die russischen Panzer, die 1968 die CSSR besetzt hatten, über die Rennstrecke gefahren waren und diese restlos ruiniert war.

Bereits beim zweiten Rennen fuhr Willy Lehmann mit seinem Formel-3-SEG-Wartburg einen Streckenrekord, den er 1966 pulverisierte und damit ewiger Bergkönig blieb. 1964 ereigneten sich leider mehrere Unfälle, wobei der Ausweisfahrer Theo Colditz tödlich verunglückte. Das Rennen wurde daher abgebrochen.

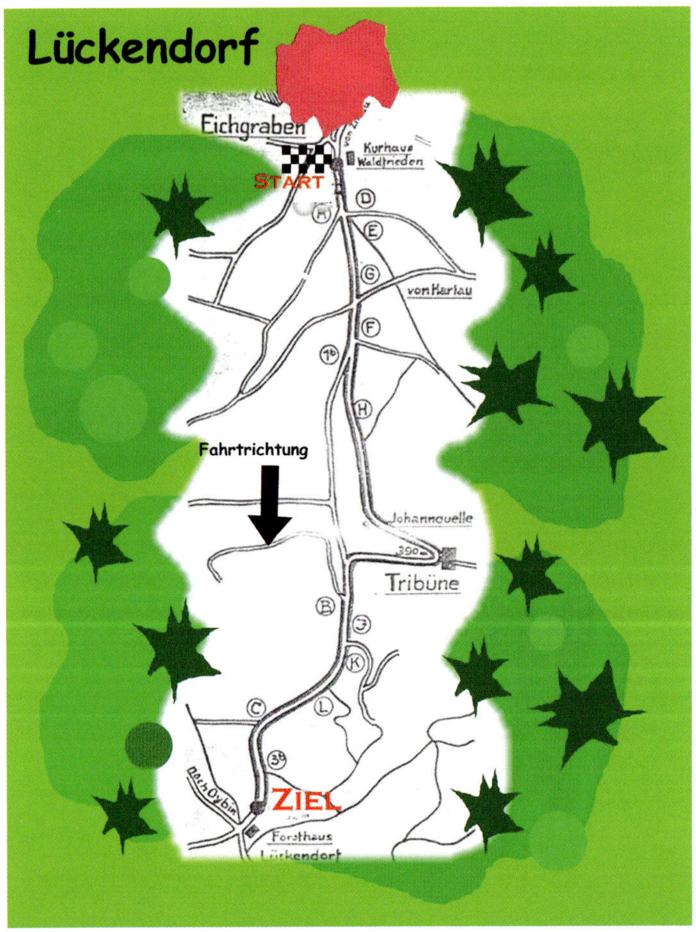

Beim fünften Bergrennen 1965 dominierte Heinz Melkus die Formel 3 und 1967 siegte er ebenfalls vor Rädlein und Pfeiffer.

Mit dem letzten Rennen 1970, bei dem zum ersten Mal die RS 1000 am Start waren (Sieger: Peter Findeisen) wurde klar, dass eine renntaugliche Wiederherstellung der Strecke finanziell nicht realisierbar war.

Im Jahr 2000 aktivierten traditionsbewusste Sportfreunde rund um Albert Gärtner als Mentor die Strecke im Rahmen des historischen Rennsports.

Magdeburg

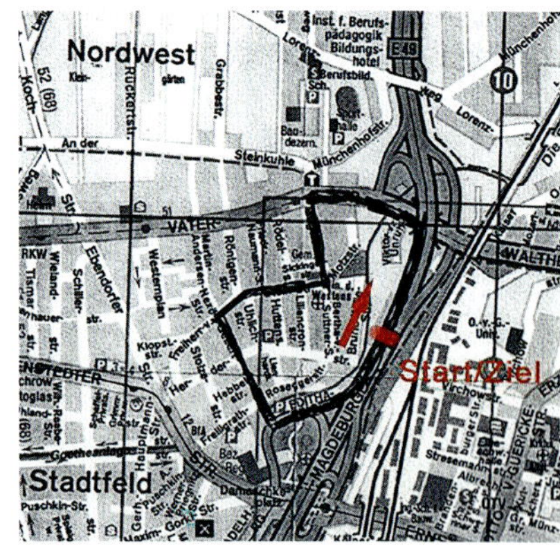

Der Stadtkurs von Magdeburg wurde nur sehr kurze Zeit für Rennen präpariert.

Es gab nur drei Veranstaltungen zwischen 1957 und 1959.

Die Veranstaltung scheiterte offensichtlich an relativ niedrigen Zuschauerzahlen und einem sehr hohen Aufwand zur Durchführung der Rennen.

Rostock Osthafenkurs

Es mag nur wenigen bekannt sein, dass auch Rostock einst Austragungsort von Autorennen bis hin zur Formel 2 war. Die Rennstrecke war seinerzeit ein 4,6 Kilometer langer Rundkurs im Osten der Stadt. Sie führte über die Gutenbergstraße, Hinrichsdorfer Straße, Dierkower Damm und Petridamm. Fahrerlager, Boxen, Start und Ziel befanden sich in der Gutenbergstraße an der Schule. Sogar Namen für die Kurven gab es. So hieß zum Beispiel die Kreuzung Gutenberg-Hinrichsdorfer Straße »Kurve der Jugend«, vom Petridamm in die Gutenbergstraße gab es die »Kurve des Friedens«.

Im April 1952 fand das erste Rennen auf dem sogenannten Rostocker Osthafenkurs statt. Neben Motorrädern starteten die Rennwagen der Formel 2 und die Formel 3. Zwischen 1952 und den nachfolgenden zwei Rennen bis 1954 haben etwa 100.000 Zuschauer die Veranstaltungen be-

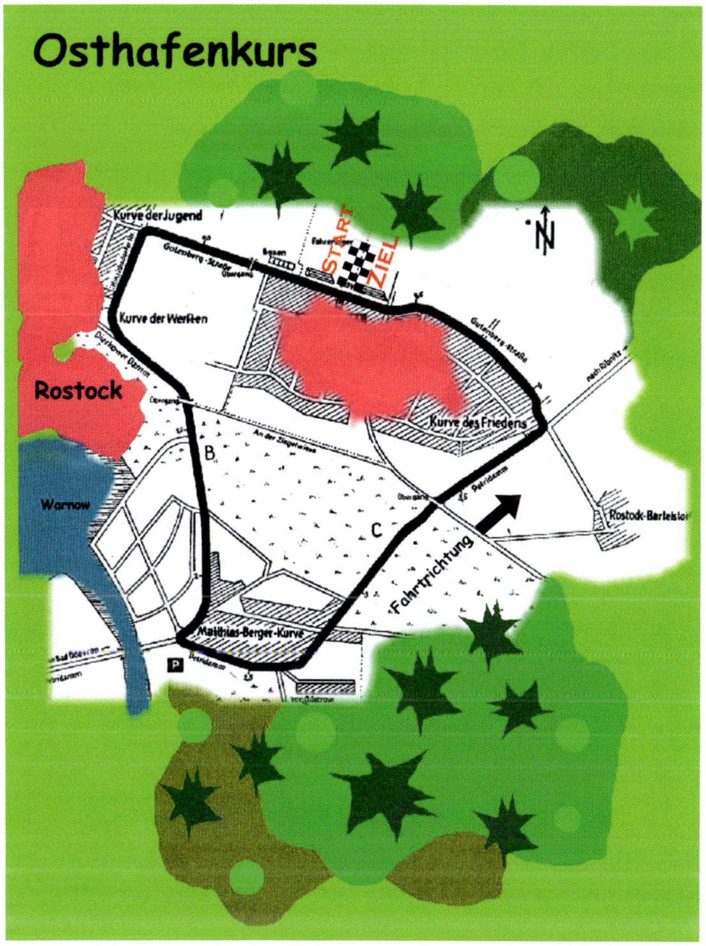

sucht. An den Rennen nahmen auch Fahrer aus der BRD teil, wie es in jener Zeit nahezu überall üblich war. In der Formel 2 konnten die Zuschauer Paul Greifzu auf seinem Eigenbau-BMW bewundern, wie er sich spannende Rennen mit Jürgen Perduss, Ernst Klodwig, Rudolf Krause und Heinz Melkus auf seinem ARO-Veritas BMW lieferte. Das Johannisthaler Rennkollektiv war mit Jürgen Perduss, Edgar Barth und Arthur Rosenhammer vertreten. In der Formel 3 waren 1952 sagenhafte 28 Fahrer am Start, darunter bekannte DDR-Fahrer wie Willy Lehmann, Richard Weiser, Karl-August Bergmann und Karl Weber. Sie hatten aber gegen die Cooper und Scampolo der westdeutschen Fahrer einen sehr schweren Stand.

Ein Jahr später fand am 28. Juni 1953 das zweite Rostocker Osthafenkurs-Rennen statt. Wegen des Arbeiteraufstandes vom 17. Juni und dem durch den sowjetischen Militärkommandanten Oberst Barinow für Rostock verhängten Ausnahmezustand konnte das Rennen erst eine Woche später beginnen als geplant. Und so verkündete dann die Ostsee-Zeitung am 25. Juni: »In der Stadt der Werften wird am kommenden Sonntag unsere Industrie mit ihren Wagen, Maschinen und Reifen Zeugnis ablegen vom Können unserer Techniker, Ingenieure und Facharbeiter. Es ist alles getan, damit die Bevölkerung bei dieser Veranstaltung Freude und Entspannung findet«. Der 1953er Osthafenkurs hatte sieben Rennen, davon fünf für Motorräder und je eins für Sportwagen sowie Formel-3-Wagen. In der Formel 3 siegte Kurt Ahrens aus Braunschweig mit 108,68 Stundenkilometern Durchschnittsgeschwindigkeit, bei den Sportwagen gewann Richard Trenkel aus Bündheim auf Porsche mit der Durchschnittsgeschwindigkeit von 109,195 Stundenkilometern. Am 4. Juli 1954 gab es nochmals ein Rennen »Rund um den Rostocker Osthafenkurs«. Schon vor acht Uhr morgens pilgerten die ersten Rostocker in Richtung Petritor, darunter ganze Familien mit Klappstühlen und reichlich Proviant für den ganzen Tag. Sonderzüge brachten Tausende aus der näheren und weiteren Umgebung. 50.000 Zuschauer sahen die Rennen. Bei den Lizenz-Sportwagen bis 1500 ccm gewann wieder der westdeutsche Meister und Vorjahressieger Richard Trenkel.

Danach sah Rostock keine Autorennen mehr. Leider gibt es sehr wenige Informationen zu den Veranstaltungen selbst.

Rödertal

Ab Mitte der 1980er-Jahre gab es wieder Rennaktivitäten im Großraum Dresden. Am 2. Juni 1985 wurde das 1. Rödertal-Rennen in Liegau-Augustusbad (bei Radeberg) aus der Taufe gehoben. Gemeinsam mit dem Rat der Gemeinde lud der MTC Touring Dresden, nach 15-jähriger Rennsportabstinenz im Bezirk Dresden, Motorrad- und Automobilfahrer zu einem Flachbahnrennen nach Einzelzeitfahrbetrieb ein.

Nach der Streckenabnahme 1984 mit Ulli Melkus und Jochen Holstein begann die Kleinarbeit der Vorbereitung. Im Anfangsstadium hielten sich aber alle Partner sehr zurück und es herrschte eine skeptische Haltung. Ging es anfangs bei den DDR-offenen Flachbahnrennen noch um die Ermittlung der Bezirksbesten, so wurde später sogar um Punkte zur DDR-Meisterschaft gefahren. Geschwindigkeiten um 200 km/h waren damals keine Seltenheit. Größen wie Ulli

Melkus waren dabei genauso am Start wie Bernd Kasper oder Steffen Nickoleit.

Auf dieser Strecke wurden in Liegau von 1985 bis 1989 die Rödertalrennen gefahren. Jedes der fünf Rennen war dabei ein Höhepunkt für die kleine Ortschaft. Rennfahrer und Techniker waren in Gastfamilien untergebracht, unzählige Helfer sicherten die Rennstrecke ab. Eigentlich war ein ganzes Dorf auf den Beinen, um bei der Realisierung dieser Sportveranstaltung zu helfen. Organisator der Rennen war damals der MTC Touring Dresden und federführend als Rennleiter Lutz Blütchen. In der damaligen Presse wurde er als »der pfiffige Organisator des Rödertalrennens« betitelt.

Die enormen Starterzahlen in allen Klassen und die immerhin 10.000 Zuschauer zeigten 1985 den gewünschten Erfolg. Im Folgejahr wurden der Ausbau eines Fahrerlagers realisiert und der Streckenbelag inklusive der Verbreiterung neugestaltet. In den Folgejahren sorgten 70-stündiger Regen, Hochwasser und damit verbundene Mindereinnahmen für Zitterbilanzen. Die ungebrochene Unterstützung des Rates des Kreises und der Großbetriebe Kombinat NAGEMA und ILKA half, das Rennen am Leben zu halten. 1990 spielte die Umwertung der DDR-Mark in Westmark gegen die Veranstaltung. Hinzu kamen Kontroversen zwischen Rennleitung und ADMV, sodass es keine Finanzierungsmöglichkeit für das sechste Rennen gab.

In den fünf Jahren zuvor hatten etwa 200 ehrenamtliche Helfer rund 15.000 Stunden geleistet.

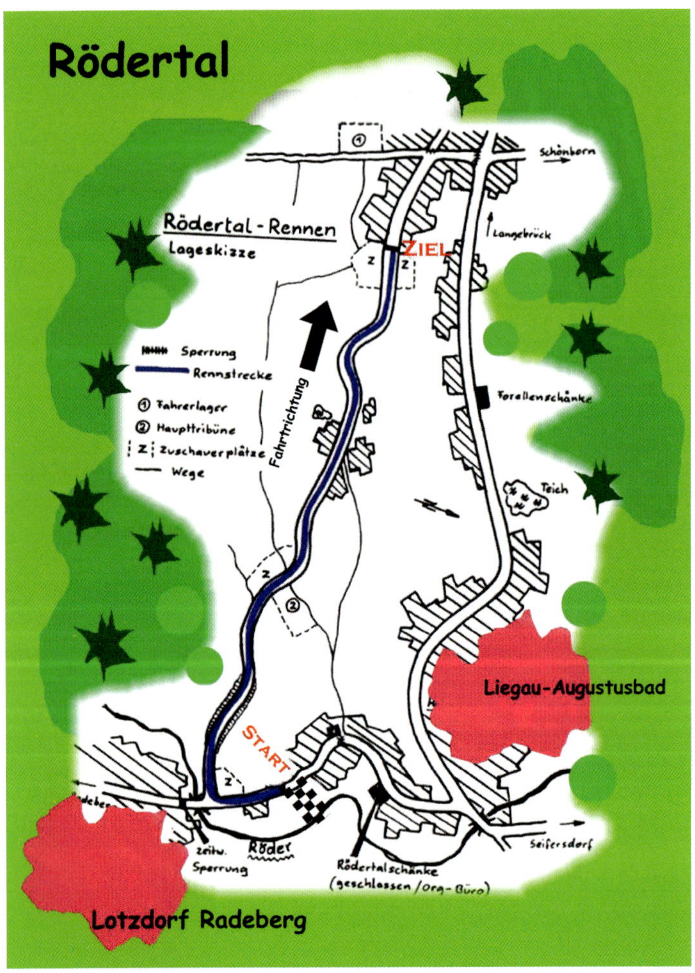

Statistik

	Datum	Aktiv	Zuschauer
1. Rödertal-Rennen	2.6.1985	85	12.000
2. Rödertal-Rennen	31.5./1.6.1986	119	6.000
3. Rödertal-Rennen	25.7./26.7.1987	176	14.000
4. Rödertal-Rennen	20.8./21.8.1988	144	10.000
5. Rödertal-Rennen	19.8./20.8.1989	212	10.000

Staakener Kleeblatt (1959 – 1963)

Auf dem Autobahnzufahrtsbereich Werder-Marquard bei Staaken wurden von 1959 bis 1963 Rennen unterschiedlichen Charakters ausgetragen.

Sowohl für Motorräder als auch für Automobile wurde der Kurs freigegeben.

1961 fanden unter anderem Trainingsläufe für beide Kategorien statt. Auch Geschwindigkeitswettbewerbe und Rennen für Serienfahrzeuge konnten realisiert werden. Später wurde wohl ein kleeblattähnlicher Kurs auf einem Flugplatz genutzt. Bemerkenswertestes Ereignis war wohl der Sturz von Helga Heinrich (Steudel), die schwer verletzt glücklicherweise überlebte.

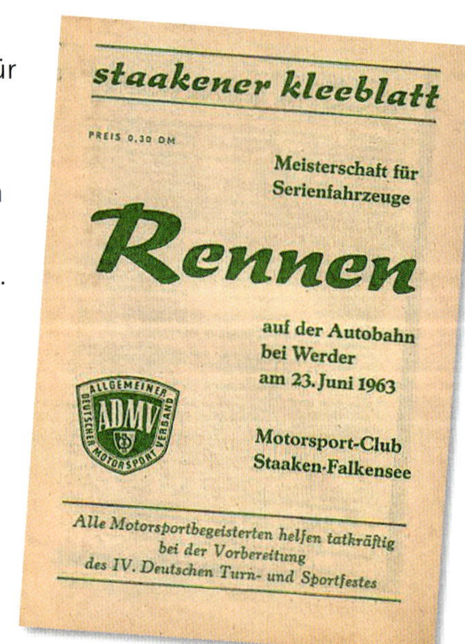

Lausitzring

Eigentlich lautet die korrekte Bezeichnung des Lausitzrings »Euro-Speedway-Lausitz«. Diese Motorsportanlage wurde im Jahr 2000 eröffnet.

Das Projekt datierte ursprünglich aus dem Jahr 1986, es sollte noch zu DDR-Zeiten realisiert werden. Damals versuchte man, die ausgebeuteten Tagebau-Gruben neuen Nutzungen zuzuführen und sie zu renaturieren. Infolge des Mauerfalls kam das Projekt allerdings zum Erliegen.

Als 1998 das letzte Mal auf der AVUS Rennen gefahren wurden (übrigens unter Beteiligung der Formel 2000) wurde die Frage nach einer Ersatzrennstrecke lauter und so besann man sich auf die Lausitz. Bereits im selben Jahr wurde mit dem Bau der Strecke begonnen, im August 2000 waren die Arbeiten abgeschlossen. Dieser Bau soll um die 160 Millionen Euro gekostet haben, wovon große Teile das Land Brandenburg getragen hat.

Zwischen 2000 und 2004 gastierten neben der Deutschen-Motorrad-Straßenmeisterschaft die DTM, der Porsche Cup, die Beru Top 10, und die Superbike WM in der Lausitz. Auch die amerikanische CART-Serie startete vor 100.000 Zuschauern auf dem Lausitzring.

Leider verunglückte Michele Alboreto bei Testfahrten im April 2001 und Alessandro Zanardi verletzte sich ebenfalls bei einem Rennen schwer.

Anfang 2004 übernahm eine neue Betreibergesellschaft den Euro Speedway Lausitz. Nun fanden neben den Rennen auch andere Events wie Open-Air-Konzerte auf dem Areal statt.

Als neue Rennserie kam die Historische Formel 1-Meisterschaft nach Brandenburg. Die Variabilität der Streckenführung ermöglichte es immer wieder allen Ansprüchen gerecht zu werden und so stabilisierten sich die Rennveranstaltungen bis hin zur ADAC GT-Masters.

In regelmäßigen Abständen wechselten allerdings immer wieder die Betreibergesellschaften, was dem Gesamtkonzept vermutlich nicht immer dienlich war.

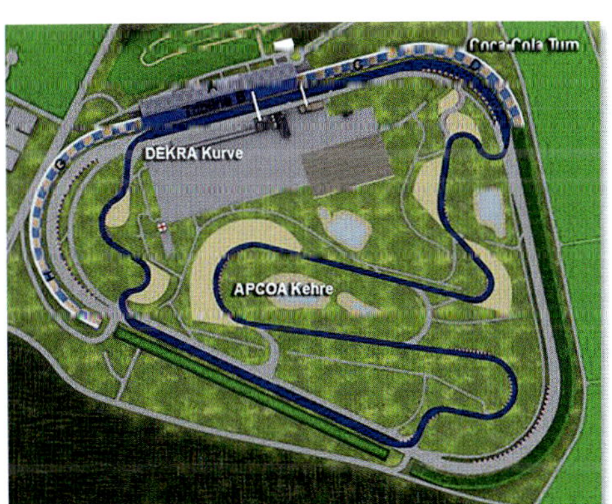

Der Euro Speedway Lausitz.

Das ursprünglich geplante einzige europäische Event für amerikanische Rennserien konnte leider nie fest installiert werden und so sind Teile der Strecke seit langem nahezu ungenutzt.

Der wirtschaftliche Erfolg des Unternehmens wird sich wohl nie einstellen, da im Umfeld des Motorsportareals leider die Infrastruktur fehlt.

Die Streckenvarianten

2-Meilen-Superspeedway:	3,256 Kilometer (2,023 Meilen)
Grand Prix-Strecke lang:	4,534 Kilometer
Grand Prix-Strecke kurz:	3,4 Kilometer
Grand Prix-Strecke lang inklusive Turn 1:	4,5 Kilometer
Grand Prix-Strecke kurz inklusive Turn 1:	3,4 Kilometer
Grand Prix-Strecke lang Motorradsport:	4,265 Kilometer
Grand Prix-Strecke kurz Motorradsport:	3,2 Kilometer
Langstrecke:	11,3 Kilometer
DEKRA Test Oval:	5,8 Kilometer
Handlingkurs:	1,8 Kilometer
Driftkurs:	0,8 Kilometer
DEKRA Off Road Gelände:	224.000 m²

Oschersleben

Nach der Wiedervereinigung entstand in der Deutschen Demokratischen Republik neben dem Lausitzring ein zweites Motorrennsportareal in der Nähe von Magdeburg.

Historisch gesehen spielte die Strecke erst im Formel-Euro-Cup und in der Formel 2000 eine Rolle. Die Rennen dieser ostdeutschen Formelrennsportserien fanden nahezu regelmäßig in Oschersleben statt.

Mit dem Motopark Oschersleben entstand eine Rennstrecke, die von vielen Aktiven als »Micky-Maus-Kurs« bezeichnet wurde. Und tatsächlich gehört diese Piste nicht unbedingt zu den beliebtesten.

Nach 13 Monaten Bauzeit wurde die Strecke am 25. Juli 1997 eingeweiht. Zu den Höhepunkten der letzten Jahre zählten die Rennen der DTM und des ADAC GT Masters. Daneben gastieren dort immer wieder nahezu alle bekannten Rennserien, vor allem auch aus dem Nachwuchs- und Amateursportbereich. 2005 waren sogar FIA-GT-Meisterschaft und die Tourenwagen-Europameisterschaft in

Oschersleben zu Gast. Neben diesen Rennen fanden auch Open-Air-Konzerte und Treffen von Automobil-Fanclubs statt.

Das moderne Areal verfügt über alles, was das Fahrerherz begehrt. Neben den tadellosen Sicherheitsstandards sind die Boxen komplett ausgestattet. Dusche, WC, Heizung und Wasser gehören zum Inventar.

Auch die Zuschauerplätze bieten gute Sicht auf das Renngeschehen. Leider ist die Infrastruktur im Umfeld relativ dünn.

Autobahnschere Chemnitz

In Teilabschnitten wurde die Autobahnschere bereits 1949 zu Testzwecken genutzt. 1952 veranstaltete die Chemnitzer Motorsportsektion das erste offizielle Rennen. Startberechtigt waren aber nur Motorräder. 1953 folgte dann ein Rennen, das auch Sportwagen und Formel-2-Rennwagen zuließ. Trotz immerhin 70.000 Zuschauern gab es kein weiteres Rennen. Diese Rennstrecke war nur 1952 und 1953 in Nutzung. Ihre Länge betrug etwa fünf Kilometer, die auf dem Autobahnabzweig aus Richtung Dresden einerseits Richtung Gera und andererseits Richtung Zwickau ausgelegt war.

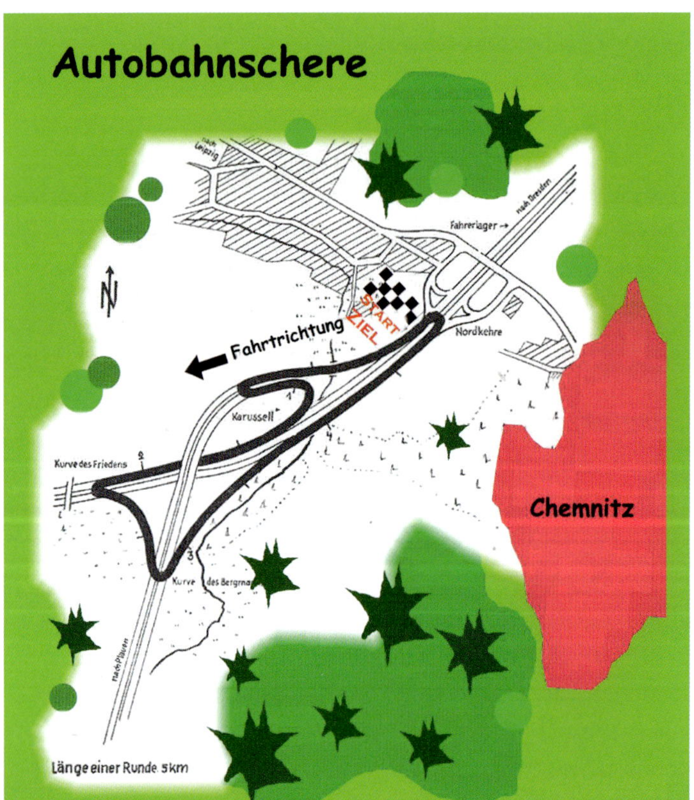

Bernburger Saale-Dreieck

Diese Rennstrecke war nur einmal in Betrieb: In der Hochzeit der Motorsportbegeisterung versuchte man allerorten Rennpisten aus dem Boden zu stampfen, was natürlich wenig sinnvoll war, wie am Beispiel des Saale-Dreiecks zu erkennen ist. Es war organisatorisch und streckentechnisch nicht den Herausforderungen dieses Sports gewachsen.

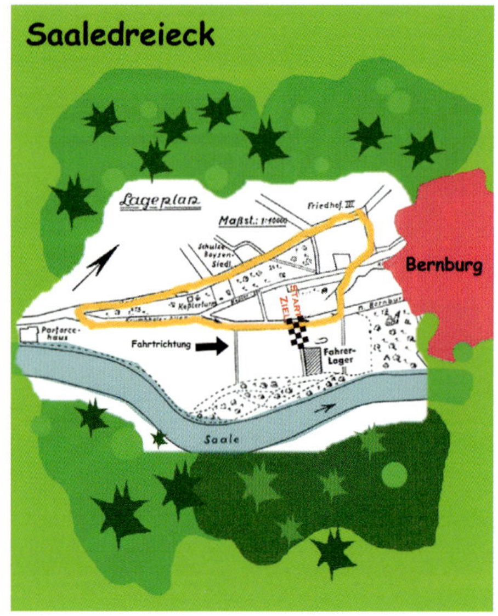

Schwartenberg

Am Schwartenberg bei Neuhausen wurden in den Jahren von 1978 bis 1988 Bergrennen gefahren. Diese wurden sowohl für Automobile als auch für Motorräder ausgeschrieben und zählten für viele Aktive zur Qualifikation in höhere Einstufungen. Auf der 3,4 Kilometer langen Piste war es besonders bei nassem Belag nicht ganz ungefährlich. Ich weiß das, weil ich dort meinen ersten Totalschaden mit meinem nagelneuen MT 77 produziert habe.

Wie die meisten Bergrennen litt die Veranstaltung an einem enormen Organisationsaufwand und zu wenig Zuschauern. Auch die Fahrer versuchten, bis auf wenige Ausnahmen, Bergrennen mehrheitlich zu umgehen.

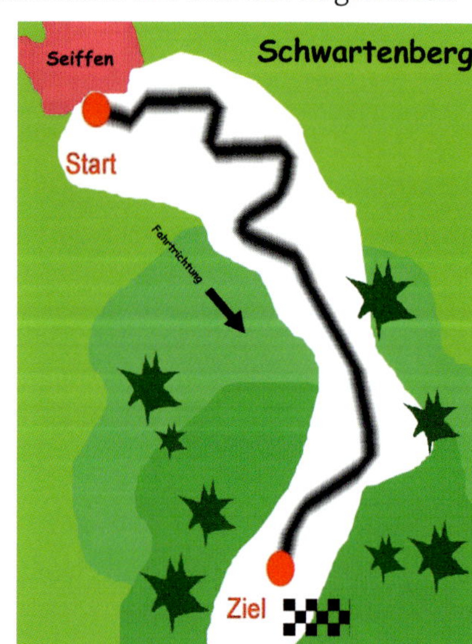

Steierberg

In der Nähe von Riestedt wurde von 1980 bis 1985 am Steierberg richtig Gas gegeben. Für die Trabbis waren die Läufe teilweise sogar Wertungsläufe für die Bestenermittlung. Die Formelrennwagen waren als Gastlauf immer gern gesehen. 1985 wurden aber nur noch Motorräder zum Rennen zugelassen.

Auch der Steierberg litt unter der Organisationsproblematik, selbst wenn sich die Sportfreunde des MC Sangerhausen redlich Mühe gaben, allen ein gutes Rennen zu bieten.

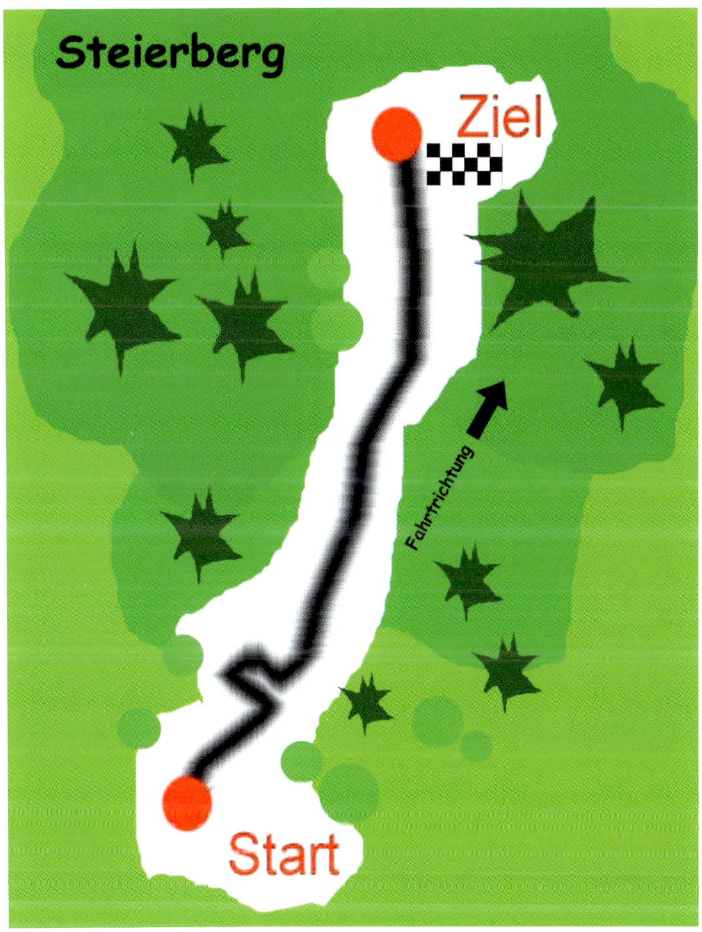

Weinberg Naumburg

Historisch gesehen gab es schon in den zwanziger Jahren Bergprüfungen des ADAC in den Weinbergen bei Naumburg. Nach 50 Jahren Pause veranstaltete der Motorsportclub Naumburg in der Zeit zwischen 1977 und 1988 wieder Rennen für Motorräder und Automobile. Austragungsort war ein 2,4

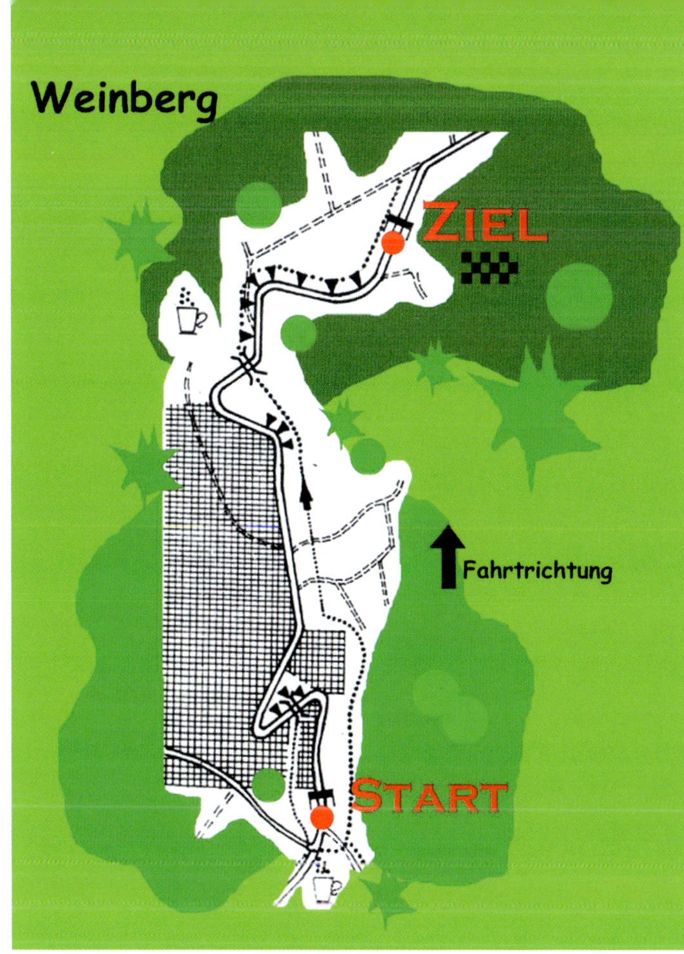

Kilometer langer Landstraßenabschnitt in den Weinbergen westlich der Domstadt Naumburg.

Die Wertungsstrecke hatte acht Kurven und einen Höhenunterschied von 127 Metern. Die Wichtung der Rennen ergab sich aus der Aufwertung durch den ADMV, indem am Weinberg nahezu in allen Klassen Läufe zur Bestenermittlung angesetzt waren.

Zschorlaer Dreieck

Im Gebiet um Eibenstock gab es bereits vor Kriegsbeginn mit dem Zschorlaer Dreieck Versuche Motorsport zu etablieren. Automobilrennen wurden keine ausgetragen und die »echten« Motorradrennen erlangten kaum Bedeutung.

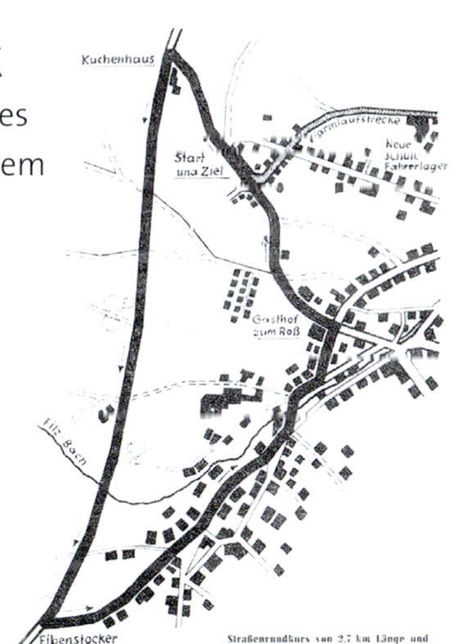

Seit vielen Jahren gehört das Zschorlauer Dreieckrennen aber nun schon zu den bestbesuchten Veranstaltungen im Klassik-Bereich – und das deutschlandweit. Zahlreiche Weltstars lud der 1. Auer MSC e.V. schon nach Zschorlau ein und alle waren vom Flair, der guten Organisation und auch der Fachkompetenz der Fans begeistert. Phil Read, Jim Redman, Luigi Taveri, Dieter Braun, August Hobl, Ralf Waldmann, Freddy Spencer und Giacomo Agostini sind nur einige hochkarätige Namen in der langen Gästeliste.

Stralsunder Bäderrennen

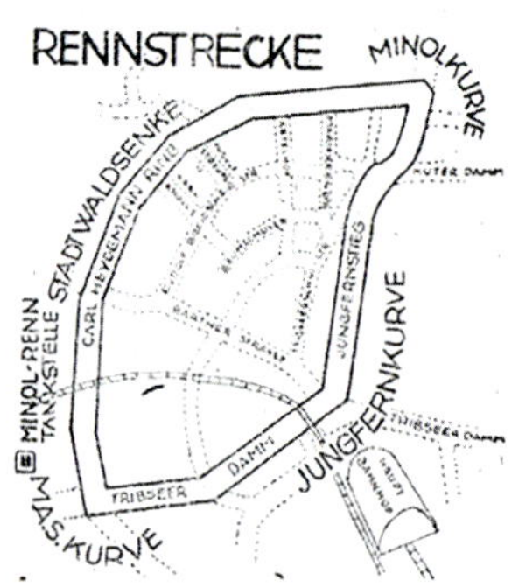

Das Stralsunder Bäderrennen spielte zwar in der Nachkriegszeit eine wichtige Rolle bei der Wiederentstehung der Rennsportszene im Osten Deutschlands, aber sowohl 1949 als auch in der Folgezeit gab es dort ausschließlich Motorradrennen.

Nach 1950 wurden diese Wettbewerbe auf dem Knieper Kurs ausgetragen, sie hatten aber keine Meisterschaftsbedeutung.

Erfurter Doppelring

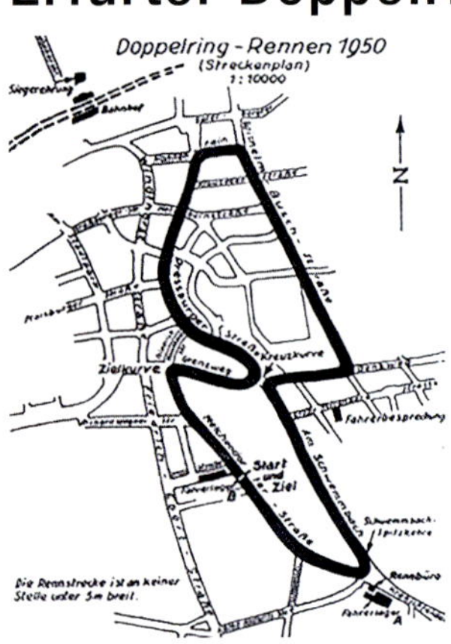

Über den Erfurter Doppelring gibt es nur wenige Informationen. Mit großer Wahrscheinlichkeit fanden dort zu keinem Zeitpunkt Autorennen statt. Im Rennbetrieb wurde die Strecke zwischen 1950 und 1952 für Motorräder genutzt.

In jüngster Zeit wurden auf einem nahegelegenen Kurs in einem Industriegebiet Gleichmäßigkeitsprüfungen veranstaltet.

Bergrennen Annaberg

Die Strecke wurde nur in der Zeit von 1975 bis 1979 für den Meisterschaftsbetrieb genutzt. Sowohl Motorräder als auch Automobile gingen an den Start. Darunter auch die Formelwagen der LK I und LK II. Die Strecke begann unmittelbar an der Ortsausfahrt Annaberg-Buchholz und schlängelte sich entlang der Geyersdorfer Hauptstraße bis zur S 262. Sie war 1,7 Kilometer lang und überwand 125 Höhenmeter. Rennteilnehmer bezeichneten sie als risikoreich, insbesondere dann, wenn der Belag feucht oder nass war.

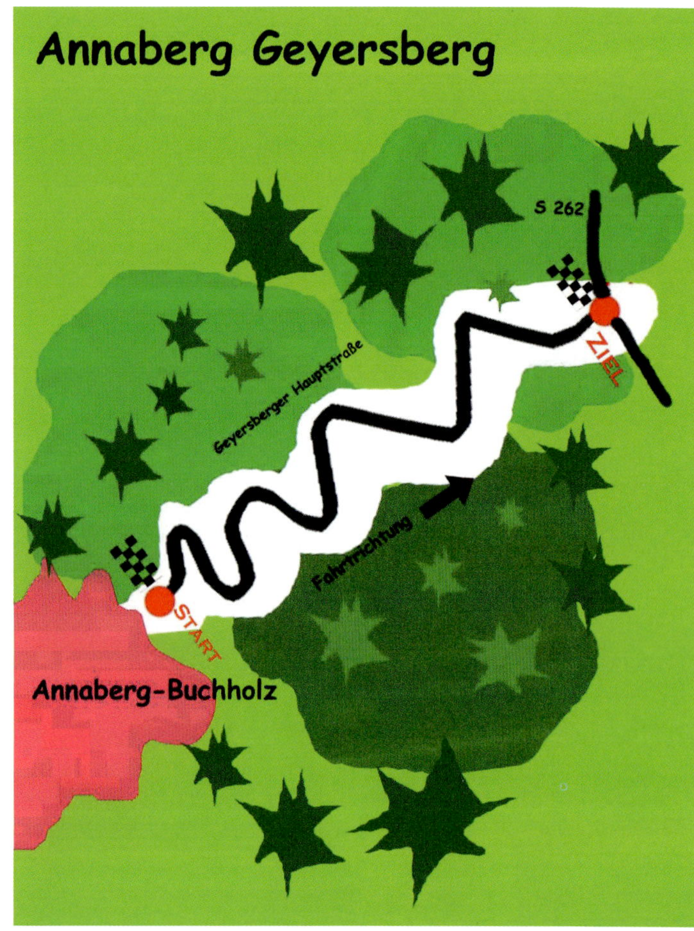

AVUS

Die AVUS zählte zu den ersten Rennstrecken, auf denen mit hoher Geschwindigkeit gefahren werden konnte. Eigentlich war sie als Versuchsstrecke konzipiert und entwickelte sich schnell zum Austragungsort zahlreicher Rennen.

Sie wurde im Jahr 1921 in Berlin eröffnet und auch wenn sie im Westberliner Teil der Stadt lag, so war und ist sie heute wieder Bestandteil der ostdeutschen Renngeschichte. Vor allem weil die letzten Rennen wieder unter Beteiligung der im Formel-2000-Cup eingeschriebenen zahlreichen Fahrer aus dem deutschen Osten stattfanden.

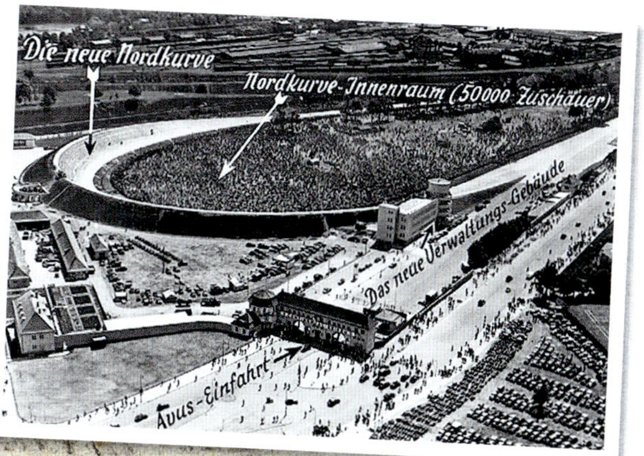

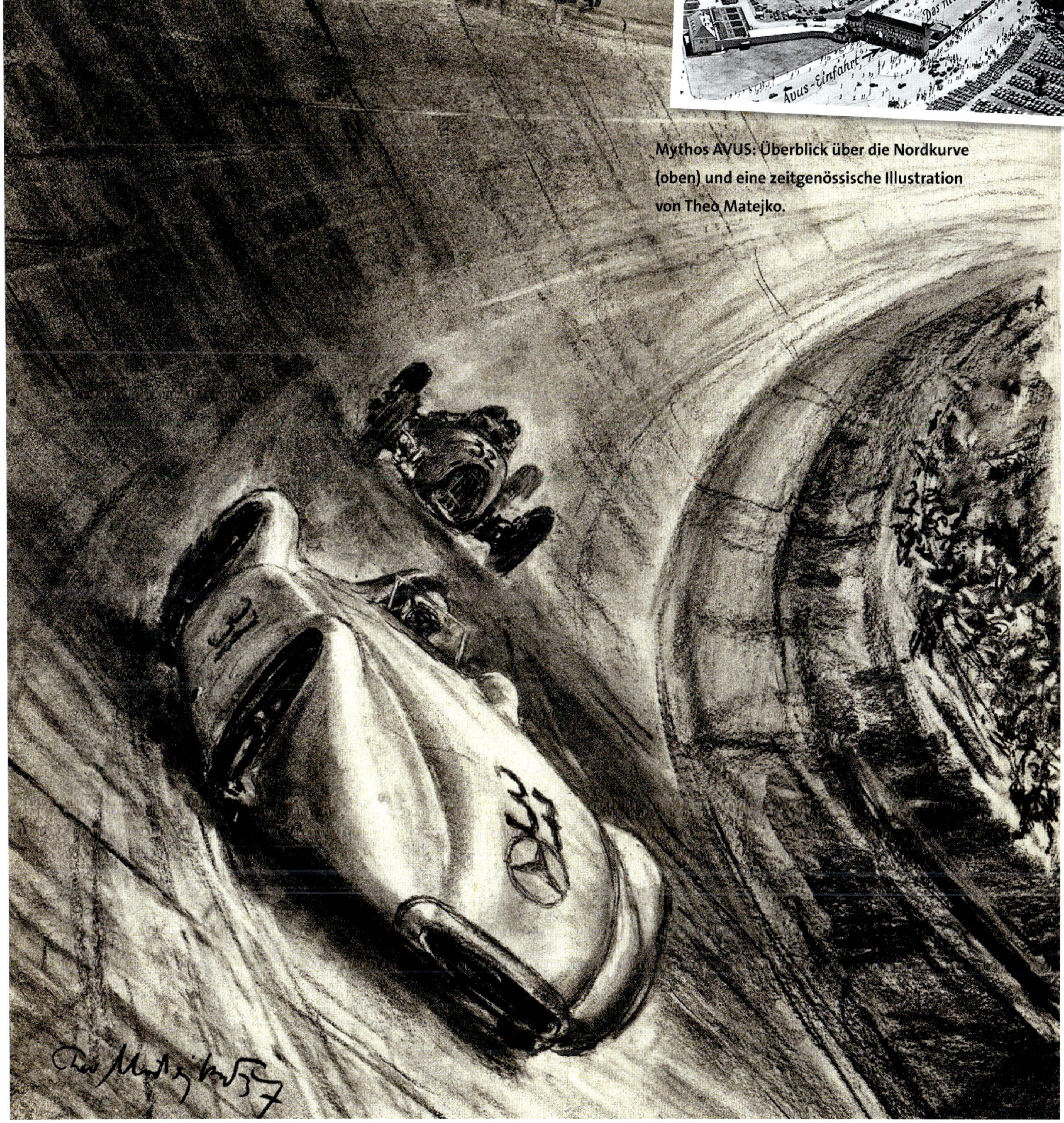

Mythos AVUS: Überblick über die Nordkurve (oben) und eine zeitgenössische Illustration von Theo Matejko.

Mit 19 Kilometer Länge, die sich aus zwei parallel verlaufenden Geraden, einer Spitzkehre und einer nachträglich erbauten überhöhten großen Kurve ergaben, war sie seinerzeit die schnellste Rennstrecke Europas. Die Streckenlänge konnte variiert werden, indem man die Südkehre verlagerte.

1967 gab es die spektakuläre Nordkurve noch. Eine geplante, ähnlich überhöhte Südkehre kam durch den Zweiten Weltkrieg nicht mehr zur Realisierung. Nach dem Krieg wurde die AVUS in das Straßensystem der Hauptstadt eingegliedert und verlor so ihren ursprünglichen Charakter.

Nach Rückbau der gefährlichen Steilkurve, in Folge schwerer und tödlicher Unfälle, wurde die Strecke mit Unterbrechungen immer wieder genutzt. So auch für die Formel 1 und die DTM. Das Ende als Austragungsort für Autorennen kam 1989 unter reger Zuschauerbeteiligung und mit großer Wehmut.

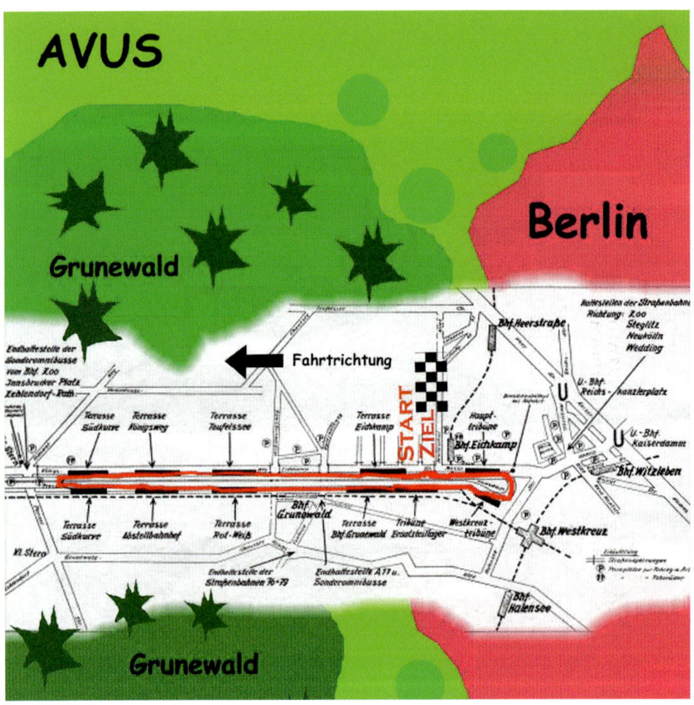

Adlersberg

Der Adlersberg in der Nähe von Suhl wurde von 1976 bis 1979 als Bergrennstrecke auch für Wettbewerbe zur DDR-Meisterschaft und zur Bestenermittlung genutzt. So gastierten auch die Formelsportler wenigstens zwei Mal in dieser Region.

Die Strecke war 4,6 Kilometer lang und hatte einen Höhenunterschied von 280 Metern. Ihre durchschnittliche Breite von sechs Metern verzieh allerdings keine Fahrfehler. Daher war die Strecke bei den schnellen Formelsportlern nicht unbedingt geliebt. 18 bitumierte Kurven führten hinauf zum Großen Erleshügel, dort befand sich das Ziel.

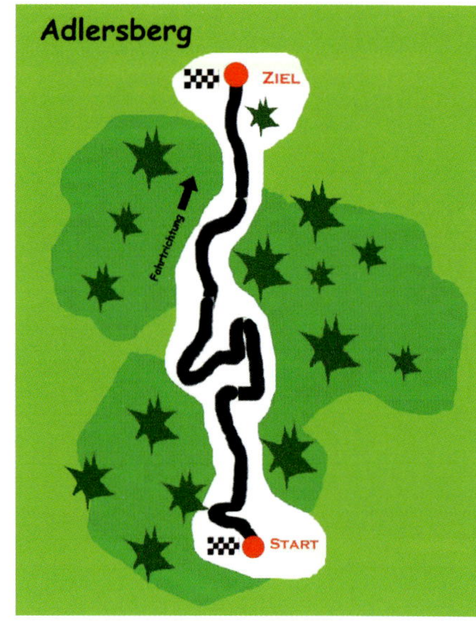

Dessauer Schleife

Diese Strecke wurde bis 1939 als eine Art Teststrecke genutzt. Die endlos langen Geraden boten gute Möglichkeiten, um die Boliden von Auto Union und Mercedes während der Vorkriegsära auf Herz und Nieren zu prüfen. Wie oft sie in jener Zeit als Wettbewerbsstrecke genutzt wurde, konnte ich nicht in Erfahrung bringen.

Zwischen 1949 bis 1956 fanden bei Dessau neben Motorradrennen auch Rennen der Formel Junior und der Formel 3 statt. Die Strecke war in Folge ihres Layouts kein besonderer »Leckerbissen« und fahrerisch anspruchslos.

In der Regel wurden Wettkämpfe durch die Standfestigkeit der Motoren entschieden.

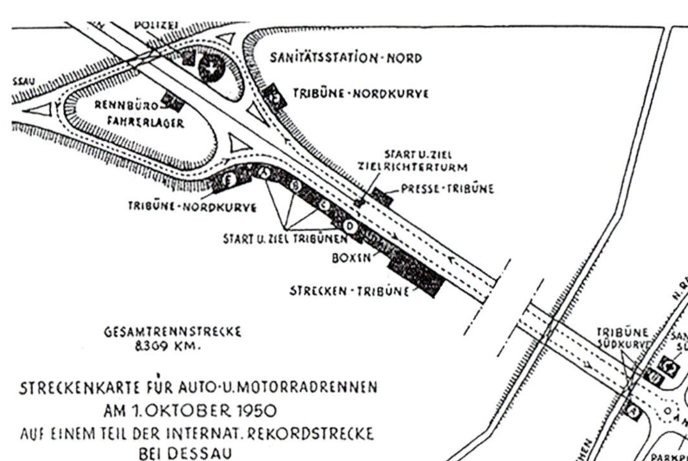

Historische und aktuelle Rennstrecken...

... der BRD

Der Vollständigkeit halber und infolge der anfänglich gemeinsamen deutschen Formelrennen möchte ich wenigstens ein paar Rennveranstaltungsorte der BRD benennen, auf denen Ostsportler aktiv gefahren sind. Vermutlich handelt es sich hierbei um keine abschließende Aufstellung:

Aachen, AVUS, Bayrischzell, Berchtesgaden, Braunschweig, Bremen, Deggendorf, Dieburg, Diepholz, Eilenriede, Essen, Feldberg, Freiburger Schauinsland, Gaisberg, Grenzlandring, Hamburger Stadtpark, Hockenheimring, Ingolstadt, Karlsruher Dreieck, Kiel, Köln, Krefeld, Leverkusen, Lübeck, Malente, Mainz-Finthen, Mendig, Neubiberg, Niederstetten, Norisring, Nürburgring, Pirmasens, Pferdsfeld, Rottach, Saarbrücken, Schotten, Schorndorf, Schweinfurt, Schwenningen, Sembach, Solitude, Sternberg, Trier, Tübingen, Welferding, Wunstorf.

... der DDR

Aus der folgenden Auflistung werden im Anschluss nur ausgesuchte DDR-Rennstrecken gesondert beschrieben. Es handelt sich dabei um Rennstrecken, die während der DDR-Meisterschaften und im Rennbetrieb der DDR-Bestenermittlung genutzt wurden. Die aktuellen Rennstrecken von Oschersleben und der Lausitzring sind der Vollständigkeit halber aufgezählt. Vor allem, weil nach der Wende darauf die Rennen zur Formel EURO und zur Formel 2000-Meisterschaft ausgetragen wurden. Diese zur ostdeutschen Formelrennsportszene gehörenden Rennen fanden aber mehrheitlich auf internationalen Strecken statt. Sie sind am Ende dieses Kapitels aufgeführt.

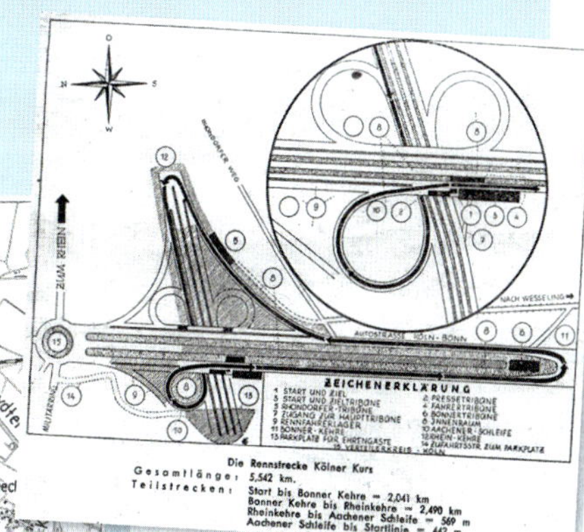

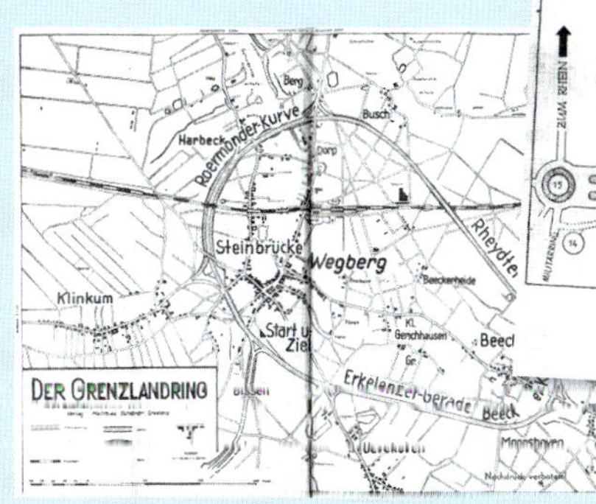

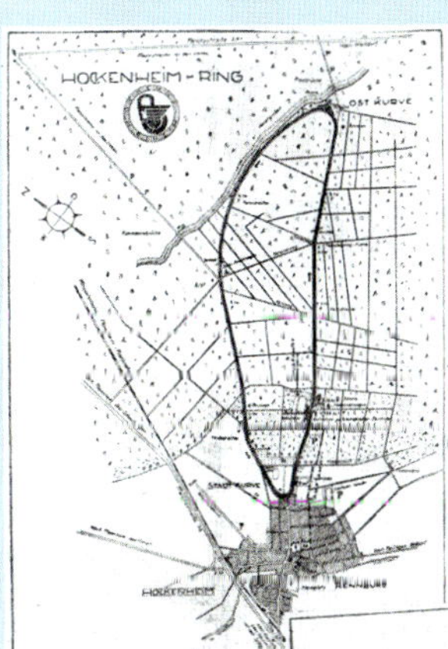

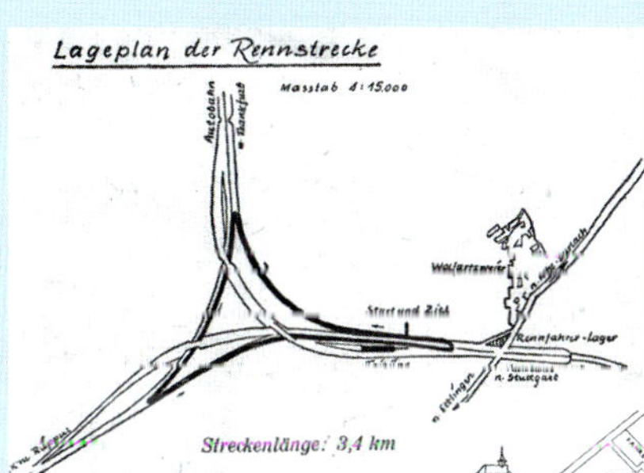

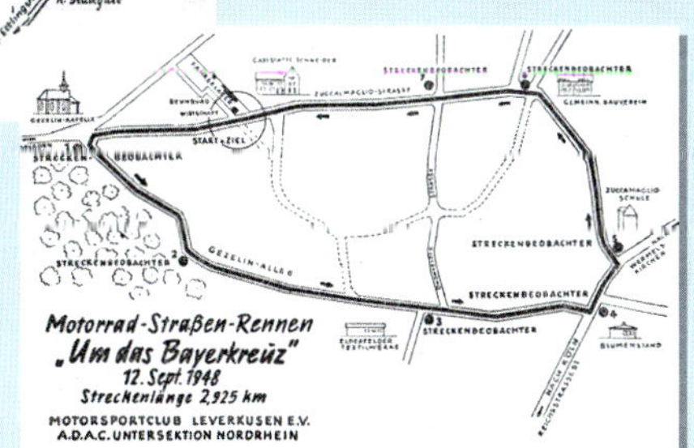

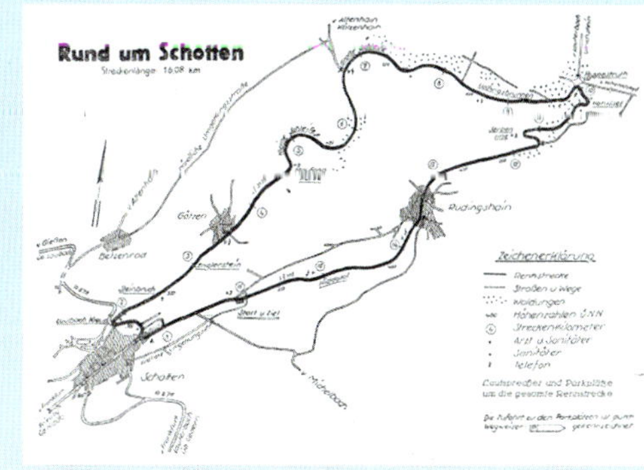

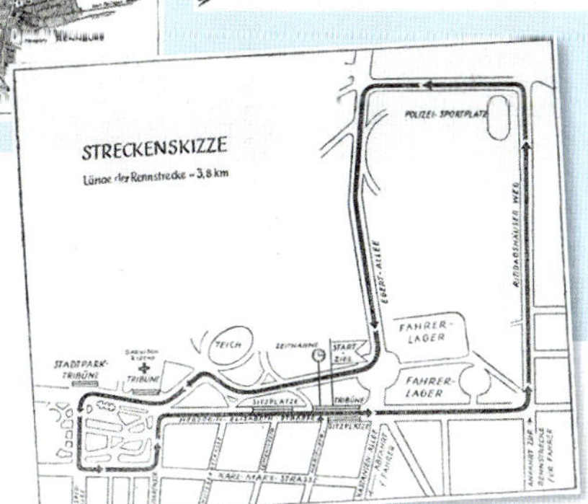

Der Sac

Motorradrennen auf dem Sachsenring im August 1937.

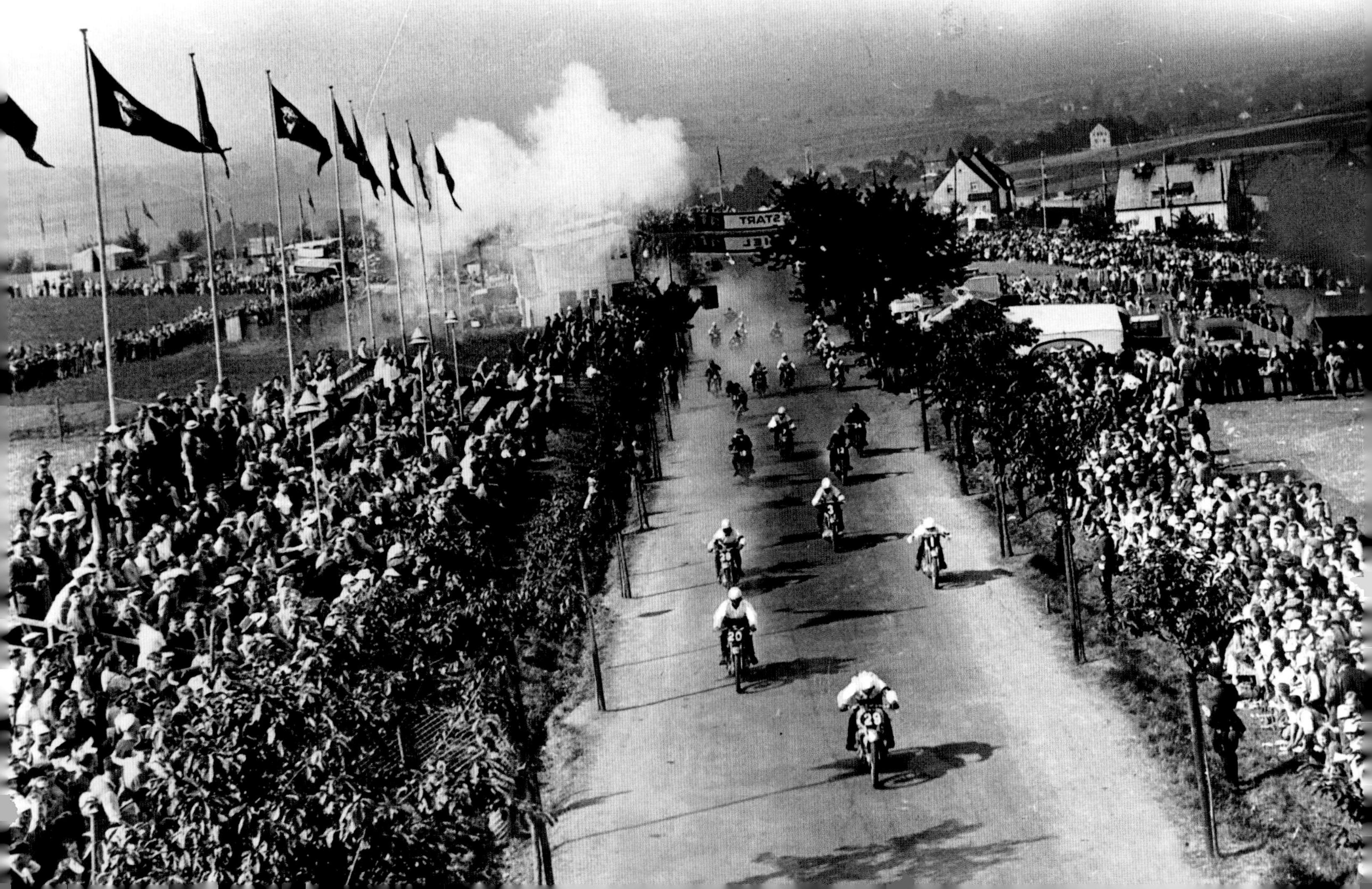

nsen ring

Der Sachsenring hat eine lange und wechselvolle Geschichte. Immer wieder musste er politischen und wirtschaftlichen Forderungen entsprechend umgebaut und neu erfunden werden.

Die Spuren der wachsenden Sicherheitsanforderungen gingen auch hier nicht spurlos vorüber. Doch es fanden sich immer unermüdliche Sportfreunde, die nie lockerließen und mit enormen Aufwendungen und persönlichem Einsatz verhinderten, dass der Sachsenring jemals unterging.

Ausgehend von den am Marienberger Dreieck ausgetragenen Rennen fühlten sich 1925 einige Sportfreunde zur Gründung des Motorradfahrerclubs Hohenstein-Ernstthal inspiriert. Aus diesen Reihen begann man eigene Rennen zu organisieren. So wurde in jenen Tagen bereits die Grundlage für den 8,7 Kilometer langen Kurs gelegt. Am 26 Mai 1927 fand das erste »Badberg Viereckswrennen« statt. Mit diesem Motorradrennen und seinen geschätzt 140.000 Zuschauern begann eine bis heute andauernde Erfolgsgeschichte.

Allerdings führte 1928 ein Rennausrichtungs-Verbot infolge einiger Unfälle zu einer ersten Unterbrechung. 1934 wurde ein Neubeginn realisiert, wobei schon bei den ersten Rennen die erzielten Höchstgeschwindigkeiten starke Bedenken aufkommen ließen. Das änderte aber nichts daran, dass 1936 und 1938 der »Große Preis von Europa« auf dieser Strecke ausgetragen wurde. 350 Kilometer Rennlänge (40 Runden) stellten damals für die 500 Rennmotorräder eine große Herausforderung dar.

Ab 1937 taucht das Badberg-Vierecksrennen in den Rennkalendern als »Sachsenring« auf. Dies wurde möglich, weil der Name gerade »frei« geworden war. Eigentlich bezeichnete »Sachsenring« das Grillenburger Dreick im Tharanter Wald. Als dort aber die Rennaktivitäten eingestellt wurden und ein Streckenneubau am Pöhlberg bei Annaberg scheiterte, sicherten sich die Hohensteiner den prestigeträchtigen Namen.

Unter diesem Namen erlangte die Rennstrecke bei Hohenstein-Ernstthal unter Motorsportfans Weltruhm. Dazu trugen vor allem die Motorradrennen unter Beteiligung namhafter Rennfahrer teil. Vor dem Zweiten Weltkrieg sorgten vor allem Ewald Kluge, Georg Meier und James Guthrie für spannende Wettkämpfe bei den Motorrädern. Nach dem Krieg folgten in den 1960er-Jahren Giacomo Agostini, Mike Hailwood, Ernst Degner oder Angel Nieto mit unvergessenen Siegen. Bei den Wagenrennen der Vorkriegszeit ist vor allem Bernd Rosemeyer in Erinnerung geblieben. Der Zweite Weltkrieg beendete zunächst alle Aktivitäten.

Aber bereits 1949 kamen die Zuschauer in großer Zahl an die Rennstrecke zurück. Das wohl spektakulärste Ergebnis erreichten die Organisatoren 1950 mit 480.000 Besuchern. Der zweifache Weltmeister Dieter Braun schwärmte noch lange von der Atmosphäre des Sachsenrings als er vor der überwältigenden Kulisse von 300.000 Zuschauern in der 250er-Klasse siegte. Als bei der Siegerehrung viele Zuschauer die Nationalhymne der Bundesrepublik mitsangen, läuteten bei den Sportfunktionären der DDR allerdings die Alarmglocken. Unter anderem führte auch dieses Ereignis zum Sportbeschluss von 1972, in dessen Konsequenz man sich vom internationalen Motorsport verabschiedete und Rennen auf Vergleiche mit den sozialistischen Bruderstaaten reduzierte.

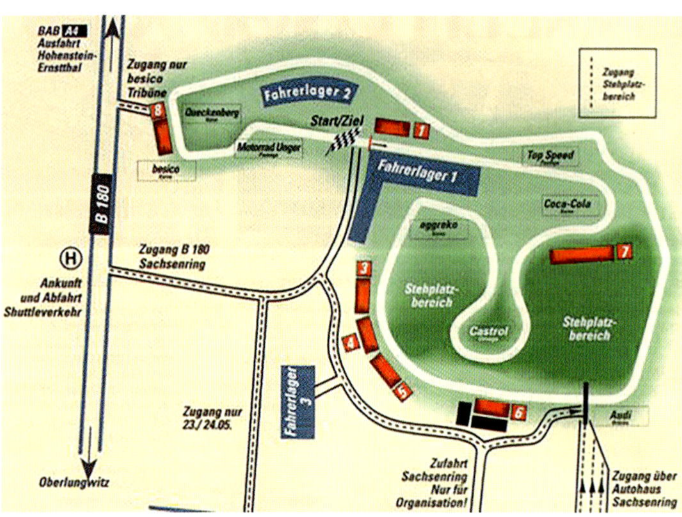

Das Verkehrssicherheitszentrum – die Zwischenlösung.

Ab 1949 gehörten auch Automobilrennen zum festen Programmteil. Sowohl die Sportwagen der Klassen 1100,1500 und 2000 ccm waren am Start als auch die Rennwagen der Formel 2 und Kleinstrennwagen. Zu den legendären Fahrern jener Tage zählen Toni Ulmen, Theo Helfrich, Hans Stuck und Huschke von Hanstein. Auch die DDR-Legenden Arthur Rosenhammer, Paul Greifzu, Paul Thiel, Kurt Straubel und Edgar Barth boten den Unmengen von Zuschauern immer wieder sehenswerten Sport. Zwischen 1957 und 1959 waren es vor allem die Formel 3-Rennen, die wachsendes Zuschauerinteresse fanden. Leider waren sie nicht immer so erfolgreich wie Jahre zuvor die Rennwagen von EMW. Dieses Szenario setzte sich in den Folgejahren weiter fort, als Willy Lehmann und Heinz Melkus (um nur zwei Protagonisten zu nennen) in ihren Formel Junior-Wagen der westlichen Konkurrenz doch recht oft hinterherfahren mussten. Kurt Ahrens (BRD) und später sein Sohn gleichen Namens konnten auf dem Sachsenring mehrere Siege einfahren. So auch beim letzten Formel Junior Rennen 1966. Bei der Siegerehrung ließ sich der Veranstalter aber dazu hinreißen, lediglich einen russischen Sportlermarsch zu spielen, was wohl zu den unsportlichsten Machenschaften jener Zeit gehörte.

Es folgte eine Zeit, in der es keine Automobilrennen gab. Erst 1973 folgten dann die nach RGW-Reglement konzipierten Touren- und Formelrennwagen.

Nach einem tödlichen Unfall eines tschechischen Tourenwagenfahrers mit seinem Skoda RS130 innerhalb der Stadtpassage von Hohenstein-Ernstthal wurden aber jede internationale Beteiligung endgültig abgesagt.

Bei den in der Klassifizierung als B8, beziehungsweise Gruppe E eingestuften Formelfahrzeugen dominierten viele

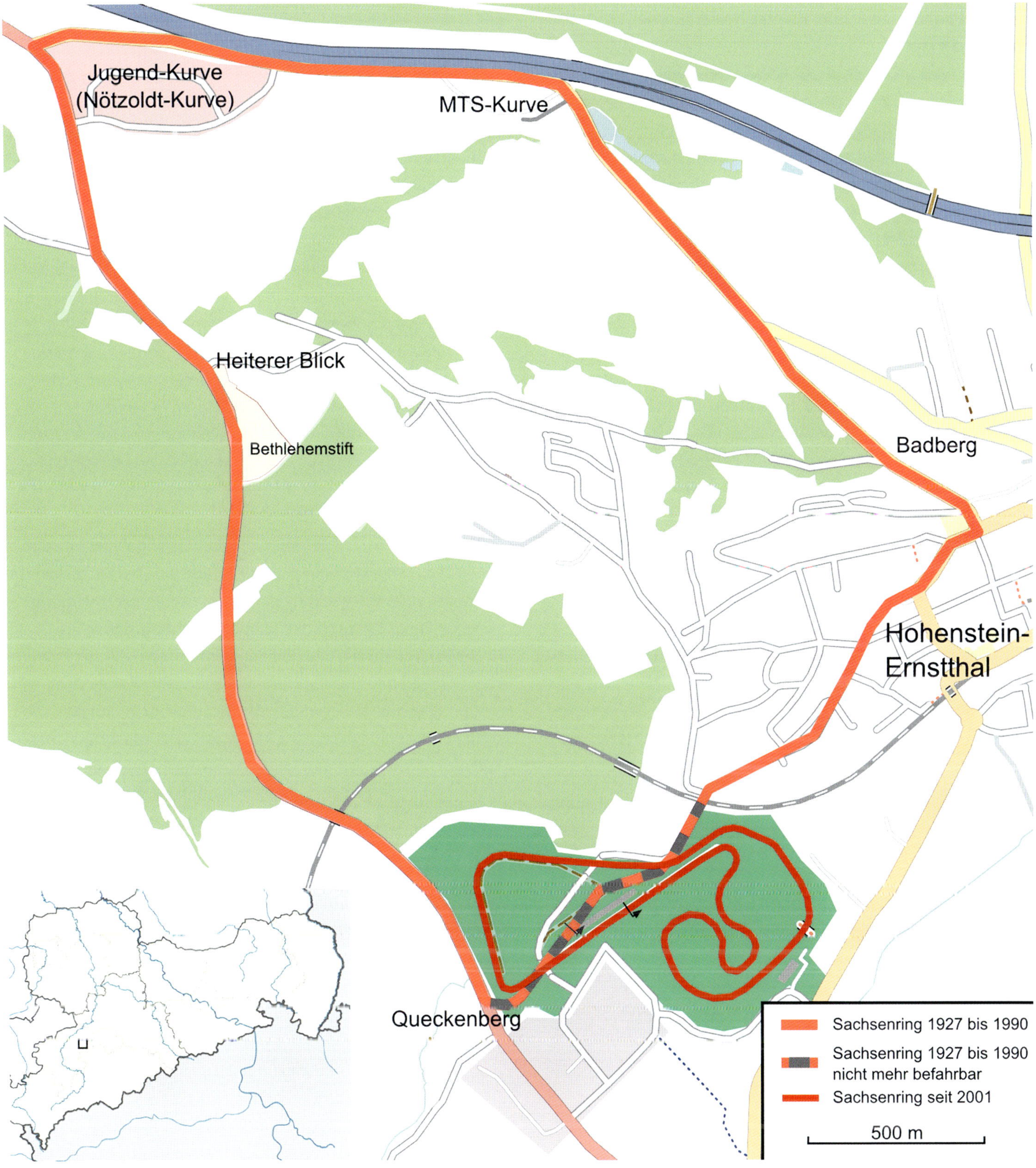

Vergleich zwischen alter und neuer Streckenführung.

Jahre lang Fahrer wie Frieder Kramer, Heiner Lindner, Ulli Melkus und Bernd Kasper.

Leider verunglückten in den Folgejahren zwei meiner Sportfreunde auf dem Sachsenring ebenfalls tödlich. Erhardt Tatarczik (1985) und Werner Wilfert (1988), sodass die Veranstalter sich erneut zu einer einschneidenden Maßnahme gezwungen sahen: Alle Wagenrennen wurden eingestellt. Erst ab 1990 gab es wieder Rennen für alle. Doch auch dieses Intermezzo dauert nur ein Jahr. Dann folgte wiederum eine lange Pause.

Schließlich gastierte 1960 auch die Radweltmeisterschaft mit all ihren Assen auf dem Ring und Bernhard Eckstein gewann damals vor Täve Schur.

Das zeitweilige »Aus« für den Ring leitete sich auch aus Forderungen der FIA/FIM ab. Diese hatte darauf bestanden, die Stadtpassage nicht mehr zuzulassen. Und nach den Toten der letzten Jahre sahen das wohl auch alle ein, Organisatoren wie Zuschauer. Nur die Fahrer bedauerten, dass sie noch eine Rennstrecke weniger hatten – schließlich seien die tödlichen Unfälle eben nicht in der Stadtpassage passiert. Das Problem bestand in der Suche nach einer geeigneten Alternative.

Die logische Folgerung zum Bau einer neuen Rennstrecke, einem Motodrom, war zwar kühn, aber eben auch nicht realisierbar. Daher wichen die pfiffigen Macher auf die Idee eines Verkehrssicherheitszentrums aus. Die Errichtung eines Verkehrssicherheitszentrums in unmittelbarer Nähe des alten Sachsenring eröffnete 1995 neue Möglichkeiten. Zwischenzeitlich war der ADAC-Sachsen mit seinem Rennbetrieb in das tschechische Most und nach Brünn ausgewichen. Der 1996 zusätzlich vollzogene Umbau von Teilen des Verkehrs-Sicherheitszentrums ermöglicht heutzutage je nach Bedarf auch zeitgemäße Rennstrecken zu installieren. Eine permanente und zeitgemäße Boxenanlage, ein neuer Start- und Zielturm und eine der modernsten Race-Control-Anlagen ergänzen den »alten Teil« des Verkehrssicherheitszentrums. So kam es, dass 1998 die Motorrad-WM an den Sachsenring zurückkehrte.

Erst nach der Wiederaufnahme des Rennbetriebes auf dem neuen Kurs fuhren auch wieder Renn- und Tourenwagen zeitweilig im Programm der Organisatoren mit.

Beispielsweise drehten die Wagen der Formel Euro die ersten Test- und Präsentationsrunden kurz nach Fertigstellung des Verkehrssicherheitszentrums an einem stark verregneten Tag. Dabei wurde den Teilnehmern unter diesen Bedingungen die Herausforderungen des Layouts schnell bewusst: Dieser Kurs war nicht einfach zu fahren. Ich kann das schreiben, weil ich dabei war.

Nach den verschiedenen Modifikationen hat der heutige Kurs nichts mehr gemein mit dem traditionellem Streckenprofil, das teilweise extrem schnell zu fahren war (»Heiterer Blick«) und wo tatsächlich reichlich Mut dazu gehörte, innerhalb der Stadtpassage den Fuß auf dem Gas zu lassen. Aber er ist ein den heutigen Anforderungen angepasster, anspruchsvoller WM-Kurs für die Motorräder geworden. Die zahllosen und aufreibenden Aktivitäten der Motorsportmacher in Hohenstein-Ernstthal bescheren daher den Fans Jahr für Jahr attraktive Rennen, die dennoch vermutlich nie wieder an die Atmosphäre zurück liegender Zeiten anknüpfen können, obwohl zwischen 1998 und 2014 weit über drei Millionen Besucher die Rennen am Sachsenring erlebt haben.

Gerade der Kampf um den Erhalt der Traditionsrennstrecke »Sachsenring« hat gezeigt, wie sehr heute wirtschaftliche Faktoren in den Sport hinein spielen. Und so mancher begeisterte Ehrenamtler der Vergangenheit hat zwischenzeitlich sein Interesse am Motorsport infolge dieser teilweise unfairen Bedingungen verloren.

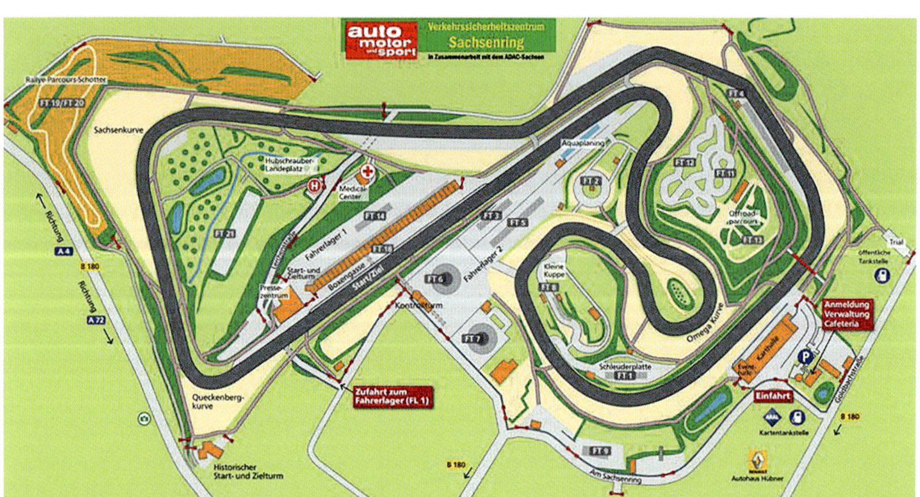

Der Sachsenring heute.

Das Frohburger Dreieck

Das Frohburger Dreieck ist die jüngste Traditions-Rundstrecke der Deutschen Demokratischen Republik.

Die Strecke ist ein 4,8 Kilometer langer Dreieckskurs für den Straßenrennsport, sie liegt zwischen Leipzig und Chemnitz. Grundsätzlich war sie nur für Motorräder gedacht. Das erste Rennen fand 1960 statt. Bereits 1951 hatten die Mitglieder der Betriebssportgemeinschaft Borna die Durchführung eines Rundstreckenrennens bei Frohburg diskutiert. Allerdings setzten der schlechte Straßenzustand und die fehlenden materiellen und finanziellen Mittel diesen Wünschen schnell ein Ende. Dennoch verfolgte man diese Idee weiter und so kam es 1960 dann tatsächlich zur Realisierung des 1. Frohburger Dreieck-Rennens. Aus dem damaligen Veranstalter, dem MC Braunkohle Borna, ging der MC Frohburger Dreieck hervor. Neben vielen anderen Aktivitäten zählten die Rundstreckenrennen zur Hauptattraktion des Clubs.

Die Rennen der 1960er-Jahre prägten bekannte Motorradfahrer wie Heinz Rosner, Hartmut Bischoff, Werner Musiol, Graham Dickson (NZ), Ginger Molloy (NZ), Eric Hinton (AUS), Ivar Sauter (CH) oder Han Leenheer (NL).

1962 wurde begonnen den Start- und Zielturm zu errichten, der dann zwischen 1976 und 1978 erweitert wurde. Der MC Frohburger Dreieck machte sich in diesen Jahren und darüber hinaus auch um den Cross-Sport sehr verdient, dafür wurde sogar eine separate Strecke gebaut. Bis 1967 waren es vor allem die Motorradrennen auf dem Dreieck, die sich

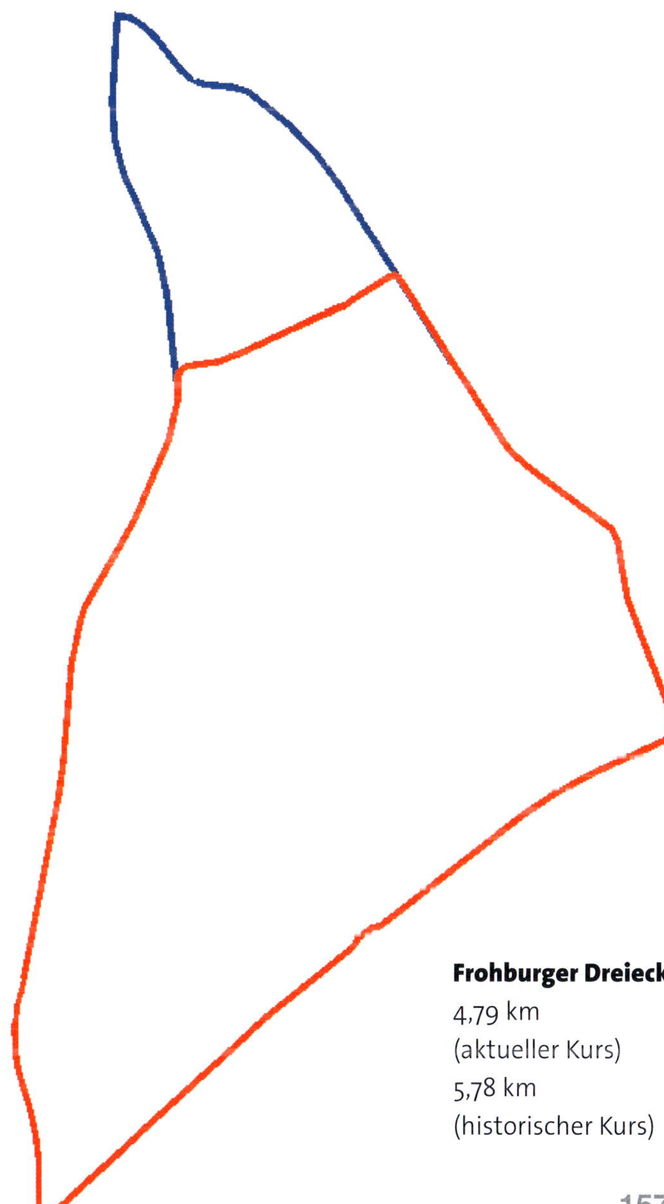

Frohburger Dreieck
4,79 km
(aktueller Kurs)
5,78 km
(historischer Kurs)

wachsender Beliebtheit erfreuten. 1968 wurden diese Rennen jedoch abgesagt, weil die Straße als »Heeresstraße« für den Aufmarsch des Militärs zur Niederschlagung des Prager Frühlings herhalten musste. Während des Trainings zu den Rennen 1969 absolvierte der Dresdner Heinz Melkus mit seinem Formel-3-Rennwagen erste Testfahrten, die allerdings bis 1971 aufgeschoben werden mussten, weil die Strecke zunächst zu schmal war.

Danach folgten Rennen der Formel 3 und später der C9, B8 und der Formel Easter. Auch Tourenwagen der Marken Lada, Skoda und Trabant gingen hier an den Start. Diese Rennen errangen aber nie internationale Bedeutung und dienten lediglich der Komplettierung der DDR-Meisterschaft und der Bestenermittlung.

Dafür nahmen in den Jahren 1971/72/73 Fahrer aus 13 Nationen an den internationalen Motorradrennen teil. Die Beteiligung der Finnen, Schweden, Holländer, Iren, Schweizer, Belgier, Engländer und Amerikaner endete aber 1974. Danach gab es nur noch die Läufe um den Pokal für Frieden und Freundschaft mit Teilnehmern aus den sozialistischen Ländern.

Trotzdem ließen sich DDR-Fahrer wie Roland Rentzsch, Gernot Weser, Peter Müller, um nur einige zu nennen, nicht entmutigen und boten im Rahmen der technischen Möglichkeiten ihrer Eigenbauten den internationalen Gästen Paroli.

Nach der politischen Wende wurde das Frohburger Dreieck endlich wieder international besetzt, die Zuschauer bekamen Rennen in völlig neuen Klassen zu sehen.

1989 begann man auf dem Kurs wieder mit europäischer Beteiligung zu agieren. Für Automobile ist der Kurs seit etwa 2004 nicht mehr nutzbar. Für die meisten DDR-Sportler meiner Generation wird Frohburg als eine Art »Heimat« in Erinnerung bleiben, denn fast jeder ist dort wohl mehrmals gefahren. Vor dem Umbau 1993 gehörte die MTS-Kurve in der Stadt zu einer recht brenzlichen Stelle, weil man direkt in eine sehr massive Mauer rasen konnte. Hin und wieder war es auch dem einen und anderen Fahrer gelungen, im Teich vor der MTS-Kurve samt seinem Fahrzeug baden zu gehen.

Der heutige Kurs kürzt diese kritischen Stellen durch eine Querspange ab. Die Betreiber des Frohburger Dreiecks veranstalteten 2013 bereits das 51. Rennen.

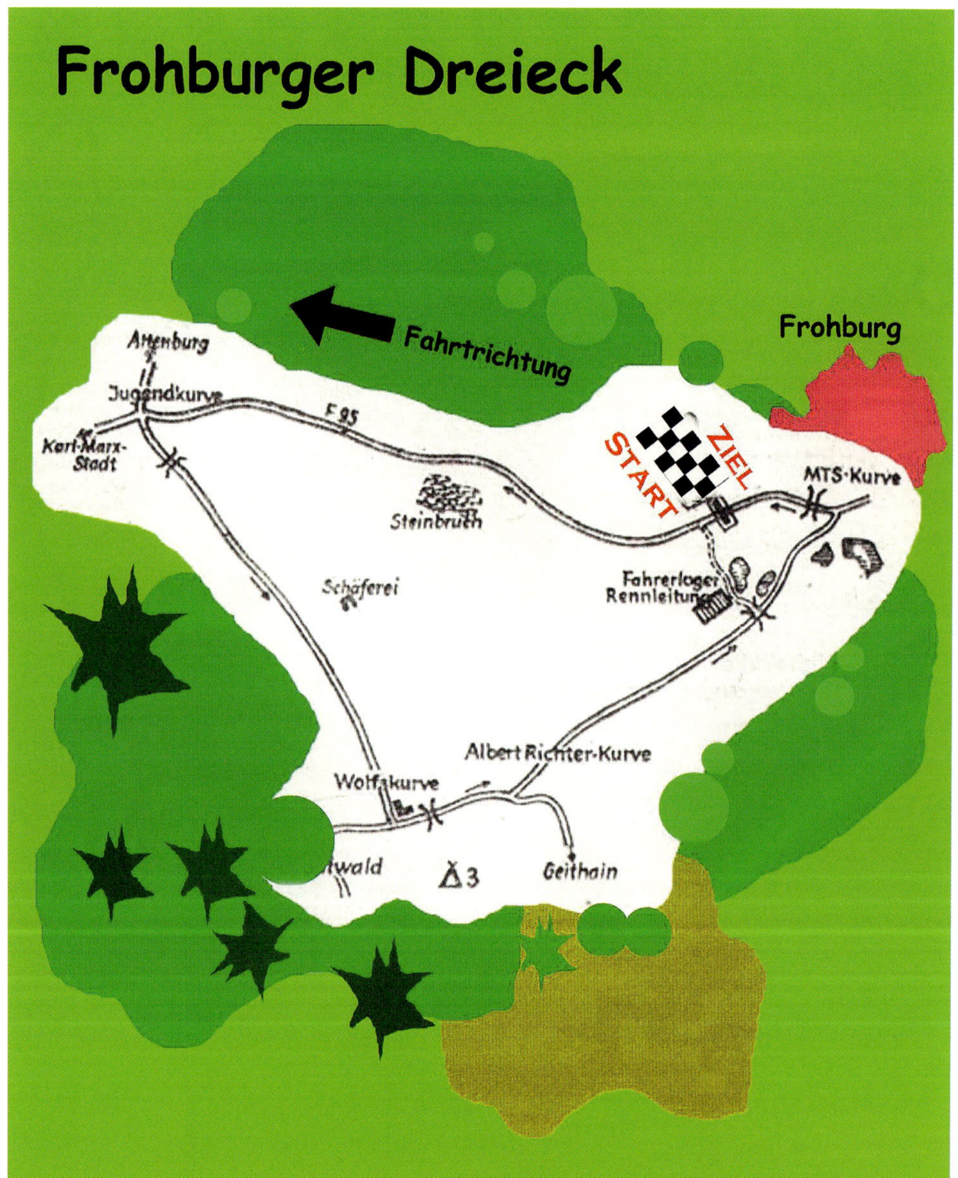

Der alte Rennkurs mit einer Streckenlänge von 5,8 Kilometern.

Das Schleizer Dreieck

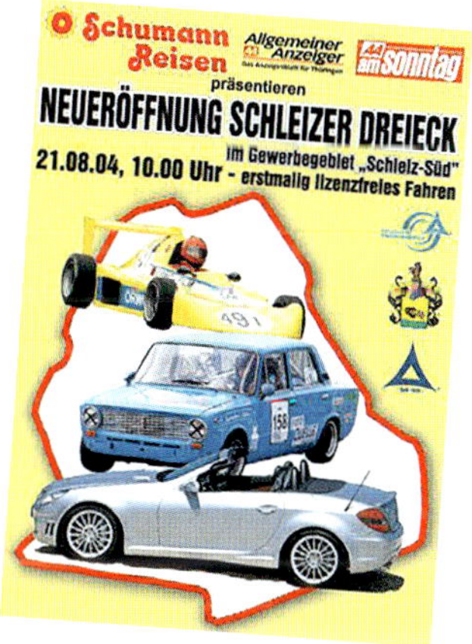

Das Schleizer Dreieck gilt als die älteste, temporäre Rennstrecke Deutschlands.

Im Grunde genommen hatte bereits Carl Slovogt als Gausportleiter des ADAC und Ingenieur des Apoldaer Apollo-Kraftfahrzeugwerkes das Dreieck als Brennstoffverbrauchsprüfungsstrecke entdeckt. Am 10. Juni 1923 fand damals der erste Wettbewerb statt. Es folgten 1924/25 die Deutschen Kraftrad-Straßenmeisterschaften. Paul Rüttchen und Toni Bauhofer sorgten mit ihren spektakulären Fahrten für Furore.

Am Start waren Modelle heute meist unbekannter Hersteller wie Megola, Cotton, Blackburn, Baier, Coventry und anderer. Am bekanntesten war da wohl noch die Megola mit ihrem Sternmotor im Vorderrad. Diese Maschine gewann das Rennen vor annähernd 10.000 Zuschauern. Seither wurden, zum Teil mit Unterbrechungen, immer wieder Rennen ausgetragen, wobei in erster Linie Motorradrennen statfanden.

1932 folgte der erste Versuch eines Wagenrennens. Die Streckenbedingungen waren aber katastrophal – es gab tiefe Straßengräben, Bäume entlang der Chaussee und das übliche Kopfsteinpflaster – sodass von einer Wiederholung dieser Veranstaltung abgesehen wurde. Außerdem machte die geringe Straßenbreite Überholmanöver nahezu unmöglich.

Zwischen 1927 bis 1931 kämpften die Veranstalter das erste Mal mit finanziellen Problemen, weil an der Strecke dringend gearbeitet werden musste. Stellenweise wurde damals wohl Asphalt und feiner Kies aufgetragen, denn weitere Rennen fanden statt, sodass 1928 bereits wieder 35.000 Zuschauer die Strecke säumten. In den 1930er-Jahren dominierten BMW, NSU und DKW die Rennen. 1930 kamen trotz Wirtschaftskrise unglaubliche 120.000 Zuschauer zu den Rennen. Besonders kurios: 1931 kamen beim 1000 ccm-Rennen von den 15 gestarteten Fahrzeugen nur zwei ins Ziel.

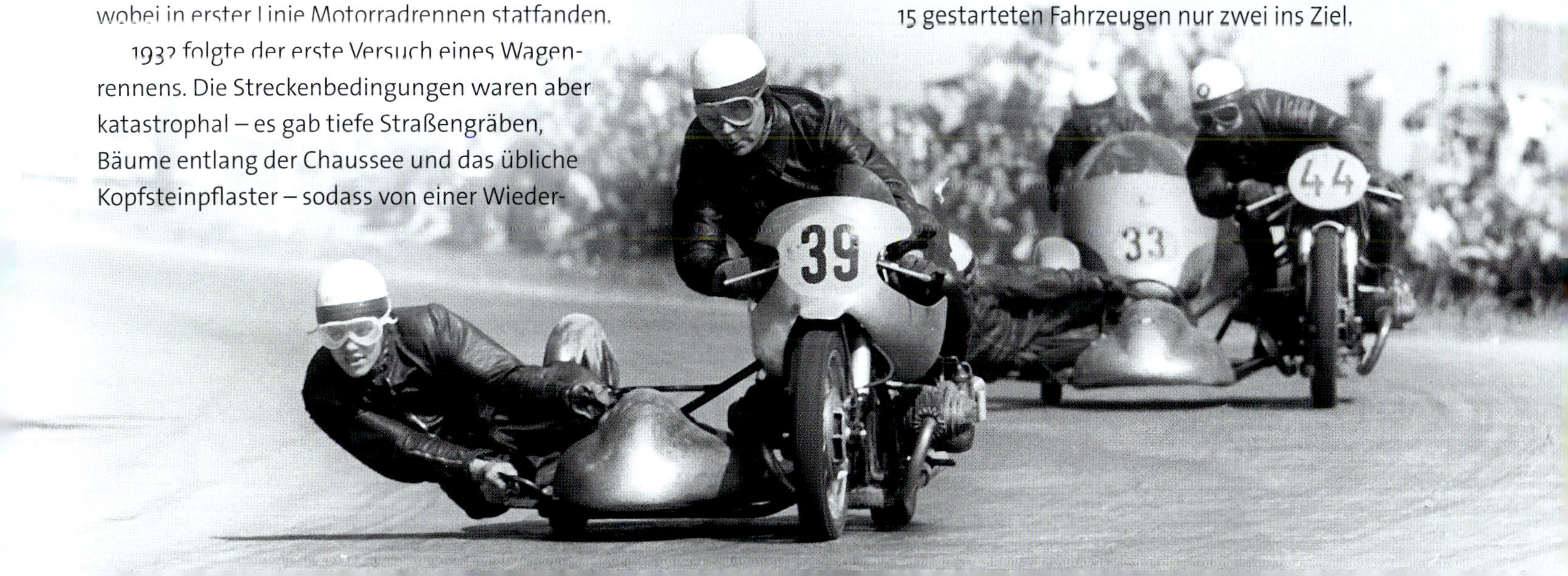

Nach dem 10. Rennen 1932, bei dem Bernd Rosemeyer auf einer NSU an den Start ging und wiederum 100.000 Zuschauer zugegen waren, wurde allen Beteiligten klar, dass diese Rennen für die Region als Wirtschaftsfaktor recht bedeutend waren.

Den ersten Versuch mit Kleinstrennwagen gab es im September 1933. Unter den Startern waren unter anderem Ernst von Delius, Walter Bäumer, Freiherr von Münchhausen, Graf von Maltzan und Bobby Kohlrausch – Kohlrausch gewann auf einem Austin. Danach gab es lange Zeit keine Autorennen mehr, es wurden lediglich sporadisch Test- und Trainingsfahrten durchgeführt.

1934 organisierte eine von den braunen Machthabern eingesetzte Rennleitung das Rennen in Schleiz und es gab bereits Gerüchte über das bevorstehende »Aus« für das Schleizer Dreieck, obwohl 1935 zum ersten Mal Seitenwagengespanne dessen Attraktivität noch erhöhten. Beim Rennen von 1937 verunglückte Karl Braun, der damalige Europameister der Seitenwagen, tödlich. Dies führte dazu, dass 1938 kein Rennen mehr stattfand. Dann verhinderte der Zweite Weltkrieg alle weiteren Aktivitäten.

Nach Erkenntnissen Schleizer Historiker begannen alte und neue Sportfreunde bereits 1948, ihre vor der Wehrmachtsrequirierung versteckten Maschinen wieder aus den Scheunen und Kellern hervorzuholen. Langsam, aber sicher etablierte sich rund um das Dreieck erneut eine Motorsportszene. Es gelang sogar mit Genehmigung der sowjetischen Militäradministration eine Trainingsveranstaltung zu realisieren und 1948 konnte ein inoffizielles »Vergleichsrennen« gestartet werden.

Der Streckenzustand war mehr oder weniger katastrophal. Zerfahren von schwerem Kriegsgerät mit dürftig ausgebesserten Schlaglöchern, boten die kaum fünf Meter breiten und von massiven Bäumen gesäumten Landstraßen wohl kaum den Anblick einer Rennstrecke. Aber dieser Zustand musste bis 1951 hingenommen werden.

1949 organisierte dann der Stadtrat mit Rückendeckung der Kreisverwaltung und des Landrates in abenteuerlicher Weise das erste Nachkriegsrennen, anfänglich sogar gegen den Willen der sowjetischen Machthaber. Die offizielle Genehmigung soll erst wenige Minuten vor Rennbeginn erteilt worden sein. Aber auf diese Weise konnte Schleiz seinen Ruf als Rennstadt erneut beleben.

Im Jahr 1949 standen 160.000 Zuschauer rund um das Schleizer Dreieck. Insgesamt waren mehr als 200 Fahrer für die Rennen gemeldet, davon etwa 20 aus Westdeutschland. Die Rennen aller Klassen werden noch heute von Beteiligten als besonders aufregend und spannend geschildert.

Im Folgejahr 1950 starteten die ersten Gesamtdeutschen Meisterschaftsläufe in Schleiz. Dieses 17. Rennen fand allerdings unter neuen politischen Verhältnissen statt: In der großen Politik hatte es mit der DDR-Gründung einen neuen staatlichen »Schirmherren« gegeben und im Sport regulierte nun ein »Deutscher Sportausschuss« alle Aktivitäten.

Das einmalige Ereignis gemeinsamer Meisterschaftsläufe konnte in den folgenden 40 Jahren nicht wiederholt werden. Auch die Zahl von 250.000 Zuschauern blieb unerreicht.

1951 entwickelte sich der zweite Versuch ein Autorennen zu realisieren zu einem Fiasko: Von den gemeldeten vier Fahrzeugen kam nur das von Willy Lehmann ins Ziel.

1952 begann am Buchhübel eine teilweise Streckenrekonstruktion, die von den Obersten des ADMV nicht unbedingt gern gesehen wurde. Schleiz war nie deren liebstes Kind. Dennoch wurden, allen sicherheitstechnischen Anforderungen zum Trotz, auch vorher Rennen gefahren, die uns heute ob des Mutes und Draufgängertums der Fahrer kalte Schauer über den Rücken jagen müssten.

Zwischen 1952 und 1961 erfolgten immer wieder Streckenausbauten und Verbesserungen. Der Staat investierte im Laufe der Zeit dann doch über 1,6 Millionen Mark in die Modernisierung der Strecke. So wurde etwa auf dem Streckenabschnitt zwischen der Waldkurve und Schleiz die Straße erneuert.

Zum 40-jährigen Jubiläum entstand das Zielrichterhaus. Es fand in Oberböhmsdorf seinen Platz. Zuvor war der Startplatz am Palais oder am Forsthaus in Oberoschitz. Mitte der sechziger Jahre wurden aus Sicherheitsgründen auch die Bäume entlang der Alleen gefällt und im darauffolgenden Zeitabschnitt die Straßengräben und Böschungen nivelliert. Es entstanden für damalige Verhältnisse großzügige Sicherheitszonen.

1956 tauchten zum ersten Mal wieder internationale Fahrer in den Schleizer Starterlisten auf. Jim Redman (Rhodesien), John Hempleman (Neuseeland), Luigi Taveri (Schweiz), Bob Brown (Australien) und Gerold Klinger (Österreich) trugen sich in die Siegerlisten ein.

1958 startete dann das erste Tourenwagen-Rennen, an dem ausschließlich Wartburg-Serienfahrzeuge am Start waren.

Mit der Gründung des MC Schleizer Dreieck 1958 gab es eine stabile Basis für die Ausrichtung von über 70 Motorsportgroßveranstaltungen. Ende der 1950er-Jahre verschärfte sich die Lage infolge einiger schwerer Unfälle wieder einmal dramatisch. Da der damalige Rennleiter Fritz Bauer von den Entwicklungen in der DDR genug hatte und in den Westen ging, musste vieles neu geregelt werden.

Dem nachfolgenden Rennleiter Kurt Uibel gilt heute noch das Lob, sich vehement der offiziellen Politik, die die Aufgabe des Dreiecks anstrebte, widersetzt zu haben.

Nach dem Wegfall der 350 ccm und 500 ccm Motorradklassen (in der DDR gab es diese Maschinen nicht und was es in der DDR nicht gab, durfte es eigentlich nirgendwo gegen) orientierten sich die Schleizer langfristig an Automobilen und es kostete einige Mühen, die erforderlichen Genehmigungen zu erhalten.

Im Juni 1961 kam es zum Formel Junior-Auftakt auf dem Schleizer Dreieck. Max Byczkowski, Willy Lehmann und Heinz Melkus lieferten sich im nationalen Rennen mit ihren Eigenbau-Rennwagen, die alle mit Wartburg -Motoren bestückt waren, ein tolles Rennen, das aber wegen Nebels erst mit Verspätung gestartet werden konnte.

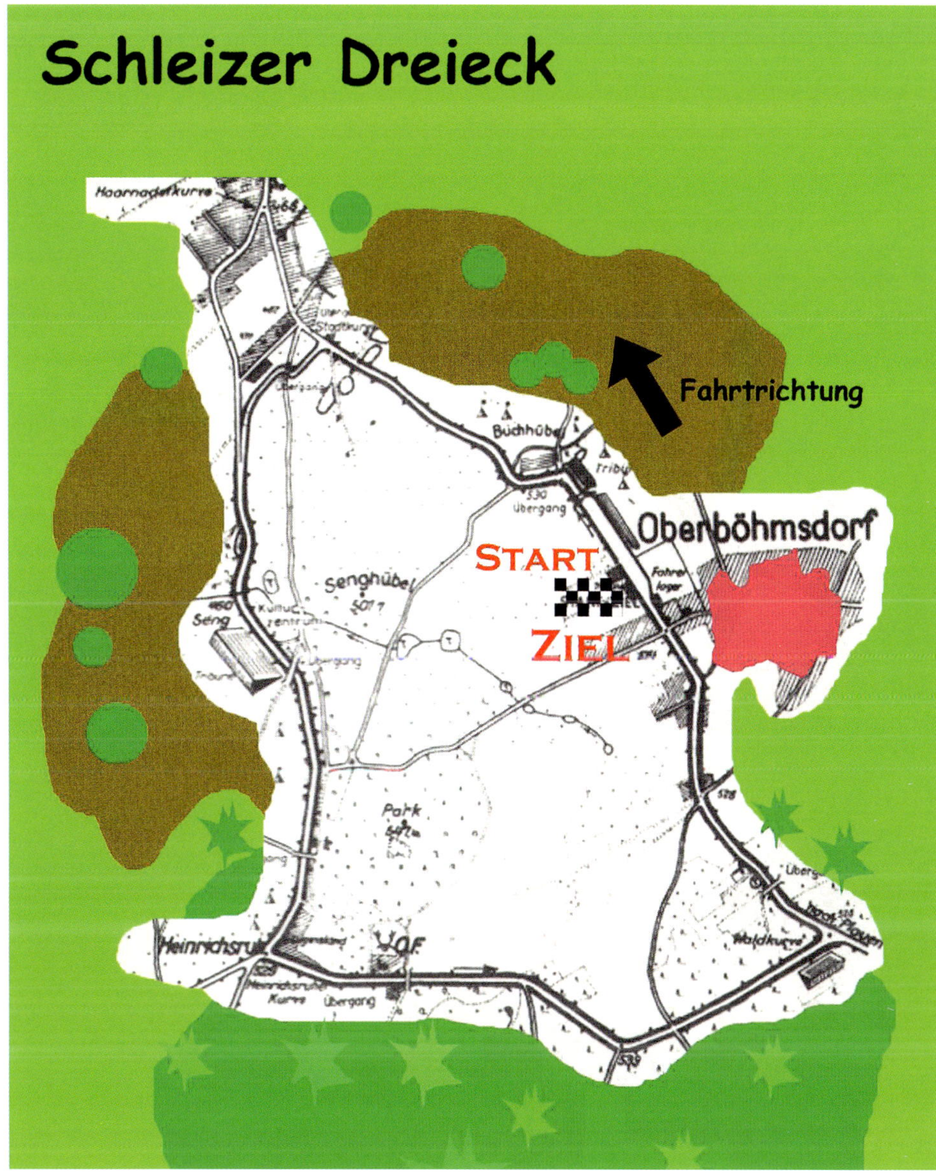

Der alte Streckenplan des Schleizer Dreiecks.

Der internationale Lauf der Automobile und der vielversprechende Lauf der 250 ccm Motorräder musste wegen extrem verdichteten Nebels sogar abgesagt werden.

Dieses Ereignis und voran gegangene Tiefschläge schwächten den Status des Dreiecks sehr und es kam zu enormen Zuschauerverlusten in den Folgejahren.

Noch 1961 wollte der ADMV den Rennbetrieb per »Amtsbeschluss« endgültig zum Erliegen bringen. Das konnte aber rückgängig gemacht werden. Da 1962 in der BRD ein Boykott der DDR-Veranstaltungen griff, fielen in den Jahren danach die bundesdeutschen Fahrer aus den Starterlisten. Es begann ein zäher Kampf um attraktive Starterfelder, der von Devisen-Mangel und sportrechtlichen Komplikationen gekennzeichnet war.

1962 rollten dennoch wieder 25 Formel Junior-Rennwagen an den Start, unter ihnen Dave Riley, der das Rennen souverän gewann. Es folgten umfangreiche Streckenverbesserungen, die die Attraktivität des Kurses erhöhten.

Zwischen 1964 bis 1971 gelang es den Schleizern, hochklassigen Formel 3-Sport anzubieten. Hierbei waren Fahrer wie

Jürg Dubler, Leo Mattila, Alan Rollinson, Chris Williams, Ulf Svensson, Torsten Palm, Conny Anderson oder Freddy Kottulinsky die Attraktion. Unvergessen sind in diesem Zusammenhang die Bemühungen der DDR-Piloten Melkus, Lehmann, Byczkowski, Rädlein, Findeisen, Küther und anderer, diesen Stars Paroli zu bieten. Dass der ADMV das schlechte Abschneiden direkt den DDR-Piloten und den Organisatoren des Rennens anlastete, entsprach der SED-Politik, um von der mangelnden Leistungsfähigkeit der DDR-Industrie abzulenken. Die Genossen machten schließlich keine Fehler. Getreu dem Motto: »Die Partei, die Partei, die hat immer recht... «.

1970 sorgten die RS 1000 für einen neuen Wagensport »Made in GDR«. Bis 1977 gehörten diese Rennen zum Programm in Schleiz. Da 1970 aber auch Trabbis in das Feld der RS 1000 integriert wurden, die nicht mal schlecht zu recht kamen, wuchs das Feld der Trabant-Nennungen erheblich an und löste quasi die RS 1000 1978 ab. Die gemischten Felder, in denen auch noch Spyder mitfuhren, wurden sportlich unübersichtlich und unattraktiv.

Nach dem staatlich erzwungenen Wegbleiben der Westsportler (nach 1972) füllten diese Lücke die Gäste aus den Ostblockländern und speziell in den Formelrennsportklassen die Wagen der C9, später B8, der E1300 und 1600, also die spätere Formel Easter, beziehungsweise Mondial.

Ab 1973 wurden die DDR-Meisterschaften für Motorräder und Automobile regelmäßig in Schleiz ausgetragen, in deren Programm auch Pokalläufe für Frieden und Freundschaft realisiert wurden. Ulli Melkus, Frieder Kramer, Bernd Kasper, bei den Rennwagen und Hans Dieter Kessler, Dietmar Isensee, Klaus Peter Schachtschneider, Sieghard Sonntag und Wolfgang Krug lieferten sich bei den Tourenwagen immer wieder beherzte Rennen gegen Fahrer wie Petr Bold, Vaclav Lim, Karel Jilek, Toivo Asmer und Tomas Napa.

Bei den Motorrädern dominierten allerdings mehrheitlich die auswärtigen Gäste wie Janos Drapal aus Ungarn und Janez Pinter aus Jugoslawien.

Maßgebend für die Fortschritte in den Jahren 1973 bis 1992 war die Person des Rennleiters Gerhard Elschner. Er setzte sich intensiv für kontinuierliche Entwicklungen ein. Es entstanden die Buchhübeltribüne II, die Rücklaufstrecke bei Start und Ziel, ein neuer Asphaltbelag zwischen Waldkurve und Buchhübel, der Jugendclub in der Seng, das Gebäude für die Maschinenabnahme im Fahrerlager, die Tribüne in der Waldkurve und ein neuer Vorstartplatz, um nur einige wenige Aktivitäten zu benennen.

Als genialsten Streich Elschners würdigt die Motorsportgemeinde die 1988 realisierte Streckenverkürzung. Der Wegfall der Haarnadelkurve in der Ortschaft Oberböhmsdorf entschärfte eine Gefahren-

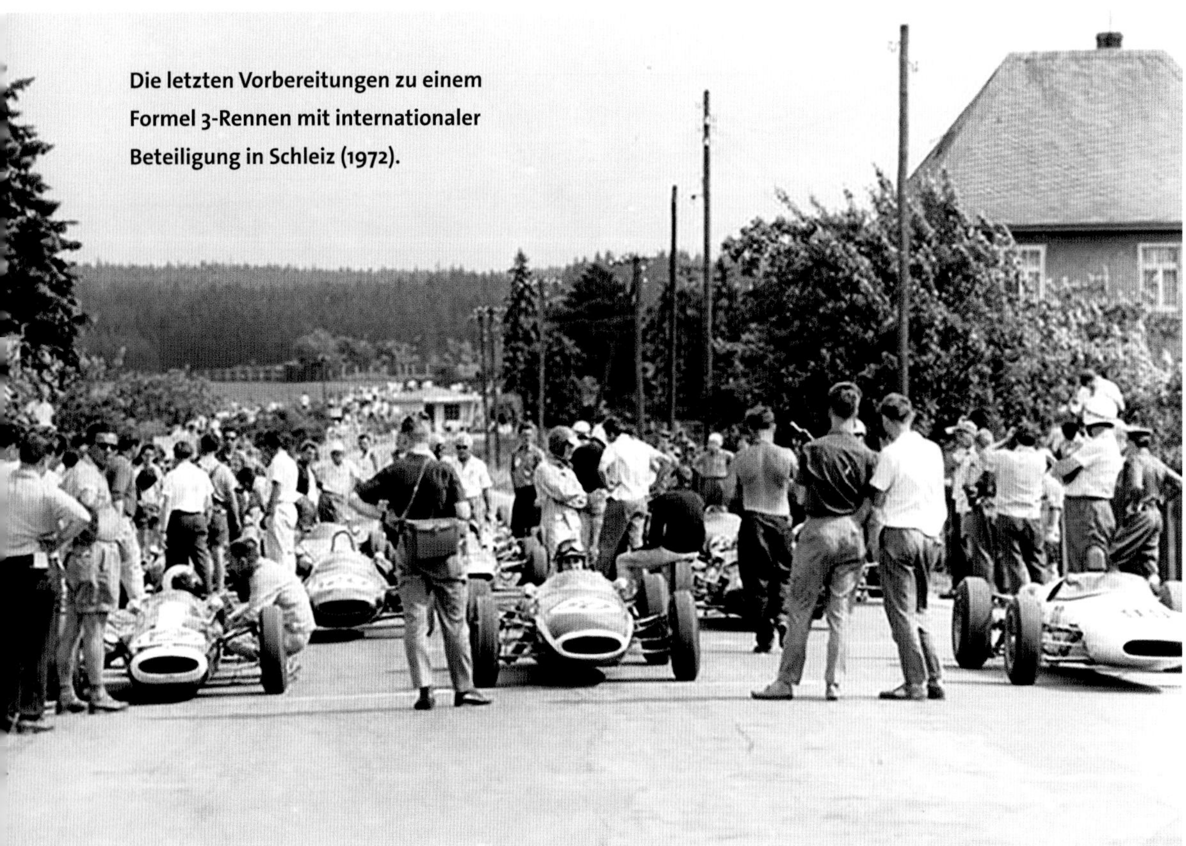

Die letzten Vorbereitungen zu einem Formel 3-Rennen mit internationaler Beteiligung in Schleiz (1972).

stelle und so konnten die Rennen in der Folgezeit bis 2002 gesichert werden. Doch die ab 1990 geltenden gesamtdeutschen Motorsportregularien kannten auch vor Schleiz keine Gnade und so mussten bereits 1991 die Autorennen eingestellt werden.

2004 erhielt die Strecke ihr drittes Profil. Sie veränderte sich komplett: Mit dem Wegfall von Heinrichsruher Kurve, Schauerschach und Waldkurve verschwanden historisch gewachsene Streckenabschnitte.

Die Motorsportfreunde waren darüber geteilter Meinung, doch es gab keine anderen Lösungen, um künftig überhaupt noch Rennveranstaltungen realisieren zu können. Die Hoffnung auf den Bau eines Motodroms war illusorisch. Der Rennsekretär Hermann Kiss soll zu diesem Thema geäußert haben: »Die älteste Rennstrecke Deutschlands konnte nur deshalb überleben, weil sie nicht an ihrer Tradition erstarrte, sondern stets mit der Zeit mitgegangen ist«. Dem gibt es nichts hinzuzufügen!

Seit Jahrzehnten ist die Stadt Schleiz mit ihrem berühmten Schleizer Dreieck ein Inbegriff für den Straßenmotorrennsport in Deutschland.

Auch nach dem Sportbeschluss der DDR-Regierung 1972 versuchte man immer wieder diese Maßnahmen aufzuweichen, um internationalen Sport bieten zu können. Dies erfolgte nicht ohne persönliches Risiko der Initiatoren. Schließlich war die SED in Fragen der »Disziplin« unberechenbar.

Die Schleizer Initiatoren um Gerhard Elschner, Wolfgang Frank, Hermi Kiss, Jürgen Grimm und Gerald Glück konnten dennoch schon vor der Wende (von vielen Aktiven viel zu gering geschätzte) Erfolge verzeichnen. Nach der Wende gliederte sich der Club dem ADAC an und erfuhr allseits mehr Unterstützung. Der ADAC öffnete den Organisatoren die Türen zu solchen Protagonisten des Seitenwagensports wie Rolf Biland, Steve Webster oder Steve Abbott. So gelang es anfangs einige Stars auf das Dreieck zu holen, später das komplette WM-Feld in mehreren Gastläufen. Zusammen mit dem Promoter Bernd Steinhausen organisierte der MSC einige Jahre später, das war 2004, auch den ersten WM-Lauf dieser Klasse in Schleiz.

Auf den meisten Rennstrecken werden die schnellen Runden im Uhrzeigersinn gedreht. Das Schleizer Dreieck ist eine der Rennstrecken, auf der die Piloten entgegen dem Uhrzeigersinn ihr Können beweisen müssen.

Streckendaten bis Mai 1988
Streckenlänge: 7,631 km
Kurvenzahl: 22
tiefster Punkt: Seng – 470 m ü NN
höchster Punkt: Schauerschacht – 539 m ü NN
Höhenunterschied: 69 m
Streckenbreite: durchschnittlich 10 m
Tribünenplätze: 20.000 auf 6 Tribünenkomplexen

Streckendaten seit August 1988
Streckenlänge: 6,805 km
Kurvenzahl: 22
tiefster Punkt: Seng – 470 m ü NN
höchster Punkt: Schauerschacht – 539 m ü NN
Höhenunterschied: 69 m
Streckenbreite: durchschnittlich 10 m
Tribünenplätze: 20.000 auf 6 Tribünenkomplexen

Streckendaten seit Juli 2004
Streckenlänge: 3,805 km
Kurvenzahl: 14
tiefster Punkt: Seng – 470 m ü NN
höchster Punkt: Buchhübel – 514 m ü NN
Höhenunterschied: 44 m
Streckenbreite: durchschnittlich 10 m
Tribünenplätze: 10.000 auf 5 Tribünenkomplexen

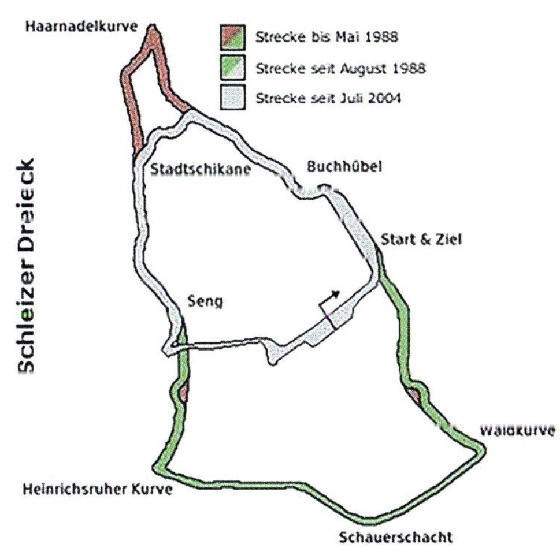

Aktuelles Streckenlayout.

Rennstrecken

auf denen der SFV mit den Serien **Formel-Euro-Easter Cup**, **Formel Euro Cup** und **Formel 2000 Cup** eingeladen war

Rennstrecke	Land
Schleizer Dreieck BR	D
Sachsenring	D
AVUS	D
Motodrom Oschersleben	D
Lausitzring	D
Hockenheimring	D
Nürburgring	D
Siegerland	D
Wunstorf	D
Salzburgring	OE
Österreichring	OE
Most	CZ
Brünn	CZ
Spa-Francorchamps	B
Zolder	B

Rennstrecke	Land	Bemerkung
Colmar Berg	LX	
Assen	NL	
Zandvoort	NL	
Donnington	GB	nur geringe Beteiligung
Silverstone	GB	Anreise nicht möglich (Kosten)
Monza	I	
Imola	I	Anreise nicht möglich (Kosten)
Barcelona	SP	Anreise nicht möglich (Kosten)
Budapest	HU	
Poznan	PL	
Le Mans	F	abgesagt
Dijon	F	nur geringe Beteiligung
Kyalami	RSA	Anreise nicht möglich (Kosten)
Indianapolis	USA	Anreise nicht möglich (Kosten)
Kiew	SU	abgesagt

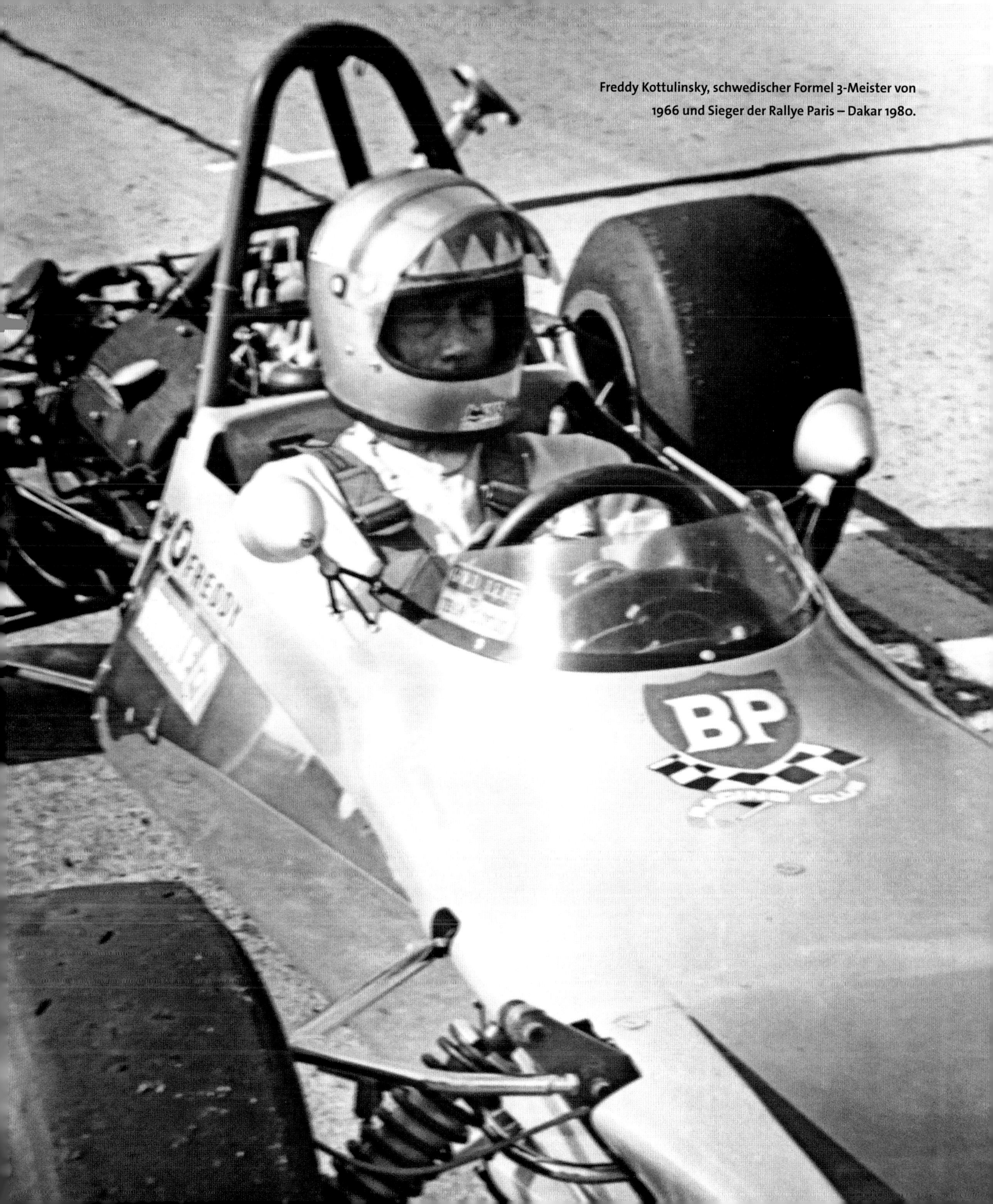

Freddy Kottulinsky, schwedischer Formel 3-Meister von 1966 und Sieger der Rallye Paris – Dakar 1980.

WEITERE INTERESSANTE BÜCHER ZUM THEMA

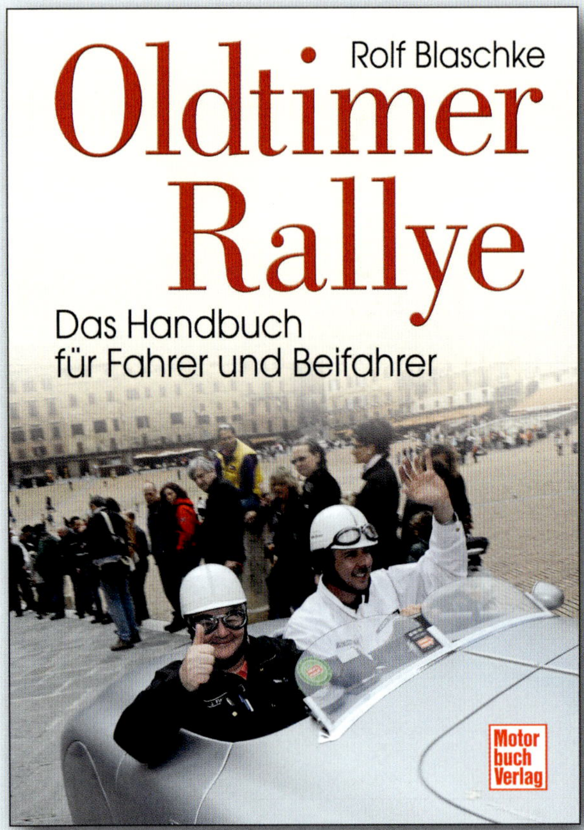

Bei Oldtimer-Rallyes hat man auch als Beifahrer viel zu tun. Was damit alles verbunden ist, beschreibt Rolf Blaschke ausführlich in seinem aktuellen Handbuch für Fahrer, Beifahrer und Einsteiger.

304 Seiten, 394 Abbildungen,
Format 170 x 240 mm

ISBN 978-3-613-04090-8

€ 59,00 / € (A) 61,20

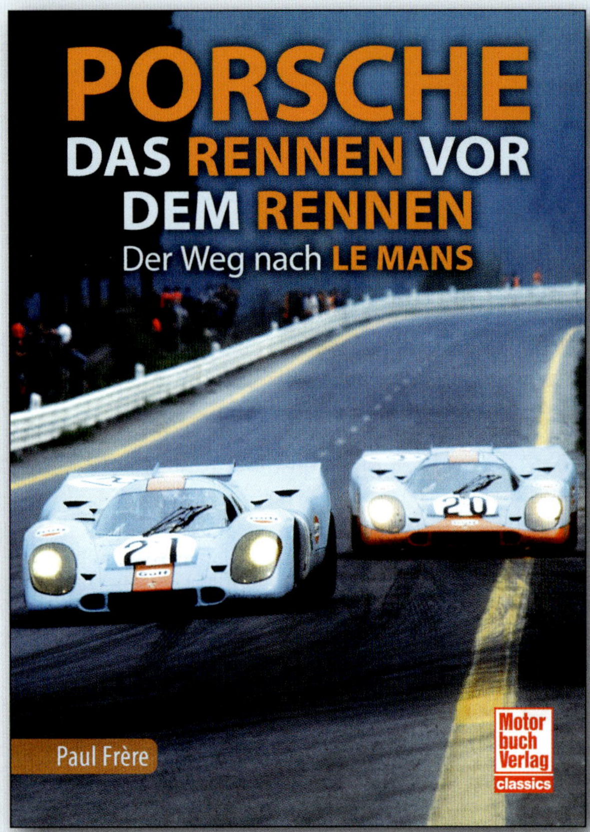

Geheim wie ein Polaris-U-Boot wird die Entwicklung eines Rennwagens gehalten. Sportlicher und wirtschaftlicher Erfolg stehen auf dem Spiel. Vor knapp 50 Jahren hat Porsche erstmals die verschlossenen Türen geöffnet und Paul Frère den Blick auf die Entwicklung ihrer Rennwagen freigegeben.

296 Seiten, 150 Abbildungen,
Format 170 x 240 mm

ISBN 978-3-613-04343-5

€ 39,90 / € (A) 41,10

WEITERE INTERESSANTE BÜCHER ZUM THEMA

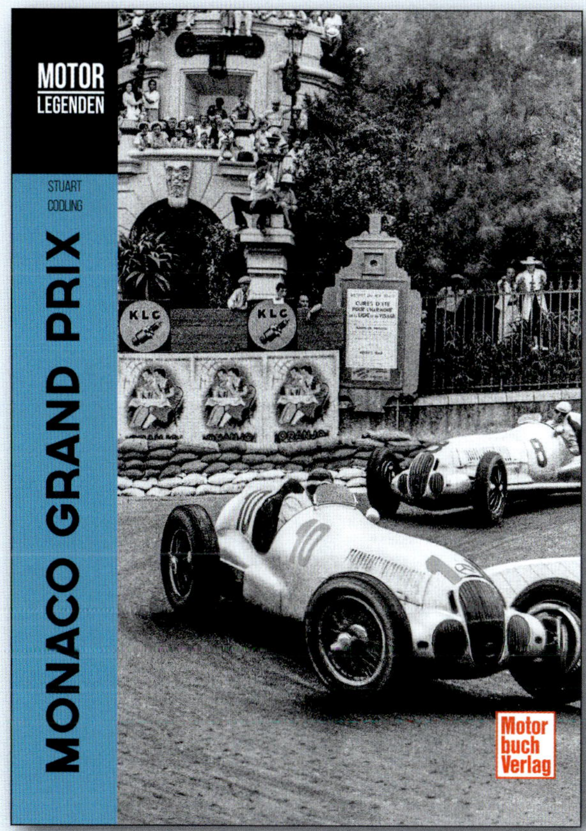

Der dritte Teil der Reihe »Motorlegenden« führt den Leser vom ersten Grand Prix 1929 bis zum heutigen Star-Event. Dabei geht der Autor neben der Geschichte auch auf prägende Fahrer, ihre Rennduelle sowie schillernde Persönlichkeiten wie die Fürstenfamilie ein.

240 Seiten, 250 Abbildungen,
Format 170 x 225 mm
ISBN 978-3-613-04163-9
€ 29,90 / € (A) 30,80

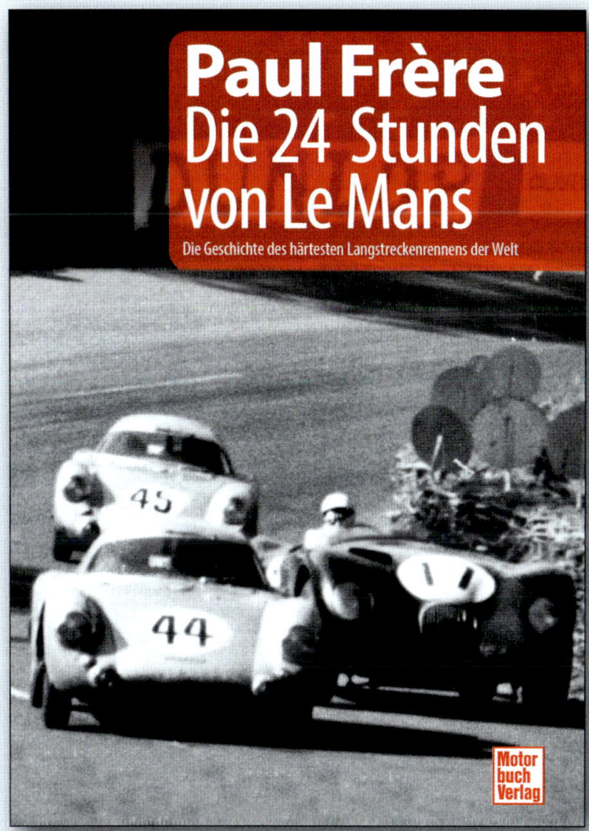

Die 24 Stunden von Le Mans: Passend zum 100-jährigen Jubiläum erzählt Paul Frère in diesem Klassiker die Geschichte des weltberühmten Rennens, an dem er selbst acht Mal teilnahm, und bringt damit die Faszination vergangener Rennsport-Herrlichkeit wieder zurück.

192 Seiten, 92 Abbildungen,
Format 140 x 205 mm
ISBN 978-3-613-04591-0
€ 24,90 / € (A) 25,60

Leseproben zu allen Titeln auf unserer Internetseite

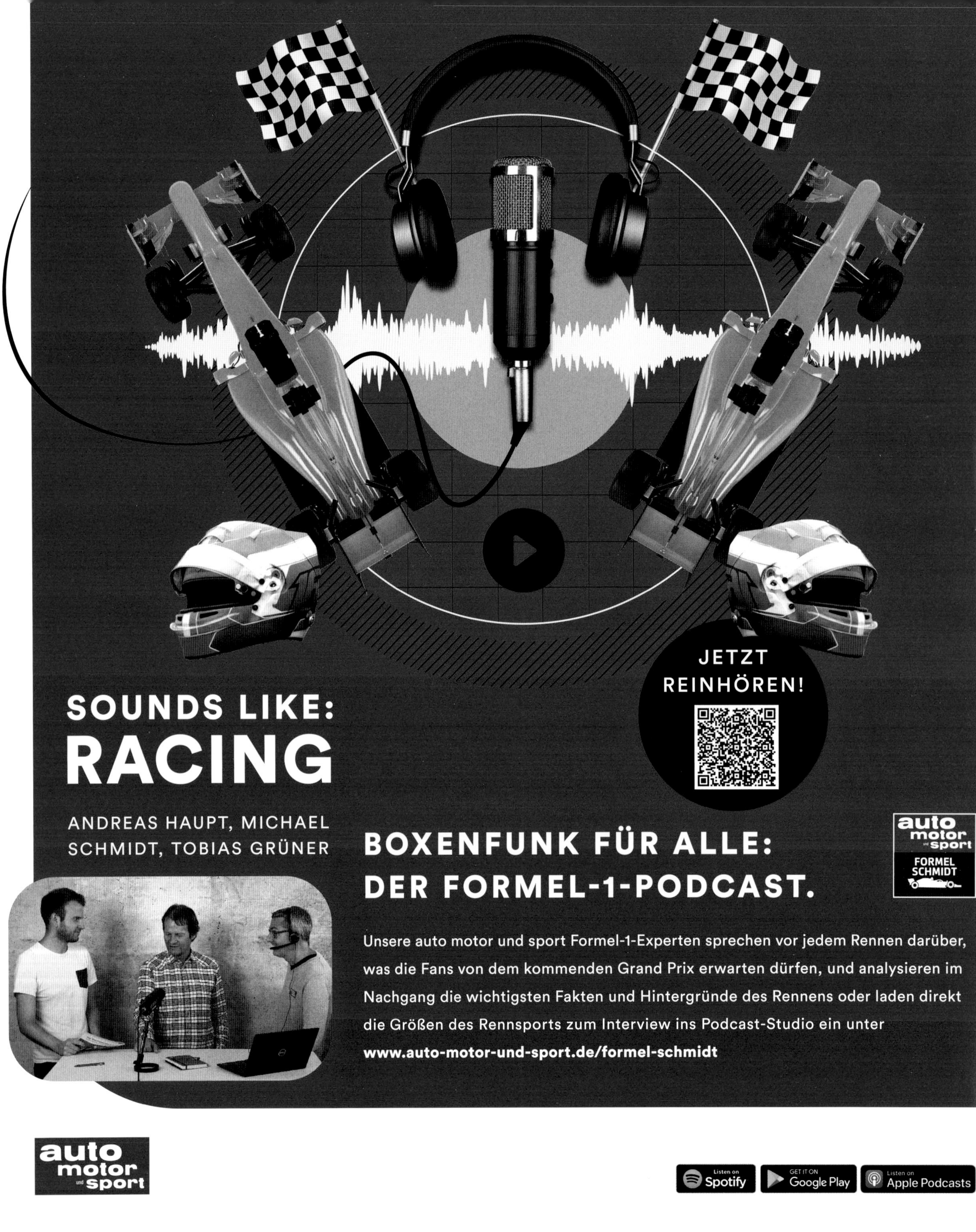
JETZT
REINHÖREN!
SOUNDS LIKE:
RACING
ANDREAS HAUPT, MICHAEL
SCHMIDT, TOBIAS GRÜNER
BOXENFUNK FÜR ALLE:
DER FORMEL-1-PODCAST.
auto motor und sport
FORMEL SCHMIDT
Unsere auto motor und sport Formel-1-Experten sprechen vor jedem Rennen darüber, was die Fans von dem kommenden Grand Prix erwarten dürfen, und analysieren im Nachgang die wichtigsten Fakten und Hintergründe des Rennens oder laden direkt die Größen des Rennsports zum Interview ins Podcast-Studio ein unter
www.auto-motor-und-sport.de/formel-schmidt
auto motor und sport
Listen on Spotify
GET IT ON Google Play
Listen on Apple Podcasts